# Trauma und Traumafolgen – ein Thema für die Jugendhilfe

4. Kinderschutzforum

Die Kinderschutz-Zentren

## Programmkomitee:

Das 4. Kinderschutzforum wurde vorbereitet von einem interdisziplinär besetzten Arbeitskreis, dessen Mitglieder in verschiedenen Arbeitsfeldern der Jugendhilfe und der Traumaarbeit tätig sind:

**Renate Blum-Maurice**, Kinderschutz-Zentrum Köln
**Hans Christ**, Institut für angewandte Psychoanalyse und Systemforschung IPS, Köln
**Arthur Kröhnert**, Die Kinderschutz-Zentren, Köln
**Jessika Kuehn-Velten,** Ärztliche Kinderschutzambulanz Düsseldorf
**Tom Levold**, Institut für psychoanalytisch-systemische Praxis, Köln
**Dr. Eberhard Motzkau,** Ärztliche Kinderschutzambulanz Düsseldorf
**Helene Nemetschek**, Kinderschutz-Zentrum München
**Bernd Reiners**, Kinderschutz-Zentrum Aachen
**Volker Schuld**, Kinderschutz-Zentrum Heidelberg
**Hanne Stürtz**, Deutsches Institut für Jugendhilfe und Familienrecht e.V., Heidelberg
**Monika Weber-Hornig**, Vorstand Die Kinderschutz-Zentren, Mainz


## Finanzielle Unterstützung des Kongresses:

Bundesministerium
für Familie, Senioren, Frauen
und Jugend

und

**Ministerium für Frauen, Jugend, Familie
und Gesundheit des Landes Nordrhein-Westfalen**

## Herausgeber:

Bundesarbeitsgemeinschaft der Kinderschutz-Zentren e.V.

Die Kinderschutz-Zentren
Spichernstr. 55
50672 Köln
Telefon (0221) 56 97 53
Telefax (0221) 5697 55-0
E-Mail: die@kinderschutz-zentren.org
Internet: www.kinderschutz-zentren.org

Redaktion: Jasmin Hofmeister, Arthur Kröhnert (verantwortlich)
Herstellung: Atelier-Druck GmbH, Edingen-Neckarhausen

Köln, Dezember 2003




ISBN 3-9805068-0-0

# Inhaltsverzeichnis

**Vorwort** ........ 5

## Vorträge

***Dr. Michael Schetsche***
Trauma im gesellschaftlichen Diskurs. Deutungsmuster, Akteure, Öffentlichkeiten ........ 7

***Prof. Dr. Gottfried Fischer***
Psychotraumatologie und Psychohygiene bei Kindern und Jugendlichen ........ 33

***Dr. med. Luise Reddemann***
Phänomenologie der posttraumatischen Belastungsstörung
Symptome – Hinweise, Verdachtsmomente bei Erwachsenen und Kindern ..... 50

***Prof. Dr. Gerald Hüther***
Die Auswirkungen traumatischer Erfahrungen im Kindesalter auf die Hirnentwicklung ........ 58

***Dr. med. Annette Streeck-Fischer***
Traumatische Belastungen in der Entwicklung und ihre Folgen
– Konsequenzen für die Psychotherapie von Kindern und Jugendlichen ......... 68

## Foren

***Monika Dreiner***
Die Auswirkungen des Etiketts "Trauma" für Betroffene und Helfer ........ 77

***Prof. Dr. Marguerite Dunitz-Scheer***
Kinder psychisch kranker Eltern ........ 82

***Susanna Staets/Dr. med. Michael Hipp***
Präventionsprojekt für Kinder psychisch kranker Eltern ........ 93

***Prof. Dr. med. Wolfram Schüffel***
Soziale Unterstützung nach dem Trauma ........ 96

***Dr. med. Karl-Heinz Biesold***
Soziale Unterstützung nach dem Trauma ........ 111

***Dr. David Becker***
Trauma zwischen therapeutischem und politischem Diskurs ........ 120

***Anni Kammerlander***
Trauma zwischen therapeutischen und politischen Diskurs ........ 129

***Pieter Hutz***
Trauma und Institution
Hinweise zur Arbeit in einem Risikoverhältnis ........ 137

*Prof. Dr. Hildegard Mogge-Grotjahn*
Traumatisierende Milieus im Kontext von Vernachlässigung, Misshandlung und Missbrauch ... 144

*Dr. phil Jürgen Müller-Hohagen*
Generationen übergreifende Wirkungen aus der Zeit des Nationalsozialismus ... 151

*Silvie Tyrangiel*
Die Wirkung von Traumatisierung über Generationen ... 158

*Prof. Dr. med. Roland Schleiffer*
Heimerziehung – Fremdunterbringung als kumulatives Trauma? ... 164

*Prof. Dr. Reinhart Wolff*
Anders ansetzen – anders arbeiten: Die Hilfen vernetzen – Konzepte und Erfahrungen der Familiennetzwerkarbeit ... 178

*Dr. Stefanie Friedlmayer*
Strukturelle Konsequenzen traumatologischer Erkenntnisse auf Hilfekonzepte im Kinderschutz ... 187

*Charlotte Köttgen*
Traumatisierende Hilfeprozesse
Geschlossen untergebracht – die Geschichte der Vera Stein ... 196

*Dr. Christian Schrapper*
Traumatisierende Hilfeprozesse in der Kinder- und Jugendhilfe ... 211

*Catharina Ganseforth/Daniela Rödder*
Mütter von Frühgeborenen (<1500g) – Die Bedeutung biologischer und psychosozialer Einflussfaktoren für mütterliche Bewältigung und Mutter-Kind-Bindung im ersten Lebensjahr des Kindes ... 216

*Bruno-Ludwig Hemmert/Herbert Kimmel*
Krisenbewältigung an Schulen aus der Sicht von Schulpsychologen ... 223

*Klaus Barre*
Hilfe für Helfer ... 236

*Elise Bittenbinder*
Traumatisierte Helfer ... 247

## Workshops

*Annika Holten-Wassong/Heiko Cochius*
Kinder als traumatisierte Schädiger ... 256

*Anni Kammerlander*
Traumatisierung von Flüchtlingskindern ... 268

*Klaus ter Horst/Monika Biener*
Umgang mit traumatisierten Kindern in stationären Einrichtungen ... 275

***ReferentInnen/AutorInnen*** ... 280

# Vorwort

Monika Weber-Hornig
Vorstand Die Kinderschutz-Zentren

Die Thematisierung lebensgeschichtlicher Verletzungen und schwieriger Lebenserfahrungen als Traumatisierung hat Konjunktur – und dies zu Recht. In den letzten Jahren sind wesentlich neue Erkenntnisse über die Entstehung, die Auswirkungen und die Behandlung psychischer Traumata erarbeitet worden. Vor diesem Hintergrund gewinnt auch die Arbeit mit traumatisierten Kindern, Jugendlichen und Erwachsenen in den Institutionen und Einrichtungen der Jugendhilfe zusätzliche Bedeutung. Es entstehen neue Anforderungen an die MitarbeiterInnen sowie an organisatorische und fachliche Rahmenbedingungen, um adäquate Hilfen anzubieten.

Deutlich werden auch Überschneidungen und die Notwendigkeit der Kooperation zwischen Jugendhilfe und klinischen Behandlungsangeboten, die bisher zu wenig entwickelt sind. Für die Jugendhilfe ist es erforderlich, Forschungsergebnisse und Behandlungserfahrungen mit Patienten aus dem klinischen Bereich zu rezipieren und zu diskutieren. Ebenso wichtig ist es für klinische Fachbereiche, das psychosoziale Kontextverständnis und die Erfahrung der Jugendhilfe einzubeziehen, damit umfassende Hilfekonzepte entwickelt werden können. Kinderschutz bildet eine wesentliche Schnittstelle zwischen Jugendhilfe und Gesundheitswesen. Die Traumatisierung von Kindern in lebensgeschichtlich wichtigen Beziehungen erfordert die besondere Berücksichtigung des Zusammenhangs von Verletzung, Bindung, Loyalität und psychosozialer Struktur.

Daraus abgeleitete Fragestellungen wurden mit mehr als 700 Teilnehmerinnen und Teilnehmern auf dem 4. Kinderschutzforum der Kinderschutz-Zentren diskutiert. Mit dem Kinderschutzforum verfolgen „Die Kinderschutz-Zentren“ seit vielen Jahren das Ziel, wesentliche wissenschaftliche Erkenntnisse in ihrer Bedeutung für die Jugendhilfe und den Kinderschutz zu reflektieren und die Resultate und fachliche Impulse dieses multiprofessionellen Diskurses in qualifizierte und ggf. innovative Konzepte für die berufliche Praxis umzusetzen.

Die vorliegende Publikation dokumentiert die Vorträge und Foren, die auf dem 4. Kinderschutzforum präsentiert wurden.

Danken möchten wir an dieser Stelle dem Bundesministerium für Familie, Senioren, Frauen und Jugend und dem Ministerium für Frauen, Jugend, Familie und

Gesundheit des Landes Nordrhein-Westfalen für die Bewilligung von Fördergeldern für das 4. Kinderschutzforum.

Ein besonderer Dank gilt Herrn Reiner Koch, Geschäftsführer der Firma Ador-Edelmetalle aus Hilden, der durch das von ihm initiierte Projekt „It's for Kids" einen wichtigen Beitrag zur Realisierung des 4. Kinderschutzforums geleistet hat.

# Trauma im gesellschaftlichen Diskurs. Deutungsmuster, Akteure, Öffentlichkeiten

Dr. Michael Schetsche[1]

## Vorbemerkung

Die Veranstalter haben mich gebeten, einige empirische und theoretische Erkenntnisse meines Arbeitsgebietes, der Wissenssoziologie, für das Thema ihrer Tagung fruchtbar zu machen. Die Wissenssoziologe ist die Teildisziplin der Soziologie, die sich mit der Entstehung, Verbreitung, Introzeption und praktischen Anwendungen kollektiver Wissensbestände beschäftigt. Auf eine knappe Formel gebracht: Die Wissenssoziologie fragt, warum wir wissen, was wir wissen, warum wir glauben, was wir glauben – und auch, ob zwischen Wissen und Glauben überhaupt ein Unterschied besteht. Und mit diesen Fragen vermag die Wissenssoziologie tatsächlich einen Beitrag zum Thema „Trauma und Traumafolgen" zu leisten – allerdings einen Beitrag aus einer ganz speziellen, gesellschaftsbezogenen Perspektive.

Aus dieser Perspektive lässt sich weder über konkrete Traumatisierungen, noch über reale Traumapatienten sprechen. Mein Gegenstand sind vielmehr die *Vorstellungen*, die sich die Öffentlichkeit, die sich die eine oder andere wissenschaftliche Disziplin oder eine soziale Profession von Traumatisierungen und Traumaopfern machen. Dabei liegt mir nichts ferner, als mich über die konkreten Erfahrungen von Menschen, welcher Art sie auch immer sein mögen, leichtfertig hinwegzusetzen. Solche konkreten individuellen Erfahrungen müssen aber unter einer gesellschaftsbezogenen Perspektive zwangsläufig in den Hintergrund treten. Dafür bitte ich um Ihr Verständnis.

## 1 Traumatisierungen in der fachöffentlichen Wahrnehmung – das Beispiel „sexuelle Gewalt gegen Kinder"

Traumaforschung und Traumabehandlung haben sich seit der offiziellen Anerkennung der „posttraumatischen Belastungsstörung" als Diagnose in der psychiatrischen Nomenklatur im Jahre 1980[2] außerordentlich entwickelt (vgl. van der Kolk/Weisaeth/van der Hart 2000: 87). Das Thema hat außerdem große fachöffentliche und massenmediale Aufmerksamkeit erlangt. Wissenschaftlich analysiert worden sind Traumatisierungen und die aus ihnen resultierenden Belastungsstörungen bei ganz unterschiedlichen Personengruppen: bei KZ-Überlebenden und Kriegsteilnehmern, bei Opfern von Geiselnahmen und politischen Flüchtlingen, bei Betroffenen von Naturkatastrophen und erwachsenen Vergewaltigungsopfern sowie nicht zuletzt bei Menschen, die in der Kindheit sexuelle oder ritueller Gewalt erleiden mussten.[3] Da im Mittelpunkt dieser Tagung „Trauma und Traumafolgen als Thema für die Jugendhilfe" stehen, werde ich mich in meinen Ausführungen

auf die Ursache von Traumatisierungen konzentrieren, die im Hinblick auf kindliche und jugendliche Opfer in *unserer* Gesellschaft von größter Relevanz ist: die sexuelle Gewalt.
Mit diesem Thema habe ich mich zum ersten Mal Anfang der neunziger Jahre beschäftigt. Ich untersuchte damals historische Veränderungen in den gesellschaftlichen Vorstellungen über das ‚sexuell gefährdete Kind' (Schetsche 1993: passim). Einer meiner damaligen Befunde scheint mir auch heute noch geeignet, das Nachdenken über ‚Trauma im gesellschaftlichen Diskurs' anzuleiten: Ich stellte zu meiner großen Überraschung fest, dass die Gesellschaft – ebenso wie die zuständigen Professionen – bis Mitte der achtziger Jahre ein gänzlich anderes Bild von der sexuellen Gewalt gegen Kinder hatten, als das, dessen wir uns heute so sicher sind.
Zu meinem Untersuchungsmaterial gehörten damals 15 ausgewählte pädagogische und psychologische Fachzeitschriften. In den Jahrgängen 1950 bis 1991 dieser Zeitschriften fanden sich 165 Aufsätze, in denen die sexuelle Gewalt gegen Kinder im Mittelpunkt der Darstellungen stand. Die Beiträge waren nicht gleichmäßig über den Untersuchungszeitraum verteilt. Es zeigte sich vielmehr, dass das fachöffentliche Interesse einer ausgeprägten Thematisierungskonjunktur folgte (Grafik 1).

**Grafik 1**
**Sexuelle Gewalt gegen Kinder als Thema von Fachaufsätzen 1950 - 1991**

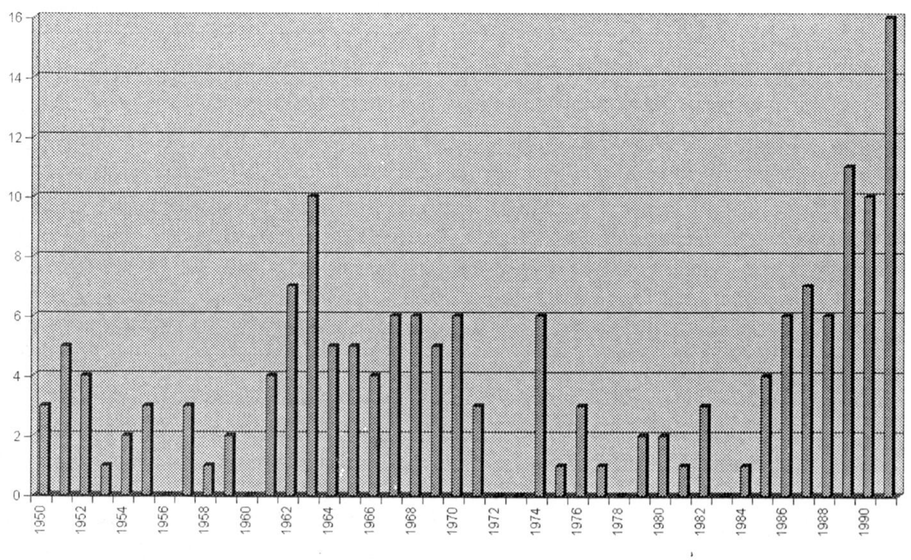


Bereits bei einem ersten Vergleich der einzelnen Aufsätze fiel auf, dass alle Beiträge der zweiten Themenkonjunktur (ab 1984) von anderen Autoren bzw. Autorinnen stammen als die früheren Veröffentlichungen. Ins Auge sprang außerdem, dass sich der Begriff, mit der die traumatisierenden Übergriffe gegen Kinder benannt wurde, Mitte der achtziger Jahre schlagartig änderte: Während in den älteren Beiträgen von „Sittlichkeitsdelikten" oder „Triebverbrechen" die Rede war, wurde die Tat in allen späteren Aufsätzen als „sexueller Missbrauch von Kindern" bezeichnet.

Die anschließende inhaltsanalytische Untersuchung der Beiträge zeigte, dass dieser Unterschied in der Benennung der sexuellen Gewalttaten programmatisch für zwei völlig disparate Wahrnehmungen solcher traumatisierenden Delikte war. Grundlage dieser Wahrnehmungen waren zwei ebenso unterschiedliche wie *unvereinbare* soziale Deutungsmuster[4], mit denen der fachliche Diskurs über die traumatisierende sexuelle Gewalt bis zu den achtziger Jahren und seit den achtziger Jahren geführt worden ist. Diese beiden Interpretationsfolien will ich nach den jeweils dominierenden Bezeichnungen für die thematisierten Taten als „Deutungsmuster Triebverbrechen" und als „Deutungsmuster Missbrauch" bezeichnen.

**Grafik 2**
**Deutungsmuster Triebverbrechen und Deutungsmuster Mißbrauch**

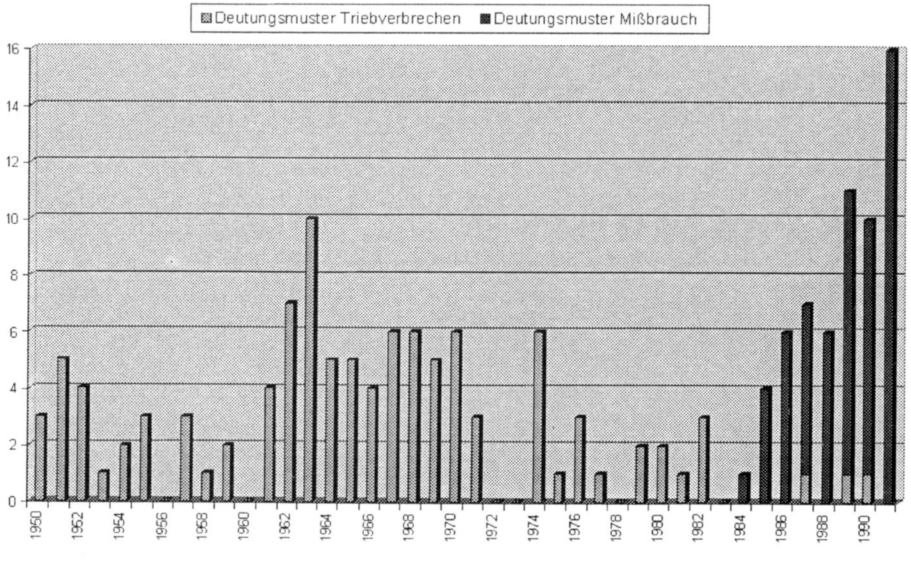


Während sich das Deutungsmuster Triebverbrechen in ausnahmslos allen Beiträgen vor 1984 findet, basieren die nach diesem Zeitpunkt erschienenen Aufsätze (bis auf drei Ausnahmen) auf dem Deutungsmuster Missbrauch (Grafik 2). Das jeweilige Verständnis der beiden Deutungen von sexuellen Gewalttaten gegen Kinder lässt sich idealtypisch so gegenüberstellen (vgl. Schetsche 1993: 144-203):

***Tabelle 1: Triebverbrechen vs. Missbrauch – Leitdifferenzen der Deutungsmuster***

| LEITDIFFERENZ | DEUTUNGSMUSTER TRIEBVERBRECHEN | DEUTUNGSMUSTER MISSBRAUCH |
|---|---|---|
| Typischer Täter: | ein Fremder | der Vater |
| Typischer Tatort: | draußen | zu Hause |
| Charakterisierung des Täters: | abnorm | normal |
| Überindividuelle Ursache: | der Sexualtrieb | das Patriarchat |
| Verantwortung des Kindes: | trägt Mitschuld | ist schuldlos |
| Begründung der Schädlichkeit: | vorhandene Strafnorm | Praxiserfahrungen |

## 1.1 Deutungsmuster 'Triebverbrechen'

Thema dieses Deutungsmusters ist die sexuelle Gefahr, die dem Kind von Fremden droht, wenn es den sicheren Hort von Heim und Familie verlässt. Der Übergriff unter Einsatz instrumenteller körperlicher Gewalt erscheint dabei aber als Ausnahme. In den Beschreibungen und Fallbeispielen dominieren vielmehr Handlungsverläufe, in denen das Kind eine duldende bis aktive Rolle spielt. Viele der geschilderten Fälle setzen voraus, dass das Kind dem Erwachsenen in irgendeiner Form *entgegenkommt*: Es begibt sich entweder von sich aus in eine Situation, in der es dem schnellen und instrumentell-gewaltsamen Zugriff des Täters ausgesetzt ist, oder es sucht den sexuellen Kontakt sogar bewusst auf. Oftmals werden den Kindern dabei *eigene Interessen* unterstellt, die sie mit den Sexualkontakten zum Erwachsenen verbinden: eine allgemeine oder spezielle sexuelle Neugier, materielle Vorteile, vielleicht sogar Spaß an der Interaktion.[5] Dass den Kindern ein 'gerütteltes Maß' an Mitschuld zugewiesen wird, führt nicht dazu, die Handlungen des Erwachsenen milder zu beurteilen – die Schuldverteilung zwischen den Beteiligten erfolgt nicht in der Art eines Nullsummen-Spiels.

Während es eher als normales (d. h. hier: durchschnittliches) Verhalten des Kindes gilt, dem Erwachsenen entgegenzukommen, erscheint es als große Ausnahme, wenn ein Erwachsener Kindern gegenüber ein sexuelles Begehren verspürt. In solchen Fälle, so wird angenommen, handelt es sich stets um eine Person mit *abnormer* Persönlichkeit. Die Verwendung dieses pathologisierenden Konzepts wirft die Frage nach den Ursachen der 'Abartigkeit' auf. Gesucht und gefunden werden dabei die unterschiedlichsten Ursachen für die Störung des Sexualtriebes. Sie alle haben jedoch eines gemeinsam: die maximale Differenz zur unterstellten ‚Normal-Persönlichkeit' von Autor und Leser.

Eine weitere zentrale Determinante dieses Verständnisses macht bereits die Bezeichnung Trieb*verbrechen* deutlich: Der sexuelle Übergriff ist ein Unrecht nicht nur im moralischen, sondern auch im *strafrechtlichen* Sinne. Weil der Gesetzgeber sexuelle Kontakte zu Kindern unter Strafe gestellt hat, ist die Schädlichkeit der Handlungen für die betroffenen Kinder evident. Untersuchungen über die Prozesse der Schadensentstehung scheinen deshalb ebenso überflüssig, wie Fragen nach

der Erheblichkeit der psychischen Folgeschäden. Die Überzeugung einer sicher eintretenden und lang anhaltenden Traumatisierung des Kindes durch den sexuellen Übergriff ist nicht empirisch sondern normativ fundiert.
Die Bezeichnung '*Trieb*verbrechen' meint also insgesamt etwas Dreifaches: Erstens drückt sie die Vorstellung des abnormen Erwachsenen aus, der Kontakte zu Kindern hat, weil er von *seinem* gestörten *Trieb* beherrscht wird. Zweitens gilt die Interaktion als ein Verbrechen *am Trieb* des Kindes, dessen normale Entwicklung ist das zentrale Gut, das durch die Tat geschädigt wird. Und drittens fällt das *Kind* dem Verbrechen auch wegen seiner *eigenen Triebe* zum Opfer: sexuelle Neugier und Neigungen lassen es dem Täter entgegenkommen.
Die Gefährdung des Kindes durch den Fremden aus dem Dunkel ist deshalb auch eine Metapher für die aufgrund mangelnder Kontrolle *entstehende Gefährlichkeit des Kindes selbst.* Gefahr droht ja immer dann, wenn das Kind sich an Orten aufhält, die von den (guten) Erwachsenen nicht einzusehen sind, es also nicht unter Kontrolle steht. Prävention heißt deshalb in erster Linie, das Kind vor sich selbst zu schützen. Wichtigste Maßnahme ist dabei die Verhaltenssteuerung: Erziehung zu Schamhaftigkeit, Pünktlichkeit und berechenbarem Verhalten.

### 1.2 Deutungsmuster 'Missbrauch'

Im Gegensatz zum Deutungsmuster Triebverbrechen fokussiert die Berichterstattung beim Deutungsmuster Missbrauch auf intrafamiliale Kontakte und auf das weibliche Opfer.
Fast alle Aufsätze nach 1983 beginnen ihre Darstellung mit einer spezifischen Enthüllungsrhetorik. Der Gegenstand des Aufsatzes sei in zweifacher Weise tabuisiert: Erstens gäbe es ein dem Kind vom erwachsenen Täter auferlegtes Schweigegebot, das es dem Opfer – oft über Jahrzehnte hinweg – unmöglich mache, über die Übergriffe zu reden. Diesem individuellen Sprech- und Erinnerungsverbot entspräche zweitens ein soziales Tabu: Selbst wenn das Kind über den Missbrauch reden könnte, würde ihm niemand glauben. Um Enthüllungs*rhetorik* handelt es sich, weil gleichlautende Formulierungen auch nach sieben Jahren fachöffentlichen Diskurses noch in der Mehrheit der Beiträge zu finden sind, obwohl das sogenannte Tabu zu diesem Zeitpunkt schon in aller Munde war. Der zweite Teil des Eröffnungsrituals besteht in der ‚Aufklärung' über das aufgrund des großen Dunkelfeldes jahrzehntelang unterschätzte *wirkliche* Ausmaß des sexuellen Missbrauchs, nämlich *mindestens 300.000 Fälle* jährlich in der (alten) Bundesrepublik. Auf Basis der in den Aufsätzen gemachten Annahmen war diese Dunkelfeldschätzung schlicht falsch.[6] Eine solche, kriminologisch orientierte Kritik würde jedoch – unabhängig von der moralischen Irrelevanz der Frage, wie viele tausend Kinder jährlich betroffen sind – übersehen, dass es in den Aufsätzen gar nicht um eine realitätsgerechte Abschätzung der Zahl der Opfer geht. Ziel ist vielmehr die *symbolische Feststellung* eines *exorbitanten Dunkelfeldes*, das der doppelten Tabuisierung der Taten ebenso entspringt, wie es sie belegt.
Der Erklärung der traumatisierenden Taten liegen beim Deutungsmuster ‚Miss-

brauch' an feministischen Theorien orientierte Patriarchatsvorstellungen zugrunde. Die Übergriffe werden als Form der sexuellen Gewalt von Männern gegen Frauen und damit Ausdruck der umfassenden patriarchalen Gewaltstrukturen der Gesellschaft thematisiert. Mädchen werden nicht Opfer, weil sie Kinder, sondern weil sie weibliche Wesen sind – und zwar besonders macht- und hilflose. Dies lässt den Missbrauch *als besonders perfide Form der sexuellen Gewalt gegen Frauen* erscheinen.
Aufgrund der abhängigen Position des Kindes in der Familie erscheinen die Taten nicht nur besonders verwerflich, sondern auch schicksalhaft: Das Mädchen hat *offensichtlich* keine Chance, sich der sexuellen Adressierung und der ihr sicher folgenden Traumatisierung zu entziehen. Unter den gegebenen gesellschaftlichen Verhältnissen erscheinen generalpräventive Überlegungen weitgehend zwecklos. Im Gegensatz zum Deutungsmuster Triebverbrechen kann es hier deshalb weniger darum gehen, der sexuellen Gefahr vorzubeugen, als vielmehr darum, die Traumatisierung nachträglich im Einzelfall zu erkennen. So wird die Erstellung einer umfassenden Symptomatologie der sexuellen Gewalt gegen Mädchen zur zentralen Aufgabe der Helferinnen. Die regelmäßig gelieferten umfangreichen Symptomkataloge stellen sowohl ein Decodierlexikon zur Identifizierung der Betroffenen, als auch Belege für die Existenz dauerhafter und schwerwiegender Traumatisierung der Opfer dar.
Da den Rahmen für die Analyse der Tat geschlechterpolitische Modelle liefern, ist ein zentrales Charakteristikum dieses Deutungsmusters die Annahme, dass *jeder Mann* zumindest ein potentieller Täter ist. Vorstellungen vom psychisch abnormen Täter werden vehement zurückgewiesen, weil die Ursache der Tat nicht im (individuell erklärbaren) Abweichen von der Norm, sondern gerade im konsequenten und rücksichtslosen Ausleben der (gesellschaftlich bislang akzeptierten) Männerrolle liegen soll. Die sexuelle Gewalt gegen Mädchen ist als Ausdruck patriarchaler Gewaltverhältnisse eine *normale* männliche Verhaltensweise, der Täter infolgedessen gerade der *normale Mann*.
Standardfall der exemplarischen Darstellungen ist der Missbrauch eines Mädchens durch seinen *Vater oder Stiefvater*. Bei der Verwendung dieses Beispiels geht es nicht nur um die Identifizierung des Vaters als statistisch dominierenden Tätertypus, sondern auch um die – wenigstens partielle – *Gleichsetzung* beider Kategorien. Dies spiegelte sich zur damaligen Zeit sprachlich sowohl in den Texten selbst wider (zum Beispiel in der beliebten Doppelkategorie der „Väter/Täter"), als auch in den damals üblichen öffentlichen Aufklärungskampagnen (wie in der Plakatserie gegen sexuellen Missbrauch in der Familie: „Papis Liebe tut weh").

### 1.3 Zwischenfazit

Zu konstatieren ist, dass Mitte der achtziger Jahre in Deutschland ein radikaler Bruch im gesellschaftlichen Denken über die sexuelle Traumatisierung von Kindern stattgefunden hat. Dies ist nicht nur für den Wissenssoziologen ein erklärungsbedürftiges Phänomen. Es stellt sich auch die Frage nach dem Zusammenhang

von wissenschaftlicher Erkenntnis und therapeutischer Praxis, die besonders für die beteiligten Professionen von Bedeutung sein sollte.
Für den Wandel im fachlichen Verständnis (wie auch parallel in der öffentlichen Wahrnehmung) traumatisierender sexueller Gewalttaten gibt es zwei sehr einfache Erklärungen: Erstens könnten die im Rahmen der Deutung ‚Missbrauch' fokussierten intrafamilialen Sexualkontakte in den achtziger Jahre tatsächlich stark zugenommen haben. Zweitens könnte die Existenz dieser Form sexueller Gewalt von den zuständigen Fachdisziplinen erst zu diesem Zeitpunkt 'entdeckt' worden sein. Diese beiden, durchaus naheliegenden Erklärungen, sind allerdings unzutreffend (vgl. Schetsche 1992: 251-255).
Zum ersten: Es finden sich keine Belege für tatsächliche Veränderungen in Ausmaß oder Form sexueller Interaktionen zwischen Erwachsenen und Kindern in dem genannten Zeitraum. Die Statistik der angezeigten Fälle wies von Mitte der siebziger bis Mitte der achtziger Jahre kontinuierlich nach unten. Ein Anstieg fand erst statt, nachdem die neue Themenkonjunktur begonnen hatte. Außerdem gibt es meines Wissens keine empirischen Ergebnisse, die auch nur einen Hinweis auf eine Verlagerung hin zu den intrafamilialen Kontakten liefern würden. Dies wird im Missbrauchsdiskurs auch nicht behauptet. Dort wird vielmehr von einer über sehr lange Zeiträume kontinuierlich hohen Zahl intrafamilialer Sexualkontakte ausgegangen.
Zum zweiten: Auch die Vorstellung, die Existenz der sexuellen Gewalt in der Familie sei erst in den achtziger Jahren entdeckt worden, ist zumindest für den deutschsprachigen Raum nicht haltbar. Die vom mir durchgeführte systematische Durchsicht der Fachliteratur zeigt, dass das Problem der sexuellen Übergriffe innerhalb von Familien schon lange vorher diskutiert worden ist. Spätestens seit Ende der sechziger Jahre finden sich gut zugängliche wissenschaftliche Veröffentlichungen die zeigen, dass die Mehrzahl der sexuellen Kontakte wahrscheinlich im sog. Nahraum des Kindes stattfindet. Es stimmt allerdings, dass die fachöffentliche Aufmerksamkeit bis Anfang der achtziger Jahre trotzdem fast ausschließlich den extrafamilialen Sexualkontakten galt. Hier handelt es sich jedoch nicht um ein Wissensdefizit, das die Verwendung einer Entdeckungsmetapher rechtfertigen würde, vielmehr war die Tabuisierungsthese des Missbrauchsdiskurses zumindest tendenziell realitätsgerecht.[7]
Dass Veränderungen in der öffentlichen Problemwahrnehmung nicht Ergebnis bloßen Erkenntnisfortschritts sind, zeigt sich auch daran, dass seit Mitte der neunziger Jahre die Aufmerksamkeit der Massenmedien wieder verstärkt den besonders spektakulären extrafamilialen Gewalttaten gilt, insbesondere solchen, bei denen das kindliche Opfer den Angriff nicht überlebt. Der – missverstehen Sie bitte diese Formulierung nicht – ‚alltägliche intrafamiliale' Missbrauch ist hingegen wieder aus dem Fokus des öffentlichen Interesses gerückt.
Zusammenfassend kann man sagen: Der Wandel in der Aufmerksamkeit für unterschiedliche Konstellationen sexueller Gewalt hat nichts mit Veränderungen des Phänomens selbst und nur wenig mit dem ‚Fortschritt' der wissenschaftlichen Erkenntnis zu tun. Die Warnungen vor dem abnormen Triebverbrecher und die Be-

schwörung des Normal-Mann-Täters sind nicht deshalb so konträr in ihren Schilderungen und Erklärungen, weil in ihrem Mittelpunkt jeweils andere Teilmengen des Gesamtphänomens stünden. Vielmehr rücken gerade umgekehrt unterschiedliche Konstellationen in den Mittelpunkt des Interesses, weil zwei verschiedene, inhaltlich unvereinbare Deutungsmuster die Wahrnehmung der Fachöffentlichkeit und der Massenmedien anleiten. Welches aber waren die Ursachen für den schlagartigen Wechsel vom Deutungsmuster ‚Triebverbrechen' zum Deutungsmuster ‚Missbrauch' Mitte der achtziger Jahre?

## 2 Sexuelle Gewalt gegen Kinder als soziales Problem

Der Wandel in der fachlichen wie der öffentlichen Wahrnehmung sexueller Gewalt gegen Kinder hängt meines Erachtens unmittelbar damit zusammen, dass kollektive Traumatisierungen in Gesellschaften wie der unseren in einer sehr spezifischen Diskursform thematisiert werden, einer Form, die die Soziologie ‚soziale Probleme' nennt. Dabei ist zu beachten, dass ‚soziales Problem' im soziologischen Verständnis nicht das meint, was im Alltag unter diesem Begriff verstanden wird. Ein ‚soziales Problem' im soziologischen Sinne bezeichnet einen sehr spezifischen, von kollektiven Akteuren geführten öffentlichen Diskurs.

Eine der zentralen Eigenschaften solcher öffentlichen *Problemdiskurse* ist, dass ihr gesellschaftlicher Erfolg zwar nicht vollständig, aber doch weitgehend unabhängig von den kritisierten sozialen Sachverhalten ist. So spielen Faktoren wie die Zahl der tatsächlichen Problemopfer, die Schwere und Nachhaltigkeit der angerichteten Schäden oder das Ausmaß der ethischen Verwerflichkeit der Handlungen für die öffentliche Karriere eines sozialen Problem nur eine nachgeordnete Rolle.[8] Und genau dies konnten ich ja auch hinsichtlich des Wechsel in der Wahrnehmung der sexuellen Gewalt gegen Kinder beobachten: bei den thematisierten Sachverhalten selbst hatte es keine nachweisbaren Veränderungen gegeben. Was Mitte der achtziger Jahre stattgefunden hat, ist nichts anderes als die Ablösung der älteren Problemwahrnehmung ‚Triebverbrechen' durch das neue soziale Probleme ‚sexueller Missbrauch'.

Bleibt die Frage nach den Gründen für den außergewöhnlich schnellen Ablösungsprozess. Die Soziologie kennt eine ganze Reihe von Faktoren, die über den Erfolg oder Misserfolg einer Problemwahrnehmung entscheiden oder – wie hier – zur vollständigen Ablösung einer bereits bestehenden durch eine neue Problemdeutung führen können (vgl. Schetsche 1996: 173, Schetsche 2000: 85-99). Im konkreten Fall der sexuellen Gewalt gegen Kinder waren nach meiner Auffassung drei Faktoren von entscheidender Bedeutung: das Engagement eines handlungmächtigen Akteurs, spezifische Selektionsprozesse in den Massenmedien und die Entstehung neuer institutioneller Handlungspraxen.

### 2.1 Die Rolle der Frauenbewegung

Der Diskurs über den ‚sexuellen Missbrauch' wurde Anfang der achtziger Jahre aus den USA nach Europa importiert. In den USA ging der Missbrauchsdiskurs aus der Problematisierung der körperlichen Gewalt von Eltern gegen ihre Kinder hervor. Seit Ende der siebziger Jahre verschob sich das Interesse der Fachleute und der Öffentlichkeit zunehmend in Richtung sexueller Interaktionen. Dass es zu dieser thematischen Verlagerung kam, wird in der Literatur (Schultz 1982: 28; Finkelhor 1984: 4; Nelson 1984: 12-16; Weisberg 1984; Wakefield/Underwager 1988: 398 f., 404; Rutschky 1990: 71; Mebes 1991: 149; Rutschky 1992: 23;Vacarr 1993: 18; Streeck-Fischer u. a. 2001: 14; Hacking 2001: 80-87) übereinstimmend auf das Engagement der US-amerikanischen Frauenbewegung zurückgeführt.[9] Ähnlich wie bei der Kampagne gegen die Pornographie entstanden an vielen Orten Initiativen und Projekte zur Skandalisierung der traumatisierenden sexuellen Gewalt gegen *Mädchen*.

Das Deutungsmuster ‚sexueller Missbrauch' wurde – ebenso wie die Organisationsformen und Strategien der Anti-Missbrauchs-Kampagnen – zu Beginn der achtziger Jahre von der bundesrepublikanischen Frauenbewegung[10] aus den USA übernommen. In den führenden deutschen Bewegungszeitschriften „EMMA" und „Courage" erschienen seit 1981 regelmäßig Beiträge zum Thema. Zeitlich und inhaltlich eng daran anschließend kam es seit *Mitte* der achtziger Jahre zu einer zunehmenden Zahl von Veröffentlichungen in wissenschaftlichen Fachzeitschriften und auch in den Massenmedien. Die Frauenbewegung blieb aber bis in die neunziger Jahre hinein – sowohl in den USA als auch in Westeuropa – die wichtigste Trägerin der Kampagnen gegen den sexuellen Missbrauch (Honig 1987a: 17; Gröning 1989: 201; Bernecker-Wolff/Wolff 1991; Kavemann/Lohstöter 1984: 130-133, Laudan 1991: 135).

Man kann deshalb mit Fug und Recht behaupten, dass die öffentliche Durchsetzung der Problemwahrnehmung und die staatliche Anerkennung des neuen Problems des sexuellen Missbrauchs *unmittelbar auf das große Engagement der Frauenbewegung zurückzuführen sind*. Um den für eine Problemwahrnehmung vergleichsweise schnellen und nachhaltigen Erfolg zu verstehen, muss man sich in diesem Kontext verdeutlichen, dass die Frauenbewegung in den achtziger Jahren eine der größten und durchsetzungsfähigsten sozialen Bewegungen Westeuropas war. Ihre Thesen, Thematisierungen und Skandalisierungen haben das öffentliche Denken und das politische Handeln in der Bundesrepublik so nachhaltig beeinflusst wie vielleicht keine andere soziale Bewegung in der zweiten Hälfte des zwanzigsten Jahrhunderts. Dies muss nicht verwundern, repräsentiert diese soziale Bewegung doch die legitimen Interessen von mehr als der Hälfte der Bevölkerung. In den achtziger und auch noch in den neunziger Jahren des 20. Jahrhunderts konnte keine politische Instanz es wagen, die moralisch wohl begründeten Forderungen der Frauenbewegung zu ignorieren. Die für die Bekämpfung sozialer Probleme zuständigen sozialen und staatlichen Organisationen waren also gleichsam gezwungen, sexuelle Gewalt gegen Kindern *zukünftig in Form des sexuellen Missbrauchs zu denken und zu bekämpfen*.

### 2.2 Die Massenmedien als Selektionsinstanz

Was aber auch ein starker sozialer Akteur wie die Frauenbewegung nicht garantieren kann, ist die fortgesetzte öffentliche Aufmerksamkeit für ein bestimmtes soziales Problem. Ganz generell ist die dauerhafte mediale Präsenz jedoch ein entscheidender Faktor für den Erfolg einer Problemwahrnehmung – gleichsam das Nadelöhr, durch das eine Themenkarriere gehen muss, um Praxisrelevanz im Alltag und Anerkennung in der politischen Arena[11] zu erlangen. Um ein Nadelöhr handelt es sich, weil unsere Massenmedien einer ökonomischen Logik folgen, bei der die Aufmerksamkeit der Rezipienten das einzige wirklich knappe Gut ist (Schetsche 2000: 78-79). Diese Ökonomie der Aufmerksamkeit sorgt u. a. dafür, dass die Massenmedien in einem gegebenen Zeitraum nur eine sehr begrenzte Zahl sozialer Probleme behandeln können. Problemwahrnehmungen unterliegen in den Massenmedien also einem unmittelbaren *Konkurrenzprozess*. Ob ein soziales Problem in diesem Prozess bestehen kann, hängt in erster Linie davon ab, ob es spezifische *Aufmerksamkeitskriterien* zu erfüllen vermag oder nicht. Von diesen Kriterien will ich nur kurz die drei nennen, die meines Erachtens im untersuchten Fall die entscheidende Rolle gespielt haben (vgl. Schetsche 2000: 85-99):

1. Kriterium: *Die Herstellung neuer Sinnzusammenhänge*: Eine erfolgreiche Problemwahrnehmung bietet eine Interpretation von Situationen, Ereignissen und Erfahrungen an, die den bisherigen Interpretationen überlegen ist – entweder weil sie eine neue kollektive Erfahrung interpretiert, Widersprüche zwischen bisherigen Deutungen beseitigt oder den Geltungsbereich einer Deutung ausdehnt. Das Problem des sexuellen Missbrauchs konnte Mitte der achtziger Jahre eine einleuchtende Erklärung für scheinbar sehr disparate psychische Symptome bzw. Störungen liefern, über die viele Frauen in den westlichen Gesellschaften klagten: Alkohol- und Tablettenabhängigkeit, Essstörungen, dissoziative Identitätsstörungen, Depression, verschiedenste Phobien und psychosomatische Störungen (vgl. Rave 1991: 19-29; Herman 2001: 122-126). Die Missbrauchsdeutung war den bisherigen Interpretationen solcher Störungen überlegen, weil sie ganz unterschiedliche Symptome unter dem einheitlichen Krankheitsbild einer durch sexuelle Traumatisierung in der Kindheit ausgelösten posttraumatischen Belastungsstörung (PTSD) zusammenfasste. Darüber hinaus entlastete es die Betroffenen von dem in den achtziger Jahren gerade Frauen gegenüber noch üblichen sozialen Vorwurf der Selbstverschuldung seelischer Leiden (oder auch schlichter Hysterie).
2. Kriterium: *Anschlussfähigkeit an anerkanntes Wissen*: Eine erfolgreiche Problemwahrnehmung ist anschlussfähig an andere aktuelle gesellschaftliche Diskurse. Dies erleichtert nicht nur die Darstellung des Themas in den Massenmedien, sondern erhöht für die Rezipienten die Plausibilität der neuen Deutung. Das Missbrauchsmuster schloss erstens unmittelbar an die in der Fachöffentlichkeit zeitlich vorausgehende Debatte über körperliche Misshandlung und soziale Vernachlässigung von Kindern an. Es nahm zweitens die von der Frauenbewegung bislang anhand der Themen Pornographie und Vergewaltigung

geführten grundsätzlichen Debatten über patriarchale Gewaltstrukturen auf und radikalisierte sie. Und drittens schließlich war die Deutung anschlussfähig an die christlich-konservative Kritik an der sogenannten sexuellen Revolution, die im vorausgegangenen Jahrzehnt massive Veränderungen im Sexualverhalten der Bevölkerung ausgelöst hatte (vgl. Gröning 1989: 196; Hacking 2001: 79). Damit wurden vom Missbrauchsmuster nicht nur die Interessen sehr unterschiedlicher sozialer Akteure aufgenommen, sondern es wurden auch drei aktuelle gesellschaftliche Diskursstränge gleichsam unter einer Überschrift integriert.

3. Kriterium: *Die Anpassung an klassische mediale Skandalformen.*[12] Eine erfolgreiche Problemwahrnehmung orientiert sich am Prinzip der vollständigen Dichotomisierung von Schuld. Dieses Prinzip reduziert komplexe soziale Situationen auf *binäre* Konfliktlagen, in denen absolut unschuldigen *Opfern* absolut schuldigen *Täter* gegenüberstehen.
   Während beim älteren Konzept ‚Triebverbrechen' alle Beteiligten moralisch schuldig waren, findet sich beim Missbrauchsmuster eine für die mediale Darstellung deutlich besser geeignete Opfer-Täter-Polarisierung mit eindeutig-einseitigen (Vor-)Verurteilungen. Die Dichotomisierung der Schuld ist dabei eine doppelte: Sie verläuft nicht nur entlang der Altersgrenze (Erwachsener = schuldiger Täter, Kind = unschuldiges Opfer), sondern auch entlang der Geschlechtergrenze (Mann = schuldig, Frau = unschuldig). Im Zentrum fast aller Darstellungen stand entsprechend der Kontakt zwischen dem Mädchen als *doppelt unschuldiger* und dem Mann *als doppelt schuldiger* Person. Auf letzteren konnte die mediale Empörung ebenso konzentriert wie individuelle Aggression projiziert werden (vgl. Kepplinger u. a. 1993: 162; Nitzschke 1989: 23; Hirblinger 2002: 153).

### 2.3 Das Recovery-Paradigma in der therapeutischen Praxis

Der dritte wichtige Faktor (neben Existenz eines handlungsmächtigen Akteurs und der Selektionskraft der Massenmedien) für den nachhaltigen Erfolg einer Problemwahrnehmung schließlich ist die Entstehung von *institutionellen Handlungspraxen,* in denen die Richtigkeit der Problemdeutung immer wieder aufs Neue bestätigt und empirisch belegt werden kann. Durch die fortdauernde Praxis erhält die Problemwahrnehmung einen hohen Grad sozialer Geltung und erringt schließlich im Alltag den Status des Selbstverständlichen. (Vgl. Schetsche 2000: 88-89, 208-209)

Für das Problem des sexuellen Missbrauchs war und ist die wichtigste Praxisform sicherlich die psychologische Diagnose und die therapeutische Behandlung der Missbrauchsopfer.[13] Als zentraler Bestandteil dieser Praxis hat sich dabei die Aufdeckung von traumatisierenden sexuellen Übergriffen erwiesen, die von den Betroffenen – meist Patientinnen – über einen längeren Zeitraum nicht erinnert werden konnten. *Erst mittels dieser sog. Aufdeckungsarbeit konnten die unspezifischen, manchmal auch disparaten Symptome der Opfer in einen Zusammenhang gebracht und das vom Missbrauchsdiskurs konstatierte extrem große Dunkelfeld der Taten erklärt werden.*

Voraussetzung für die ‚Aufdeckungsarbeit' war dabei ein theoretisches psychologisches bzw. psychiatrisches Konzept, das schon viele Jahrzehnte alt war[14], aber erst im Kontext der Behandlung von Missbrauchsopfern weitgehende Anerkennung in der Öffentlichkeit und auch in den zuständigen Professionen fand.[15] Im Zentrum dieses Konzepts steht die Annahme, dass bestimmte Arten von Traumatisierungen (insbesondere die wiederholten) mit psychischen Prozessen einhergehen können und zumindest bei Kindern regelmäßig auch einhergehen, die zur Unfähigkeit führen, die traumatisierenden Erlebnisse zu erinnern. Die Traumatisierung zeigt sich in diesen Fällen nur in verschiedenen psychischen und psychosomatischen Symptomen, die nicht abklingen werden, solange das traumainduzierende Ereignis nicht im therapeutischen Prozess *aufgedeckt* und behandelt worden ist (vgl. Simmich 1999: 1011). Im Laufe der Zeit hat dieses Konzept sich zu einem *Recovery-Paradigma* verdichtet. Als ‚Paradigma' bezeichne ich diese Wissensform, weil sie in den letzten zwanzig Jahren verschiedenste therapeutische Praxisformen, öffentliche Problemdiskurse und massenmediale Themenkonjunkturen zu konstituieren vermochte – der sexuelle Missbrauch ist dabei nur das prominenteste Beispiel (vgl. Luckhurst 1997: 33).

Wenn wir uns einmal die aktuellen gesellschaftlichen Diskurse über Traumata anschauen, fällt auf, dass dieses Recovery-Paradigma nur bei einem Teil der Traumatisierungsprozesse eine so dominierende Rolle spielt. Offenbar gibt es einen nicht-trivialen Zusammenhang zwischen dem Inhalt und dem Andauern des traumatisierenden Ereignisses und der Frage der persistenten Erinnerung bei den Opfern (vgl. Crombag-Merckelbach 1997: 47; van der Kolk 2000: 227; Terr 2001). Während Kriegserlebnisse, schwere Unfälle, Lager- und Geiselhaft vielleicht nicht in allen Einzelheiten, aber doch als Ereignis selbst ganz überwiegend persistent erinnert werden, scheint es wenigstens drei Arten der Traumatisierung zu geben, bei denen die Erinnerungen an die traumatisierenden Ereignisse häufig über einen längeren Zeitraum fehlen und – spontan oder im Rahmen einer spezifischen Therapie – *zurückerlangt* werden (müssen): (1) der intrafamiliale sexuelle Missbrauch, (2) der kultische bzw. satanisch-rituelle Missbrauch und (3) schließlich die Entführung durch Außerirdische.

Diese Reihung ist zugegebenermaßen irritierend – nicht nur wegen der Nennung des in der Fachliteratur in den letzten Jahren umstrittenen rituellen Missbrauchs[16], sondern noch mehr aufgrund der Erwähnung des sog. Abduktionsphänomens in diesem Zusammenhang. Ich bitte dabei jedoch zu berücksichtigen, dass ich mit dieser Aufzählung keinesfalls eine Gleichsetzung dieser drei Phänomene beabsichtige. Ich benenne lediglich die gesellschaftlichen Diskurse und Praxisformen, in denen das Recovery-Paradigma nach meiner Beobachtung eine zentrale Rolle spielt.[17]

## 3 Ein ‚außergewöhnliches' Phänomen

In Deutschland wird die ‚Entführung durch Außerirdische' bis heute von Fachdisziplinen wie der Psychologie oder der Soziologie gleichsam als degoutantes Thema angesehen. Im englischsprachigen Raum findet sich demgegenüber seit Beginn der neunziger Jahre eine Vielzahl wissenschaftlicher Veröffentlichungen, viele davon in angesehenen Fachzeitschriften. Im Zusammenhang meiner Überlegungen zu Traumatisierungen im gesellschaftlichen Diskurs ist dieses Entführungsphänomen bedeutsam, weil es einige schwerwiegende Fragen hinsichtlich der wissenschaftlichen wie der ethischen Einschätzung der vom Recovery-Paradigma angeleiteten therapeutischen Praxisformen aufwirft.

Da die im englischsprachigen Raum geführte Fachdiskussion in Deutschland bislang kaum rezipiert worden ist[18], will ich zunächst einen kurzen Überblick über das Phänomen generell geben: Wenn wir den zahlreichen in Sachbüchern und Fachaufsätzen gelieferten Fallvignetten glauben, werden die USA sowie einige Staaten Lateinamerikas und Europas seit Mitte der siebziger Jahre von einer Welle seltsamer Entführungen heimgesucht. Inzwischen sind es Tausende[19] von Menschen, die behaupten, sie seien von *Außerirdischen* verschleppt und in deren Raumschiffen (den sog. UFOs[20]) zu verschiedensten medizinischen Experimenten Missbraucht worden (vgl. Spanos u. a. 1993; Johnson 1994; Spanos/Burgess/Burgess 1994; Morrison 1995; Klass 1996; Thieme 1996; Paley 1997; Luckhurst 1997).

Bei den meisten Opfern treten nach der Entführung zunächst nur einige nicht sehr spezifische psychische und somatische Symptome auf:

- Schlaflosigkeit, Alpträume und Dunkelangst,
- wiederholtes Erwachen im Zustand der Paralyse,
- das Gefühl der Anwesenheit von Fremden im Schlafraum,
- ein Eindruck von Zeitverlusten und Erinnerungsstörungen,
- fortgesetzte Angst vor medizinischen (bei Frauen insbesondere: gynäkologischen) Untersuchungen,
- Nasenbluten und unerklärliche kleine und größere Narben an verschiedenen Stellen des Körpers.

Erst bei der Verwendung spezifischer Befragungstechniken, insbesondere beim Einsatz von *Regressionshypnose* durch einen mit dem Phänomen vertrauten Psychotherapeuten, stellen sich Erinnerungen an die Entführungen selbst ein. Die betroffenen Personen berichten dann – im Wesentlichen übereinstimmend (vgl. Magin 1991: 55-57; Spanos u. a. 1993; Vacarr 1993: 25-30; Rodeghier 1996: 25; Eberlein 1995: 172-174; Showalter 1997: 258-261; Mack 1995: 45-73; Newman 1997: 151-154) – über ihre Erlebnisse:

- die Beobachtung einer ungewöhnlichen Himmelserscheinung, z. B. eines hellen Lichts, das schnell größer wird;
- eine Art Wechsel des Bewusstseinszustands, der insbesondere durch ein Gefühl des zunehmendes Verlusts von Willenskraft und Empfindungsvermögen sowie körperliche Lähmungserscheinungen gekennzeichnet ist;
- die Entführung aus einem Auto oder dem heimischen Schlafraum heraus – entweder durch ein helles Licht oder durch mehrere fremdartige Gestalten, die sich des Körpers bemächtigen und ihn zu einem in der Nähe schwebenden Raumschiff bringen;

- diverse, zum Teil außerordentlich schmerzhafte medizinische Untersuchungen (bis hin zu umfangreichen chirurgischen Eingriffen);
- der Missbrauch für reproduktionsmedizinische Experimente, wobei Frauen häufig gegen ihren Willen befruchtete Eizellen eingesetzt und die Föten bei einer späteren Entführung wieder entnommen werden;
- die Löschung der Erinnerung an die Entführung mittels fortgeschrittener Mind-control-Techniken und der anschließende Rücktransport an den Ort der Entführung.

Die meisten Betroffenen berichten dabei von mehrfachen Entführungen, die regelmäßig bereits in der Kindheit einsetzen und sich über Jahrzehnte hinweg immer wieder ereignen. In einigen Darstellungen erscheint die Entführungserfahrung als 'heilsamer Schock', der den betroffenen Menschen zu 'höheren Einsichten' verhilft. In der Mehrheit der Fälle werden unter Hypnose jedoch außerordentlich erschreckende Erfahrungen erinnert, die Entführungen selbst, insbesondere aber auch die in ihrem Rahmen stattfindenden schmerzhaften und entwürdigenden medizinischen Experimente erscheinen als ‚traumatisierende Erlebnisse' (vgl. Whitmore 1993: 316-317; Porter 1996,; Goldberg 2000: 311).[21] Und in der Fachliteratur wird tatsächlich berichtet, dass die Entführungsopfer mehrheitlich Symptome einer posttraumatischen Belastungsstörung aufweisen (Vacarr 1993: passim; Powers 1994 und 1996; Stone-Carmen 1996; Johnson 1996; Jacobs 1995: 255-263; Boylan 1996).[22] Besonders quälend für viele Entführungsopfer ist dabei das – auf unterschiedlichem Wege entstandene – Wissen über die Intergenerativität des Phänomens: Die Betroffenen rechnen nicht nur damit, dass sie selbst jederzeit erneut entführt werden könnten, sondern sie befürchten auch, dass ihre Kinder dasselbe Schicksal erleiden könnten (vgl. Laibow/Laue 1993: 102; Vacarr 1993: 78).[23]

Aus dem herkömmlichen Raster *individuell* zu erklärender Wahrnehmungs- oder Erinnerungsstörungen fallen die Entführungsberichte nicht nur heraus, weil verschiedene psychologische Untersuchungen bei den betroffenen Personen – von den Symptomen der posttraumatischen Belastungsstörung – einmal abgesehen, offenbar kaum auffällige Befunde erbringen (Laibow/Laue 1993; Spanos u. a. 1993; Spanos/Burgess/Burgess 1994; Rodeghier 1996a; Johnson 1996). Wichtiger ist noch, dass es sich um ein kollektives Phänomen handelt: Meist ohne vorher Kontakt zu anderen Opfern gehabt zu haben berichten die Betroffenen unter Hypnose zwar nicht völlig identische, aber doch strukturell und symbolisch verblüffend ähnliche Erlebnisse. Die Dichte der Erinnerungen und die Konsistenz der Narrationen nimmt dabei mit jeder Therapiesitzung zu. Einmal akzeptiert, prägt die Entführungserfahrungen dauerhaft das Leben der Opfer.

Unabhängig von der Frage, wie wir den Realitätsgehalt der Entführungserlebnisse aus wissenschaftlicher Sicht einschätzen, bleibt deshalb der Sachverhalt bestehen, *dass Tausende von Betroffenen nach erfolgter ‚Wiedererinnerung' subjektiv von der Realität der Entführungen überzeugt sind, ihre Biographien und Familiengeschichten entsprechend zu rekonstruieren beginnen und sowohl ihr Alltagsleben als auch ihre Zukunftsplanung an dieser Überzeugung ausrichten.*

## 4 Schlussfolgerungen

Warum berichte ich so ausführlich über dieses außerordentlich merkwürdige Phänomen? Erhellend im Kontext meines Vortragsthemas scheint es mir deshalb, weil das subjektiv sichere Wissen, regelmäßig Opfer von Außerirdischen zu werden, fast in allen Fällen in einem therapeutischen Setting erlangt wird, in dem das Recovery-Paradigma eine zentrale Rolle spielt. Zur Rückholung der Entführungserinnerung werden regelmäßig regressionshypnotische Verfahren eingesetzt[24] (Clamar 1988; Laibow/Laue1993: 98; Vacarr 1993: 9-10; Whitmore 1993: 314-315; Spanos/Burgess/Burgess 1994: 438; Mack 1995: passim; Bullard 1996; Webb 1996; Newman 1997; Luckhurst 1997: 32-38; Paley 1997: 50; Hopkins 2000)[25]. Der Umgang mit solchen Verfahren in der Psychotherapie ist für die USA Mitte der neunziger Jahre von Michael D. Yapko empirisch untersucht worden. Der Autor befragte mittels eines standardisierten Fragebogens 869 in den USA niedergelassene Psychotherapeuten nach ihrer Einschätzung solcher Verfahren. 36 Prozent der Befragten gab an, in der eigenen Praxis häufig oder gelegentlich Hypnose anzuwenden, um ihren Patienten die Wiedererlangung bislang nicht zugänglicher Erinnerungen zu ermöglichen (Yapko 1996: 67). Die positive Beurteilung der Möglichkeiten der Hypnose ist jedoch nicht auf diese Gruppe der Anwender beschränkt: 47 Prozent *aller* Befragten waren der Auffassung, dass unter Hypnose erlangte Erinnerungen besonders zuverlässig seien, 31 Prozent – also fast ein Drittel – gar, *dass ein Erlebnis objektiv stattgefunden haben muss, wenn es unter Hypnose erinnert wird* (Yapko 1996: 76-79).[26]
Unabhängig davon, ob die Ergebnisse bei einer Befragung in Deutschland ähnlich ausfallen würden oder nicht, machen die Befunde meines Erachtens doch klar, welches ernsthafte Problem die Entführungserlebnisse im Rahmen hypnosegestützter Diagnose- und Therapieverfahren aufwerfen (vgl. Crombag/Merckelbach 1997: 245-252; Luckhurst 1997: 32-38): Die Existenz einer großen Zahl von Menschen mit Erinnerungen an die Entführung durch Außerirdische ist – soweit man nicht annimmt, dass solche Entführungen tatsächlich stattfinden – ein starkes Indiz gegen die Zuverlässigkeit regressionshypnotischer Verfahren. Wenn in der Rückführung überaus detaillierte und konsistente Entführungserinnerungen iatrogen entstehen können, warum dann nicht auch ebenso detaillierte Erinnerungen an rituelle Misshandlungen oder gar an sexuellen Missbrauch? Auf Basis der mir zu den jeweiligen Fallgruppen vorliegenden veröffentlichten Berichten der beteiligten Therapeuten vermochte ich methodische Unterschiede zwischen Rückführungen mit dem Befund ‚sexueller oder ritueller Missbrauch' und Rückführungen mit dem Ergebnis 'Entführung durch Außerirdische' nicht zu erkennen. Um Missverständnisse zu vermeiden: Ich behaupte nicht, dass es diese Unterschiede nicht gibt – ich frage vielmehr gerade, *ob und wie* unter Hypnose wiedererlangte tatsächliche Erinnerungen sicher von im hypnotischen Prozess erzeugten Pseudoerinnerungen unterschieden werden können.[27] Und offenbar gibt es unter den zuständigen Fachleuten zumindest einige, die eine solche Unterscheidung für unmöglich halten: „Bisher gibt es kein objektives Kriterium, das gestatten würde, falsche von

richtigen Erinnerungen sicher zu unterscheiden." (Streeck-Fischer, Sachsse und Özkan 2001: 20; ähnlich: Lindsay/Read 1994: 325; Fiedler 2001: 116; Schacter 2001: 443).
Solange dieses methodische Problem der Nichtunterscheidbarkeit ereignisinduzierter und iatrogen erzeugter Trauma-Erinnerungen nicht ausgeräumt ist, erscheinen mir die *durch hypnotische oder hypnoseähnliche Verfahren gewonnenen Erlebnisberichte* (und nur um diese geht es mir hier[28]) hinsichtlich ihres Realitätsgehaltes zumindest fragwürdig. Diese Konsequenz drängt sich offenbar nicht nur einem – was die Erinnerungsforschung und Traumatherapie angeht – Laien wie mir auf. Im englischsprachigen Raum ist bereits Anfang der neunziger Jahre eine heftige Debatte unter Fachleuten über die Praxis der hypnosegestützten Rückführung, aber auch über die Annahmen des Recovery-Paradigmas generell entbrannt.[29] Die vorgetragenen theoretischen Argumente und vorgelegten empirischen Befunde sind in Deutschland im klinisch-therapeutischen Bereich jedoch sehr spät und wohl auch eher zögerlich rezipiert worden (vgl. Fiedler 2001: 116). Offenbar haben sich bislang nur wenige deutsche Fachleute[30] die Mühe gemacht, die Fragen und Ergebnisse der englischsprachigen Debatte systematisch in ihrer Arbeit zu berücksichtigen.
Allerdings steht es mir nicht zu, die psychotherapeutische Fachgemeinschaft wegen ihrer Rezeptionspolitik zu kritisieren. Ich kann aus *soziologischer* Sicht nur Folgendes festhalten: Gesellschaftliche Diskurse über Traumata sind nicht nur, wie meine Beispiele gezeigt haben sollten, in hohem Maße von verschiedensten sozialen Rahmenbedingungen abhängig, der Handlungsmächtigkeit der beteiligten Akteure zum Beispiel oder den Funktionsweisen der jeweiligen medialen Transferinstanzen. Sie zeigen vielmehr auch Folgen, die über Fachfragen einer Disziplin oder das Schicksal einzelner Betroffener hinausgehen. So hatte – und nicht zuletzt deshalb waren mir die Ausführungen zum Abduktionsphänomen so wichtig – das im Rahmen des Missbrauchsdiskurses zu großer Popularität gelangten Recovery-Paradigma erhebliche Auswirkungen auf das gesellschaftlich dominierende Verständnis von Gedächtnis, Biographie und Realität. Es konfrontierte und konfrontiert uns mit der Möglichkeit, dass das, was wir für unsere persönliche Vergangenheit halten, Bestandteil einer ‚großen Lüge' sein könnte, dass viele unserer Erinnerungen unwahr sein könnten – nichts als Deckerinnerungen, um ein Geheimnis zu wahren, das so schrecklich ist, dass die Wahrheit uns um den Verstand bringen würde[31]. Und im Zweifelsfalle bringt es uns dazu, unsere eigene Vergangenheit neu zu schreiben, was letztlich nichts anderes heißt, als ein anderer Mensch zu werden.
Das Recovery-Paradigma transferiert dabei – und das ist vielleicht das Beunruhigendste –Denkfiguren moderner Verschwörungstheorien[32] oder der Science Fiction[33] (wie sie zum Beispiel im Film ‚Total recall'[34] so nachdrücklich vorgeführt werden) in die Alltagswelt und macht sie dort zu einer verstörenden psychosozialen Realität. Zu einer *hybriden Realität*, zu der reale sexuelle Gewalttaten gegen Kinder *in gewisser Weise* ebenso gehören, wie das Phantomphänomen der Ent-

führungen durch übermächtige Außerirdische, deren Motive und Ziele sich dem menschlichen Verstand entziehen.
Hybrid nenne ich diese Realität, weil in ihr traditionelle Dichotomien, wie die zwischen Fakten und Fiktionen, zwischen wahr und falsch, zwischen dem Realen und dem Imaginären, zwischen Traum und Wirklichkeit aufgehoben sind.[35] Dabei ist es nicht nur die systematische Verschleifung dokumentarischer und fiktionaler Darstellungsmodi in den Massenmedien, welche die Barriere zwischen realitäts- und phantasiebezogenen Wissensbeständen großflächig aufbrechen lässt. Auch die prinzipielle Ablehnung jeder Form von externer Überprüfung selbst der unwahrscheinlichsten Narrationen – in der psychotherapeutischen Praxis[36] ebenso wie im öffentlichen Diskurs – trägt das ihrige zum *kollektiven* Verlust der Fähigkeit zur Realitätskontrolle bei.
Die Frage, die sich mir angesichts all dessen stellt ist deshalb die, ob unser gesammeltes wissenschaftliches und expertisches Wissen uns vor solchen Schrecknissen zu bewahren vermag, oder ob es nicht manchmal ganz im Gegenteil die Dämonen erst hervorbringt, gegen die wir dann – mit seiner Hilfe versteht sich – in den Kampf ziehen dürfen ...

## Literatur

*Baumeister*, Roy F.; *Sommer*, Kristin L. (1997): Pattern in the Bizarre: Common Themes in Satanic Ritual Abuse, Sexual Masochism, UFO Abductions, Factitious Illness, and Extreme Love. In: Journal of Social and Clinical Psychology 16, S. 213-223.

*Baurmann*, Michael (1991): Die offene, heimliche und verheimlichte Gewalt von Männern gegen Frauen sowie ein Aufruf an Männer, sich gegen Männergewalt zu wenden. In: Sexuelle Gewalt, Hrsg. Doris Janshen, Frankfurt am Main: Zweitausendeins, S. 223-251.

*Bernecker-Wolff*, Angela; *Wolff*, Reinhart (1991): Sexuelle Misshandlung und Sexualpolitik. In: päd.extra, Heft 4, S. 30-32.

*Blumer*, Herbert (1975): Soziale Probleme als kollektives Verhalten. In: Menschliche Bedürfnisse und soziale Steuerung, Hrsg. Karl Otto Hondrich, Reinbek: Rowohlt, S. 102-113.

*Bottoms*, Bette L.; *Davis*, Suzanne L. (1997): The Creation of Satanic Ritual Abuse. In: Journal of Social and Clinical Psychology 16, S. 112-132.

*Boylan*, Richard J. (1996): Therapeutische Behandlung von Abduzierten. In: Alien Discussions. Von Außerirdischen entführt, Hrsg. Andrea Pritchard u. a., Frankfurt am Main: Zweitausendeins, S. 301-305.

*Brand*, Karl-Werner (1987): Kontinuität und Diskontinuität in den neuen sozialen Bewegungen. In: Neue soziale Bewegungen in der Bundesrepublik, Hrsg. Roland Roth und Dieter Rucht, Frankfurt/Main: Campus, S. 30-44.

*Brenneis*, C. Brooks (1996): Memory Systems and the Psychoanalytic Retrieval of Memories of Trauma. In: Journal of the American Psychoanalytic Association 44, S. 1165-1187.

*Bullard*, Thomas E. (1987): UFO Abductions: The Measure of a Mystery. Vol. 1: Comparative Study of Abduction Reports. Mount Rainier (MD): The Fund for UFO Resarch.

*Bullard*, Thomas E. (1996): Die überbewerteten Risiken der Hypnose. In: Alien Discussions. Von Außerirdischen entführt, Hrsg. Andrea Pritchard u. a., Frankfurt am Main: Zweitausendeins, S. 191-193.

*Clark*, Jerome (1996): Kurze Geschichte des Phänomens der UFO-Abduktion. In: Alien Discussions. Von Außerirdischen entführt, Hrsg. Andrea Pritchard u. a., Frankfurt am Main: Zweitausendeins, S. 17-21.

*Clamar*, Aphrodite (1988): Is it Time for Psychology to Take UFOs Seriously? In: Psychotherapy in Private Practice 6 (3), S. 143-149.

*Cohen*, Jean L. (1985): Strategy or Identity: New Theoretical Paradigms and Contemporary Social Movements. In: Social Research 52, S. 663-716.

*Critchlow*, Stephen (1998): False Memory Syndrome: Balancing the Evidence For and Against. In: Irish Journal of Psychological Medicine 15 (2), S. 64-67.

*Crombag*, Hans F. M.; Merckelbach, Harald L. G. (1997): Missbrauch vergißt man nicht. Erinnern und Verdrängen – Fehldiagnosen und Fehlurteile. Berlin: Verlag Gesundheit.

*Dallam*; Stephanie (2001): Crisis or Creation?: A Systematic Examination of ‚False Memory Syndrome'. In: Journal of Child Sexual Abuse 9 (3/4), S. 9-36.

*Dean*, Gwen L. (1996): Abduktionen und ritueller Missbrauch. Ein Vergleich. In: Alien Discussions. Von Außerirdischen entführt, Hrsg. Andrea Pritchard u. a., Frankfurt am Main: Zweitausendeins, S. 324-331.

*Donderi*, Con C. (1996): Validitätsprüfung der Roper-Umfrage: Aufbereitung der Befunde. In: Alien Discussions. Von Außerirdischen entführt, Hrsg. Andrea Pritchard u. a. Frankfurt am Main: Zweitausendeins, S. 214-221.

*Dreyer*, Anne; *Schade*, Angelika (1992): Die konstruktivistische Ansatz in der nordamerikanischen Problemsoziologie. In: Soziale Probleme 3, S. 28-44.

*Eberlein*, Gerald L. (1995): Ufologie. In: Kleines Lexikon der Parawissenschaften, Hrsg. Gerald L. Eberlein, München: Beck, S. 169-177.

*Eder*, Klaus (1985): The 'New Social Movements': Moral Crusades, Political Pressure Groups, or Social Movements? In: Social Research 52, S. 869-890.

*Endres*, Manfred; *Moisl*, Sibylle (2002): Entwicklung und Trauma. In: Traumatisierung in Kindheit und Jugend, Hrsg. Manfred Endres und Gerd Biermann, München, Reinhardt, S. 11-27.

*Fiedler*, Peter (2001): Dissoziative Störungen und Konversion. Trauma und Traumabehandlung. Beinheim: Beltz/PVU, 2. Auflage.

*Finkelhor*, David (1984): Child Sexual Abuse. New Theory and Research. New York: Frei Press.

*Friedman*, Stanley (1997): On the ‚True-False' Memory Syndrome: The Problems of Clinical Evidence. In: American Journal of Psychotherapy 51 (1), S. 102-122.

*Gotlib*, David A. (1996): Psychotherapy for the UFO Abduction Experience. In: Journal of UFO Studies 6 (neue Serie), S. 5-27.

*Goldberg*, Carl (2000): The General's Abduction by Aliens from a UFO: Levels of Meaning of Alien Abduction Reports. In: Journal of Contemporary Psychotherapy 30, S. 307-320.

*Gröning*, Katharina (1989): Sexualität mit Kindern. Vom Wandel einer Diskussion. In: Neue Praxis, Heft 3, S. 195-204.

*Hacking*, Ian (2001): Multiple Persönlichkeit. Zur Geschichte der Seele in der Moderne. Frankfurt am Main: Fischer.

*Herman*, Judith Lewis (2001): Trauma and Recovery. From Domestic Abuse to Political Terror. London: Pandora.

*Hilgartner*, Stephen; Bosk, Charles L. (1988): The Rise and Fall of Social Problems: A Public Arenas Model. In: American Journal of Sociology 94, S. 53-78.

*Hirblinger*, Annedore (2002): Der Opfer-Täter-Komplex im Bereich sexuellen Missbrauchs – Behandlungstechnische Perspektiven bei der Aufarbeitung des Beziehungstraumas. In: Traumatisierung in Kindheit und Jugend, Hrsg. Manfred Enders und Gerd Biermann, München: Reinhardt, S. 142-171.

*Honig*, Michael-Sebastian (1987): Täter und Opfer. Soziale Codierung der Gewalt an Kindern. In: Sozialwissenschaftliche Literaturrundschau 10 (14), S. 7-24.

*Hopkins*, Budd (1996): Umfragen über ungewöhnliche persönliche Erfahrungen. In: Alien Discussions. Von Außerirdischen entführt, Hrsg. Andrea Pritchard u. a. Frankfurt am Main: Zweitausendeins, S. 207-209.

*Hopkins*, Budd (2000): Hypnosis and the Investigation of UFO Abduction Accounts. In: UFOs and Abductions. Challenging the Borders of Knowledge, Hrsg. David M. Jacobs, Lawrence: University Press of Kansas, S. 215-240.

*Jacobs*, David M. (1995): Geheimes Leben. Dokumentierte Berichte über Entführungen durch UFOs aus erster Hand. Rottenbrug: Kopp.

*Jenkins*, Philip; *Maier-Katkin*, Daniel (1992): Satanism: Myth and Reality in a Contemporary Moral Panic. In: Crime, Law and Social Change 17, S. 53-75.

*Johnson*, Ronald C. (1994): Parallels between Recollections of Repressed Childhood Sex Abuse, Kidnappings by Space Aliens, and the 1692 Salem Witch Hunts. In: Issues in Child Abuse Accusations 6 (1), S. 41-47.

*Johnson*, Donald A. (1996): Persönlichkeitsmerkmale von Abduzierten. In: Alien Discussions. Von Außerirdischen entführt, Hrsg. Andrea Pritchard u. a. Frankfurt am Main: Zweitausendeins, S. 288-292.

*Kavemann*, Barbara; *Lohstöter*, Ingrid (1984): Väter als Täter. Sexuelle Gewalt gegen Mädchen. Reinbek bei Hamburg: Rowohlt.

*Kepplinger*, Hans Matthias (1994): Publizistische Konflikte. In: Öffentlichkeit, öffentliche Meinung, soziale Bewegung, Hrsg. Friedhelm Neidhardt, Opladen: Westdeutscher Verlag, S. 214-233

*Kinzie*, David J.; *Goetz*, Rupert, R. (1996): A. Century of Controversy Surrounding Posttraumatic Stress-Spectrum Syndromes: The Impact on DSM-III and DSM-IV. In: Journal of Traumatic Stress 9(2), S. 159-179.

*Klass*, Philip J. (1996): That's Entertainment! TV's UFO Coverup. (http://csicop.org/si/9611/ufo.html - Zugriff 18.12.1996).

*Knafla*, Leonore; *Kulke*, Christine (1987): 15 Jahre neue Frauenbewegung. In: Neue soziale Bewegungen in der Bundesrepublik, Hrsg. Roland Roth und Dieter Rucht, Frankfurt/Main: Campus, S. 89-108.

*Laibow*, Rima E.; *Laue*, Shaffia (1993): Posttraumatic Stress Disorder in Experienced Anomalous Trauma. In: International Handbook of Traumatic Stress Syndroms, Hrsg. John P. Wilson und Beverly Raphael, New York: Plenum Press, S. 93-103.

*Lamnek*, Siegfried (1987): Kriminalität als Gegenstand wissenschaftlicher Medien. Zwei Fachzeitschriften im Vergleich. In: Monatsschrift für Kriminologie und Strafrechtsreform 70, S. 224-245.

*Laudan*, Birgit (1987): Informationen über sexuellen Kindesmissbrauch und die praktische Arbeit von 'Wildwasser'. In: Verhaltenstherapie und psychosoziale Praxis 19 (1), S. 21-27.

*Lego*, Suszanne (1996): Repressed Memory and False Memory. In: Archives of Psychiatric Nursing 10 (2); S. 110-115.

*Lindsey*, Stephen D.; *Read*, Don J. (1994): Psychotherapy and memories of childhood sexual abuse: A cognitive perspective. In: Applied Cognitive Psychology 8, S. 281-338.

*Loftus*, Elizabeth F. (1993): The Reality of Repressed Memories. In: American Psychologist 48, S. 518-537.

*Loftus*, Elizabeth; *Ketcham*, Katherine (1994): The Myth of Repressed Memory: False Memories and Allegations of Sexual Abuse. New York: St. Martin's Press.

*Luckhurst*, Roger (1997): The Science-Fictionalization of Trauma: Remarks of Narratives of Alien Abduction. In: Science-Fiction Studies 24, S. 29-52.

*Mack*, John E. (1996): Schlussfolgerung. Von hier aus können Sie nicht dorthin kommen. In: Alien Discussions. Von Außerirdischen entführt, Hrsg. Andrea Pritchard u. a., Frankfurt am Main: Zweitausendeins, S. 526-527.

*Magin*, Ulrich (1991): Von Ufos entführt. Unheimliche Begegnungen der vierten Art. München: C. Beck.

*Magin*, Ulrich (1999): Kontakte mit ‚Außerirdischen' im deutschen Sprachraum. Lüdenscheid: GEP e. V. (2. Auflage).

*McElroy*, Susan L; *Keck*, Paul E. (1995): Recovered Memory Therapy: False Memory Syndrome and other Complications. In: Psychiatric Annals 25, S. 731-735.

*Mebes*, Marion (1991): Zum Beispiel: CHILD ABUSE UNIT. Hilfen in verschiedenen Staaten und Städten der USA: In: Sexuelle Gewalt. Die allgegenwärtige Menschenrechtsverletzung, Hrsg. Doris Janshen, Frankfurt am Main: Zweitausendeins, S. 149-155.

*Merckelbach*, Harald; *Muris*, Peter; *Horselenberg*, Robert; *Rassin*, Eric (1998): Traumatic Intrusions as ‚Worse Case Scenario's '. In: Behavioral Research and Therapy 36, S. 1075-1079.

*Morrison*, David C. (1995): 'Saucers Full of Secrets'. In: National Journal 27 (14), S. 893.

*Nash*, Michael R. (1994): Memory Distortion and Sexual Trauma: The Problem of False Negatives and False Positives. In: International Journal of Clinical and Experimental Hypnosis 42, S. 346-362.

*Nelson*, Barara J. (1984): Making an Issue of Child Abuse. Politic Agenda Setting for Social Problems. Chicago: University of Chicago Press.

*Nelson*, Eric L.; *Simpson*, Paul (1994): First Glimpse: An Initial Examination of Subjects who Have Rejected Their Recovered Visualizations as False Memories. In: Issues in Child Abuse Accusations 6 (3), S. 123-133.

*Newman*, Leonard S. (1997): Intergalactic Hostage: People who Report Abduction by Ufos. In: Journal of Social and Clinical Psychology 16 (2), S. 151-177.

*Nitzschke*, Bernd (1989): Sexuelle Machtphantasien bei Männern. In: Sexus, Heft 1/2, S. 21-34.

*Offe*, Susanne; *Offe*, Heinz (1994): Die Praxis der Glaubwürdigkeitsbegutachtung beim Verdacht sexuellen Missbrauchs. In: Handbuch sexueller Missbrauch, Hrsg. Katharina Rutschky und Reinhard Wolff, Hamburg: Ingrid Klein Verlag, S. 196-214.

*Paley*, John (1995). Memories of Satanist Abuse. In: Health and Social Care in the Community 3(2), S. 125-132.

*Paley*, John (1997): Satanist Abuse and Alien abduction: A Comparative Analysis Theorizing Temporal Lobe Activity as a Possible Connection between Anomalous Memories. In: The British Journal of Social Work 27, S. 43-70.

*Perlman*, Stuart D. (1996): ‚Reality' and Countertransference in the Treatment of Sexual Abuse Patients: The False Memory Controversy. In: Journal of the American Academy of Psychoanalysis 24, S. 115-135.

*Plaß*, Christine; *Schetsche*, Michael (2000): Vom Zuschauer zum Betroffenen. Mediale Opferkarrieren. In: Telepolis (Netzmagazin: http://www.heise.de/tp/deutsch/special/auf/ 8765/1.html)

*Plaß*, Christine; *Schetsche*, Michael (2001): Grundzüge einer wissenssoziologischen Theorie sozialer Deutungsmuster. In: sozialersinn. Zeitschrift für hermeneutische Sozialforschung , Heft 3/2001, S. 511-536.

*Porter*, Jennifer E. (1996): Spiritualists, Aliens and UFOs: Extraterrestrials as Spirit Guides. In: Journal of Contemporary Religion 11, S. 337-353.

*Powers*, Susan Marie (1994): Dissociation in Alleged Extraterrestrial Abductees. In: Dissociation: Progress in the Dissociative Disorders 7 (1), S. 44-50.

*Powers*, Susan Marie (1996): Spezifische Wechselbeziehungen zwischen PTSD und Dissoziationen. In: Alien Discussions. Von Außerirdischen entführt, Hrsg. Andrea Pritchard u. a., Frankfurt am Main: Zweitausendeins, S. 293-296.

*Raschke*, Joachim (1987): Zum Begriff der sozialen Bewegung. In: Neue soziale Bewegungen in der Bundesrepublik, Hrsg. Roland Roth und Dieter Rucht, Frankfurt/Main: Campus, S. 19-29.

*Rave*, Marion (1991): Befreiungsstrategien. Der Mann als Feindbild in der feministischen Literatur. Bielefeld: Kleine.

*Rodeghier*, Mark (1996): Kriterien zur Identifizierung Abduzierter. In: Alien Discussions. Von Außerirdischen entführt, Hrsg. Andrea Pritchard u. a., Frankfurt am Main: Zweitausendeins, S. 25-26.

*Rodeghier*, Mark (1996a): Psychosoziale Charakteristika von Abduzierten. In: Alien Discussions. Von Außerirdischen entführt, Hrsg. Andrea Pritchard u. a. Frankfurt am Main: Zweitausendeins, S. 273-277.

*Rutschky*, Katharina (1990): Wie Probleme gemacht werden. Zur Ideologie des sexuellen Missbrauchs und der Mißhandlung von Kindern. In: DIE ZEIT, Nr. 47, S. 71-72.

*Rutschky*, Katharina (1992): Erregte Aufklärung. KindesMissbrauch: Fakten & Fiktionen. Hamburg: Klein Verlag.

*Schacter*, Daniel L. (2001): Wir sind Erinnerung. Gedächtnis und Persönlichkeit. Reinbek bei Hamburg: Rowohlt.

*Schetsche*, Michael (1993): Das 'sexuell gefährdete Kind'. Kontinuität und Wandel eines sozialen Problems. Pfaffenweiler: Centaurus.

*Schetsche*, Michael (1996): Die Karriere sozialer Probleme. Soziologische Einführung. München: Oldenbourg.

*Schetsche*, Michael (2000): Wissenssoziologie sozialer Probleme. Grundlegung einer relativistischen Problemtheorie. Opladen: Westdeutscher Verlag.

*Simmich*, T[homas] (1999): Diagnostische, forensische und behandlungsethische Aspekte zur Problematik psychotherapieinduzierter sexueller Missbrauchserlebnisse. In: Nervenarzt 70; S. 1009-1013.

*Schneider* [ohne Vornamen] (1950): Wie schützen wir das Kind vor dem Sittlichkeitsverbrecher? In: Unsere Jugend 2, S. 431-432.

*Schulz*, Winfried: Massenmedien und Realität. In: Massenkommunikation. Theorien, Methoden, Befunde, Hrsg. Max Kaase und Winfried Schulz, Opladen: Westdeutscher Verlag, S. 135-149.

*Showalter*, Elaine (1997): Hystorien. Hysterische Epideminien im Zeitalter der Medien. Berlin: Berlin Verlag.

*Spanos*, Nicholas P.; *Burgess*, Cheryl A.; *Burgess*, Melissa Faith (1994): Past-life Identity, UFO Abductions, and Satanic Ritual Abuse: The Social Construction of Memories. In: The International Journal fo Clinical and Experimental Hypnosis. XLII (4), S. 433-446.

*Spanos*, Nicholas P; *Cross*, Patricia A.; *Dickson*, Kirby; *DuBreuil*, Susan C. (1993): Close Encounters: An Examination of UFO Experiences. In: Journal of Abnormal Psychology 102, S. 624-632.

*Spector*, Malcom; *Kitsuse*, John I. (1977): Construction Social Problems. Menlo Park: Cummings.

*Stone-Carmen*, Jo (1996): Eine deskriptive Studie über Menschen, die von einer Entführung durch Aliens berichten. In: Alien Discussions. Von Außerirdischen entführt, Hrsg. Andrea Pritchard u. a. Frankfurt am Main: Zweitausendeins, S. 282-288.

*Streeck-Fischer*, Anette; *Sachsse*, Ulrich; *Özkan*, Ibrahim (2001): Perspektiven der Traumaforschung. In: Körper, Seele, Trauma. Biologie, Klinik und Praxis, Hrsg. Anette Streeck-Fischer, Ulrich Sachsse und Ibrahim Özkan, Göttingen: Vandenhoeck & Ruprecht, S. 12-22.

*Terr*, Leonore (2001): Was passiert mit Erinnerungen nach traumatischen Belastungen? In: Körper, Seele, Trauma. Biologie, Klinik und Praxis, Hrsg. Anette Streeck-Fischer, Ulrich Sachsse und Ibrahim Özkan, Göttingen: Vandenhoeck & Ruprecht, S. 23-42.

*Thieme*, Richard (1996): Stalking the UFO Meme. In: CTHEORY (http://www.ctheory.net/text_file.asp?pick=85 - Zugriff 11.2.1997).

*Undeutsch*, Udo (1994): Verbrechen gegen die Sittlichkeit. Kinder als Opfer und Zeugen. In: Handbuch sexueller Missbrauch, Hrsg. Katharina Rutschky und Reinhard Wolff, Hamburg: Ingrid Klein Verlag, S. 173-195.

*Vacarr*, Barbara Adina (1993): The Divine Container. Union Institute, Ph. D. (Demand Copy – University Microfilms International).

*van der Kolk* (2000): Trauma und Gedächtnis. In: Traumatic Stress, Grundlagen und Behandlungsansätze, Hrsg. Bessel A. van der Kolk, Alexander C McFarlane und Lars Weisaeth, Paderborn: Junfermann, S. 221-240.

*van der Kolk*, Bessel A.; Weisaeth, Lars; van der Hart, Onno (2000): Die Geschichte des Traumas in der Psychiatrie. In: Traumatic Stress, Grundlagen und Behandlungsansätze, Hrsg. Bessel A. van der Kolk, Alexander C McFarlane und Lars Weisaeth Paderborn: Junfermann, S. 71-93.

*Victor*, Jeffrey S. (1994): Fundamentalist Religion and the Moral Crusade Against Satanism: the Social Construction of Devian Behavior. In: Deviant Behavior: An Interdisciplinary Journal 15, S. 305-334.

*Wakefield*, Holida; Underwager, Ralph (1988): Accusations of Child Sexual Abuse. Springfield: Charles C. Thomas.

*Webb*, David E. (1996): Einsatz von Hypnose in Abduktionsfällen. In: Alien Discussions. Von Außerirdischen entführt, Hrsg. Andrea Pritchard u. a. Frankfurt am Main: Zweitausendeins, S. 193-197.

*Wehner-Davin*, Wiltrud (1976): Aufklärung – ein Problem der Aufklärer? In: Unsere Jugend 28, S. 446-450.

*Weisberg*, Kelly D. (1993): The ‚Discovery' of Sexual Abuse: Expert's Role in Legal Policy Formulation. In: U. C. Davis Law Review 18 (1), S. 1-57.

*Whitmore*, John (1993): Religious Dimensions of the UFO Abductee Experience. In: Syzygy: Journal of Alternative Religion and Culture 2 (3-4), S. 313-326.

*Wilson*, John P. (1992): Post-traumatic Stress Disorder (PTSD) and Experiences Anomalous Trauma (EAT): Similarities in Reported UFO Abductions and Exposure to Invisible Toxic Contaminants. In: Anomalous Experience & Trauma. Current Theoretical, Research and Clinical Perspectives, Hrsg. Rima E. Laibow, Robert N. Sollod und John P. Wilson. New York: TREAT, S. 31-45.

*Yapko*, Michael D. (1996): Fehldiagnose: Sexueller Missbrauch. München: Knaur.

## Fußnoten

1 Anschrift des Autors: Priv.-Doz. Dr. Michael Schetsche, IGPP, Wilhelmstr. 3a, 79098 Freiburg; Email: schetsche@igpp.de

2 Die Diagnose wurde 1980 in das auch international bedeutsame US-amerikanische psychiatrische Diagnose-Manual (DSM-III) aufgenommen (zum historischen Kontext dieser ‚offiziellen Anerkennung' vgl. Kinzie/Goetz 1996).

3 Auf die große Bedeutung des Themas sexueller Missbrauch für die fachwissenschaftliche und öffentliche Anerkennung der Diagnose ‚Posttraumatische Belastungsstörung' weisen Herman (2001: 116-129) und Streeck-Fischer u. a. (2001: 14) hin.

4 Auf Basis solcher Deutungsmuster interpretieren Menschen ihre Umgebung und legen ihr Handeln fest, subjektiv und doch gleichzeitig kollektiv. Eine ausführliche Darstellung der individuellen und sozialen Funktionen von Deutungsmustern findet sich bei Plaß/Schetsche 2001.

5 So schreibt Schneider (1950: 432): „Man muss davon ausgehen, dass vielfach das Opfer – hier das missbrauchte Kind – es dem Sexualverbrecher nicht nur leicht macht zu seinem Ziel zu kommen, dass es ihm vielmehr sogar entgegenkommt, ja ihm manchmal sogar zu seinem Tun Anlass gibt und auffordert".

6 Unabhängig von der generellen Problematik von Dunkelzifferabschätzungen basiert die von Kavemann und Lohstöter (1984) in die Welt gesetzte Zahl auf mehreren sachlichen Fehlern. So wurde u. a. die von den kriminologischen Experten für intrafamiliale Kontakte angenommene maximale Dunkelziffer von 1:18 auf die Gesamtheit der in der Kriminalstatistik erfassten Taten angesetzt – von denen jedoch der überwiegende Anteil extrafamiliale Taten sind, bei denen nach allgemeiner Expertenmeinung ein erheblich geringere Dunkelziffer (maximal 1:6) zugrunde zu legen ist. Das BKA, auf deren Untersuchungen sich Kavemann und Lohstöter explizit bezogen, sah sich erst 1991 gemüßigt, der bis zu diesem Zeitpunkt in allen Veröffentlichungen reproduzierten Phantomzahl zu widersprechen: „In dieser Zahlenangabe sind also gleich mehrere Rechen- und inhaltliche Fehler enthalten. Die eher zutreffende Dunkelfeldschätzung für den Bereich des § 176 dürfte bei etwas 50.000 Fällen [...] liegen." (Baurmann 1991: 236; vgl. Schetsche 1993: 296-299)

7 Das Konzept, ausschließlich vor dem fremden Täter zu warnen, obwohl die Existenz sexueller Übergriffen im Nahraum bekannt war, wird in einigen Beiträgen allerdings explizit begründet bzw. legitimiert: „Wer aber wollte das Vertrauensverhältnis zwischen Kind und Eltern, zwischen ihm und den Personen des sozialen Nahraumes von vornherein belasten, um mögliche Extremfälle strafbarer Handlungen, die paradoxerweise gerade dieses Vertrauensverhältnis ermöglicht bzw. begünstigt, zu verhindern? Hieße das nicht den Teufel mit dem Belzebub austreiben? – Ergo bleibt nur die Möglichkeit, vor dem fremden Täter zu warnen." (Wehner-Davin 1976: 449)

8 In der Umkehrung heißt dies auch, dass aus dem Grad der gesellschaftlichen Anerkennung eines sozialen Problems leider nicht auf die ethische oder soziale Relevanz des thematisierten Sachverhalte geschlossen werden kann. (Dies zeigt – um nur ein konkretes Beispiel zu nennen – das in der US-amerikanischen Öffentlichkeit überaus beliebte Problem der ‚Entführung durch Außerirdische' sehr eindrücklich. Ich werde auf diese ‚Problem' später noch zurückkommen.

9 Herman (1997: 9) stellt in ihrer Untersuchung fest, dass die öffentliche Anerkennung eines bislang unbeachtet gebliebenen Traumas historisch immer einer politischen Bewegung zu verdanken ist. Sie bestätigt damit – für eine begrenzte Fallgruppe – die empirisch gut abgesicherte soziologische Theorie, dass Voraussetzung für den Erfolg eines jeden sozialen Problems die Existenz mindestens eines handlungsmächtigen kollektiven Akteurs ist.

10 Die Frauenbewegung gehört – soziologisch betrachtet – zu den sog. sozialen Bewegungen (Cohen 1985; Eder 1985; Brand 1987; Raschke 1987). Sie ist nicht erst im Zusammenhang mit der Formulierung des Problems sexueller Missbrauch entstanden, sondern hat sich zu einem bestimmten Zeitpunkt dieses Themas angenommen. Sexueller Missbrauch gehört dabei eindeutig zum „strukturell umgrenzbaren Feld" (Raschke), in dem die Frauenbewegung regelmäßig ihre Zielprojektionen entwickelt hat: Von ihrer Entstehung an griff sie mit der weiblichen Sexualität zusammenhängende Probleme auf; das Verhältnis Sexualität und Gewalt im Kontext des Geschlechterverhältnisses wurde – neben dem Missbrauch – in den letzten drei Jahrzehnten bei den Proble-

men 'Vergewaltigung', 'Pornographie' und 'sexuelle Übergriffe am Arbeitsplatz' thematisiert (vgl. Knafla/Kulke 1987: 106).

11 Der Begriff der Arena ist hier nicht metaphorisch gemeint, sondern bezieht sich auf das problemtheoretische ‚public arena'-Modell von Hilgartner und Bosk (1988).

12 Manche Problemmuster werden schon in die massenmediale Skandalform gegossen, bevor sie überhaupt die allgemeine Öffentlichkeit erreichen. So konnte Siegfried Lamnek (1987) in der fachöffentlichen Kriminalitätsberichterstattung Skandalisierungen nachweisen, wie sie vorher nur aus den Massenmedien bekannt waren.

13 Eine wichtige Rolle dürften außerdem die Selbsthilfegruppen der Betroffenen spielen. Die Funktion solcher Selbsthilfegruppen besteht darin, „ihren Mitgliedern einen neuen Sinnbezug zu vermitteln. Im Vordergrund steht dabei die gemeinsame Deutung von Symptomen im Sinne der geteilten Problemwahrnehmung. Dabei wird die dem Problem entsprechende Plausibilitätsstruktur der Welt dialogisch hergestellt." (Plaß/Schetsche 2000).

14 Die psychiatrischen Befunde an der Wende zwischen dem 19. und 20. Jahrhunderts (nicht nur, aber primär zu ‚hysterischen' Patienten) verdichteten sich zu ersten Theorien über das ‚Vergessen' oder die ‚Verdrängung' traumatisierender Ereignisse in der Kindheit. In den folgenden Jahrzehnten büßte diese ereignisbezogene Ätiologie psychischer Störungen unter dem Einfluss der Freudschen Psychoanalyse stark an fachwissenschaftlicher Beachtung und Anerkennung ein. (Vgl. Fiedler 2001: 392-402; Endres/Moisl 2002: 14-18; van der Kolk/Weisaeth/van der Hart 2000: 76-81)

15 In Teilen der Fachöffentlichkeit kamen allerdings schon wenige Jahre später erste Zweifel am Paradigma auf. Ich werde darauf zurückkommen.

16 Es ist hier nicht der Ort, um diese im englischsprachigen Raum mit großer Heftigkeit geführte Debatte um die ‚Realität' des (satanisch-)rituellen Missbrauchs zu rekonstruieren. (Einen Überblick über den Diskurs und die Entstehung des sozialen Problems liefern Jenkins/Maier-Katkin 1992; Victor 1994; Palay 1995; Bottoms/Davis 1997 sowie Schetsche 2000: 191-204.)

17 „Without the space of possibility opened by this conjunction of a historically specific model of traumatic forgetting, and the attendant remodulation of techniques of recovery – from fantasy to hypnosis, from interpretation to affirmation – alien abduction narratives would not have materialized." (Luckhurst 1997: 34).

18 Die Verweise auf die einschlägige englischsprachige Sach- und Fachliteratur fallen deshalb im Folgenden auch etwas umfangreicher aus.

19 Es ist so gut wie unmöglich, gesicherte Zahlen zu erhalten. Die systematische Auswertung der bis 1985 berichteten Fälle durch Bullard (1987: 17-20) zeigt einen ersten deutlichen Anstieg der Entführungserlebnisse ab 1975. Auch Magin (1991: 38) geht davon aus, dass es – im Kontext einer UFO-Sichtungswelle – „Mitte der siebziger Jahre zu einer wahren Explosion der Zahl der Entführungsberichte" kam. Die in diesem Kontext berichteten Fallzahlen bewegen sich aber noch in der Größenordnung von einigen Dutzend Fälle im Jahr in den USA: ‚Massenhafte' Entführungsberichte scheint es erst seit Anfang der achtziger Jahre zu geben, als das Phänomen verstärkt Gegenstand von Presseberichten, Buchveröffentlichungen und (Fernseh-)Filmen wurde. Der von einer privaten Forschungsgruppe 1992 vorgelegte sog. Roper-Report fragt nach unspezifischen Symptomen, die nach Meinung der Autoren auf eine Entführung hinweisen könnten und kommt auf Basis dieser – methodisch äußerst zweifelhaften Verknüpfung – zu dem Ergebnis, dass jeder 50. Bürger der USA (!) ein Entführungsopfer sein könnte (Clark 1996: 29; Hopkins 1996; Donderi 1996; kritisch: Newman 1997: 153).

20 ‚UFO' ist hier nicht in der ursprünglichen militärischen Bedeutung als ‚unidentified flying object', sondern in der populären Interpretation solcher Objekte als Raumschiffe außerirdischer Besucher gemeint.

21 Das Fehlen persistenter Erinnerungen an die Erlebnisse muss deshalb nicht nur als Ergebnis erinnerungslöschender Eingriffe der Entführer, sondern kann auch als psychisch notwendiges Vergessen von seelisch unerträglichen Erlebnissen begriffen werden.

22 Das generelle Problem des Auftretens von posttraumatischen Belastungsstörungen ohne äußeres traumatisierendes Ereignis diskutieren Wilson (1992) sowie Laibow/Laue (1993). Spezielle

Psychotherapien für Entführungsopfer haben – auf Grundlage sehr unterschiedlicher Voranahmen – Vacarr (1993) und Gotlib (1996) entwickelt.

23 In der Fachliteratur ist mehrfach auf phänomenologische Ähnlichkeiten zwischen den Entführungsberichten und den Erinnerungen an rituellen Missbrauch in der Kindheit hingewiesen worden (Johnson 1994; Spanos/Burgess/Burgess 1994; Paley 1995 und 1997; Dean 1996; Baumeister/Sommer 1997). Allerding sind die vorgeschlagenen Zusammenhänge zwischen diesen beiden Phänomenen bislang allesamt außerordentlich strittig

24 Ähnliches scheint auch für Erinnerungen an rituellen Missbrauch zu gelten (vgl. Schacter 2001: 437).

25 Laibow/Laue (1993: 98) sind die einzigen, die konkrete Zahlen nennen: im englischsprachigen Raum sollen 75 Prozent aller Entführungserinnerungen auf den Einsatz regressionshypnotischer Verfahren zurückgehen.

26 Besonders merkwürdig (im ursprünglichen Sinne des Wortes) ist dabei der Befund, dass 28 Prozent der befragten Psychotherapeuten der Auffassung waren, mittels Hypnose könnten authentische Erinnerungen an ein früheres Leben wiedererlangt werden (Yapko 1996: 79).

27 Um Missverständnissen vorzubeugen, sei an dieser Stelle ausdrücklich darauf hingewiesen, dass fehlerhafte Erinnerungen an traumatisierende Ereignisse nicht nur im Zusammenhang mit Regressionshypnose oder therapeutische Settings auftreten, sondern generell sehr häufig sind (vgl. Fiedler 2001: 112-113; Merckelbach u. a. 1998). Dies wäre jedoch ein anderes Thema.

28 Zu diesem notwendigen Hinweis vgl. die differenzierten Ausführungen bei Lindsay/Read (1994: 281-283).

29 Wegen des großen Umfangs der Diskussion kann hier nur auf einige exemplarische Arbeiten verwiesen werden: Loftus 1993; Loftus/Ketcham 1994; Lindsey/Read 1994; Nash 1994; Nelson/Simpson 1994; Spanos/Burgess/Burgess 1994; McElroy/Keck 1995; Brenneis 1996; Lego 1996; Perlman 1996; Friedman 1997; Critchlow 1998; Dallam 2001.

30 Als ‚rühmliche Ausnahme' soll hier explizit auf die Arbeit von Peter Fiedler (2001) verwiesen werden, der sich an mehreren Stellen in seinem Buch sehr differenziert mit den Argumenten, Befunden und Konsequenzen dieser Debatte auseinandersetzt (insbes. S.111-116, 172-173, 196-199). Erwähnt werden müssen in diesem Zusammenhang auch die kritischen Beiträge von Undeutsch (1994) und Offe/Offe (1994), die meinem Eindruck nach jedoch weitgehend ignoriert worden sind.

31 Dies jedenfalls ist der Kerngehalt der Verdrängungsthese, auf der das Recovery-Paradigma letztlich beruht (vgl. Schacter 2001: 412-427). Hacking (2001: 278) spricht in diesem Zusammenhang von einer „Politik des Geheimnisses, des vergessenen Ereignisses, das in etwas Monumentales verwandelt werden kann, und sei es auch nur durch kurze, blitzartige Erinnerungsbilder. Das vergessene Ereignis läßt sich, wenn es ans Licht gebracht wird, in einer Erzählung des Schmerzes in ein Denkmal verwandeln."

32 Vorsätzlich applizierte „falsche" Erinnerungen spielen eine wichtige Rolle in allen Verschwörungenstheorien, die zum semantischen Feld des 'Mindcontrol-Mythos' gehören. Dieser Mythos - dessen Herzstück die Annahme ist, Regierungsstellen, Geheimbünde, bestimmte Kulte oder eben auch Außerirdische würden über hochentwickelte Techniken der Gedanken- und Erinnerungskontrolle verfügen und diese auch systematisch anwenden – findet sich nicht nur in zahlreichen fiktionalen Medienprodukten sondern auch in einer ganzen Reihe von Sachbüchern der verschiedensten Themenkreise. (Vgl. Schetsche 2000: 196, FN 255, und Hacking 2001: 158-161)

33 Luckhurst (1997) spricht in diesem Zusammenhang explizit von einer „Science-Fictionalization of Trauma".

34 USA 1990, Regie Paul Verhoeven (Story nach einer Kurzgeschichte von Philip K. Dick).

35 Was ich hier ‚hybride Realität' genannt habe, ist von dem französischen Mediensoziologen und Philosophen Jean Baudrillard sehr eindrücklich mittels der Kategorie des Hyperrealen beschrieben worden (vgl. Schetsche 2000: 49-5).

36 Zum Problem der unkritischen Akzeptanz von Missbrauchsnarrationen vgl. Simmich (1999).

# Psychotraumatologie und Psychohygiene bei Kindern und Jugendlichen

Prof. Dr. Gottfried Fischer

Ich gebe in meinem Beitrag zunächst eine allgemeine Einführung in die Psychotraumatologie und wende mich dann den speziellen Fragen der Psychotraumatologie und Psychohygiene im Kindes- und Jugendalter zu.

***Trauma als Modebegriff?*** Trauma ist heute vielleicht schon zu einem Modewort geworden nach dem Motto „alles ist Trauma“ und fast jeder hat ein solches, ähnlich wie jeder unter „Stress“ leidet oder früher unter einer „Neurose“. Letzteres trifft in einem wissenschaftlichen Verständnis – erfreulicherweise – nicht zu. Auch kann nicht jede psychische Störung auf ein „Trauma“ zurückgeführt werden, wie manchmal behauptet wird. Von daher stellt sich die Frage, welche weiteren ätiologischen (= ursächlichen) Faktoren für die Ausbildung psychischer Störungen in Betracht kommen. Hierzu möchte ich etwas weiter ausholen und einen Vorschlag machen, der eine Grundlage für weitere Diskussion und Forschung sein könnte. In der folgenden Graphik sind vier mögliche ätiologische Einflusssphären für die Entstehung psychischer Störungen abgebildet, psychisches Trauma, biopsychologische Ursachen und pathogene Varianten gesellschaftlicher Sozialisationsmuster, insbeson-

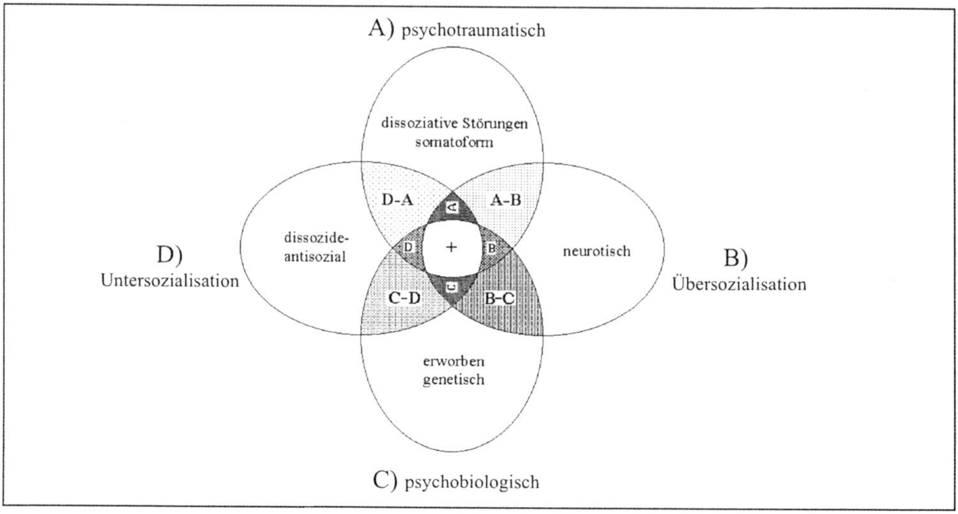


***Abbildung 1: Klassifikation psychischer Störungen nach ätiologischen Einflüssen (nach Fischer 2000b, 168)***

dere Über- vs. Untersozialisation. Diese Faktoren können sich bei einzelnen Personen überschneiden.
Die ätiologischen Einflussgrößen sind durch vier konzentrische Ellipsen veranschaulicht, die eine bilaterale Schnittmenge aufweisen und eine Gesamtschnittmenge in ihrem Mittelbereich.
Auf Ätiologie A), die psychotraumatischen Einflüsse, wurde schon eingegangen, so dass ich mich hier auf die übrigen Konstellationen beschränken kann. Aus der differentiellen Ätiologie leitet sich dann eine jeweils differentielle Therapiestrategie ab.

***Übersozialisation.*** Dieser Einflussfaktor entspricht einem übermäßig strengen, rigiden und einengenden Erziehungsstil. Die Vitalität der Persönlichkeit wird unterdrückt. Triebimpulse und Phantasiemuster werden durch die rigide Prägeform gewissermaßen „ausgestanzt". Das Ich-Selbst-System ist zwar gut organisiert. Die Persönlichkeit leidet jedoch unter Verdrängung zentraler vitaler Impulse und Triebwünsche. Ein ecclesiogener Einfluss kommt oft hinzu. Das „idealtypische Ergebnis" ist eine neurotische Störung, die als therapeutische Antwort im allgemeinen die Analyse von Abwehr, Widerstand und Übertragung erfordert. Oft haben sich ausgedehnte unbewusste Phantasiefiguren gebildet, die dadurch „widerlegt" und integriert werden, dass der Analytiker sich abstinent verhält und der freien Assoziation Raum gibt.
Dagegen fällt beim idealtypischen Traumapatienten die Wirklichkeit meist schlimmer aus als die Phantasie, wie sich z. B. den Phänomenen der peritraumatischen Dissoziation entnehmen lässt, so dass „Neutralität" kontraindiziert ist und „parteiliche Abstinenz" als therapeutische Haltung erforderlich wird (Fischer & Riedesser, 1999; Fischer 2000b). Die „Schnittmenge" (A-B) zwischen Trauma und Übersozialisation ist durch rigide Erziehungsnormen gekennzeichnet, die mit brutalen Sanktionen durchgesetzt werden.

***Biologische Faktoren.*** Erbgenetische Dispositionen verbinden sich mit den übrigen ätiologischen Einflüssen nicht nur quantitativ, sondern in verschiedenen qualitativen Konstellationen, die noch genauer zu untersuchen sind. Neben den genetisch angeborenen Dispositionen rücken erworbene, jedoch physiologisch verankerte Dispositionen neuerdings ins Blickfeld. Dazu gehören einmal die verschiedenen zentralnervösen, neuromuskulären und neurovegetativen Folgen des Traumas, zum anderen eine früh in der Kindheit erworbene Veränderung hormoneller und neurohormoneller Regulationssysteme, zum Beispiel eine Dysregulation des Serotoninhaushalts als Folge frühkindlicher Deprivation, die eine Dauerdisposition zu depressiven Erkrankungen im Erwachsenenalter darstellt. Eine aktuelle Übersicht zu psychobiologischen Faktoren bei Trauma-Langzeitfolgen findet sich bei Galley, Fischer & Hofmann (2000). Therapeutisch kommt bei den angeborenen ebenso wie bei den erworbenen psychobiologischen Faktoren Pharmakotherapie ergänzend in Betracht.

***Untersozialisation.*** Prototyp sind sog. „verwöhnte" Kinder, die eine „laissez-faire"-Erziehung und zu geringe oder auch einseitige normative Ausrichtung erfahren haben. So entsteht ein Mangel an Empathie, Normenverständnis und Verständnis für die fundamentale Wechselseitigkeit sozialer Beziehungen, die den Kern des „kommunikativen Realitätsprinzips" (v. Uexküll & Wesiack 1988) bildet. Kommen weitere negative Bedingungen, wie Verwahrlosung hinzu, so kann dieses Sozialisationsmuster in eine dissoziale oder antisoziale Karriere einmünden. Hier sind eher pädagogische, insbesondere „ich-pädagogische" (Balint) Maßnahmen angezeigt, ebenso Training sozialer Kompetenzen im Sinne der Verhaltenstherapie oder „Empathietraining". Beim Einsatz von Verhaltenstrainings und übenden Verfahren wird die Notwendigkeit einer ätiologiespezifischen Indikation therapeutischer Basisstrategien vielleicht besonders deutlich. Während der „übersozialisierte" Typ dazu neigt, das Training zur Perfektionierung eines „falschen Selbst" zu verwenden, besteht bei Untersozialisation ein realer Nachholbedarf an sozialem Lernen.

Die bisher vorliegenden Ergebnisse der Misserfolgsforschung in Psychotherapie und Psychoanalyse legen nahe, dass Misserfolge vor allem dann auftreten, wenn eine ätiologiespezifische Therapiestrategie auf einen ätiologisch heterogenen Bereich übertragen wird (Fischer 2000b, 251 ff.), so etwa die Prinzipien der klassischen Neurosentherapie auf Traumapatienten. Bei einem Abwehrvorgang wie „peritraumatische Dissoziation" werden nicht eine unbewusste Phantasie oder ein Triebwunsch abgespalten, sondern die Realität der traumatischen Situation.
Ich wende mich im folgenden der Definition von Trauma zu, wie sie in den diagnostischen Katalogen des „Diagnostisch-Statistischen Manuals" (DSM) der nordamerikanischen Psychiatrischen Gesellschaft und der „International Classification of Diseases" (ICD) der Welt-Gesundheitsorganisation (WHO) angeführt werden.

***Das basale psychotraumatische Belastungssyndrom.*** Nach ICD und DSM kann ein psychotraumatisches Belastungssyndrom nicht allein aus der Ereignis-Kategorie abgeleitet werden. Diese beschreibt lediglich das erste, das „A-Kriterium" des Syndroms. Darüber hinaus müssen 3 erlebnis- bzw. verhaltensbezogene Kriterien (B – D) erfüllt sein. So ergibt sich für die Diagnose die folgende Sequenz:
(A) Ein belastendes Ereignis oder dauerhaft belastende Umweltbedingungen, die mit dem Gefühl überwältigender Hilflosigkeit erlebt werden
(B) Sich aufdrängende Erinnerungen an das belastende Ereignis, sogenannte Nachhallerinnerungen („flasch-backs")
(C) Vermeiden oder Verleugnen von allem, was an das traumatische Ereignis erinnert
(D) Schreckhafte Übererregbarkeit und/oder emotionale Betäubung (numbing)

Nach dem Algorithmus der Manuale müssen für die Diagnose des PTBS alle Symptomgruppen vertreten sein. Nach klinischer Erfahrung und epidemiologischen Studien, wird damit jedoch nur ein gewisser Prozentsatz von psychischen Störungen mit traumatischer Ätiologie erfasst. Unterschiedliche Symptombilder, wie Phobien, depressive Störungen oder dissoziative Erlebniszustände können ätiologisch ebenfalls auf Traumatisierung zurückgehen. Die Phobie ergibt sich dann beispielsweise aus einer Verfestigung des B-Kriteriums im zeitlichen Verlauf. Andererseits gehen natürlich nicht alle Phobien aus einer traumatischen Erfahrung hervor. Woran sollte sich die Psychotherapie dann optimalerweise orientieren, an der Ätiologie oder der Nosologie des Symptombildes? Wir praktizieren in Köln einen „polyätiologischen" Therapieansatz (entsprechend Abb. 1, S. 31), bei dem sich das therapeutische Vorgehen wesentlich nach der Ätiologie richtet, im Unterschied etwa zu sog. „störungsspezifischen" Therapiemanualen.

***Gibt es ein posttraumatisches Schädel-Hirn-Trauma?*** Hier ist zunächst eine kritische terminologische Vorbemerkung zum Ausdruck „Posttraumatic Stress Disorder" (PTSD) angebracht, der sowohl in DSM wie auch in der ICD verwendet wird. Haben Sie schon einmal von einem „posttraumatischen Schädel-Hirn-Trauma" gehört? Hier werden die meisten Leserinnen und Leser „stutzig". Ähnlich widersprüchlich ist jedoch die Begrifflichkeit beim „PTSD". „Post", vorüber, ist ja nicht das Trauma, die seelische Verletzung als solche, sondern das traumatische Ereignis. In behavioristischer Tradition wird das Ereignis mit dem Erlebnis gleichgesetzt – ein Widerspruch, der beim Ausdruck „posttraumatisches Schädel-Hirn-Trauma" auffällt, bei einem psychologischen Konzept vielleicht deswegen nicht so leicht, weil die „Psyche" für viele Menschen nicht die gleiche Wirklichkeit besitzt wie der Körper. Zwischen Trauma und „Stress" bestehen schon in physiologischen Parametern gegenläufige Verhältnisse, so dass die Wortkombination „traumatischer Stress" ebenfalls problematisch erscheint. Schließlich ist auch „Disorder" oder „Störung" nicht unproblematisch, da das psychotraumatische Belastungssyndrom eine im Prinzip „normale Reaktion" auf extrem „störende" und belastende situative Bedingungen darstellt. Nicht die Person ist „gestört" oder hat eine „Störung". Äußerst „störend" ist vielmehr die Situation, welche die Person mit ihrer Symptomatik im Sinne einer Notfallreaktion beantwortet. Terminologisch korrekt kann von einem „psychotraumatischen Belastungssyndrom „ (PTBS) gesprochen werden (vgl. Fischer & Riedesser 1998, 3. erweiterte Auflage 2003).
Die behavioristische Verwechslung von „Ereignis" und „Erlebnis" kommt nicht nur in Fachkreisen vor, in denen phänomenologische Psychologie und Philosophie unbekannt geblieben sind, sondern auch in bestimmten Redewendungen der Alltagssprache. Wenn beispielsweise die Frage aufkommt: „Ist ein bestimmtes *Trauma* schlimmer als ein anderes?", so greift dieses umgangssprachliche Traumaverständnis zumeist allein auf die Ereigniskategorie zurück. Dann kann es zu einer Diskussion über die Frage kommen: Ist ein Verkehrsunfall ein Trauma? Ist der Krankenhausaufenthalt von Kindern ein Trauma? Solche Fragen und erste recht die Diskussionen, die sich aus ihnen ergeben, sind schlichtweg sinnlos.
Wir können festhalten: Trauma bezeichnet nicht ein spezielles Ereignis, sondern eine seelische Verletzung, die durch schwer belastende Ereignisse bewirkt wer-

den kann. Das A-Kriterium der diagnostischen Manuale muss für die Diagnose zwar vorhanden sein, kann aber nur im Zusammenhang mit den übrigen Kriterien als Indikator für Trauma gelten. Um Missverständnissen dieser Art vorzubeugen, wollen wir im folgenden die symptomorientierte Definition der diagnostischen Manuale durch eine erlebnisbezogene, phänomenologische Definition von Trauma ergänzen.

***Phänomenologische Definition des Traumas.*** Die folgende Definition fasst die wichtigsten Merkmale des Traumas zusammen, die in der modernen Traumaforschung gegenwärtig diskutiert werden:
„Psychisches Trauma ist ein vitales Diskrepanzerlebnis zwischen bedrohlichen Situationsfaktoren und individuellen Bewältigungsmöglichkeiten, das mit Gefühlen von Hilflosigkeit und schutzloser Preisgabe einhergeht und so eine dauerhafte Erschütterung von Selbst- und Weltverständnis bewirkt." (Fischer, Gurris, Pross & Riedesser, 1996, Fischer & Riedesser 1998).
Im folgenden kommentiere ich die einzelnen Kriterien dieser Definition.

1. Ein *vitales Diskrepanzerlebnis* schränkt Trauma auf einen vitalen, im Extremfall lebensbedrohlichen Typ von Ereignissen oder Lebensumständen ein, wie etwa Geiselnahme, politische Verfolgung, Krieg, Missbrauch, Misshandlung oder lebensbedrohliche Erkrankungen. Dies entspricht dem A-Kriterium in den diagnostischen Manualen.
2. Die traumatische Wirkung geht jedoch nicht allein aus dem Ereignis als solchem hervor, sondern aus einer *Diskrepanz* zwischen *bedrohlichem Ereignis* einerseits und *individuellen Bewältigungsmöglichkeiten* andererseits. Es handelt sich damit um eine *relationale oder umwelttheoretische (ökologische) Definition*, die das Ereignis in Relation zur persönlichen Erfahrung setzt. Traumatisch oder seelisch verletzend sind also weder das Ereignis noch das Erlebnis allein, sondern ist vielmehr die Beziehung zwischen objektiven und subjektiven Faktoren in ihrer quantitativen und qualitativen Ausprägung. Anders ausgedrückt: „Trauma" lässt sich weder an einem isolierten Ereignis noch an einem isolierten Subjekt diagnostizieren, sondern nur an folgendem „Gesamtsystem": „Ereignis-in-Bezug-auf-das-Subjekt". Dieser Subjekt-Objekt-Dialektik wegen erfordert die Psychotraumatologie, neben ihrer umweltbezogenen, ökologischen Orientierung, auf der erkenntnistheoretischen Ebene, einen dialektischen Ansatz bei der Analyse psychischer Traumatisierung.
   Das Gegenbeispiel einer undialektischen Traumadefinition findet sich im Konzept der erwähnten sog. „Post-traumatischen Belastungsstörung". Dieser Terminologie liegt ein behavioristischer Kurzschluss zugrunde, der nach dem elementaren Reiz-Reaktions-Schema verfährt, unsere traumakompensatorischen Möglichkeiten unberücksichtigt lässt und, allgemein gesprochen, die menschlichen Möglichkeiten übergeht, Situationen nicht passiv hinzunehmen, sondern sie aktiv zu „definieren" und zu gestalten.
   Zentrales Thema der Psychotraumatologie ist damit die dialektische Beziehung

von Subjektivität und Objektivität in der Extremsituation potentiell traumatischer Erfahrung. Methodisch müssen wir die objektiven Gegebenheiten der traumatischen Situation in ihrer Bedeutung für das Individuum oder die soziale Gruppe untersuchen und zugleich die „Bedeutung" berücksichtigen, welche das Individuum den (potentiell) traumatischen Situationsfaktoren „erteilt", indem es Umgebung in „Umwelt" verwandelt (v. Uexküll & Wesiack, 1988).

3. Wir wissen heute, dass nicht Angst oder „Stress" eine traumatische Wirkung hervorrufen, sondern das Erlebnis von *Hilflosigkeit und schutzloser Preisgabe* an bedrohliche Umwelteinflüsse. Was tun wir, wenn wir nichts mehr tun können? Trauma ist in diesem Sinne *eine unterbrochene Handlung*, eine Kampf- oder Fluchtreaktion, die leer läuft und uns hilflos zurücklässt. Schon bei Tieren findet sich daneben ein drittes Reaktionsmuster, das Erstarren oder „freezing", der sog. Totstellreflex, oft von einer Ausschüttung körpereigener Opiatstoffe begleitet, die wiederum dissoziative Erlebnismuster begünstigen. So berichten manche Folteropfer, dass sie den eigenen Körper verlassen haben und der Folter wie unbeteiligt zuschauen konnten (sog. „out-of-body-experience"). Manche Opfer von Unfällen berichten, dass in den Sekunden tödlicher Bedrohung ihr Leben wie ein Film an ihnen vorübergezogen sei. Entrealisierung – das Ereignis ist nur eine Phantasie, Traum, nicht die Wirklichkeit- stellt eine weit verbreitete psychotraumatische Abwehrform dar. So ist Trauma
4. das subjektiv unfassliche Geschehen, das unser *Welt- und Selbstverständnis dauerhaft erschüttern* kann. Die Erschütterung des *Selbstverständnisses* kommt oft darin zum Ausdruck, dass Traumaopfer sich selbst die Schuld geben für etwas, was ihnen widerfuhr. Parallel dazu verlieren sie das *Vertrauen* in die Verlässlichkeit der physischen und in die Gerechtigkeit der *sozialen Welt*, das Vertrauen in das „pragmatische bzw. das kommunikative Realitätsprinzip" (v. Uexküll & Wesiak 1988). So ist Traumaverarbeitung, besonders im Verhältnis zur sozialen Mitwelt, ein Prozess, der durch individuelle Psychotherapie eventuell unterstützt, aber nicht ausschließlich geleistet werden kann. Vielmehr müssen vor allem die von Menschen absichtsvoll hervorgerufenen Traumata, wie z. B. verbrecherische Handlungen, geahndet, mörderische Diktatoren zur Rechenschaft gezogen werden. Traumatisierende Kollektivhandlungen müssen auch kollektiv verantwortet werden.

Von dem Hintergrund dieser teils psychologischen, teils erkenntnistheoretischen Überlegungen aus wenden wir uns jetzt der Traumatisierung von Kindern zu.

**Psychotraumatisches Belastungssyndrom der Kindheit.** Terr (1995) hat vier typische Charakteristika des psychotraumatischen Belastungssyndroms bei Kindern herausgearbeitet:

1. ***Wiederkehrende, sich aufdrängende Erinnerungen.*** Neben visuellem Wiedererleben als häufigster Form kommen auch taktile, akustische oder olfaktorische Erinnerungen vor. Sie entsprechen der vorherrschenden Erlebnismodalität in der traumatischen Situation.

2. ***Repetitive Verhaltensweisen.*** Hierzu gehört das sog. „traumatische Spiel", in dem das Kind die traumatische Erfahrung in selbst dosierter Menge immer wieder durchlebt und in seiner Phantasie nach alternativen Gestaltungsmöglichkeiten sucht. So ändern Kinder z. B. die dem Trauma vorausgehenden Ereignisse, unterbrechen den traumatischen Handlungsablauf oder machen die nachfolgenden Verletzungen ungeschehen.
3. ***Traumaspezifische Ängste.*** Die Bindung der Ängste an die ursprüngliche traumatische Situation ist nach Terr ein differentialdiagnostisches Kriterium gegenüber neurotischen Kindheitsängsten.
4. ***Veränderte Einstellung zu Menschen, zum Leben und zur Zukunft in negativer Richtung.*** Der Verlust des Vertrauens in die Menschen und negative Erwartungen an das zukünftige Leben sind die wichtigsten Folgen der Erschütterung des kindlichen Weltverständnisses.

Das „Traumatische Spiel" (Punkt 2), also das Wiederholen, Durchspielen und Reinszenieren der traumatischen Erfahrung kann bei Kindern als an sich gesunder Selbstrettungs- oder Selbstheilungsversuch verstanden werden. Solange innere Helfer und Retter herbeigerufen werden, lebt das Kind in der Hoffnung auf eine andere, bessere Zukunft, und wir können vermuten, dass in diesem Fall Aussichten auf weniger gravierende Folgen bestehen – vorausgesetzt, an dieser Stelle setzt eine qualifizierte therapeutische Unterstützung ein. Sie sollte so aussehen, dass der Therapeut die vom Kind entwickelten kreativen Lösungen positiv konnotiert, da sie geeignet sind, dem Kind Selbstvertrauen und ein Gefühl der Kontrolle über die Umwelt zurückzugeben. Bleibt therapeutische Unterstützung an diesem Punkt aus, kann der zunächst sinnvolle Rückzug des Kindes in seine Phantasiewelt, in der es Trost und Unterstützung findet, zu einer chronischen Abkehr von der Wirklichkeit führen, in dessen Folge sich zahlreiche andere Probleme entwickeln (soziale Probleme und Ängste; Unfähigkeit, Leistungsanforderungen gerecht zu werden etc.).
Weitaus weniger günstig sind die Aussichten auf geringfügige Folgen, wenn das Kriterium von Punkt 4 erfüllt ist, also ein grundlegender Verlust des Vertrauens in die Mitmenschen, das Leben und die Zukunft vorhanden ist. Hier müssen wir in besonderem Maße mit gravierenden Langzeitfolgen rechnen, die sich im späteren Leben in verschiedenen Störungsbildern manifestieren können. Wichtig ist an dieser Stelle der Hinweis, dass Kriterium 4 am ehesten bei Beziehungstraumata erfüllt wird, und zwar um so mehr, je schlimmer das erlittene Trauma ist (z. B. jahrelanger innerfamiliärer sexueller Missbrauch bei gleichzeitig fehlender Unterstützung durch andere Personen). D. h.: Unfälle und Naturkatastrophen, in denen die Angehörigen sich dem Kind gegenüber solidarisch verhalten, werden weitaus günstiger verarbeitet als Beziehungstraumata, in denen die Bindungsfiguren selbst zur Quelle von Gewalterfahrungen werden. Dies führt später oft zur Borderline-Persönlichkeitsstörung oder auch zur dissoziativen Persönlichkeitsveränderung mit dem Extremfall der „dissoziativen Identitätsstörung" (DIS) entsprechend DSM IV.

Bei der DIS operieren mehrere Teilpersönlichkeiten nebeneinander, meist ohne gegenseitige Koordination und Kenntnis.
Neben diesen beiden sehr extremen Störungsbildern, die fast immer mit schwerwiegenden Kindheitstraumata assoziiert sind, wissen wir heute, dass auch viele andere Störungen, die sehr häufig diagnostiziert werden, als Folge von Kindheitstraumata auftreten können: So unterliegt die traumatische Erfahrung nicht selten einer Amnesie und dissoziativen Erlebnisveränderungen, was zum einen den Betroffenen selbst verunsichert und quält, da er sich bestimmte, eigene Verhaltensweisen nicht erklären kann, zum anderen aber oft auch zu Zweifeln an der Glaubhaftigkeit traumatisierter Personen führt (s. u.). Auch manche Angststörungen, Depressionen und psychosomatische Erkrankungen können traumatischen Ursprungs sein. Eine besonders ungünstige, leider recht häufige Verarbeitungsform kindlicher Gewalterfahrung sind dissoziale Entwicklungen, die in eine kriminelle Karriere münden können. Die Opfer von gestern werden zu den Tätern von morgen.
All dieses spricht leider gegen die tröstliche Versicherung, dass die Zeit alle Wunden heilt. Und es führt uns vor Augen, dass gerade kindliche Traumatisierung ein Thema von gesamtgesellschaftlicher Bedeutung ist.

**Probleme der Traumadiagnostik bei Kindern.** Wenn schon bei Erwachsenen gilt, dass ein PTBS häufig schwierig zu erkennen ist, so trifft dies erst recht auf Kinder und Jugendliche zu. Wir unterscheiden dabei zwischen dem Phänomen der „Unterdiagnostizierung" und dem der „Überdiagnostizierung". Letzteres umschreibt die Tendenz einzelner Therapeuten, die Diagnose PTBS zu schnell zu vergeben (z. B. aufgrund eines Mangels an Wissen über die spezifischen, sehr eng gefassten diagnostischen Kriterien und/oder aufgrund der Fehlannahme, dass allein das Auftreten von Angstsymptomen nach einem belastenden Ereignis schon Hinweis auf eine PTBS sei). „Unterdiagnostizierung" meint, dass das PTBS bei Kindern häufig nicht erkannt und somit nicht diagnostiziert wird. Im Folgenden werden einige Gründen dafür genannt:

- Selten tritt die Symptomtriade vollständig auf; längere Zeit über herrscht nur ein einziges Symptom vor
- Es gibt altersabhängige Symptomcluster
- Es gibt altersabhängige Präsentation von Symptomen
- Einflüsse kultureller Faktoren
- Neigung der Eltern zum understatement
- Schwierigkeiten der Symptomidentifikation bei Kleinkindern
- Angst des Diagnostikers nach einer traumatischen Situation zu fragen
- Mangelndes Wissen von Eltern über PTBS

Die letztere Schwierigkeit kann gemildert werden durch die Selbsthilfebroschüre „Neue Wege aus dem Trauma" (Fischer 2003). Hier werden den Eltern in allgemeinverständlicher Form Informationen über psychische Traumatisierung vermittelt. Die Broschüre enthält zudem das Kapitel „Kindern helfen“ (S. 114). Es führt Möglichkeiten einer „psychologischen Ersten Hilfe“ bei traumatisierten Kindern aus. Durch eine umfassendere Information über psychische Traumatisierung wird es den Eltern erleichtert, entsprechende Anzeichen auch bei ihren Kindern wahrzunehmen.

Einige Punkte der obigen Liste werden im Folgenden näher erläutert.

- Für die Diagnose der PTBS muss laut DSM-IV die PTBS-spezifische Syndrom-Triade (Intrusionen, Vermeidung/Numbing und Hyperarousal) vorhanden sein (genauer: ein Intrusionssymptom, drei Vermeidungs-/Numbingsymptome, zwei Hyperarousalsymptome). *Bei Kindern und Jugendlichen treten diese Symptome jedoch zumeist nicht zusammen auf, sondern im Wechsel.*
- *In Abhängigkeit vom Alter präsentieren Kinder ihre Symptome unterschiedlich* (z. B. ein zweijähriges Kind drückt Überrerregtheit anders aus als ein Zwölfjähriger)
- *Eltern neigen bei Symptomschilderungen zu Untertreibungen*
- *Es ist schwierig, in den Selbstschilderungen von Kindern speziell Vermeidungs-/Numbingsymptome zu identifizieren*
- *Lehrer und andere Erwachsene erkennen die PTBS-Symptome oft deshalb nicht*, weil diese sich z. B. nicht in der Schule manifestieren und/oder für einen Laien schwer erkennbar sind.
- *Diagnostiker haben oft Angst, direkt nach dem Trauma und seinem Einfluss auf das Kind zu fragen* – z. B., weil sie selbst die Konfrontation mit dem Trauma vermeiden wollen, weil sie das Kind schützen möchten oder aber, weil sie um die Suggestibilität kindlicher Erinnerungen wissen und befürchten, sie könnten dem Kind ein Trauma und entsprechende Symptome „einreden“. (Zum letzten Punkt ist zu sagen, dass eine sachkundig durchgeführte Exploration immer frei von Suggestionen ist, die die Beschreibungen des Kindes beeinflussen können).
- *Es gibt bis heute kein einzelnes diagnostisches Instrument, mit dem man die PTBS eines Kindes oder Jugendlichen mit Sicherheit diagnostizieren könnte.* Einige traumadiagnostische Verfahren für Kinder sind in KÖDOPS (Kölner Dokumentationssystem für Psychotherapie und Traumabehandlung, Fischer 2000b) wiedergegeben.

Diese Erkenntnisse haben Auswirkungen für die Diagnostik und somit auch für die Früherkennung möglicher Langzeitfolgen, denn: Wenn sich das PTBS bei Kindern anders darstellt als bei Erwachsenen, so folgt daraus, dass das für Erwachsene zur Verfügung stehende diagnostische Instrumentarium bei Kindern und Jugendlichen unbrauchbar ist. Hieraus ergeben sich einige Regeln für die Durchführung der diagnostischen Untersuchung bei Kindern.

- Behutsame Durchführung eines *explorationsartigen* (d. h. freien) diagnostischen Interviews, das sich an den diagnostischen Kriterien der PTBS (nach DSM-IV) orientiert.

- Durchführung des Gespräches mit dem Kind und einem Elternteil oder einer anderen Vertrauensperson des Kindes (sicherstellen, dass diese Person nicht ins Trauma involviert ist). Beide sollten jeweils getrennt und einmal zusammen *behutsam, aber direkt nach dem Ereignis und den Symptomen gefragt* werden. Insbesondere Kinder erzählen nämlich fast nie von sich aus über PTBS-Symptome.
- Darauf achten, ob die Sprache dem Entwicklungsstand des Kindes angemessen ist, wenn es über das Trauma und die Symptome berichtet.
- Auf altersspezifische Variationen in der Präsentation der Symptome achten.
- Ein klinischer Diagnostiker ist kein forensischer! Ersterem geht es um die Feststellung der Symptomatik, letzterem um die Feststellung der Glaubhaftigkeit. Beides sind völlig unterschiedliche Zielsetzungen, die sich nicht miteinander verbinden lassen.

**Glaubhaftigkeitskriterien bei traumatisierten Personen.** Traumatische Erlebnisse verändern nicht selten das Gedächtnis und entsprechend das Erinnerungsvermögen traumatisierter Zeugen. Daher ist bei der Glaubhaftigkeitsprüfung zusätzlich zu dem bisher praktizierten diagnostischen Vorgehen eine Traumadiagnostik erforderlich, welche eine mögliche Veränderung des sog. „autobiographischen Gedächtnisses" einschließen muss. Falls beide Voraussetzungen – Traumatisierung und Gedächtnisstörungen (Amnesien) - erfüllt sind, gelten modifizierte Kriterien für die Glaubhaftigkeitsprüfung, u. zw. für Kinder und Erwachsene gleichermaßen. Beispielsweise kann von traumatisierten Zeugen, die sich nur „zustandsabhängig" erinnern können, keine „konstante, widerspruchsfreie und in sich kohärente" Aussage erwartet werden, wie sie die bisher gültigen Glaubhaftigkeitskriterien nahe legen. V. Hinckeldey & Fischer haben kürzlich einen entsprechend modifizierten Kriterienkatalog für traumatisierte Zeugen, die unter Erinnerungsstörungen leiden, für die psychodiagnostische Begutachtung vorgeschlagen (2002).

**Sexueller Missbrauch von Kindern.** Bei dieser traumatischen Erfahrung wurden immer wieder einzelnen Symptome als angeblich zuverlässige Indikatoren herangezogen. Dies bringt die Gefahr einer erheblichen Überdiagnostizierung mit sich, die in der Vergangenheit nicht selten zu Fehlbeschuldigungen geführt hat.
Zuverlässiger wird die Orientierung an Symptomen, wenn sie im Kontext der unterschiedlichen sog. „Situationsdynamiken" stehen, die zuerst von David Finkelhor (etwa 1984) beschrieben wurden. Während isolierte Symptome oder auch Syndrome wie das PTBS einen unterschiedlichen ätiologischen Hintergrund im Sinne von Tabelle 1 haben können, beschreiben die Situationsdynamiken einen ganzheitlichen Erlebniszusammenhang. Insofern bildet das Auftreten von Symptomen im Kontext der Dynamiken einen vergleichsweise zuverlässigen Indikator. In Anlehnung an Fischer & Riedesser (a.a.O., S. 265 ff.) werden die Situationsdynamiken im Folgenden wiedergegeben.

1) Traumatische Sexualisierung
Dynamik: Das Kind wird belohnt für altersunangemessenes sexuelles Verhalten, es tauscht Aufmerksamkeit und Zuwendung gegen die Sexualität des Täters. Die sexuelle Beteiligung des Kindes wird zu einem Wert an sich: das Kind lernt falsche Annahmen über sexuelles Verhalten und sexuelle Moral. Sexuelle Aktivität wird je nach Fall assoziiert mit negativen Emotionen und Erinnerungen.
Psychische Folgen: Überbetonung sexueller Angelegenheiten, Verwirrung bezüglich der eigenen altersgemäßen Identität sowie sexueller Normen, Vermischung oder Verwechslung von Sexualität mit Liebe und Fürsorge, Aversion gegen sexuelle Intimität.
Symptome: Zwanghaftes sexuelles Verhalten, Promiskuität, Prostitution, sexuelle Störungen, Vermeidung von Sexualität. Sexualisierung von Beziehungen auch zu den eigenen Kindern.

2) Stigmatisierung
Dynamik: Der Täter beschimpft und erniedrigt sein Opfer, erpresst es, die Handlungen geheim zu halten. Demzufolge erfährt das Opfer die Aktivitäten als etwas, wofür es sich schämen muss. Das Kind erntet schockierte Reaktionen auf Offenlegungsversuche. Es wird von anderen verantwortlich gemacht. Das Opfer wird von Außenstehenden als „verdorben" angesehen.
Psychische Folgen: Schuld- und Schamgefühle, erniedrigtes Selbstwertgefühl, Gefühle der Entfremdung von anderen dadurch, dass die beschämenden Erfahrungen nicht mit-teilbar sind.
Symptome: Isolation und Selbstisolierung, Delinquenz, selbstschädigendes Verhalten, Selbstverletzungen bis hin zum Suizid als Wendung der Stigmatisierung gegen die eigene Person, Drogen- und Alkoholkonsum als Versuche der Selbstbetäubung und Selbstmedikation

3) Verrat
Dynamik: Das Vertrauen und die Abhängigkeit des Kindes werden ausgenutzt. Erwartungen von Schutz und Fürsorge durch Bezugspersonen werden verletzt, das Wohlbefinden des Kindes missachtet. Unterstützung und Schutz von Seiten der nicht missbrauchenden Bezugspersonen bleiben aus.
Psychische Folgen: Trauer, Depression, extreme Abhängigkeit, Nichteinschätzenkönnen der Vertrauenswürdigkeit anderer, Misstrauen, vor allem gegenüber Männern, Ärger, Feindseligkeit als Ausdruck von Rachewünschen.
Symptome: Anklammerungsverhalten, erhöhte Vulnerabilität für weitere Missbrauchserfahrungen und Ausbeutung in intimen Beziehungen, transgenerationale Weitergabe an die eigenen Kinder, Isolation, aggressives Verhalten, Delinquenz als Weitergabe der Verratsdynamik an unbeteiligte Dritte.

4) Ohnmacht
Dynamik: Körpergrenzen werden gegen den Willen des Kindes überschritten; es werden Gewalt oder Manipulation eingesetzt, um das Kind zu verführen; das Kind

fühlt sich unfähig, sich selbst zu schützen oder den Missbrauch zu stoppen; das Kind kann sich nicht glaubwürdig mitteilen.
Psychische Folgen: Verletzbarkeit der Körpergrenzen, Angst, verringerte Selbstwirksamkeit, Selbstwahrnehmung als schutzloses Opfer, verstärktes Kontrollbedürfnis, Identifikation mit dem Aggressor
Symptome: Alpträume, Phobien, somatische Beschwerden, Ess- und Schlafstörungen, Depression, Dissoziation, Weglaufen, Schulprobleme, Schuleschwänzen, Probleme am Arbeitsplatz, Gefahr der Revictimisierung aufgrund der erlernten Hilflosigkeit, ungesteuert aggressives Verhalten bis hin zur Delinquenz, Übernahme der Täterrolle, um Ohnmacht in Allmacht zu verkehren.

Eine weitere Dynamik fügen Fischer & Riedesser hinzu, die bei innerfamiliärem Missbrauch regelhaft zu beobachten ist:

5) Parentifizierung und verzerrte soziale Rollenzuweisung
Dynamik: Das Kind wird in eine Erwachsenen-, oft in eine Elternrolle gedrängt. Durch den missbrauchenden Erwachsenen erhält es besondere Zuwendung, wird altersinadäquat belohnt und bekommt den Geschwistern oder Gleichaltrigen gegenüber eine Vorrangstellung zugewiesen. Diese geht einher mit dem Verlust der eigenen Kindheit und Kindlichkeit, in der Fachliteratur bisweilen als Orphanisierung (von engl. Orphan = Waise), als „Verwaisung" bezeichnet.
Psychische Folgen: Ansprüchliches dominierendes, manipulatives Verhalten, geringe Frustrationstoleranz, Distanzverlust, Umkehr der Generationenrolle, Verlust der Kindlichkeit.
Symptome: Störungen des Sozialverhaltens, Konflikte mit Gleichaltrigen, Rivalität und Machtkämpfe mit Erwachsenen, frühreifes, pseudoerwachsenes Ausdrucksverhalten.
Je nach Ausprägung einzelner Situationsfaktoren und entsprechender Dynamiken ergeben sich typische Szenarios, die in unterschiedlichem Grad für das Kind zerstörerisch sein und unterschiedliche Folgen haben können. Besonders destruktiv ist die Verbindung mit aggressiver Gewalt und Körperverletzung, wie sie infolge der Penetration von Kleinkindern und Säuglingen zu beobachten sind. Aber auch sexueller Missbrauch in einer „liebevollen Atmosphäre" – eine Situation, auf die sich Verteidiger der Sexualität mit Kindern gerne berufen – bleibt für das Kind nach unserem gegenwärtigen Wissensstand keineswegs ohne negative Kurz- und Langzeitfolgen.

Traumatherapie bei Kindern
Bislang gibt es nur wenige kontrollierte Studien, in denen die Wirksamkeit unterschiedlicher Therapieverfahren bei Kindern untersucht wurde. Grundsätzlich lehnt sich das Vorgehen jedoch eng an die Regeln an, die in der modernen Traumatherapie allgemein verwendet werden, so etwa in der „Mehrdimensionalen Psychodynamischen Traumatherapie MPTT" nach Fischer (2000a) oder bei Reddemann (etwa 2001).

- Anwendung von Stabilisierungs- und Entspannungstechniken
- Direkte Exploration des Traumas
- Exploration und Korrektur negativer Attributionen bezüglich des Traumas (z. B. „Ich bin an allem schuld")
- Einbeziehung der Eltern in die Therapie (systemisches Arbeiten), außer bei innerfamiliärer Traumatisierung

Der Einsatz von Stabilisierungselementen steht am Anfang der therapeutischen Arbeit, um dem Kind die Erfahrung zu vermitteln, dass es Kontrolle über seine Gefühle und Gedanken hat und diese Kontrollmöglichkeiten auch gezielt benutzen kann, um von traumatischen Erinnerungen nicht überwältigt zu werden. Die Fähigkeit zur Anwendung solcher Techniken ist zum einen Voraussetzung für das Durcharbeiten des Traumas innerhalb der Therapie, zum anderen sind sie hilfreich, wenn das Kind außerhalb der Therapie Intrusionen, Flashbacks und Alpträume erleidet (vgl. Fischer 2003).

Das Durcharbeiten des Traumas ist sicherlich die kritischste Komponente der Traumatherapie mit Kindern, da sie extrem belastend sein kann. Stress-Management- bzw. Entspannungstechniken sollten daher immer mit der Traumaexploration gekoppelt werden, um einer Überforderung und „Flutung" des Kindes mit traumatischen Reizen, wie sie durch die direkte Bearbeitung des Traumas erfolgen kann, zu begegnen.

Fischer und Riedesser (1998, S. 284) halten eine Traumadurcharbeitung speziell im Falle des sexuellen Missbrauchs nicht generell für hilfreich: So kann der Zwang, die traumatische Situation durchsprechen zu müssen, im Erleben des Kindes (oder auch des erwachsenen Patienten) eine erneute Unterwerfung (hier: unter ein Therapieritual) und somit eine Retraumatisierung bedeuten. Wenn ein Patient sich also weigert, das Trauma durchzuarbeiten, so kann es eine heilsame Intervention bzw. korrektive Beziehungserfahrung sein, wenn der Therapeut etwa sagt „Jeder Mensch hat seine Geheimnisse und das Recht darauf, frei zu entscheiden, ob er sie jemand anderem mitteilen will oder nicht. Das gilt in der Psychotherapie genau so wie im täglichen Leben" (a.a.O.).

Die *Exploration und Korrektur negativer Kognitionen in Bezug auf das Trauma* („Es ist alles meine Schuld"; „Nichts ist mehr sicher") ist ein wichtiger Schritt in Richtung Rückgewinnung von Vertrauen in sich und die Welt. In der Psychotraumatologie gilt das Prinzip der Normalität: Nicht die Traumabetroffene ist „verrückt", was viele Patientinnen fürchten, wenn sie zum erstenmal die intrusiven Symptome erleben. Vielmehr gilt: „Trauma ist eine normale Reaktion auf eine verrückte Situation".

Die *Einbeziehung der Eltern oder anderer erwachsener Vertrauenspersonen* schließlich gilt als eine der bedeutsamsten Komponenten der Traumatherapie mit Kindern, da es sowohl dem Kind als auch den Eltern selbst hilft: Viele Untersuchungen belegen, dass die mitfühlend-emotionale Reaktion der Eltern sowie die parentale Unterstützung von zentraler Bedeutung für das Kind und die Bewältigung seines Traumas ist. So lernen die Eltern u. a., die Symptome und emotionalen

Bedürfnisse ihres Kindes zu erkennen und angemessen darauf einzugehen, so dass sie das Kind in der Zeit zwischen den Therapiesitzungen, aber auch nach Beendigung der Therapie positiv stützen können. Die Einbeziehung der Eltern hilft ihnen, mit dem eigenen emotionalen Stress fertig zu werden, der durch die Traumatisierung ihres Kindes ausgelöst wurde.

**Achtung!** Die letztere Regel gilt nicht bei innerfamiliärem Missbrauch oder innerfamiliärer Misshandlung von Kindern. Hier ist ein systemisches Arbeiten zumindest mit dem beteiligten Elternteil kontraindiziert, da ja keine familiären „Ressourcen" eingebracht werden. Vielmehr besteht die Gefahr einer fortlaufenden Retraumatisierung des Kindes, das erneut in die beschriebenen Dynamiken verwickelt wird.
Weitere Grundregeln einer Traumatherapie mit Kindern beschreiben Fischer und Riedesser (1998, S. 258, S. 279 ff.). Die ersten drei Punkte beziehen sich auf alle Kindheitstraumata, die Punkte 4 bis 7 speziell auf die (psychodynamisch orientierte) therapeutische Arbeit mit sexuell traumatisierten Kindern:

1. *Nutzung und Mobilisierung der Ressourcen des sozialen Umfeldes.* Sofern kein tragfähiges soziales Netz (in Kindergarten, Schule, bei Verwandten und Nachbarn) zur Unterstützung der Therapie besteht, muss dieses zunächst aufgebaut werden.
2. *Orientierung an der konkret erlebten traumatischen Situation.* Die therapeutischen Vorgehensweisen müssen an die spezielle erlebte traumatische Situation anknüpfen. Bei intrafamiliärer Traumatisierung (z. B. körperlicher oder sexueller Missbrauch) steht etwa soziales Differenzierungslernen im Vordergrund sowie das Angebot einer korrektiven therapeutischen Beziehungserfahrung.
3. *Orientierung am Entwicklungsstand und den Entwicklungsaufgaben des Kindes.* Die Therapie muss die Entwicklungsphase des Kindes berücksichtigen sowie die altersspezifischen Verarbeitungsmechanismen als Ressourcen begreifen und unterstützen. Nur so kann schließlich eine Integration in das altersgemäße kindliche Weltbild erfolgen. Eine wichtige Funktion hat dabei das sog. „traumatische Spiel", in dem das Kind die traumatische Erfahrung in selbstdosierter Menge noch einmal durchlebt und in seiner Phantasie nach alternativen Gestaltungsmöglichkeiten sucht. So ändern Kinder z. B. die dem Trauma vorausgehenden Ereignisse, unterbrechen den traumatischen Handlungsablauf oder machen die nachfolgenden Verletzungen ungeschehen. Der Therapeut sollte die entwickelten kreativen Lösungen unterstützen, da sie geeignet sind, dem Kind Selbstvertrauen und ein Gefühl der Kontrolle über die Umwelt zurückzugeben.
4. *Missbrauch stoppen.* Diese plausible Forderung ist gerade beim familiären Missbrauch oft kaum zu realisieren, da der Inzesttäter gewöhnlich über ein besonderes Gespür für soziale Machtverhältnisse verfügt. Meist ist der Inzest gut getarnt, die Täter legen ein gewinnendes Wesen an den Tag und zögern selten, die Beschuldigungen umzukehren. Besonders schwierig wird es, wenn

der andere Elternteil (in aller Regel die Mutter), das Verhalten des Partners deckt – sei es, weil sie das Zerbrechen der Familie fürchtet, sei es, weil sie aufgrund eigener Missbrauchserfahrungen in die Familiendynamik eingebunden ist oder auch, weil sie selbst Mittäterin ist. Psychosozialen Helfern bleibt daher oft keine andere Wahl, als die Fortsetzung des Missbrauchs so lange zu tolerieren, bis klare Beweise vorliegen. Liegen sie vor, so ist die Entfernung der Kinder aus den Familien und Heimeinweisung die übliche sozialtherapeutische Maßnahme. Dies ist äußerst problematisch, da zum Inzesttrauma nun auch noch ein Deprivationstrauma hinzukommt. Vorbildlich ist dagegen das in England praktizierte Interventionsmodell der „Go!-order" für den Vater. In Deutschland ist diese für das Kind vorteilhafteste Variante rechtlich leider nicht immer durchzusetzen.

5. *Therapieziel: Den unterbrochenen kindlichen Entwicklungsprozess wieder in Gang bringen.* Dies ist besonders schwierig beim sexuellen Missbrauch, da hier die psychosexuelle Entwicklungslinie unterbrochen wurde. Durch die altersinadäquate, pathologische Sexualisierung wird die aufkeimende eigene Sexualität des Kindes überfremdet; das Herantasten des Kindes an die eigene Sexualität wird mit der erwachsenen Sexualität beantwortet und das Kind verliert die Möglichkeit, an den Eltern die eigene Geschlechtsidentität und –rolle zu stabilisieren. Wichtig ist hier, dass das Kind zunächst zwischen Sexualität auf der einen und Liebe, Zuwendung und sozialer Bindung auf der anderen Seite unterscheiden lernt. Das Kind muss in der Therapie erfahren, dass Sexualität und zärtliche Bindung zwei voneinander unabhängige Momente einer Beziehungserfahrung sind, deren Verbindung nur möglich ist, wenn es sich um eine Beziehung unter freien gleichberechtigten Partnern handelt. Die vom Therapeuten zu realisierende Grundhaltung ist die einer liebevollen Zuwendung ohne Sexualisierung.
6. *Orientierung an der speziellen traumatogenen Missbrauchsdynamik.*
   - Bei der *Stigmatisierungsdynamik* sollte der Therapeut die Tendenz zur Selbstbeschuldigung in Frage stellen („Hattest Du/Sie in dieser Situation wirklich eine Chance?"). In der Beziehung wird der Therapeut unbewusst daraufhin getestet, ob er selbst zu psychotraumatologischen Vorurteilen und Stigmatisierungen neigt.
   - Bei der *Verratsdynamik* wird der Therapeut zunächst das verzerrte Weltbild des Patienten zurechtrücken, wonach die Tat der Eltern eine legitime darstellt. Er muss klarstellen, dass es die Pflicht der Eltern ist, sich ihren Kindern gegenüber abstinent zu verhalten. Hilfreich ist hier bei einem einzeltherapeutischen Setting auch die Einbeziehung eines Dritten (z. B. Supervisor) als Apellationsinstanz, wenn die therapeutische Beziehung zu eng oder bedrohlich erscheint.
   - Bei der *Ohnmachtsdynamik* geht es primär um Wiedergewinnung von Handlungsmöglichkeiten und die Gewissheit, sich gegen Übergriffe zur Wehr setzen zu können. Dabei spielt das Prinzip der Übertragung und Gegenüber-

tragung eine wichtige Rolle. D. h.: Über kurz oder lang gerät der Therapeut in die Rolle des „Bösen“ oder gar „Missbrauchers“ hinein. Gelingt es dem (kindlichen) Patienten, sich gegen den Therapeuten bzw. dessen Interventionen durchzusetzen (z. B. „Nein, zu diesem Termin kann ich nicht“; „Nein, ich will jetzt nichts dazu sagen“) macht er die Erfahrung erfolgreicher Selbstbehauptung. Wichtig ist dabei natürlich, dass der Therapeut nicht mit aggressiven Gegenübertragungen reagiert. Die gemachte Erfahrung sollte ergänzt werden durch Vermittlung von Kenntnissen zur Prävention gegen evtl. weitere Übergriffe.

Ein zentraler Veränderungsschritt besteht in der sog. „Fähigkeit zur Objektspaltung“. Darunter verstehen Fischer & Riedesser die Fähigkeit eines Traumaopfers, den Täter in seiner realen Gespaltenheit zu verstehen und u. a. auch negative Affekte gegen ihn erleben zu können, ohne in Selbstanschuldigung, Rechtfertigung und Idealisierung des Täters zurückzufallen.

Die komplexen Anforderungen an die Traumatherapie bei Kindern lassen ein systematisches Vorgehen und eine traumaadaptierte Weiterentwicklung der traditionellen Kinder-Psychotherapie angebracht erscheinen. In der traditionellen Ausbildung von Kindertherapeuten kam eine explizite Traumatherapie bislang nicht vor. Eine Kinderversion der „Mehrdimensionalen Psychodynamsichen Traumatherapie“ (MPTT, Fischer 2000a) ist in Vorbereitung. Das *Deutsche Institut für Psychotraumatologie, Köln* (DIPT) bietet seit etwa 8 Jahren eine curriculare Weiterbildung für Psychotherapeuten an, die von ausgebildeten Kolleginnen und Kollegen schon vielfältig in Anspruch genommen wurde, ebenso die Bielefelder Arbeitsgruppe um Luise Reddemann. Für pädagogische Berufsgruppen hat das DIPT einen Ausbildungsschwerpunkt zum „Fachberater für Psychotraumatologie“ eingerichtet, ebenfalls mit einem curricularen Weiterbildungsangebot von etwa 150 Stunden, das an Wochenenden stattfindet. Interessenten/innen können nähere Informationen über das Internet erhalten:
www.psychotraumatologie.de oder über die homepage des Deutschen Paritätischen Wohlfahrtsverbandes NRW (Akademie in Wuppertal). Über die neu gegründete Fachzeitschrift ZPPM (Zeitschrift für Psychotraumatologie und Psychologische Medizin, www.Asanger.de) können sich Interessentinnen und Interessenten über den neuesten Stand der Traumaforschung und die verschiedenen praktischen Arbeitsgebiete fortlaufend informieren.

## Literatur

*Finkelhor*, D. (1984): Child sexual abuse. New theory and research. Free Press, New York

*Fischer*, G. (2000a) Mehrdimensionale Psychodynamische Traumatherapie. Manual zur Behandlung psychotraumtischer Störungen. Asanger, Heidelberg

*Fischer*, G. (2000b) Kölner Dokumentationssystem für Psychotherapie und Traumabehandlung, KÖDOPS. Deutsches Institut für Psychotraumatologie, Köln. Aktualisierungen und aktuelle Forschungsergebnisse über www.koedops.de

*Fischer*, G. (2003) Neue Wege aus dem Trauma. Erste Hilfe bei schweren seelischen Belastungen. Walther, Düsseldorf

*Fischer*, G., *Gurris*, N., *Pross*, C., *Riedesser*, P. (1996): Psychotraumatologie – Konzepte und spezielle Themenbereiche. In: Uexküll, v. Th., Psychosomatische Medizin: Adler, R. H., Herrmann, J. M., Köhle, K., Schonecke, O.W., 543-552

*Fischer*, G., *Riedesser*, P. (1998, 3. erweiterte Aufl. 2003). Lehrbuch der Psychotraumatologie. UTB, Ernst Reinhardt, München

*Hinckeldey*, S., v., *Fischer*, G. (2001) Psychotraumatologie der Gedächtnisleistung. Diagnostik, Begutachtung und Therapie traumatischer Erinnerungen. Ernst Reinhardt-Verlag UTB, München

*Reddemann*, L (2001) Imagination als heilsame Kraft. Pfeiffer bei Klett Cotta, Stuttgart

*Terr*, L. C. (1995): Childhood traumas: An outline and an overview. In: Everly, G. S., Lating, J. M. (1995), 301-319

*Uexküll* v., T., *Wesiack*, W. (1988) Theorie der Humanmedizin. München: Urban & Schwarzenberg, Stuttgart

# Phänomenologie der posttraumatischen Belastungsstörung[1] Symptome – Hinweise, Verdachtsmomente bei Erwachsenen und Kindern

Dr. med. Luise Reddemann

Wenn ein Mensch zu uns in die Klinik kommt und Hilfe erbittet, dann ist er mindestens 18 Jahre alt. Das heißt, meine Erfahrung gründet sich auf die Arbeit mit Menschen, die erwachsen sind. Wir behandeln ziemlich viele junge Erwachsene, aber Kinder nicht. Das, was ich ihnen nachher über Kinder erzähle, das habe ich der Literatur entnommen.

Wenn ein Mensch zu uns in die Klinik kommt, dann ist das heute so, dass man fast sicher sein kann, dass er eine Traumageschichte hat, und deshalb zu uns kommt, aber das war natürlich nicht immer so. Die Frage ist, wenn jemand in eine Praxis kommt oder in eine Beratungsinstitution oder in eine Klinik, wie kann man das klären, dass jemand an einer Traumafolgestörung leidet. Früher haben wir gedacht, das klärt man am besten dadurch, dass man so gründlich wie möglich fragt, was jemand in seinem Leben alles erlitten hat. Und damit sind wir gründlich gescheitert. Das ist die schlechteste Art, um das zu erfahren, würde ich heute sagen, aber wir haben es damals vor 17, 18 Jahren nicht besser gewusst. Heute würden wir eine Vermutungsdiagnose eher aufgrund von Beobachtungen und aufgrund von Wissen über Traumafolgestörungen stellen. Und das in Klammern gesagt, wenn wir diese Vermutungsdiagnose hätten, würden wir das nur ganz vorsichtig abchecken, ob es dafür biographisches Material gibt, und würden vor allen Dingen mit diesem Menschen so arbeiten, dass wir ihn nicht zusätzlich durch die Erkundung der Lebensgeschichte belasten.

Was ich ihnen hier mitgebracht habe, ist eine Aufzählung von Phänomenen, die man oft schon im Erstgespräch wahrnehmen kann, wenn man entsprechende Fragen stellt. Darauf komme ich gleich noch einmal zurück. Wenn ich mir einfach einen Menschen anschaue, das ist ja eine alte ärztlich Kunst, die ein bisschen in Vergessenheit geraten ist, dass man die Menschen, die einem begegnen als Ärztin oder Arzt, dass man da seine fünf Sinne benutzt, dass man zuhört, dass man schaut, was man sieht, und ggf. auch was man riecht. Manche Leute riechen nämlich auch sehr stark, weil sie Angstschweiß haben, wenn sie in ein Gespräch kommen, oder wenn man jemand die Hand gibt, kann man das schon oft registrieren, dass dieser Mensch einem entweder die Hand nicht gibt, das ist in deutschen Landen ungewöhnlich, und kann Hinweis sein, dass dieser Mensch sehr kontaktscheu ist, wenn er sich verweigert einem die Hand zu geben, wenn er einem die Hand gibt könnte es sein, dass man starken Angstschweiß wahrnimmt. Also es sind so Dinge, die man beobachten kann, da braucht man erst einmal noch nicht viel gehört haben. Man kann Menschen ansehen, ob sie Angst haben. Man kann

Menschen ansehen, ob sie nicht nur Angst haben, sondern Panik. Man kann Menschen ansehen, dass sie unter Stress leiden. Das ist alles etwas, das kann man schon bei der Begrüßung und bis man sich hinsetzt beobachten. Man kann z. B. beobachten, dass manche Menschen, die ins Gespräch kommen, sich so hinsetzen, dass ich den Eindruck habe, dieser Mensch muss unbedingt alles unter Kontrolle haben, z. B. in der Nähe der Tür sein oder die Tür sehen können. Viele solcher kleinen Dinge kann ich registrieren und die können schon mal dazu führen, eine Vermutungsdiagnose zu stellen, allerdings ist es mir wirklich wichtig, auch zu sagen, das muss eine Vermutung sein und es muss natürlich die Bereitschaft bestehen, das jederzeit zu überprüfen und zu revidieren.
Bei einer Traumafolgestörung ist es typisch, dass die Menschen entweder unter Übererregungssymptomen leiden, die kann man, wie gesagt, zum Teil beobachten, zum Teil kann man sie erfragen, z. B. berichten diese Menschen dann, dass sie wie HB-Männchen schnell an die Decke gehen, dass sie Schlafstörungen haben, dass sie leicht in Streit geraten, also Übererregungssymptome und sog. Vermeidungssymptome, dass ist dann so etwas, dass sich jemand eher zurückzieht. Das sind auch typische Dinge, die man im Zusammenhang von einer posttraumatischen Belastungsstörung beobachten kann und dazu kommen dann noch all diese Dinge, die ich ihnen hier aufgelistet habe. Diese stammen aus einer Beschreibung der amerikanischen psychiatrischen Assoziation und sind zusammengefasst unter der Überschrift, "Disorder of extrem stress, not otherwise specified", zu Deutsch, Störungen durch extremen Stress, die nicht anders spezifiziert sind. Und diejenigen von ihnen, die vielleicht psychologisch oder medizinisch vertraut sind, die werden sicher erkennen, dass man da allerhand Symptome beschrieben sieht, die man von anderen Krankheitsbildern kennt.
Zunächst einmal die Regulierung des affektiven Erregungsniveaus, also die Schwierigkeit mit Gefühlen geschickt und erwachsen umzugehen.
Darüber berichten die Patienten, oder man kann es auch sehen, oder man kann es hören, man kann es im Kontakt erleben, wahrnehmen. Die Schwierigkeit Ärger zu modulieren ist ein häufiges Problem von Menschen, die Opfer von traumatischen Erfahrungen wurden. Das ist bei Männern in der Regel dann nach außen agiert, und bei Frauen eher nach innen, insbesondere dann durch selbst-verletzendes Verhalten. Das ist der nächste Punkt.
Selbstdestruktives und suizidales Verhalten. Das wird in der Regel nicht gleich berichtet, aber das kann man erfragen. Dann Schwierigkeiten im Bereich der Hingabefähigkeit, kann man auch erfragen und kann man manchmal auch durchaus beobachten, also dieses sehr starke Bedürfnis Kontrolle auszuüben in der Situation. Dies ist etwas, das für traumatisierte Menschen wichtig ist, dass sie das Gefühl haben, sie haben Kontrolle, das darf man ihnen auch nicht wegnehmen. Das verhindert natürlich in gewisser Weise Hingabe. Und das äußert sich dann auch, und wird dann auch berichtet z. B. in Schwierigkeiten des sexuellen Erlebens. Dann berichten solche Menschen auch über impulsives und risikoreiches Verhalten, das kann man sich so vorstellen, dass wer einmal dem Tod von der

Schüppe gesprungen ist, sich das immer wieder beweisen muss, dass er das kann und deshalb alles mögliche tut, um sich das immer wieder zu beweisen. Das sind also einige Dinge, die in Zusammenhang stehen mit den Gefühlen.

Das nächste sind die Störungen der Aufmerksamkeit und des Bewusstseins. Da will ich auf die Dissoziation eingehen. Dissoziatives Verhalten kann man sehr gut beobachten, wenn man davon weiß. Das sind, – und ich denke, das ist auch bei Kindern etwas, was sie kennen, – Menschen, die im Kontakt wie nicht anwesend erscheinen, die zum Teil dann so einen Blick bekommen, wo sie so durch einen hindurch zu schauen scheinen, der Blick, der sich verliert, der auch manchmal beschrieben wird als ein toter Blick. Also der Abbruch des Kotaktes, das ist Dissoziation für die Beziehung. Für den betroffenen Menschen ist es ein Schutz, nämlich der Versuch, eine unerträglich erscheinende Situation zu verlassen. Nun ist natürlich eine Gesprächssituation eigentlich keine unerträgliche Situation, sollte man meinen, aber das Problem ist, dass Menschen, die traumatisiert wurden, vor allen Dingen wenn sie schwer traumatisiert worden sind, jede Kontaktaufnahme zu einem anderen Menschen als bedrohlich erleben. Das scheint mir wichtig, sich das klar zu machen, auch wenn wir uns noch so bemühen, auch wenn wir noch so freundlich sind, ein beziehungstraumatisierter Mensch wird immer ein bisschen misstrauisch sein müssen, denn woher soll der wissen und glauben, dass wir es gut mit ihm meinen, das ist nicht garantiert, bloß weil wir Psychotherapeuten sind und Berater usw. Das heißt, Patienten und Patientinnen, die zu uns kommen, können sich nicht sicher sein, sie hoffen es natürlich, dass es gut geht mit uns, und deshalb kann es auch sein, dass sie in der Gesprächssituation auf diesen Schutzmechanismus der Dissoziation zurückgreifen, also sozusagen aus dem Kontakt verschwinden, wenn wir irgend etwas machen, was sie als stressig empfinden. Man weiß natürlich einige Dinge, die als Stress erlebt werden, und da bin ich der Meinung, dass man sie lassen sollte. Man weiß z. B. das es extrem stressig ist, wenn längere Schweigepausen auftreten, das können diese Menschen nicht ertragen. Das heißt, dass alle psychotherapeutischen- und Beratungstechniken, die eher darauf setzten, dass man Prozesse sich langsam entwickeln lässt, die für andere sehr gut und sehr hilfreich sind, bei Menschen, die an einer posttraumatischen Störung leiden, völlig verkehrt sind, denn sie machen unglaublichen Stress. Da müssen wir uns etwas anderes einfallen lassen. Wir müssen uns eine Form der Kommunikation einfallen lassen, wo wir uns relativ aktiv bemühen den Gesprächsfaden aufrecht zu erhalten. Da ist z. B. wichtig, dass man viel fragt am Anfang, nicht über Traumata, aber man kann ja genug anderes fragen, man kann z. B. fragen, wie dieser Mensch im Leben zurecht kommt, und was ihn freut. Hier sind ressourcenorientierte Verfahren sehr wichtig und sich erkundigen, nicht nur nach den Problemen, die hier aufgelistet sind, sondern sich genauso erkundigen nach dem, was jemand kann. Nach dem fragen, was jemand Freude macht, kann sehr hilfreich sein. Und das ist auch eine Art, wie man ein Gespräch weiter in Gang hält, dass man also nicht immer nur nach den belastenden Dingen fragt oder sie beobachtet, sondern immer auch sozusagen die Gegenseite.

Viele der Menschen, mit denen wir es zu tun haben, berichten, wenn man sie danach fragt, von Gedächtnislücken. Das ist die Amnesie. Über Gedächtnislücken reden Leute aber nicht von sich aus. Viele unserer Patientinnen und Patienten haben häufig Mini-Gedächtnislücken, die sie aber gut überspielen. Wenn man sich aber angewöhnt in einer Situation, wo jemand im Gespräch z. B. wie weggetreten erscheint den Menschen anzusprechen, sind sie noch da und was ist das letzte, woran sie sich erinnern, über das wir geredet haben?, dann hören sie ganz oft, dass die letzten paar Sätze gar nicht mehr da sind, d. h. da ist eine Mini-Gedächtnislücke, da ist ein Miniamnesie. Das haben viele Traumatisierte, Menschen mit einer posttraumatischen Störung. Nicht jeder Mensch, der ein Trauma erleidet, hat eine posttraumatische Störung, im Durchschnitt, sagt man, behalten 30% eine Störung. Natürlich ist das bei Kindern, die in einer Familie traumatisiert werden und schwer traumatisiert werden, sicher viel mehr. Es ist bestimmt nicht nur ein Drittel. Manche berichten auch über große Amnesien, also lange Stecken des Tages, die sie nicht erinnern z. B., dass sie nicht wissen, wie sie von A nach B gekommen sind, sie wissen ich bin heute morgen aus meinem Haus gegangen und jetzt bin ich hier bei ihnen, aber was dazwischen war, weiß ich nicht. Es ist klar, dass dies schon Ausdruck einer ziemlich schweren Störung ist. Viele Patientinnen und Patienten, die an einer Traumafolgestörung leiden, haben körperliche Probleme, haben sog. Somatisierungsstörungen, d. h. der Körper drückt etwas aus, das nennt man funktionell. Sie können aber auch, das weiß man inzwischen, durchaus körperliche Krankheiten entwickeln, die auch im Zusammenhang stehen können mit den traumatischen Erfahrungen.

Dann die Persönlichkeitsveränderungen, die kann man zum Teil auch im Kontakt direkt beobachten bzw. die werden berichtet, insbesondere diese Gefühle der Selbstvorwürfe, die Gefühle nichts bewirken zu können, die chronischen Schuldgefühle. Das würde man ja sonst eher als etwas Depressives diagnostizieren und viele Patienten kommen auch erst mal und präsentieren überwiegend depressive Symptome. Dann das Gefühl, und manchmal ist es kein Gefühl, sondern eine Tatsache, fortgesetzt geschädigt zu werden. Das ist manchmal sehr schwierig zu klären, ist das innen? Und wird das von innen her immer wieder aktiviert, dieses Gefühl, oder passiert das immer noch außen? Nicht wenige der geschädigten Menschen, also die in der Kindheit traumatisiert wurden, werden durchaus weiter auf die eine oder andere Art geschädigt. Außerdem haben sie leider eine Tendenz sich immer wieder neu zu Opfern zu machen, und d. h. die Menschen gehen dann auch wieder traumatogene Beziehungen ein. Das ist für diejenigen, die mit Kindern arbeiten auch wichtig, dass eben die traumatisierten Mütter wieder Beziehungen eingehen mit gewalttätigen Vätern, und dass dann also über die Generationen die Probleme weitergegeben werden. Diese Menschen haben Schwierigkeiten zu vertrauen, das habe ich ihnen vorher schon gesagt, und das kann man oft schon im ersten Kontakt ganz gut beobachten, wenn die Fragen entsprechend gestellt werden und weil die Menschen ein sehr starkes Kontrollbedürfnis zum Ausdruck bringen auf die unterschiedlichste Art, durch Blicke, durch Fragen, durch

uns unter Kontrolle halten, dadurch dass sie pausenlos sprechen und man selber nicht zu Wort kommt.
Manche dieser Menschen haben eine Tendenz, andere zu Opfern zu machen. Das kann sich auch im Gespräch, in therapeutischen oder beraterischen Kontexten sozusagen reinszenieren, symbolisch reinszenieren, dann fühlen sich die Behandler, die Berater, irgendwie auch schlecht, haben Schuldgefühle, haben das Gefühl sie machen es falsch. Es gibt also auf der unbewussten Ebene auch manchmal eine Reinszenierung eben dieser Problematik und manche werden natürlich auch aktiv Täter.
Schließlich gibt es die Veränderung der Bedeutungssysteme, also die Verzweiflung und Hoffnungslosigkeit und der Verlust der bisherigen Lebensüberzeugungen. Das bezieht sich auf Menschen, die als Erwachsene traumatisiert worden sind. Wo das oft sehr eindrucksvoll ist, das kann man dann erfragen, dass sich nach dem Trauma die Lebensüberzeugungen vollkommen verändert haben, nichts mehr gilt, die Sicht des Selbst und die Sicht der Welt ist verändert, ist zutiefst erschüttert, und es braucht viel Zeit da wieder ein neues Wertesystem und eine neue tragende Weltsicht und Selbstsicht zu entwickeln. Das sind also alles Dinge, die man relativ leicht beobachten kann bzw. erfragen, und das ist, meines Erachtens, eine gute Orientierung, wie man sich also phänomenologisch orientieren kann, um eine Vermutung über eine chronifizierte Traumafolgestörung erst einmal zu formulieren. Da brauchen sie noch nicht groß nachgefragt zu haben, ob es Traumata gegeben hat. Das kann man dann im Anschluss ganz vorsichtig, ganz behutsam machen. Jetzt will ich kurz etwas dazu sagen, welche weiteren Möglichkeiten es gibt, die Vermutung anzustellen, dass Menschen, die in eine Therapiesituation kommen, möglicherweise eine traumatische Erfahrung gemacht haben. Dazu gibt es inzwischen einige Untersuchungen. Die Letzte stammt aus Australien und da haben wir eben die interessante Information, dass Menschen, die an einer posttraumatischen Belastungsstörung leiden, 26mal mehr die Wahrscheinlichkeit mitbringen, dass sie affektive Störungen, also Depressionen vor allen Dingen, entwickeln, 27mal mehr die Wahrscheinlichkeit besteht, dass sie eine Angststörung entwickeln und 28mal mehr die Wahrscheinlichkeit besteht, im Vergleich mit einer Population von Patienten, die keine posttraumatische Störung haben, das ist die Vergleichsgruppe. Das heißt die Wahrscheinlichkeit eine Panikstörung zu entwickeln ist hoch und die Wahrscheinlichkeit eine Alkoholerkrankung zu entwickeln ist auch deutlich erhöht. Das sind Sachen, die weiß man jetzt inzwischen, d. h. mit anderen Worten, wenn ein Mensch zu uns kommt und berichtet, er habe depressive Probleme, habe eine Angststörung, eine Panikstörung, Probleme mit Alkohol und Drogen und womöglich noch Suizidgedanken, dann haben wir eine mindestens 50%ige Wahrscheinlichkeit, dass dieser Mensch an einer Traumafolgestörung leidet.
Manchmal ärgert diese Sichtweise meine Kollegen. Ich habe neulich einen Vortrag gehalten in einer psychiatrischen Klinik. Da sagte ein Kollege zu mir, richtig wütend, na ja dann ist ja schließlich alles auf Trauma zurückzuführen. Da habe

ich gesagt, nein alles nicht, aber in unserem Bereich, im Zusammenhang mit den Menschen, mit denen wir arbeiten, ist die Wahrscheinlichkeit leider sehr hoch. Bei einer klinischen Population besteht sehr viel mehr die Wahrscheinlichkeit, dass man bei diesen Patienten auch solche findet mit einer komplexen posttraumatischen Belastungsstörung und anderen Störungen. Das weiß man heute, das kann man nicht mehr leugnen, das heißt nun nicht, dass alle Menschen eine Traumafolgestörung haben. Es wäre nicht gerechtfertigt diesen Schluss zu ziehen.
Sie wissen ja alle gut, welche Traumata es so gibt, ich möchte ihnen aber ganz gerne eine Liste von Peter Leveni zeigen, dass Kinder durch Erfahrungen traumatisiert werden können, die Erwachsene nicht für traumatisch halten, das finde ich sehr wichtig, dass ich ihnen das sage. Zum Beispiel kann sich ein Angriff eines Tiers, z. B. vom Hund, dann körperliche Verletzungen durch Unfälle und Stürze, z. B. vom Fahrrad oder einer Treppe auf *manche* Kinder durchaus als Trauma auswirken. Wichtig ist, dass wir uns klarmachen, ein traumatisches Ereignis ist eines, was erlebt wird mit Hilflosigkeit und Ohnmachtsgefühlen und extremer Art, gleichzeitig mit Gefühlsüberflutung bei einem Kind ggf. Panik und Todesangst. Die genannten Situationen können für ein Kind diese Qualität haben, müssen nicht, das kommt auch immer darauf an, wie stabil ist das Kind in der Situation und insgesamt. Es ist nur wichtig, dass man eben auch an diese Dinge denkt, z. B. eine lebensbedrohliche Erkrankung und auch hohes Fieber können sich traumatogen auswirken. Erfahrungen von extremen Temperaturen, insbesondere, wenn das Kind dabei alleine ist, Naturkatastrophen, dann natürlich plötzliche Verluste, das ist bekannt, und beinahe ertrinken, das kommt nicht so selten vor, und das kann sich traumatogen auswirken, schließlich Verlorengehen, in Kaufhäusern z. B., und medizinische und zahnmedizinische Eingriffe. Medizinische Gewalt, medizinisch notwendige Gewalt, wird sehr häufig als Trauma erlebt und entsprechend verarbeitet. Und an all das sollten wir auch denken. Selbstverständlich ist es so, dass die sexuelle Gewalt und die Gewalt eine große Rolle spielen, leider, aber es wäre falsch immer nur an Gewalt und sexuelle Gewalt zu denken, wenn sie ein Kind sehen oder auch einen Erwachsenen, der die Zeichen einer Traumafolgestörung aufweist. Es kann auch z. B. die Mandeloperation mit vier Jahren gewesen sein, wo fünf Erwachsene dieses Kind festgehalten haben und ihm eine Spritze verpasst haben, das kann für dieses Kind ein schweres Trauma sein, was sich wirklich auch auswirkt mit allen Zeichen der Traumafolgestörung. Also d. h., wenn wir dann einmal so weit sind, dass der Mensch einigermaßen stabil ist und wir können anfangen nachzufragen, dann sollten wir auch an diese Dinge denken und nicht, wie das eine Zeitlang der Fall war, nur an die sexuelle Gewalt. Diese ist ein häufiger Faktor, aber es ist nicht der einzige. Es war ja sehr interessant, dass die Kollegen, die sich mit den Vietnam Veteranen befasst haben, und die, die sich mit den in der Kindheit traumatisierten Frauen beschäftigt haben, dass die dann gemeinsam gesehen haben, die Patienten bieten ganz ähnliche Probleme, also das sieht ganz ähnlich aus, was die an Symptomatik haben.
Sie wissen sicher, dass ein Trauma sich direkt auswirken kann im Sinne einer akuten Belastungsreaktion, das ist eine vorübergehende Störung. Dann kann sich

ein Trauma auswirken im Sinne einer Anpassungsstörung, das ist ein Zustand von subjektiv beträchtlichem Leid und emotionaler Beeinträchtigung. Auch diese Störung verschwindet in der Regel, hält meistens nicht länger an als sechs Monate. Dann kommen wir zu dem Schwierigen, das ist die posttraumatische Belastungsstörung. Dabei handelt es sich um eine Reaktion auf ein belastendes Ereignis, das in der Regel schon länger zurückliegt, ein halbes Jahr bis zwei Jahre zurückliegen soll, das bildet nicht die ganze Problematik ab. Wir sehen Leute, die im letzten Krieg traumatisiert worden sind, die 50 Jahre unauffällig gelebt haben und jetzt eine posttraumatische Belastungsstörung entwickeln, z. B. weil sie im Fernsehen etwas sehen, Kriegsbilder, oder weil sie in die Situation der Hilflosigkeit als alter Mensch geraten und abhängig werden, sagen wir mal eine Frau, die im letzten Krieg oder nach dem letzten Krieg vergewaltigt wurde, die jetzt von einem Pfleger einen Katheder gelegt bekommt, was notwendig ist, und dann auf einmal tickt sie aus und dann wird geglaubt, die Frau sei psychotisch, sie hat aber einen Flashback. Es ist wichtig das zu wissen.

Nun zu den gravierenden Folgen von Trauma. Das sind die Persönlichkeitsstörung und die dissoziativen Störungen. Aber auch, möglicherweise, Depression, Angststörung, somatoforme Störungen, Essstörungen, all diese Störungen können auch mit traumatischen Erfahrungen verbunden sein, wobei bei Panik, Angst und depressiven Störungen der Anteil sehr hoch ist, 50% ist inzwischen die gängige Zahl. Diese Zahlen verändern sich ständig, meistens werden sie immer höher, je mehr geforscht wird. Die dissoziativen Störungen werden heute allgemein als spezifische Traumafolge angesehen. Da gibt es eigentlich heute nicht mehr sehr viele Diskussionen unter Fachleuten.

Jetzt möchte ich noch kurz auf Symptome eingehen, anhand derer man ebenfalls vermuten kann, es könnte ein belastendes Ereignis oder Ereignisse eine Rolle gespielt haben. Also erhöhte Angstbereitschaft und verringerte Frustrationstoleranz, verminderte Fähigkeit zur Konfliktbewältigung, insbesondere immer dann, wenn die Fähigkeiten vorher da war, also wenn man sie vorher beobachten konnte und dann verschwinden sie auf einmal, Störungen des Selbstwertgefühls, der inneren Steuerungsfähigkeit und des Realitätskontaktes und Verlust der Spielfähigkeit. Dann eine ganze Reihe von körperlichen Problemen. Das Problem ist, dass das unspezifisch ist, also sie dürfen jetzt nicht sagen, aha ein Kind kotet ein, das ist traumatisiert, so ist es eben nicht. Aber immerhin ist es gut daran zu denken, dass es sein könnte. Übrigens sind manche Dinge, die Psychotherapeuten als Konflikt beschrieben haben, für manche Kinder durchaus traumatogen. Es kommt darauf an, wie dieses Kind veranlagt ist, ob es ein hoch sensibles Kind ist, wie die Umgebung damit umgeht, so kann sich dann z. B. so eine klassische eher als ödipal eingeordnete Situation, also eine klassische Konfliktsituation, wie die Geburt eines Geschwisters, für manche Kinder regelrecht traumatisch auswirken. Für manche Kinder kann sich auch ständige Herabsetzung und Kritik durchaus traumatogen auswirken. Es ist auch wichtig, dass wir uns klarmachen, dass sich manches im Sinn von Konfliktpathologie auswirkt und manches sich durchaus auch auswirkt im Sinn von Traumapathologie.

Ich nenne noch weitere Probleme, die im Zusammenhang stehen können mit traumatischen Erfahrungen, bei den letzten, die ich ihnen jetzt zeige, ist die Wahrscheinlichkeit dann oft sehr hoch, nämlich bei antisozialem und autoaggressivem Verhalten, bei Suizidalität, ich hab von einem Kinderarzt gehört, der gesagt hat, suizidale Kinder sind praktisch alle traumatisiert. Wenn ein Kind suizidal ist, dann muss man daran denken und fragen, ob dieses Kind traumatisiert sein könnte. Dissoziative Störungen, da können sie so gut wie sicher sein, das Kind ist traumatisiert. Was vielleicht wichtig und von Interesse ist, ist dass traumatisierte Kinder durch Misshandlung, Kinder, die Opfer von sexueller Gewalt sind lernen anders zu denken als Kinder ohne Gewalterfahrung. Die kognitive Entwicklung dieser Patienten ist anders. Es ist so als würden diese Menschen bei der falschen Zeit und bei den falschen Informationen stecken bleiben.

Letztes Jahr gab es eine große Untersuchung, die im Stern veröffentlicht wurde. Was mich an dieser Untersuchung unangenehm berührt hat war, dass auf die Frage der Traumatisierung so gut wie nicht eingegangen worden ist. Das möchte ich ihnen zum Abschluss mal zeigen. Das sind also die Ergebnisse dieser Untersuchung. Und wenn sie sich das anschauen, dann zeigen diese Kinder z. B. phobisches Verhalten, immerhin 8%, Verschlossensein 8%, sich viele Sorgen machen, Furchtsamkeit, Suizidgedanken. Das können auch Symptome sein, die auf eine Traumafolgestörung hinweisen. Dann die Konzentrationsprobleme, die haben sicher viele Ursachen. Das Grübeln sicher auch, aber wir wissen auch, dass das ständige über irgendwas Belastendes nachzudenken auch wiederum zu einer posttraumatischen Störung gehören kann. Die Schlafprobleme, das ist sehr typisch eigentlich bei Menschen, die traumatische Erfahrungen gemacht haben. Streiten, Wutausbrüche, Gemeinsein, andere angreifen, Sachen kaputt machen, das alles kann, muss nicht, mit traumatischen Erfahrungen zusammenhängen. Dann natürlich auch eine ganze Reihe an körperlichen Symptomen. Und ich fand die Zahlen schon erschütternd, das sind ja zum Teil bis zu 10% der befragten Kinder, die an den Dingen häufig leiden, das würde ja zu den Zahlen passen, die man heute so hat über traumatisierte Kinder. Und dass in diesem Bericht mit einem halben Nebensatz über belastete Elternhäuser gesprochen wurde. Mehr wurde nicht zu Trauma gesagt.

**Fußnote**

1 Der folgende Text basiert auf dem durch die Autorin überarbeiteten Bandmitschnitt, der von ihrem Vortrag auf dem Kongress aufgenommen wurde.

# Die Auswirkungen traumatischer Erfahrungen im Kindesalter auf die Hirnentwicklung

Prof. Dr. Gerald Hüther

## 1. Das allgemeine Entwicklungsprinzip: Die Hirnentwicklung als ein sich selbst organisierender Prozess

Auf den ersten Blick scheint es so, als verliefe die Hirnentwicklung weitgehend autonom und durch ein inneres Programm gesteuert. Dieses Programm scheint sehr genau festzulegen, wie lange und in welchen Bereichen Nervenzellen proliferiert werden, wohin sie anschließend wandern, in welche Richtungen ihre Fortsätze auswachsen, wie sie sich verzweigen und mit welchen anderen Nervenzellen sie synaptische Verschaltungen und funktionelle Netzwerke ausbilden. Auf der Verhaltensebene tritt dieser sequentielle Reifungsprozess als charakteristische Abfolge der funktionellen Reifung und des Erwerbs einzelner Fähigkeiten und Fertigkeiten im Verlauf der kindlichen Entwicklung zutage. Den diese Entwicklung steuernden göttlichen Plan sucht man jedoch ebenso vergeblich wie ein hierfür verantwortliches genetisches Programm.

Wir haben es hierbei mit einem beeindruckenden Beispiel der Selbstorganisation eines lebenden Teilsystems zu tun und dieser Prozess ist mit den klassischen mechanistischen Vorstellungen der Entfaltung oder Expression eines a priori vorhandenen (auch genetischen) Programms prinzipiell nicht beschreibbar. Keine der Milliarden Nervenzellen „weiß" zu irgendeinem Zeitpunkt ihrer Reifung, was sie zu tun, wohin sie sich zu entwickeln hat. Jede verfügt lediglich über ein charakteristisches, genetisch determiniertes Spektrum an Optionen. Welche dieser Potenzen sie zu einem bestimmten Zeitpunkt nutzt, hängt erstens davon ab, wie stark die betreffende Zelle im Verlauf ihrer bisherigen Entwicklung bereits gezwungen war, bestimmte Optionen (meist auf Kosten anderer, ursprünglich ebenfalls noch vorhandener Potenzen) zu nutzen, d. h. sich zu spezialisieren. Zweitens sind es immer charakteristische Veränderungen ihrer bisherigen äußeren Entwicklungsbedingungen, d. h. spezifische neuartige Anforderungen, die eine sich entwickelnde Nervenzelle zwingen, bestimmte, noch vorhandene Potenzen zur Bewältigung dieser Anforderungen abzurufen und auszuschöpfen.

Es geht also, um es bildlich auszudrücken, einer sich entwickelnden Nervenzelle im Gehirn nicht anders, als einem Kind, das in ein sich ständig fortentwickelndes gesellschaftliches Beziehungssystem hineinwächst. Menschliche Gemeinschaften besitzen ebenso wenig wie alle anderen, offenen, lernfähigen Systeme (auch Ökosysteme) eben auch kein Programm, sondern entwickeln sich im Zuge eines sich selbst organisierenden Prozesses auf der Grundlage bestimmter vorhandener (historisch gewachsener, präformierter) Potenzen und unter dem Zwang aktuell vorherrschender (meist von den betreffenden Systemen erzeugter) Gegebenhei-

ten und neu auftretender (meist aus der Auseinandersetzung des Systems mit Störungen aus seiner Außenwelt herrührender) Anforderungen.
Auch die Entwicklung des kindlichen Gehirns folgt diesem grundsätzlichen Entwicklungsprinzip aller lebenden Systeme: Neue Interaktionen (hier: neuronale Verbindungen und synaptische Verschaltungen) können nur im Rahmen und auf der Grundlage bereits etablierter Interaktionsmuster ausgebildet und stabilisiert werden. Dabei müssen sie den bereits entwickelten Interaktionsmöglichkeiten zwischen den verschiedenen Subsystemen folgen. Wie alle lebenden Systeme entwickelt sich auch das Gehirn nur dann weiter, wenn neuartige Bedingungen auftreten, die die Stabilität der bereits etablierten Interaktionen in Frage stellen. Solche Bedingungen werden primär von dem sich entwickelnden System selbst verursacht. (Im sich entwickelnden Gehirn etwa durch Proliferation von neuralen Zellen, Auswachsen von Fortsätzen, Sekretion von wachstumshemmenden und -stimulierenden Faktoren etc.). Solange das der Fall ist, verläuft die (Hirn)Entwicklung weitgehend autonom, selbstorganisiert und eigendynamisch innerhalb der jeweils herrschenden äußeren (intrauterinen) Bedingungen. In dem Maße, wie Proliferation und Wachstum erlöschen, verliert das sich entwickelnde Gehirn eine wesentliche Triebfeder seiner Eigendynamik. In dem Maße, wie das sich entwickelnde Gehirn zunehmend Verbindungen zur Außenwelt erlangt, werden die bereits etablierten Verschaltungen und Erregungsmuster über die entsprechenden sensorischen Eingänge zunehmend von außen beeinflussbar. Mehr noch, da nun die durch sensorische Eingänge getriggerten Erregungsmuster dazu führen, dass bestimmte neuronale Verschaltungsmuster stabilisiert werden können, hängt die Stabilität dieser Verschaltungen von den jeweiligen sie stabilisierenden Eingängen und Erregungsmustern ab. Von diesem Zeitpunkt an verläuft die Hirnentwicklung nicht mehr autonom gegenüber sensorischen Inputs, sondern sie wird durch die sensorischen Eingänge aus der Außenwelt bestimmt und bleibt von ihnen abhängig.
Bleibt der entsprechende Input über längere Zeit aus, so können die von ihm stabilisierten neuronalen Verschaltungen nicht erhalten werden. Ist er zu stark oder erreicht er das sich entwickelnde Gehirn bereits zu einem Zeitpunkt, zu dem seine bis dahin etablierten neuronalen Verschaltungsmuster noch relativ instabil sind, so gewinnt er eine dominante Bedeutung für den weiteren Aufbau neuronaler Verbindungen und stört so die gleichmäßige, balancierte Herausbildung komplexer neuronaler Verschaltungsmuster. Mit der fortschreitenden Ausbildung assoziativer neuronaler Verschaltungen wird die Aufrechterhaltung der zunächst noch sehr direkt von sensorischen Eingängen abhängigen Erregungsmuster zunehmend unabhängig von der aktuellen Wahrnehmung. In immer stärkerem Maße werden die vom assoziativen Cortex generierten Erregungsmuster zu inneren Abbildern der äußeren Welt und stabilisieren auf diese Weise die zu einem bestimmten Zeitpunkt bereits entwickelten neuronalen Verschaltungsmuster (Huether 1998).

## 2. Der Normalfall: Der Einfluss individueller Erfahrungen auf die Hirnentwicklung

Auf der Grundlage dieser Überlegungen wird es möglich, die so schwer zu beschreibende Abhängigkeit der Hirnentwicklung von den jeweils vorgefundenen äußeren Entwicklungsbedingungen genauer zu fassen: die Herausbildung und Stabilisierung neuronaler Verschaltungen im sich entwickelnden Gehirn wird immer dann nachhaltig beeinflusst, wenn es zu anhaltenden Veränderungen von bisher konstanten physikalischen, nutritiven oder metabolischen Variablen während der Hirnentwicklung kommt, wenn anhaltende Veränderungen des bisherigen, relativ konstanten sensorischen Inputs auftreten oder wenn bisher entwickelte Vorstellungen, Grundhaltungen und Erwartungen mit den realen Wahrnehmungen nicht vereinbar sind. Jede deutliche Abweichung der aktuellen von den bisherigen Entwicklungsbedingungen, seien sie nutritiver, sensorischer oder assoziativer Art führt zu einer akuten Störung bereits etablierter Regelkreise und neuronaler Verschaltungsmuster, die ihrerseits eine Sequenz von gegenregulatorischen Mechanismen innerhalb des Gehirns auslöst. Diese Antwort des Gehirns auf alle, die Stabilität seiner bisher ausgebildeten neuronalen Verschaltungen und Interaktionen gefährdenden Änderungen bestimmter äußerer oder innerer Bedingungen (des homöostatischen Gleichgewichts nach Walter Cannon, des „milieu internal“ nach Claude Bernard oder der Balance zwischen Lust und Unlust nach Freud), wird als „Stressreaktion“ bezeichnet.

Im Zuge dieser Reaktion kommt es zu einer vermehrten Ausschüttung bestimmter Neurotransmitter und Neuromodulatoren (Neuropeptide wie CRF und Vasopressin, biogene Amine, insbesondere Katecholamine und Serotonin) und zur Aktivierung des peripheren sympathischen adrenomedullären (SAM) Systems sowie des hypothalamo-hypophyseo-adrenocorticalen (HPA) Systems und damit zu globalen Veränderungen von nutritiven, metabolischen und hormonellen Einflüssen auf das Gehirn. All diese Veränderungen haben primär eine schadensbegrenzende Funktion im Sinne einer Notfallreaktion. Hinter dieser vordergründigen Funktion der Stressreaktion verbirgt sich jedoch eine zweite Funktion, die besonders dann zutage tritt, wenn der Auslöser der Stressreaktion nicht oder nur unzureichend beseitigt oder unterdrückt werden kann und die für das noch sehr plastische sich entwickelnde Gehirn von besonderer Bedeutung ist: Einige der im Zuge der Stressreaktion stattfindenden Aktivierungsprozesse, wie die vermehrte Ausschüttung von Noradrenalin in den Projektionsgebieten der noradrenergen Neurone des Locus coeruleus und des Hirnstammes oder die Stimulation von Glucocorticoidrezeptoren insbesondere limbischer und corticaler Neurone, beeinflussen die Funktion von Neuronen und Gliazellen wesentlich tiefgreifender und nachhaltiger als es für eine akute Schadensbegrenzungsreaktion erforderlich wäre. Durch ihre Wirkungen auf die Genexpression neuraler Zellen, auf die Produktion und Abgabe von Wachstumsfaktoren, auf das Auswachsen von dendritischen und axonalen Fortsätzen, auf die Ausbildung dendritischer Spines und synaptischer Kontakte werden sie zu Triggern und permissiven Faktoren, die den strukturellen Aus- und Umbau von

neuronalen und synaptischen Verschaltungen selbst noch im erwachsenen Gehirn begünstigen.
Mit anderen Worten heißt das: Immer dann, wenn es zu wiederholten oder permanenten Störungen bereits etablierter Regelkreise und neuronaler Verschaltungen im Gehirn kommt, die zur wiederholten oder langanhaltenden Aktivierung einer Stressreaktion führen, wirken die im Zuge dieser Antwort ausgelösten Veränderungen als Trigger für die adaptive Modifikation bzw. Reorganisation der bereits etablierten Regelkreise und neuronalen Verschaltungen. Die Stressantwort wird damit zu einem Instrument im Dienste der Optimierung zentralnervöser Verarbeitungsmechanismen an die jeweils vorgefundenen Bedingungen (Huether 1996). Welche dieser Mechanismen im Zuge einer Stressbelastung aktiviert und welche langfristigen Veränderungen dadurch ausgelöst werden, hängt von der Art der Belastung ab, der sich eine bestimmte Person ausgesetzt sieht, also von der individuellen Bewertung der Kontrollierbarkeit des Stressors.
Zu einer kontrollierbaren Stressreaktion kommt es immer dann, wenn die bisher angelegten Verschaltungen zwar prinzipiell zur Beseitigung der Störung geeignet, aber einfach noch nicht effizient genug sind, um diese vollständig und gewissermaßen routinemäßig zu beantworten. Eine derartige Stress-Belastung ist besser mit dem Begriff „Herausforderung“ zu beschreiben. Sie beginnt, wie jede Reaktion auf einen psychischen Stressor, mit einer unspezifischen Aktivierung kortikaler und limbischer Hirnstrukturen, die zur Stimulation des zentralen und peripheren noradrenergen Systems führt („arousal“). Sobald im Zuge dieser unspezifischen Aktivierung eine Möglichkeit zur Lösung der betreffenden Anforderung gefunden wird, so kommt es mit der Aktivierung der an dieser Verhaltensreaktion beteiligten neuronalen Verschaltungen zum Erlöschen der initialen unspezifischen Aktivierung. Vor allem die verstärkte Ausschüttung von Noradrenalin in den initial aktivierten cortikalen und limbischen Hirnregionen führt zu einer ganzen Reihe von funktionellen und metabolischen Veränderungen in Nerven- und Gliazellen, die direkt oder indirekt dazu beitragen, dass es zu einer Stabilisierung und einer Verbesserung der Effizienz der in die Antwort involvierten neuronalen Verschaltungen kommt (Boyesen und Krobert 1992; Cole und Robbins 1992; Stone et al. 1992). Wiederholt auftretende, kontrollierbare psychosoziale Belastungen (Herausforderungen) können so zu einer sukzessiven Stabilisierung, Faszilitation und verbesserten Effizienz der in die Antwort involvierten neuronalen Netzwerke und Verbindungen führen. Erfolgreich bewältigte Belastungen und Anforderungen fördern somit die Bahnung und strukturelle Veränderung entsprechender neuronaler Verschaltungen. Dieser zentralnervöse Anpassungsprozess ist in gewisser Weise vergleichbar mit peripheren Anpassungen an physische Stressoren, etwa der durch Kältebelastung induzierten Verdichtung des Haarkleides. Sehr komplexe, verschiedenartige und vielseitige kontrollierbare Belastungen sind offenbar notwendig, um die individuellen genetischen Möglichkeiten zur Strukturierung eines entsprechend komplexen Gehirns nutzen zu können. Psychisches Korrelat dieser Bahnungsprozesse ist eine mehr

oder weniger tief eingeprägte, strukturell im ZNS verankerte Erfahrung und entsprechend modifizierte Erwartungen.
Wenn eine Belastung auftritt, für die eine Person keine Möglichkeit einer Lösung durch ihr eigenes Handeln sieht, an der sie mit all ihren bisher erworbenen Reaktionen und Strategien scheitert, so kommt es zu einer sog. „unkontrollierbaren Stressreaktion". Sie ist durch eine langanhaltende Aktivierung cortikaler und limbischer Strukturen sowie des zentralen und peripheren noradrenergen Systems gekennzeichnet, die sich wechselseitig so weit aufschaukelt, dass es schließlich auch zur Aktivierung des HPA-Systems mit einer massiven und lang anhaltenden Stimulation der Cortisolausschüttung durch die Nebennierenrinde kommt. Solche unkontrollierbaren Belastungen haben andere, weitreichendere Konsequenzen auf die im Gehirn angelegten Verschaltungen als die soeben beschriebenen kontrollierbaren Stressreaktionen. Beobachtungen an Versuchstieren deuten darauf hin, dass vor allem die aus unkontrollierbaren Belastungen resultierenden massiven und langanhaltenden Erhöhungen der Glucocorticoid-Spiegel zur Destabilisierung der bereits angelegten synaptischen Verbindungen und neuronalen Netzwerke führt (Fuchs et al. 1995; Sapolsky 1990). Im Zuge unkontrollierbarer Belastungen wird die Noradrenalinausschüttung vermindert (Tsuda und Tanaka 1985), der cerebrale Energieumsatz gehemmt (Bryan und Lehman 1988) und die Bildung neurotropher Faktoren unterdrückt (Smith et al. 1995). Halten derartige Belastungen länger an, so kann es sogar zur Degeneration noradrenerger Axone im Kortex (Nakamura et al. 1991) und zum Absterben von Pyramidenzellen im Hippokampus (Sapolsky et al. 1985; Uno et al. 1989) kommen. Verhaltensbiologische Untersuchungen zeigen in diesem Zusammenhang einen sehr interessanten Effekt: Hohe Spiegel von Glucokortikoiden, wie sie physiologischerweise bei unkontrollierbaren Stress erreicht werden, fördern die Auslöschung von erlernten Verhaltensreaktionen und führen zur Elimination vor allem solcher Verhaltensweisen, die für eine erfolgreiche Beendigung des Stress-Reaktionsprozesses ungeeignet sind (van Wimersma-Gredanus und Rigter 1989).
Die Aneignung neuer Bewertungs- und Bewältigungsstrategien, grundlegende Veränderungen im Denken, Fühlen und Handeln werden durch die vorangehende Destabilisierung und Auslöschung unbrauchbar gewordener Muster erst ermöglicht. Es ist in diesem Zusammenhang bezeichnend, dass vor allem Umbruchphasen wie die Pubertät, die zu psychosozialen Neuorientierungen zwingen, besonders häufig mit langanhaltenden, unkontrollierbaren psychischen Belastungen einhergehen. Damit tragen beide Arten von Stressreaktionen, also die kontrollierbaren Herausforderungen wie auch die unkontrollierbaren Belastungen, in jeweils spezifischer Art und Weise, zur Strukturierung des Gehirns, d. h. zur Selbstorganisation neuronaler Verschaltungsmuster im Rahmen der jeweils vorgefundenen äußeren, psychosozialen Bedingungen bei: Herausforderungen stimulieren die Spezialisierung und verbessern die Effizienz bereits bestehender Verschaltungen. Sie sind damit wesentlich an der Weiterentwicklung und Ausprägung bestimmter Persönlichkeitsmerkmale beteiligt. Schwere, unkontrollierbare Belastungen ermög-

lichen durch die Destabiliserung einmal entwickelter, aber unbrauchbar gewordener Verschaltungen die Neuorientierung und Reorganisation von bisherigen Verhaltensmustern.
Die von unkontrollierbaren Belastungen getriggerten langanhaltenden neuroendokrinen Reaktionen können offenbar über die von ihnen ausgelöste Destabilisierung neuronaler Verschaltungsmustern in limbischen und kortikalen Hirnregionen zu u. U. sehr grundsätzlichen Veränderungen des Denkens, Fühlens und Handelns einer Person führen. Das Ersetzen eines alten, unter dem Einfluss bisheriger Anforderungen stabilisierten assoziativen Verschaltungsmusters durch ein neues kann dazu führen, dass bisher unkontrollierbare psychosoziale Konflikte kontrollierbar werden. Ein derartiger Reorganisationsprozess ist jedoch immer mit dem Risiko der Entgleisung und des unkompensierbaren Verlustes bestimmter Fähigkeiten im Bereich des Denkens, Fühlens oder Handelns behaftet (Huether et al. 1996). Je früher während der Individualentwicklung derartige stabilisierende bzw. destabilisierende Erfahrungen strukturell im Gehirn verankert werden, desto tiefgreifender und nachhaltiger bestimmen sie die weitere Nutzung und Ausformung der bis dahin bereits etablieren neuronalen Verschaltungen und damit auch die in der Vorstellungswelt einer Person verankerten Erfahrungen und die von ihr gehegten Erwartungen.

Die mit Abstand wichtigste Erfahrung, die jeder Mensch während seiner frühkindlichen Entwicklung machen kann, ist die, dass er in einem sozialen Umfeld Schutz und Geborgenheit findet. Die zweite wichtige Erfahrung ist die, dass er durch eigenes Handeln in der Lage ist, eine Bedrohung oder Störung seines inneren Gleichgewichtes unter Kontrolle zu bringen.
Nur wenn es gelingt, diese beiden Grunderfahrungen fest im kindlichen Gehirn zu verankern, kann im weiteren Leben eine optimale Balance zwischen Bindungsfähigkeit und Selbstvertrauen entwickelt werden. Wenn während der frühkindlichen Entwicklung Erfahrungen überwiegen, die dazu führen, dass das Eingebundensein in eine soziale Gemeinschaft wichtiger erscheint, als die Fähigkeit, Probleme selbständig lösen zu können, bleiben diese Kinder häufig zeitlebens von anderen Menschen, deren Fürsorge, deren Kompetenzen, deren Meinungen abhängig (mangelnde Autonomie, psychische Labilität).
Umgekehrt kann es auch dazu kommen, dass die Bindung an andere Menschen nur schwach und dafür das Selbstwertgefühl sehr stark entwickelt und die Bedeutung der eigenen Kompetenz sehr hoch bewertet wird. Kinder, die diese Grunderfahrung gemacht haben, machen ihre Entscheidungen in erster Linie davon abhängig, was ihnen für ihr individuelles Wohlergehen und für die Erfüllung ihrer privaten Wünsche besonders nützlich erscheint (Pseudoautonomie, Selbstbezogenheit).

## 3. Der Extremfall: Auswirkungen traumatischer Erfahrungen auf die Hirnentwicklung

Normalerweise erleben Kinder die mit unkontrollierbaren Belastungen einhergehende, massive Stressreaktion nicht als ein plötzlich einsetzendes Ereignis, son-

dern als einen schleichenden, immer bedrohlichere Ausmaße annehmenden Prozess. Die damit einhergehenden Destabilisierungsprozesse verlaufen dementsprechend langsam. Sie machen sich oft als vorübergehender Entwicklungsstillstand, bisweilen auch als Regression auf der Ebene einzelner, bereits erfolgreich gebahnter Leistungen und Kompetenzen bemerkbar. In den meisten Fällen gelingt es dem betreffenden Kindern, im Verlauf dieses allmählichen Destabilisierungsprozesses, neue Denk- und Verhaltensmuster zu entdecken und zur Bewältigung der betreffenden Belastung einzusetzen. Wird eine dieser Strategien subjektiv als erfolgreich bewertet, so kann die unkontrollierbare Stressreaktion angehalten und in eine kontrollierbare Stressreaktion umgewandelt werden. Die Destabilisierungsprozesse kommen zum Stillstand und die zur Problemlösung nunmehr eingesetzten neuronalen Verschaltungen werden neu gebahnt. Die so stattfindende Reorganisation assoziativer Verschaltungsmuster tritt dann als ein – oft grundlegend – verändertes Denken, Fühlen und Handeln zutage (Ablösung und Neuorientierung)
Gelingt es einem Kind jedoch nicht, auf diese Weise einen Ausweg aus einer immer bedrohlicher werdenden Situation zu finden, so führt die mit der anhaltend unkontrollierbaren Stressreaktion einhergehende Destabilisierung über kurz oder lang zum Zusammenbruch seiner integrativen (neuronalen, endokrinen und immunologischen) Regelmechanismen und damit zur Manifestation unterschiedlicher körperlicher oder psychischer Störungen. Meist wird auf diese Weise eine „Notlösung“ möglich. Versagt auch dieser Mechanismus und kann kein neues psychoemotionales und psychosomatisches Gleichgewicht gefunden werden, so stirbt das Kind.
Schwere seelische Belastungen, die sich nicht allmählich aufbauen, sondern ein Kind (oder auch einen Erwachsenen) völlig unerwartet treffen, sind deshalb besonders gefährlich, weil es unter diesen Bedingungen kaum möglich ist, die mit der unkontrollierbaren Stressreaktion einhergehende Destabilisierung für eine Reorganisation zu nutzen. Unter diesen Bedingungen kann der Destabilisierungsprozess irreversible Schäden verursachen (Degeneration von Dendriten und bisweilen sogar von ganzen Nervenzellen vor allem im Bereich des Hippocampus)
Wenn es einem Kind nach einer solchen traumatischen Erfahrung nicht gelingt, diese unkontrollierbare Stressreaktion irgendwie anzuhalten, so ist es verloren, denn die dadurch ausgelösten Destabilisierungsprozesse können lebensbedrohliche Ausmaße annehmen. Jedes traumatisierte Kind spürt das, und es wird deshalb mit allen ihm zur Verfügung stehenden Mitteln versuchen, die traumatische Erfahrung und die posttraumatisch immer wieder aufflammenden Erinnerungen an das erlebte Trauma unter Kontrolle zu bringen. Bewährte Strategien, die es bisher zur Bewältigung seiner Ängste eingesetzt hat, wurden angesichts des erlebten Traumas ad absurdum geführt. Auf psychosoziale Unterstützung kann es sich nicht mehr verlassen, vor allem dann, wenn das Trauma durch bisherige enge Bezugspersonen ausgelöst worden ist. Der Glaube an familiäre psychosoziale Geborgenheit ist ihm ebenso verlorengegangen wie der Glaube an seine eigene Fähigkeit,

Bedrohungen abwenden zu können. Die einzige Strategie, die ihm nun noch Linderung verschaffen kann, ist die Abkoppelung der traumatischen Erfahrung aus dem Erinnerungsschatz, ihre Ausklammerung durch eine gezielt veränderte Wahrnehmung und assoziative Verarbeitung von Phänomenen der Außenwelt. Es ist gezwungen, mit diesen Strategien gegen die immer wieder aufflackernden Erinnerungen an das Trauma anzurennen. Falls es eine Strategie findet, die es ihm ermöglicht, die traumatische Erinnerung und die damit einhergehende unkontrollierbare Stressreaktion kontrollierbar zu machen, hört der Destabilisierungsprozess auf, und es werden nun all die neuronalen Verschaltungen gefestigt und gebahnt, die zur „erfolgreichen" Bewältigung seiner, durch die traumatischen Erinnerung ausgelösten Ängste aktiviert werden.
Auf diese Weise entstehen zunächst kleine, durch ihre wiederholte „erfolgreiche" Nutzung aber schließlich immer breiter und effektiver werdende zentralnervöse „Umgehungsstraßen" und „Umleitungen", „Verbotszonen", „Rastplätze" und die dazugehörigen „verkehrsregelnden Leiteinrichtungen". Gefunden werden diese Lösungen mehr oder weniger rasch und meist intuitiv, aber bis die dabei benutzten Verschaltungen hinreichend effektiv gebahnt sind, können Monate und Jahre vergehen. Die dabei ablaufenden Bahnungsprozesse können offenbar so tiefgreifend und weitreichend werden, dass bei manchen Kindern die Erinnerung an das traumatische Erlebnis schließlich nicht mehr abrufbar ist. Bei manchen wird die gesamte emotionale Reaktionsfähigkeit und damit auch die basale Aktivität und die Aktivierbarkeit der HPA-Achse permanent unterdrückt. Bei manchen können bizarr anmutende oder gar selbstgefährdende Bewältigungsstrategien bis zur Zwanghaftigkeit gebahnt werden.
Immer ist es die subjektive Erfolgsbewertung einer zunächst meist unbewusst gefundenen Strategie, die zur Aktivierung einer nunmehr kontrollierbaren Stressreaktion und damit zur Bahnung der dabei benutzten Verschaltungen führt. Zwangsläufig sind all diese gebahnten Abwehrstrategien daher individuelle Lösungen, die sich deutlich von den „normalen" Bewältigungsstrategien nicht traumatisierter Kinder unterscheiden. Damit geraten diese traumatisierten Kinder in ein „soziales Abseits" und werden oft als persönlichkeitsgestört oder antisozial attributiert. So schließt sich ein fataler circulus vitiosus, aus dem sie aus eigener Kraft nicht mehr herausfinden. Zwangsläufig vollzieht sich die geistig-emotionale, bisweilen sogar die motorische und körperliche Entwicklung dieser Kinder anders als es ohne die einschneidende traumatische Erfahrung der Fall gewesen wäre. Besonders häufig kommt es zu Störungen des Sozialverhaltens, zu aggressiv-destruktiven Handlungen gegen andere oder gegen sich selbst. Die Kinder zeigen Störungen in ihrer Affektregulation mit Zuständen von Betäubung und Übererregung, häufig gepaart mit impulsivem und riskantem Verhalten. Sie sind in ihrer Selbstwahrnehmung und in ihrer Wahrnehmung von anderen gestört und haben Schwierigkeiten, zwischen sich und anderen Grenzen zu ziehen und aufrechtzuerhalten. Oft zeigen diese Kinder Bewusstseinsveränderungen, Amnesien, Hypermnesien, Dissoziationen, Depersonalisation- und Derealisationsphänomene, Flashbacks und

Alpträume. Typisch sind weiterhin korrupte Wertsysteme und brüchige Normen sowie generell fehlende Orientierungen. Häufig weisen sie schwere Lern-, Aufmerksamkeits- und Kontaktstörungen auf.

**Literatur**

*Boyeson*, M.G., *Krobert*, K.A.: Cerebellar norepinephrine infusions facilitate recovery after sensorimotor cortex injury. Brain Res. Bull. 29: 435-439 (1992)

*Bryan*, R.M., *Lehmann*, R.A.W.: Cerebral glucose utilization after aversive conditioning and during conditioned fear in rat. Brain Res. 444: 17-24 (1988)

*Cole*, B.J., *Robbins*, T.W.: Forebrain norepinephrine: Role in controlled information processing in the rat. Neuropsychopharmacology 7: 129-141 (1992)

*Fuchs*, E., *Uno*, H., *Flügge*, G.: Chronic psychosocial stress induces morphological alterations in hippocampal pyramidal neurons of tree shrew. Brain Res. 673: 275-282 (1995)

*Hüther*, G., *Doering*, S., *Rüger*, U., *Rüther*, E., *Schüßler*, G.: Psychische Belastungen und neuronale Plastizität. Zsch. psychosom. Med. 42: 107-127 (1996)

*Hüther*, G.: Stress and the adaptive self-organization of neuronal connectivity during early childhood. Developm. Neurosci. 16: 297-306 (1998)

*Hüther*, G.: The Central Adaptation Syndrom: Psychosocial stress as a trigger for adaptive modifications of brain structure and brain function. Progress in Neurobiology, 48: 569-612 (1996)

*Nakamura*, S., *Kitayama*, I., *Murase*, LS.: Electrophysiological evidence for axonal degeneration of locus coeruleus neurons following long-term forced running stress. Brain Res. Bull. 26: 759-763 (1991)

*Sapolsky*, R.M., *Krey*, L., *McEwen*, B.S.: Prolonged glucocorticoid exposure reduces hippocampal neuron number: Implications for aging. J. Neurosci. 5: 1222-1227 (1985)

*Sapolsky*, R.M.: Glucocorticoids, hippocampal damage and the glutamatergic synapse. Prog. Brain Res. 86: 13-23 (1990)

*Smith*, M.A., *Makino*., S. *Kvetnansky*, R., *Post*, R.M.: Stress and glucocorticoids affect the expression of brain-derived neurotrophic factor and neurotrophin-3 m-RNAs in the hippocampus. J. Neurosci. 15: 1768-1777 (1995)

*Stone*, E.A., *John*, S.M., *Bing*, G.Y., *Zhang*, Y.: Studies on the cellular localization of biochemical responses to catecholamines in the brain. Brain Res. Bull. 19: 285-288 (1992)

*Tsuda*, A., and *Tanaka*, M.: Differential changes in noradrenaline turnover in specific regions of rat brain produced by controllable and uncontrollable shocks. Behav. Neurosci. 99: 802-817 (1985)

*Uno*, H., *Tarara*, R., *Else*, J., *Suleman*, M., *Sapolsky*, R.: Hippocampal damage associated with prolonged and fatal stress in primates. J. Neurosci. 9: 1705-1711 (1989)

*Van Wimersma-Greidanus*, T.B., *Rigter*, H.: Hormonal regulation of learning. In: Psychoendocrinology, F.R. Bush, S. Levine, (Eds) Academic Press, San Diego 1989, pp. 271-306

Dieser Beitrag ist als Erstveröffentlichung erschienen in:
*Koch-Kneidl*, L. und *Wiesse*, J. (Hrsg.): Entwicklung nach früher Traumatisierung. Vandenhoeck und Ruprecht, Göttingen 2003, S. 25-38.

# Traumatische Belastungen in der Entwicklung und ihre Folgen – Konsequenzen für die Psychotherapie von Kindern und Jugendlichen

Dr. med. Annette Streeck-Fischer

## Einleitung

Fallbeispiel: Ich möchte mit dem Beispiel eines 16-jährigen Jugendlichen beginnen, der in Tiefenbrunn in stationärer Behandlung war. Er geriet in Erregungszustände mit aggressiv-destruktiven Durchbrüchen. Er zeigte ausgeprägte Stimmungsschwankungen: Er hatte Selbstmordversuche unternommen und Personen massiv tätlich angegriffen. Er hatte verschiedene Drogen zu sich genommen und schwerste Gewalterfahrungen gemacht. Er hatte eine Weile auf der Straße gelebt und trotz guter intellektueller Begabungsausstattung gerade eben seinen Hauptschulabschluss gemacht. Er bot ein flirrendes, buntes Bild durch seine äußere Erscheinung und sein Auftreten. Mit seiner Haartracht, dem Irokesenschnitt mit zu Spitzen gerollten rasterähnlichen Haarzacken, seinen gepiercten Ohren, seinen Tätowierungen und aufgeschnittenen Klamotten, die seine Narben auf der Haut sichtbar machten, wirkte er markig, teilweise bedrohlich, teilweise heruntergekommen und bemitleidenswert. Sein Gesicht pendelte zwischen weich und erstarrt. Im Gespräch war er außerordentlich sympathisch, so dass man ihm gerne nahe kommen und ihn beschützend begleiten wollte. Wie reflexhaft reagierte er jedoch auf Versuche, ihn zu verstehen, mit Gegenangriffen, Verneinungen und Drohungen. Offenbar wurde hier ein „Täterreflex" aktiviert, der aus einer überwältigenden Opfererfahrung aktiviert wurde. In der Gewaltszene hatte er entsprechende Erfahrungen gemacht, darü-

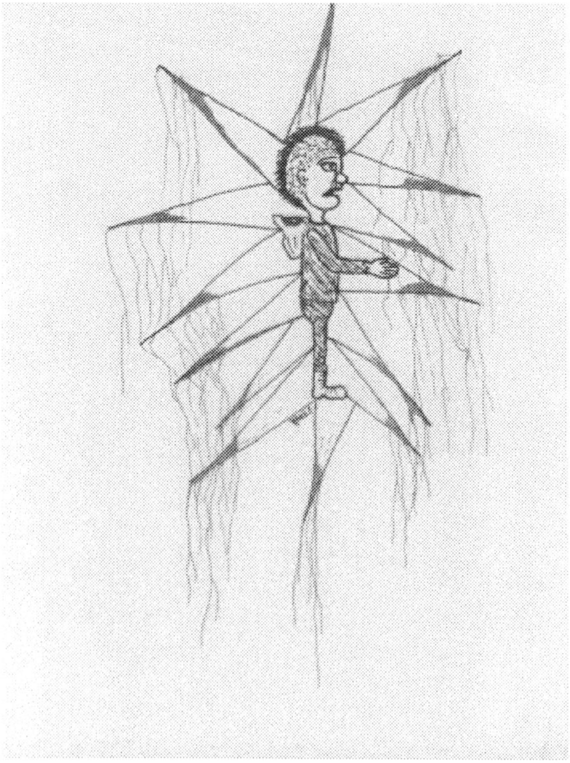

ber hinaus war er im Alter von 8 Jahren sexuell missbraucht worden. Danach war er aus den bisherigen familiären und sozialen Bezügen herausgefallen. Mit dem von ihm gemalten Bild zeigt er seinen Zustand: einen blutig-zackigen Stern, in dem er eingesperrt ist. (s. Bild)

Es geht im Folgenden nicht um akute Traumatisierungen bei Kindern und Jugendlichen. Solche kommen in der Regel nicht in stationäre Therapie. Es geht um Kinder und Jugendliche, die in ihrer Entwicklung vernachlässigt, misshandelt und missbraucht worden und mit diesen Erfahrungen sich selbst überlassen geblieben sind. Bei dem oben genannten Jugendlichen hatte keiner gemerkt, welcher Belastung er ausgesetzt war. Keiner hatte nachgefragt. warum er seinen Lehrer umbringen wollte, warum er in der Schule unruhig wurde, gewaltbereit und seine bisherigen Leistungen nicht erbringen konnte. Solche Veränderungen im Verhalten finden wir häufiger, ohne dass nachgefragt wird. Die Verbindung zwischen auffälligem Verhalten und traumatischen Belastungen wird nicht selbstverständlich gezogen.

**Was ist ein Trauma und was sind die Folgen?**
Ein psychisches Trauma ist ein Ereignis, das die Fähigkeit der Person, für ein minimales Gefühl der Sicherheit und Vollständigkeit zu sorgen, abrupt überwältigt und mit Angst und Hilflosigkeit einhergeht. Kennzeichnend für Traumatisierungen ist, dass die Fähigkeit, Erinnerungsspuren in normaler Form zu organisieren, gestört ist. Daraus folgt, dass traumatische Ereignisse durchlebt werden, aber nicht als Teil der eigenen Person erfahren werden. Es kommt zu einer Art Seelenblindheit (Shengold 1995), die mit Wiederherstellungen, das heißt erneutem Durchleben von traumatischen Erfahrungen in der Gegenwart einhergehen, ohne dass diese als solche erkannt werden.
Leonore Terr (1991) hat verschiedene Typen von Traumatisierungen beschrieben: Typ 1 bei akuten Traumatisierungen und Typ 2 bei chronischen und anhaltenden Traumatisierungen. Typisch für die Typ 2-Traumatisierung sind spezielle Abwehr- und Bewältigungsformen, die mit Verleugnung, Betäubung, Selbsthypnose, Dissoziation und Wut einhergehen. Zustände von Bewusstseinsstörungen wechseln mit Zuständen von Wut ab. Hinzu kommen veränderte Einstellungen gegenüber Menschen, Leben und Zukunft, sowie spezifische Ängste und wiederholte traumaspezifische Erinnerungen.
Als Folge von chronischen Traumatisierungen in der Entwicklung kommt es zu verschiedenen Problemen, die anders als im Erwachsenenalter sich sowohl in affektiv-kognitiven Bereichen, aber auch somatosensorischen Bereichen bemerkbar machen. Es ist darum sinnvoll, komplexe und ganzheitliche Betrachtungen hinsichtlich der Störungen in der Entwicklung dieser Kinder und Jugendlichen anzustellen. (Streeck-Fischer et al 2000)
Kinder und Jugendliche mit Traumatisierungen in der Entwicklung verfügen über **kein integriertes Selbstobjektkonzept**, d. h. sie erscheinen nicht als eine ganze

und integrierte Person, sondern zeigen wechselhafte Bilder, sei es, dass sie in unterschiedliche Zustände (states) geraten, sei es, dass wir es mit unterschiedlichen Personen (alter-ego) zu tun haben oder auch, dass sich diese Kinder und Jugendliche in unterschiedlichen Lebensaltern bewegen. Dies ist wichtig zu erkennen, denn diese unterschiedlichen Anteile einer Person können völlig unverbunden nebeneinander existieren und man erreicht in dem einen Zustand die Person mit ihrem anderen Zustand nicht.

Solche Kinder und Jugendliche zeigen **Störungen in der Selbst-, Affekt- und Impulsregulierung**. Aufgrund der frühen traumatisierenden Belastungen haben sie die Fähigkeit der Selbstregulation nicht erworben. Einige dieser Kinder sind dann zwar in der Lage, in einer gut strukturierten Umgebung sich gut zu regulieren. Es handelt sich dabei eher um eine Regulierung von Außen – anders gesagt – eine abgestützte Regulierung, die jedoch zusammenbricht, sobald die Situation desorganiiert ist – z. B. in der Schule. Dort fallen sie dann durch ihr ungesteuertes impulsives, aggressives Verhalten auf. Später im Jugendalter greifen sie zu äußeren regulierenden Mitteln, wie Alkohol, Drogen und auch bestimmte Ideologien, die eine identitätsstiftende, aber auch selbstregulierende Funktion haben. Es wird weiterhin nach äußeren Ersatzstützen gesucht, die den inneren Mangel an Regulierung ausgleichen. Die Gefahr ist, in kriminelles Agieren und/oder Ersatzbefriedigungen durch Drogen u.a. abzugleiten.

Wir haben es bei diesen Kindern mit deutlichen **Bewusstseinsveränderungen und Gedächtnisstörungen** zu tun. Wir erfahren nicht, was sie erlebt haben, sondern können es allenfalls an ihrem Handeln erkennen. Dies hat nichts mit dem Verschweigen zu tun, das aus massiven Loyalitätskonflikten oder auch Beschämungen resultiert. Im stationären Rahmen geraten wir bei solchen Kindern und Jugendlichen in problematische Interaktionen, aus denen wir heraus erkennen können, ob Traumatisierungen wie Misshandlungen, Vernachlässigung, ggf. auch Missbrauch, stattgefunden haben. Aufgrund der gemeinsamen interaktiven Hervorbringungen entwickeln wir Gefühle oder auch Fantasien im Hinblick darauf, dass etwas Schlimmes passiert ist, über das aber nicht geredet werden kann. Bei Pflege- oder auch adoptierten Kindern bleibt mitunter völlig im Unklaren, was tatsächlich gewesen ist und wir müssen uns damit begnügen, die Verstrickungen, in die wir geraten, ernst zu nehmen. Da diese Kinder und Jugendliche aufgrund früher ungünstiger Bedingungen nicht gelernt haben, sich mitzuteilen, ist es unsere Aufgabe, für diese Kinder und Jugendlichen eine Sprache zu finden, die sie aus dem Handeln herausführt. Denn das Handeln bedeutet, dass sie immer wieder das an traumatischen Erfahrungen fortsetzen, was sie erlebt haben.

Als Folge früher traumatischer Bedingungen finden wir **Störungen in der Selbstwahrnehmung und der Wahrnehmung von anderen**. Diese Störungen gehen mit Grenzenstörungen einher, die sich z. B. im Umgang mit der Realität und Fantasie und der Vergangenheit und Gegenwart zeigen (Streeck-Fischer). Wir begegnen dem Problem, dass wir bei den Geschichten der Kinder und Jugendlichen mitunter nicht wissen, was Wirklichkeit und was Fantasie ist. Es ist wichtig, ihre

Mitteilungen als Wirklichkeit zu nehmen, jedoch können schwere Fehler begangen werden, wenn zu schnell real gehandelt und eingegriffen wird – z. B. bei sexuellem Missbrauch, der zum Eingreifen auffordert, jedoch dessen Veröffentlichung mit einschneidenden und erneut traumatisierenden Maßnahmen einhergeht. Schwer traumatisierte Kinder und Jugendliche können infolge ihrer Dissoziationen mitunter nicht unterscheiden, was wirklich und was Fantasie ist. Um nicht in ‚traumatische Fallen' zu geraten, müssen äußere Schritte sehr sorgfältig überlegt werden.
Aufgrund früher traumatischer Erfahrungen in der Entwicklung besteht ein **mangelndes basales Vertrauen in Personen und Umwelt**. Es entwickeln sich häufig korrupte Wertsysteme und brüchige Normen. Stabile innere Orientierungen fehlen in der Regel. Der Weg raus aus gesellschaftlichen Bezügen ist dann oft gebahnt.
Kinder und Jugendliche mit Traumatisierungen zeigen darüber hinaus **sensomotorische Kurzschlussmechanismen**. Das bedeutet, dass diese Kinder und Jugendlichen komplexe Körperwahrnehmungsstörungen haben, z. B. ein mangelndes Schmerz- oder Geschmacksempfinden, oder dass sie deutliche Wahrnehmungsverzerrungen zeigen, die sie in Situationen bringen, in denen sie retraumatisiert werden. Solche Beeinträchtigungen haben insbesondere Folgen für ihre Schulkarriere, wie an dem eingangs erwähnten Beispiel deutlich wurde. In unseren Untersuchungen haben wir bei den Kindern und Jugendlichen häufiger deutliche Körperwahrnehmungsstörungen festgestellt. Diese zeigten sich u. a. auch im Mann-Zeichen-Test, wo Körperteile fehlen oder an eine andere Stelle lokalisiert wurden. Aufgrund von Erstarrungsreaktionen zeigen diese Kinder häufig Auffälligkeiten in ihrer Bewegungsentwicklung und ihrem Spiel. Indem zentrale Entwicklungsschritte nicht getan werden, hat dies ungünstige Folgen für die weitere Entwicklung, so dass sie als kognitiv-mangelhaft ausgerüstet erscheinen.
Kinder und Jugendliche mit Traumatisierungen in der Entwicklung haben **ungünstige Bindungserfahrungen**, in der Regel liegen unsichere oder desorganisierte Bindungsmuster vor. Es handelt sich dabei um innere Arbeitsmodelle (Bowlby 1988), die den Umgang mit sich selbst und anderen bestimmen. Kinder und Jugendliche mit sicheren Bindungen haben früh gelernt, Gefühle und Gedanken zu benutzen und ihre Reaktionen davon bestimmen zu lassen. Sie können ihre Gefühle benennen und haben Verständnis für innere Zustände. Demgegenüber ignorieren unsicher gebundene Kinder Gefühle und Wahrnehmungen. Dabei ignorieren (unsicher)vermeidend gebundene Kinder ihre inneren Zustände, erscheinen zwar unabhängiger, haben jedoch keine Sprache für ihre inneren Zustände und ihre Gefühle. (Unsicher) ängstlich-ambivalent gebundene Kinder verlassen sich zwar auf ihre Gefühle, können aber ihr Handeln nicht von ihrem Denken bestimmen lassen. Sie erscheinen als impulsiv-aggressive und unruhige Kinder. Noch massiver sind die Beeinträchtigungen bei den desorganisierten Kindern und Jugendlichen. Sie können ihre Gefühlszustände nicht regulieren und neigen zu Kampf-Flucht-Reaktionen. Sie blenden wichtige Aspekte aus der Wahrnehmung aus und sind damit mangelhaft ausgestattet, mit fremden, neuen Bedingungen umzugehen.

Frühe Erfahrungen von Sicherheit und guter Bemutterung schaffen innere neuropsychobiologische Regulationen. Die Mutter wirkt gleichsam als neuropsychobiologischer Regulator. Aus der Tierforschung weiß man, dass in dem Moment, wo eine sichere Bindung entwickelt wurde, biologische Regulationen körperlicher Zustände verinnerlicht worden sind (Hofer) Sind solche Regulationen nicht verinnerlicht worden, neigen Kinder und Jugendliche zu primären Reaktionen, wie Kampf-, Flucht- und Erstarrungsreaktionen. Dies möchte ich an dem Beispiel eines schwerst misshandelten 14-jährigen Jungen deutlich machen.

Der vorgereifte, blass und tief depressiv erscheinende A. hat seit einem halben Jahr eine besondere Vorliebe für grauenhafte Inszenierungen. Er hat vordergründig ein angepasstes Verhalten, und gleichzeitig bringt er durch seine Erscheinung eine tiefe Erstarrung zum Ausdruck, die in seinem Körper wie eingegraben ist. Abgespalten davon passieren ihm, wie er vermittelt, massive und gefährlich-destruktive Handlungen, z. B. quält er kleinere Kinder.
Er ist Adoptivkind. Im Alter von 9 Monaten wurde er von den Adoptiveltern übernommen. Bis dahin lebte er bei seiner jugendlichen Mutter, die ihn nicht abtreiben durfte, sondern zur Strafe für ihren Fehltritt mit einem Südländer das Kind austragen musste. Bei Übernahme durch die Adoptiveltern zeigte er einen deutlichen Entwicklungsrückstand. Seine Haut war übersät mit Narben, die durch frühe Misshandlung und Vernachlässigung entstanden waren. In seiner kognitiven Entwicklung ist er gut durchschnittlich bis überdurchschnittlich, mit extremen Diskrepanzen in verschiedenen Teilbereichen. Er hat deutliche Lern- und Leistungsstörungen und massive Aufmerksamkeitsstörungen, die als dissoziative Phänomene gedeutet werden.
Bei der Untersuchung seiner sensorischen Integrationsfähigkeit zeigt er Störungen in der Reizverarbeitung. Er hat kein Schmerzempfinden und eine ausgeprägte Raumorientierungsstörung. Seine Betäubungen versucht er durch Thrillerlebnisse, insbesondere durch Betrachtung grauenhafter traumatischer Inszenierungen zu überwinden. Er ist ein Fan der Musikgruppe 'Ramstein', die traumatische Inszenierungen mit Zerstückelungen, Verbrennungen, Schreien und Folterszenen auf der Bühne in Verbindung mit Musik inszeniert. Er zeichnet grauenhafte Bilder und phantasiert sich in eine nicht minder grauenhafte Welt.
Wie ist es zu einer von solchen Grauen- und Menschenverachtung geprägten Entwicklung gekommen? Es ist den Adoptiveltern früh aufgefallen, dass er ein fehlendes Schmerzempfinden hatte. So habe er sich einmal mit dem Messer bis auf den Knochen geschnitten und keinerlei Schmerz gespürt. Auch gegenüber anderen Kindern habe er keine Einfühlung in deren Schmerzen und Gefühle zeigen können. So habe er einmal einen anderen Jungen im Kindergarten ständig eine Zaunlatte auf den Kopf geschlagen und trotz der intensiven Schreie des anderen nicht aufhören können, sondern gelacht. In der Schule habe er von Anfang an Ablehnung anderer Kinder erfahren. Er habe ständig Alpträume gehabt. Als kleineres Kind habe er häufiger Träume vom Fallen gehabt, die sich über mehre-

re Nächte fortsetzten. Er habe häufig nächtliche Ängste. Manchmal habe er sich nachts die Ohren zuhalten müssen, da er glaubte, Stimmen zu hören. Manchmal glaubte er auch, dass seine Mutter einen Namen gerufen habe. Er habe häufiger Déja-vu-Erlebnisse, in denen er das Gefühl habe, bestimmte reale Situationen schon einmal erlebt zu haben.
In der Behandlung wird deutlich, dass er über grauenhafte Bilder von Filmen versucht, eigene Bilder für das so früh erlebte Schreckliche zu finden, das jenseits jeglicher bebilderter Erfahrungen gelegen hat und bisher auf der einen Seite in sensorischer Erstarrung ausgedrückt wurde, andererseits in Szenarien, in denen er selbst andere misshandelt und von anderen misshandelt wurde. Der Film Alien wird in der Therapie besonders wichtig. Hier beschäftigt ihn die Frau, die ein bösartiges Monster in sich trägt und versucht, das Gute zu retten. Bilder des Filmes und der Musik werden für ihn zu einem Einstieg in früh dissoziierte unverdaute schreckliche Erfahrungen. Das Grauen ist eine komplexe körpernahe Empfindung, die gleichsam am Ich vorbeigeht und leibliche Situationsspuren erfasst. Dabei scheint ihm die Adoleszenz mit ihren subkulturellen Angeboten entgegenzukommen, aber auch die jetzt einsetzende kognitive Entwicklung, die ihn von der Bilderleere der Kindheit – seiner Mimikry-Anpassung – in die Grauenhaftigkeit früher sensorischer Misshandlungserfahrungen zurückbringt. Seine Einsamkeit und seine Verzweiflung, die für kurze Momente in den Augen sichtbar werden, ehe sie 'wegklappen', versucht der Therapeut zu halten und zu spiegeln.

## Die Wiederholungsinszenierung

Kinder und Jugendliche, die traumatisierende Erfahrungen gemacht haben, geraten in für sie unberechenbaren, bedrohlichen Situationen in Zustände, in denen sie das Schreckliche, das Traumatische, das Misshandelnde und das Überwältigende immer wiederholen. Es handelt sich dabei um Wege in Reaktion auf tatsächliche und auch vermeintliche Bedrohungen, die entsprechend in den Hirnstrukturen gebahnt werden. Es kommt zu primären Reaktionen, wie Kampf, Flucht, Erstarrung, die durch entsprechende Wahrnehmungen getriggert werden und dann in undifferenzierte Antworten münden. Demgegenüber fehlt diesen Kindern und Jugendlichen ein ‚langsamerer Weg des Lernens und Überprüfens', bei dem der Hippocampus und der präfrontale Cortex mit eingebunden ist. Erst, wenn es diese Möglichkeit des Überprüfens, des kognitiven Verarbeitens und Abschätzen eines drohenden Reizes gibt, kann komplex und differenziert auf schwierige, überwältigende Erfahrungen geantwortet werden. Nur unter den Bedingungen einer gewissen Sicherheit (secure readiness: Cicchetti 1995) kann in einem sozialen Kontext gelernt werden, und es können neue Wege in der Entwicklung eingeschlagen werden. Für uns ist es in der therapeutischen Arbeit wichtig, solche Voraussetzungen zu schaffen, damit Kinder und Jugendliche aus ihren gebahnten bedrohtbedrohlichen Reaktionen herausfinden. Sie brauchen Sicherheit und Stabilität, und sie brauchen Vertrauen in die Personen, die ihn entsprechende Bedingungen anbieten. Da es infolge der komplexen Störungen, die sich auf die Gedächtnisfunktionen, die Selbstregulation, die sensomotorischen Modalitäten und die Sprache auswirken, braucht es neue bessere Erfahrungen, die diese Kinder aus ihren Wiederholungsinszenierungen herausholen, die ihr Leben bestimmen und sie zu anhaltend traumatisierten Menschen machen. Solche Wiederholungsinszenierungen kann man bei traumatisierten Kindern und Jugendlichen beobachten: Sie geraten in Gewalt-, Missbrauchs- oder auch dissoziale Zyklen. Im stationären Rahmen stellen wir dann mit diesen Kindern und Jugendlichen oft zunächst einen Honeymoon her, eine Zeit, in der wir gemeinsam einen Zustand des Miteinanders, wie auf den Wolken schwebend, erleben, sich Rettungsfantasien einstellen und gleichzeitig die unerträgliche Realität des Kindes oder Jugendlichen verloren geht (Streeck-Fischer 1995, 2000). In der Regel halten solche Zustände jedoch nicht an, und es kommt zu Grenzüberschreitungen mit Gewalt oder missbräuchlichem Verhalten. Bei Missbrauchserfahrungen werden wir möglicherweise in zu intime Kontakte hineingezogen, Generationsgrenzen u. U. gehen verloren, und wir geraten in maligne Nähe-Distanz-Konflikte, die mitunter nur durch Beziehungsabbruch gelöst werden können. Solche traumatischen Reinszenierungen stellen sich fast immer mehr oder weniger ausgeprägt ein, jedoch ist es wichtig und notwendig, sie frühzeitig zu erkennen, damit sie nicht zur Wiederholung des immer wieder schrecklich Gleichen führen, sondern neue progressive Schritte möglich machen.

## Zur Psychotherapie von traumatisierten Kindern und Jugendlichen

An erster Stelle steht das Erkennen und Überwinden der hier beschriebenen traumatischen Reinszenierungen. Diese Reinszenierungen finden wir in der Regel im Umfeld des Kindes oder Jugendlichen und in der Therapie. Da ist dann bspw. nicht nur der Jugendliche drogenabhängig, sondern auch die Mutter Alkoholikerin, oder das Kind kann sich auf die Behandlung nicht einlassen, da es befürchtet, dass nach ihm die jüngere Schwester missbraucht wird. Hier ist es wichtig, Bedingungen zu schaffen, die dabei helfen, dass diese traumatisierenden Verhältnisse überwunden werden können. Bei eingreifenderen Maßnahmen, z. B. die Herausnahme eines Kindes aus der Familie, muss immer auch in die Waagschale gelegt werden, welche der vielleicht fortgesetzten Traumatisierung gravierender ist, die Überwindung der Misshandlung oder der Verlust bisheriger wichtiger Bindungen. Im Falle einer 9-jährigen, sexuell Missbrauchten, die 3 Jahre nach Herausnahme aus der Familie bei einer Pflegefamilie lebte und dann zu uns kam, war das Problem wie fortgesetzte Traumatisierungen beendet werden konnten zentraler Bestandteil der Behandlung. 3 Jahre nach den Ereignissen wurde erst die Gerichtsverhandlung durchgeführt und erst in dieser Verhandlung wurde angeordnet, dass sie noch einmal gynäkologisch untersucht werden sollte, was die Traumatisierung unmittelbar reaktivierte. Wir haben alles unternommen, um dies zu verhindern, sind jedoch gescheitert. Der Richter meinte, wenn wir das jetzt nicht machen mit der Untersuchung, dann hat sie in 3 Jahren wieder in einer Gerichtsverhandlung damit zu tun. Wir sprachen dann mit ihr über die ganze Sachlage und haben ihr erklärt, dass sie selber nein sagen könne. Dies war die einzige Möglichkeit, eine erneute Untersuchung zu verhindern und wurde auch von dem Richter akzeptiert. Sie hat sich dann dennoch dazu entschlossen, diese Untersuchung in Narkose durchführen zu lassen. Es kam zu einer massiven Reaktivierung der Traumatisierung, die jedoch glücklicherweise von ihr gut bearbeitet werden konnte ( Streeck-Fischer et al 2000).

Wie ich bereits dargestellt habe, kommt es bei diesen Kindern und Jugendlichen zu multiplen Entwicklungsverzögerungen. Darum ist es wichtig, auf verschiedenen Ebenen mit ihnen zu arbeiten. Gerade in der Körpertherapie können wichtige Entwicklungsschritte in Richtung auf eine Mobilisierung aus der Erstarrung und Entwicklung von räumliche Sicherheit im Höhlenbauen erreicht werden. Zentral ist hier, mit den Kindern und Jugendlichen sichere Orte zu schaffen, um ihnen Erfahrungen zu vermitteln, wie und wo sie sich sicher fühlen können. Bei Jugendlichen können auch imaginative Verfahren hilfreich sein, indem sie sich einen sicheren Ort in ihrer Fantasie erschaffen, wo sie von den schwierigen Bedingungen im Alltag Abstand nehmen können.

Da durch die überwältigenden Erfahrungen die Spiel- und Fantasiefähigkeit beeinträchtigt ist, bzw. überborden kann, ist es wichtig, bei diesen Kindern Spielfähigkeiten zu entwickeln und auszubauen. Gerade Kinder können durch die Möglichkeit des Spieles ihre Traumatisierungen in Spielszenen unterbringen, ohne dass diese ungünstige Folgen haben. Da können schreckliche Geschichten, schwerste Unfälle, Blut usw. fantasiert werden, und sie bleiben in einem Spielraum, der nicht zur Fortführung der Traumatisierung führt und in dem die Erfahrungen bearbeitet werden können. Bei Kindern, die in ihrer Fantasietätigkeit eingeschränkt sind, ist es wichtig, mit ihnen an ihrer Fantasiefähigkeit zu arbeiten, mit ihnen Fantasiereisen zu machen oder ihnen auch Geschichten vorzulesen. Jugendliche, die nicht mehr spielen und damit auch nicht mehr über diesen Entwicklungsraum zur Arbeit an Traumatisierungen verfügen, haben hier größere Schwierigkeiten. Gerade in ihrem Alter steht das Handeln als Mitteilung im Vordergrund. Das stellt in der Therapie besondere Probleme dar. Hier können gezielte vorstrukturierte Traumasitzungen sinnvoll sein, die jedoch nur dann anwendbar sind, wenn der Jugendliche durch Stabilisierungstechniken ausreichend im Gleichgewicht ist. Es ist nicht sinnvoll, Traumatherapie durchzuführen, ohne dass der Jugendliche über ausreichende innere und äußere Ressourcen verfügt, da es sich ansonsten um eine traumatische Reinszenierung handelt. Schließlich ist bei diesen Kindern und Jugendlichen wichtig, sie mit Hilfe von gezielten Lerntrainings aus ihren multiplen Lernproblemen herauszuführen.

## Ausblick

Kinder und Jugendliche mit solchen komplexen schweren traumatisch bedingten Störungen werden oft nicht verstanden und mit ihren Problemen sich selbst überlassen. Erschwerend kommt hinzu, dass sie sich in traumatisiert/traumatisierenden Teufelskreise verstricken und ihr Leben als Misshandelte oder Missbrauchte fortsetzen. Erst wenn es gelingt ihre oft aus primären Reaktionen resultierenden Mikro- und Makroinszenierungen zu erfassen und zu bearbeiten, wird Lernen aus Erfahrung und von Wissen möglich und die Therapie im engeren Sinne kann beginnen.

## Literatur

*Bowlby* J. (1988) A Secure Base: Parent-Child Attachment and Healthy Human Development. New York Basic Books

*Cicchetti*, D. (1995): A developmental psychopathology perspective on child abuse and neglect. J. Am. Acad. Child Adolesc. Psychiat. 34: 541-565

*Shengold*, D.: Soul Murder. Frankfurt, Brandes & Aspel 1995

*Streeck-Fischer*, A. (1995): Stationäre Psychotherapie von frühgestörten Kindern und Jugendlichen. Psychotherapeut 2: 79-87

*Streeck-Fischer*, A.: Adoleszenz und Trauma. Vandenhoeck & Ruprecht, Göttingen 1998

*Streeck-Fischer*, A.; *Kepper*, I.; *Lehmann*, U.; *Schrader-Mosbach*, H.: Gezeichnet für das Leben? Stationäre Psychotherapie am Beispiel eines misshandelten und missbrauchten Kindes. In: A. Streeck-Fischer, U. Sachsse, I. Oezkan (eds.): Körper, Seele, Trauma. Vandenhoeck & Ruprecht, Göttingen 2000

*Terr*, L. (1991): Childhood traumas: an outline and overview. Am. J. Psychiat. 148: 10-20

# Die Auswirkungen des Etiketts "Trauma" für Betroffene und Helfer

Monika Dreiner

Der Begriff „Trauma" taucht in der letzten Zeit vermehrt im Zusammenhang mit den unterschiedlichsten Fragestellungen in den verschiedendsten Medien auf. Dieser inflationäre Gebrauch des Begriffes ist nicht unproblematisch, verwässert er doch zu schnell das, was eigentlich mit diesem Begriff festgehalten (etikettiert) und benannt werden soll. Im positiven Sinne sollte eine Etikettierung also eine Festlegung sein, die verlässlich ist.
Das aktuelle Kinderschutzforum beschäftigt sich mit dem Thema; *Trauma und Traumafolgen - ein Thema für die Jugendhilfe.* Damit ist zunächst ein größerer Zusammenhang vorgegeben. Eine Eingrenzung erfährt das Thema durch den Titel des Forums: hier wird Trauma als Etikett für Betroffene und Helfer genauer zu betrachten sein.
Oberflächlich betrachtet scheint diese Frage schnell zu beantworten: Jemand, der eine traumatisierende Situation erlebt hat und bereits das Etikett „Trauma" trägt, die Auswirkungen des Traumas auch spürt, benötigt nur noch kompetente Helfer, die ihm helfen, das Trauma in sein Leben zu integrieren und zu überwinden. Leider ist das tatsächlich nur eine oberflächliche Betrachtung. In der Realität sieht der Umgang mit dem „Trauma" oft anders aus. Allein der Weg, dieses Etikett tatsächlich zu erhalten, ist meist sehr langwierig und mühsam, mit vielen Frustrationen, Zweifeln und Infragestellungen verbunden, endet manchmal im Drogenkonsum, in der Delinquenz oder schlimmstenfalls vorzeitig im Suizid.
Folgt man der Definition von Trauma als einer Situation, die unvorbereitet eintrifft, die nicht kontrollierbar ist und die die Bewältigungsmechanismen des seelischen Apparates überfordert, bedeutet dies, dass es *„das" Trauma* nicht gibt. Trauma ist immer individuell und zwar sowohl für Betroffene als auch für die Helfer.
In einem ersten Schritt soll nun die Bedeutung für die Helfer näher betrachtet werden. In Anbetracht der Tatsache, dass nicht in jedem Fall ein einzelner Helfer – wie z. B. Rettungssanitäter oder Therapeut – sondern ganze Helfersysteme – wie z. B. Jugendamt, Gerichtsbarkeit – an der „Behandlung" eines traumatisierten Menschen beteiligt sind, wird im weiteren von Helfern/Helfersystemen die Rede sein müssen. Je nachdem, welche Aufgabe oder welches Ziel der Helfer/das Helfersystem verfolgt, muss der Kontakt zwischen Betroffenem und Helfer/Helfersystem sehr unterschiedlich sein. Das heißt z. B. bei einem sexuellen Übergriff innerhalb der Familie, dass ein Sozialarbeiter des Jugendamtes als Ziel z. B. eine Fremdunterbringung eines Kindes haben kann, um ein Kind zu schützen, während ein Kripo-Beamter eine vor Gericht verwendbare Aussage erzielen muss, um einen Täter zur Verantwortung ziehen zu können, ein Arzt eine Untersuchung durchfüh-

ren muss, um Verletzungen zu behandeln und Spuren zu sichern, etc. Für ein Kind als Betroffenem könnte dies bedeuten, dass es neben der Traumatisierung durch eine bedeutsame Bezugsperson einen Loyalitätskonflikt, eine möglicherweise retraumatisierende körperliche Untersuchung, eine möglicherweise retraumatisierende Befragung und die Trennung von der Familie bewältigen muss.

Eine unreflektierte Übernahme des Traumabegriffes aus der Organmedizin (= eines der Helfersysteme) im Sinne einer Verletzung, die Helfer behandeln, führt dazu, dass der komplexe Sachverhalt eines psychischen Traumas nicht adäquat gewürdigt wird. Doch auch im Bereich der psychischen Prozesse ist eine Abgrenzung von neurotischen Prozessen vonnöten. Ein Trauma kennzeichnet ein Ereignis, dass einem Menschen real von außen wiederfährt. Die unbewusste Dynamik eines intrapsychischen neurotischen Konfliktes, bei dem z. B. ein Triebwunsch abgewehrt wird, das Symptom eine Kompromissbildung zwischen den Wünschen darstellt, beschreibt nicht eine Traumadynamik, bei der Symptome vielmehr als Selbstheilungsversuche zu verstehen sind.
Hier wird deutlich, dass Helfer/Helfersysteme, die dem traumatisierten Menschen und den Folgen des Traumas gerecht werden wollen, sich zuallererst um eine klare Bestimmung des Begriffes und damit auch des Etikettes bemühen müssen. Erst wenn hierüber eine Verständigung zwischen den Helfern/Helfersystemen besteht, ist m. E. adäquates und kompetentes Handeln möglich. Damit ist nicht gemeint, dass alle Professionen, die in Kontakt mit traumatisierten Menschen stehen, zu Traumatherapeuten ausgebildet sein müssen. Vielmehr geht es m. E. darum, dass jede Profession, unter Kenntnis der psychischen und neurobiologischen Prozesse, Wege für ihre jeweiligen Aufgaben und Ziele entwickeln muss, die diesen Prozessen folgen. In einigen Bereichen sind entsprechende Maßnahmen schon getroffen (kindgerechte Vernehmungsräume und Videoaufnahmen, um Täterkontakt in der Gerichtsverhandlung zu vermeiden, geschlechtsbezogene Befragung und Untersuchung, etc.), andere Maßnahmen müssen noch erarbeitet werden. Selbst im Bereich der Psychotherapie, die mit dem DSM IV und ICD 10 (International Classification of Diseases) zwar Ansätze einer Begriffsbestimmung – und damit einer Etikettierung – hat, wird diese Etikettierung dem Traumageschehen mit seinen neurobiologischen und seelischen Auswirkungen nicht gerecht.
Im Zusammenhang mit der Jugendhilfe (die eigentlich Kinder- und Jugendhilfe heißen müsste) werden hier nun besondere Akzente gesetzt, Aus- bzw. Eingrenzungen vorgegeben.
Die Jugendhilfe ist ausgerichtet an den Bedürfnissen von jungen Menschen, die in einem Abhängigkeitsverhältnis zu Erwachsenen stehen, ihre körperliche und seelische Entwicklung noch nicht abgeschlossen haben. Zur Vollendung dieser Aufgaben sind diese jungen Menschen auf Lebensbedingungen angewiesen, die ihnen Entwicklung und Reifung ermöglichen. Traumata bewirken nun nicht nur einen Handlungsabbruch, sondern sie unterbrechen je nach Schweregrad auch zusätzlich die Entwicklung junger Menschen mehr oder weniger. Das bedeutet,

Helfer/Helfersysteme haben die Aufgabe, dafür Sorge zu tragen, dass im Falle eines erlebten Traumas die unterbrochene Kontinuität von Handlung **und** Entwicklung wiederhergestellt wird.
An Jugendhilfemaßnahmen denkt man nun nicht, wenn ein Kind Zeuge oder Opfer eines Auffahrunfalls geworden ist. Die Jugendhilfe greift in der Regel erst dann ein, wenn das System Familie seinen Aufgaben nicht mehr gerecht wird oder werden kann, Kinder auf ein Leben in gegenseitiger Achtung und Autonomie vorzubereiten. Dies ist z. B. dann der Fall, wenn das System nicht mehr funktioniert oder nicht mehr funktionieren kann, weil es nicht mehr existiert.
Um in diesem Fall die Auswirkungen für die Betroffenen nachvollziehen zu können, müssen wir uns zuerst anschauen, wer denn Betroffener ist.
Wird in einer Familie ein Kind z. B. von der Mutter geschlagen, kann sich das Kind vielleicht als das Familienmitglied herausstellen, auf das der Lehrer im Sportunterricht aufmerksam geworden ist. Immer wieder vermeidet das Kind durch unterschiedlichste Ausweichmanöver, am Sportunterricht teilzunehmen. Es nimmt sogar falsche Beurteilungen seines Verhaltens in Kauf, nur um die Hämatome zu verbergen, die sein Körper an unüblichen Körperstellen aufweist. Auf diese Weise kann das Kind erreichen, dass das innerfamiliäre Desaster nicht entdeckt wird, was zum einen ein Schutz vor heftigeren und häufigeren Schlägen der Mutter sein könnte. Zum anderen ist dies für das Kind eine Möglichkeit, die negative Seite der Mutter zu kaschieren, die Mutter vor erneuten Ausbrüchen zu schützen. Es handelt sich also um Bemühungen des Kindes, die unerträglichen Situation zu bewältigen. Dieser unzureichende Selbstheilungsversuch wird durch das benachrichtigte Jugendamt enttarnt, indem die Ursache der Kontaktaufnahme (Hämatome) zur Sprache kommt.
Berücksichtigt das Helfersystem die Tatsache, dass grenzüberschreitende Gewalt Ausdruck eines transgenerational (Gewalt, die Eltern in ihrer eigenen Kindheit erlitten haben, geben sie an ihre Kinder in Form von Gewalt weiter) weitergegebenen Traumas sein kann, würde dies bedeuteten, dass die gesamte Familie als „Betroffener" verstanden werden muss. Dennoch unterliegt jedes Familienmitglied seiner Persönlichkeit gemäß einer eigenen Psycho- und Traumadynamik. Das bedeutet, dass Hilfe sich immer nach den Bedürfnissen der Betroffenen richten sollte, nicht nach evtl. überbordenden Zielvorstellungen der Helfer/Helfersysteme.

Traumatisierungen können nicht nur transgenerational weitergegeben werden. In der Arbeit mit traumatisierten Menschen werden Helfer immer wieder mit Situationen oder Berichten konfrontiert, die auch für sie selber unerträglich sind. Dies kann dazu führen, dass auch Helfer durch ihre Arbeit Opfer der Traumata der Betroffenen werden und wiederum eigene unzulängliche Bewältigungsmechanismen entwickeln. Helfer werden dann sekundär zu Betroffenen.
Um möglichst vielen Aspekten gerecht zu werden, bedeutet dies, dass professionelle Helfer mit ihren unterschiedlichsten Theorien, Aufgaben, Zielen und Vorgehensweisen über fundierte Kenntnisse der Traumadynamik verfügen sollten. Nur

dann scheint m. E. eine Hilfe möglich, die ein gemeinsames Ziel verfolgen kann, auch wenn man nicht zusammenarbeitet. Dies ist ein schwieriger Prozess, vor allem, wenn man sich vergegenwärtigt, wie unterschiedlich Aufgaben und Ziele einzelner Professionen sind.
Im Folgenden sind einige Helfersysteme und Ziele erfasst. Die Tabelle ist nicht vollständig, die Reihenfolge ist zufällig, stellt keine Rangfolge dar.

| **Helfer – System** | | | | | | |
|---|---|---|---|---|---|---|
| *Angehörige, „Eltern"/ Geschwister* | *Arzt/medizin. Personal* | *Therapeuten* | *„Polizei"* | *Schule Lehrer/Mitschüler* | *Kindergarten* | *Jugendamt* |
| Wohlergehen des Betroffenen Helfen, dass der „alte Zustand" wiederhergestellt wird<br><br>Verhindern, dass Betroffener Hilfe bekommt | Diagnose und Versorgung körperlicher Verletzungen | Psychische Verarbeitung und Integration des Erlebten | Prüfen des Tatbestandes "Gerichtsverwertbare Aussage" | Lernfähigkeit erhalten oder Wiederherstellen der Integration | Entwicklungsförderung | Erziehungshilfe |

M. E. ist es wichtig, das Etikett „Trauma" möglichst eindeutig zu fassen, sodass im Alltag von Betroffenen und ihren Helfern die ohnehin für beide belastende Situation so klar wie möglich zu strukturieren und damit auch zu handhaben ist. Nur so scheint es mir möglich, sich nicht gegenseitig aufzureiben oder zu verleugnen.

Thesen:
Das Etikett „Trauma" – sofern kein Etikettenschwindel vorliegt – kann für die Betroffenen bedeuten:

- Nichts wird mehr so sein, wie es war.
- Ohne kompetente Hilfe, bzw. kompetentes Helfersystem laufen sie Gefahr, retraumatisiert zu werden.
- Sie können u. U. keine hinreichende Möglichkeit erhalten, den erlebten Handlungs- und Entwicklungsabbruch zu bewältigen.
- Unter Umständen verlieren sie bedeutsame Bezugspersonen und Lebensumfelder.
- Sie sind auf ein Helfersystem angewiesen, das Hand in Hand arbeiten kann, sich verständigen kann, ohne Grenzen zu verletzen. Dabei haben Betroffene keine Garantie, dass sie ein solches finden können.
- dass sie – falls sie keine adäquate Hilfe erhalten, erlittene Traumatisierungen wiederholen und transgenerational weitergeben,
- dass Hilfe oft an den Finanzen scheitert,

- dass sie bei kompetenter Hilfe das traumatische Erlebnis mehr oder weniger gut in ihr Leben integrieren können.

Für die Helfer, bzw. die Helfersysteme bedeutet das Etikett „Trauma“:
- eine Verständigung, ein Austausch über den <Inhalt> des Etiketts „Trauma“ ist notwendig, um effizient zu arbeiten (Traumaverlauf, Situation, Persönlichkeit und Umfeld), gute Kenntnisse über Traumata - und zwar systemübergreifend – sind notwendig!
- dass sie mit Sinnes-Eindrücken konfrontiert werden können, die überwältigend sind,
- dass sie Grenzerfahrungen machen, auf die sie nicht vorbereitet waren,
- dass sie im Helfersystem mit ihren Theorien von Trauma möglicherweise nicht ernst genommen werden – mit Konsequenzen auf unterschiedlichen Ebenen,
- dass sie nur dann effizient arbeiten können, wenn sie sich selber vor sekundären Traumatisierungen ausreichend schützen können. Das bedeutet, Erkennen von Übertragungsgeschehen, Erkennen von Situationen, in denen (z. B. Kinder) Intrusionen agiert werden, etc.

***<u>Supervision und Psychohygiene sind unverzichtbar !</u>***

# Kinder psychisch kranker Eltern

Prof. Dr. Marguerite Dunitz-Scheer

Wir haben uns bisher mit Theorien beschäftigt und mit gescheiten Leuten, die in den letzten 100 Jahren einiges gesagt haben. Wenige dieser Leute waren wirklich kindertherapeutisch tätig. Ohne die empirischen Forschungen, die seit über 100 Jahren laufen, hätte sich die Kinderpsychotherapie gar nicht entwickelt. Spannend ist, dass rund um die Mitte des letzten Jahrhunderts mit der Tochter von Sigmund Freund die Kinderpsychotherapie in eine neue Phase der Beobachtung des Objektes Kind getreten ist. Und wenn man Babys besonders zuschaut, kann man nicht beobachten, ohne sich als Subjekt in die Beobachtung und Beurteilung herein zu bringen. Ich fange darum sehr subjektiv an.
Ich bin selbst mein ganzes Leben lang mit diesem Thema beschäftigt. Ich bin das Enkelkind einer Ärztin, die in Berlin in den 30er Jahren gearbeitet hat und im Zuge des herannahenden Nationalsozialismus dann mit 32 Jahren ganz plötzlich in den Sommerferien an dem, was man damals Schizophrenie nannte, erkrankte, und meine damals zweijährige Mutter, wurde von ihrer, sie war das einzige Kind, Mutter in diesem Moment vollkommen verlassen, d. h. real hat sich die Mutter in eine psychiatrische Klinik begeben. Meine Mutter hat sie dann die weiteren sechs Jahre bis zum Weggehen aus Deutschland wöchentlich besucht und es kam nie mehr zu einem Gefühl des erkannt worden seins. Das ist ein Gefühl, das mir meine Mutter als sehr prägend geschildert hat, dass sie sozusagen sechs Jahre lang immer am Sonntag gehofft hat, vielleicht erkennt sie mich heute, vielleicht weiß sie heute, dass ich ihr Kind doch bin, und das stellte sich nicht ein. Ich bin also aufgewachsen mit eben jener Mutter, die für mich real immer da war, psychisch war sie dabei selten bis nie dabei. Meine Mutter hat es geschafft, ihre Krisenzeit der nationalsozialistisch massiv und existenziell bedrohten Kindheit psychisch zu bewältigen, sie war also nie in psychiatrischer, stationärer Klinikbetreuung. Insofern ist die Frage für mich heute noch, die ich mich seit 30 Jahren mit dem Thema beschäftige, immer noch offen, wie man das überhaupt nennen soll, was sie ist. Aber, die Kriterien psychiatrischer Erkrankung von der Kinderperspektive aus, waren jedenfalls erfüllt. Das Pendant zu dieser sehr präsenten, ich sage immer, ich hatte zuviel Mutter, wenn man das haben kann, war ein Wissenschaftler. Mein Vater ist Grundlagenforscher in der Chemie, ein Kristallograph, er beschäftigt sich mit Bindungen im Atombereich und Beziehungen von Atomen zueinander. Und die Kombination dieses sehr gescheiten und mir sehr gewogenen, aber emotional vollkommen fernen, real sehr fernen Vaters, hat mich wahrscheinlich schon vor einer Dekompensation bewahrt, weil jedes Mal, wenn mir meine Mutter „zu viel" wurde, kam der Satz, „das hat nichts mit dir zu tun". Das ist also eine ganz prägende Erinnerung seit ich denken kann, dass ich nicht der Auslöser und nicht schuld war an dem

was ich erlebt habe, was man als Kind natürlich glaubt. Meine Schwester hat eine andere Entwicklung genommen von dieser gleichen Situation aus. Sie ist zwei Jahre jünger. Dazu später mehr. Und ich selbst bin auch noch Mutter von insgesamt sechs Kindern geworden sowie zwei Stiefkindern, wobei ab dem zweiten Kind meine Mutter gefunden hat, ich bin verrückt. Ungefähr ab meinem zwölften Lebensjahr hatte ich einen Traum, immer wieder. Ich hab ihn später diagnostiziert. Und zwar habe ich geträumt, dass ich in einem weiß getäfelten Gang, so wie das heute in Klinken oder Geburtssälen bekannt ist, mit weißen Fliesen, entlang gehe als Patientin, geführt werde, ich bin aber zugleich die Ärztin, die diese junge Frau führt, und ich sah die Kamera, die das Ganze gefilmt hat. Und ich bin aufgewacht mit der Frage, ob das nun das Symptom ist, dass ich nun auch schizophren werde, da natürlich in unserer Familie die Frage, ist Großmutters Erkrankung erblich, eine zentrale war. Ich bin jedes Mal aufgewacht mit der Frage, was ich da träume, ist doch nicht Zweiteilung, das ist Dreiteilung, bin ich jetzt gerade dabei eine neue Form von Schizophrenie zu kriegen? Und ich bin Zürich aufgewachsen, witziger Weise auf dem Grund, auf dem C.G. Jung sein Haus hatte, und ich war umgeben von jungianischen Analytikern, was auch nebst meinem Vater durchaus retrospektiv als protektiver Faktor von mir gewertet wird. Und was immer ich denen erzählt habe von diesen Träumen, es waren unsere Nachbarn, also ganz normale Menschen, aber halt seltsame Berufe, die haben immer gesagt, das ist ganz normal. Also ich habe erzählt von diesem Traum, von Tötungsphantasien, Träumen von ermordet werden usw. Was immer ich erzählte, sie haben gesagt, super, wunderschöner Traum, ganz normal. Das war natürlich zumindest nicht weiter beunruhigend.

Die Frage, „wer bin ich“ wird in unserer Kultur sehr gern fachlich, beruflich definiert. Ich bin als Kinderfachärztin in der Klinik natürlich dutzendfach seit 20 Jahren mit dem Phänomen, mich mit Kindern von Eltern, die anders sind als Eltern so sein sollten, konfrontiert worden.

Die Grenze, ab wann man den Ausdruck „psychiatrisch krank“, und wann „seltsames Benehmen oder Verhalten“, und wann „belastet“, und wann „gestört“ usw. als Ausdruck und Diagnose verwendet wird, ist eine vollkommen schwimmende und willkürliche. Das ist jedenfalls mein klinischer Alltag, besonders in den Nachtdiensten. Ich habe selber auch noch eine psychotherapeutische Praxis, bin ausgebildete Gestaltstherapeutin für Kinder und Jugendliche. GAIMH steht für die Gesellschaft German speaking Association for Infant Mental Health, ist eine Tochtergesellschaft der Weltgesellschaft für Infant Mental Health und das heißt auf deutsch „Verein zur Förderung der seelischen Gesundheit in der frühen Kindheit“. Die Schweiz, Österreich, Deutschland haben sich da zusammengeschlossen, mit der ersten Präsidentin, Mechthild Papusek. Wir sind jetzt angewachsen in sieben Jahren von so 50 Gründungsmitgliedern auf 500. Und Broschüren für Leute, die sich dafür evtl. interessieren, liegen hier aus. Es ist einer der wenigen interdisziplinären Vereine von Menschen, die sich mit der Altersgruppe von Kindern von null bis drei Jahren beschäftigen, und innerhalb dieser Gesellschaft gibt es eine eigene

Arbeitsgruppe zum Thema, Kinder psychiatrisch kranker Eltern, wo sowohl Psychiater wie Kinderärzte, wie Kindertherapeuten usw. sitzen.
In den letzten Jahren, um auch zu verstehen, was an Dynamik oft bei genau diesem Thema zwischen den Institutionen läuft, also Jugendämter gehen auf die Kinderklinik los, und umgekehrt; Gutachter geraten in emotionalste Verwickelungen und Konfliktsituationen etc., das ist alles normaler Alltag, wenn man sich mit Menschen an der Grenze zum Wahnsinn oder eben der Verrücktheit beschäftigt. Ich habe auch eine Managementausbildung gemacht für Non-Profit-Organisationen, die mir sehr geholfen hat sozusagen, charakteristische institutionelle Faktoren und die Dynamik zu trennen von der individuellen Geschichte, weil das in der täglichen Arbeit in unseren interdisziplinären Kontakten sehr sehr viel Energie raubt. Und die letzten zwei beruflichen Beschäftigungen sind meine sozusagen psychotherapeutischen privaten Leidenschaften, wo ich mich bemühe Integrationsprogramme in der Stadt Graz, das ist ein Co-Projekt mit dem Stadtamt für Jugend und Kultur, Integrationsprogramme im musischen Bereich auf die Füße zu stellen, wo gesunde Kinder und Kinder mit Störungen oder eben auch mit psychisch kranken Eltern zusammen singen und musizieren und Theater spielen.
Es gibt nicht *das* Kind des psychiatrisch Kranken. Sowenig wie es *den* psychiatrisch Kranken gibt, gibt es in der Entwicklung von Kindern von Eltern, denen man psychiatrische Diagnosen gegeben hat, eine Fülle von unterschiedlichen Entwicklungsverläufen. Sie haben sozusagen die Wahl, sich normal oder an der Grenze der sogenannten Normalität oder jenseits dieser Grenze zu entwickeln. Das war das, was mir mein Vater immer geschildert hat, mit dem Satz, du wirst dich mit Psychiatrie beschäftigen müssen in einem Leben, du wirst nur wählen können, auf welcher Seite des Zauns du stehen wirst. Das war sehr prägend für meine Entscheidung, Medizin zu studieren, weil er gesagt hat, es ist deine Wahl, wo du landest, aber du kommst ihm nicht aus.
Welche Aufgaben fühlt ein Kind häufig als Kind eines psychiatrisch kranken Elternteils? Was sind die nicht explizit an ihn herantragenden, aber von diesen Kindern sehr geteilten Gefühlen?
Das Kind soll den Elternteil froh machen. Er soll lächeln, wenn das Kind kommt. Er soll das Kind lieben. Wie verhalte ich mich, dass meine Mama mich herziges Kind, herzig findet? Also Kinder werden ganz früh, im Alter von drei Wochen beginnt das schon, zu Mitakteuren der Gestaltung der interaktiven Szene, und letzten Endes ist dies in der Babypsychiatrie im Stillface-Versuch reproduziert; das ist, wenn man den Müttern sagt, das sie in einer gelebten dialogischen Interaktion, bitte frieren sie ein und warten ab, die Mütter sozusagen auf einen Knopfdruck schalten die Interaktion bewusst ab und schauen nur mehr starr auf das Kind und das Kind wird dann unglaublich aktiv. Und das hat man in sehr vielen Beispielen bei Kindern depressiver Mütter sehr eindrucksvoll sehen können. Das Kind bekommt einen expliziten Auftrag, der Elternteil möge sich ja nicht aufregen oder irgendwie psychisch belastet werden, auch nicht über normale kindliche Dinge, wie ich falle herunter und hau mir den Fuß an. Das Kind erfüllt den Auftrag, der Elternteil soll

aktiv sein, aufstehen in der Früh, nicht den ganzen Tag im Bett verbringen, normal sein. Das Kind fühlt sich verantwortlich, dass der Elternteil nicht geht, nicht verschwindet, nicht in den Wald läuft und nie mehr wieder kommt. Es fühlt sich verantwortlich, der Elternteil soll sich nicht umbringen. Mein Vater sagte immer, wenn er wochenlang auf Reisen gegangen ist, schau das sie, deine Mutter lebendig ist, wenn ich zurück komme, im Spaß. Ich hab das sehr wörtlich, sehr persönlich genommen. Das Kind hat oft Angst, wenn ich mich falsch verhalte, wird sie mich umbringen oder sogar uns beide. Und wie kann ich überhaupt leben und mich organisieren, dass es dem Elternteil besser geht?
Ganz viele und noch keineswegs wissenschaftlich voneinander getrennte Variablen beeinflussen diese oft sehr unterschiedlichen Entwicklungsverläufe bei den Kindern. Es ist ein riesiger Unterschied in welchem Alter das Kind zum ersten Mal einen sich psychisch von ihm distanziert verhaltenden Elternteil trifft. Viele Kinder bei chronischen psychiatrischen Behandlungen haben die Situation von Geburt weg, d. h. durch das ganze Säuglingsalter und im weiteren ist es schon da, der Elternteil ist schon so. Es gibt aber auch psychiatrische Erkrankungen, die kommen fast so wie ein Sturm aus heiterem Himmel. Der Elternteil ist jahrelang ganz o.k. und plötzlich ist eine Krise und es geht eine schwere psychiatrische Erkrankung los. Das wurde im Vortag schon erwähnt, die Verfügbarkeit gesunder alternativer Pflegepersonen scheint eine der wichtigsten Variablen zu sein, wobei hier eine einzige korrigierende Großmutter, Nachbarin, große Schwester, Tante, Cousine helfen kann die Wahrnehmung anders wahrzunehmen oder zumindest der Wahrnehmung andere Worte auch zu geben. Es ist nicht so, dass diese Bezugspersonen bewirken, dass man es anders erlebt, aber es kommt zur eigenen Interpretation eine zweite dazu, und das ist schon wahnsinnig viel und sehr wertvoll in der Interpretation und der Bedeutung, die man dem Erlebten gibt. Die Geschwister- und Verwandtschaftssituation spielt da sicher eine große Rolle, ob ein Kind in einer größeren Familie, sozusagen als Gruppe, als Bande, dieser Traumatisierung ausgesetzt ist, oder ob es allein ist. Die Art der Erkrankung der Eltern, wir haben da überhaupt noch keine Forschungsergebnisse, über wie sich spezifisch z. B. Kinder von Müttern mit postnatalen Depressionen im ersten Lebensjahr von Müttern, die erst im dritten Lebensjahr des Kindes psychiatrisch manifest werden oder Kinder von Müttern oder Vätern mit manisch depressiven Kranksein entwickeln. Da gibt es überhaupt noch keine vergleichenden Studien. Das Intelligenzprofil spielt sicher eine Rolle, d. h. die Kompensationsmechanismen, die ein Kind sich selbst suchen kann von angefangen, dass es bei der Nachbarin klopft, wenn es furchtbar Angst hat, hängen natürlich von der emotionalen und kognitiven Reife und nicht zuletzt vom Temperament, von der Persönlichkeit, oder von dem, was wir die kindliche Natur nennen, ab.
Wie werden vom Kind, wenn es einmal sprechen kann – und wir sind hier angewiesen auf die Dokumentation von Kindern im Alter drei, vier, fünf Jahren und hinauf – die elterlichen Symptome wahrgenommen oder interpretiert? Kinder sind da sehr ehrlich, sehr krass, wenn sie mal sprechen, dann sehr deutlich. Wir hören

dann manchmal so Sätze wie „sie ist nie da!" oder „sie spinnt einfach": Dann geht man der Sache nach auf der Realebene, und sie ist eigentlich immer da, aber das Kind sagt, sie ist nie da, womit es seine subjektive Wahrnehmung, sie ist nie für mich verfügbar, meint. Es kann sein, dass das Kind das Gefühl hat, sie ist immer da, ich kann mich im Klo verstecken und sie ist trotzdem da, ich kann mich im Klo zu sperren und sie kommt mit mir herein, also genau das gegenteilige Gefühl erlebt von einer atmosphärisch durchdringenden Wahrnehmung. Es kann ein psychiatrisches Symptom vorkommen, das ist glaube ich, sehr häufig, dass das Kind als Anfall beschreibt, etwas geht normal dahin und plötzlich explodiert es wie ein Gewitter. Und diese Anfälle sind von den Kindern aus gesehen, wie das Wetter, unvorhersehbar. Sie versuchen dann Systeme zu entwickeln drauf zu kommen, warum die Mama diese Woche am Montag und am Freitag einen Anfall hatte und die Woche vorher nur am Donnerstag, aber es gelingt ihnen nicht, weil es vollkommen unvorhersehbar ist. Sie spüren Druck wie Nebel, wie eine Decke, das sind so Worte, die in Psychotherapien sehr häufig kommen. Es ist sehr häufig auch eine sehr selten verbalisierte Todesangst da. Das wird meistens gespürt, wenn sie nachts liegen, wenn draußen getobt wird, die existentielle Angst, werde ich diese Nacht oder diese Situation überleben? Es ist zugleich meistens eine Verlustangst da, ich bin verantwortlich, ich mag mich vom Elternteil nicht trennen. Und es ist, und das ist wahrscheinlich das Allerbelastendste, sehr häufig bei den Kindern ein aktiver Tötungswunsch da, also eine Aggression, vielleicht passiert was und sie fällt tot um, wäre ich dann befreit vom Ganzen? Und natürlich dann in dieser Situation haben die Kinder wahnsinnige Schuldgefühle. Vielleicht passiert meinen Eltern etwas auf dem Heimweg, und dann kann ich mit meiner Schwester in Frieden leben.
Jetzt habe ich versucht die Chronologie des heranwachsenden Kindes in dieser subjektiven Wahrnehmung aufzutrennen. Der Säugling erlebt in der verbalen und non-verbalen Interaktion sehr häufig eine Grenzenlosigkeit, ein nicht trennen können zwischen DU und ICH. Die Mütter flippen freudig, wenn das Kind lächelt, und heulen mit, wenn das Kind weint. Wir kriegen das in der Klinik häufig mit, dass Mütter heulend hereinkommen und sagen, dem Kind geht es so schrecklich, schauen sie das hat Bauchweh, das hat einen Blindarm, irgend etwas Schreckliches ist passiert und das Kind ist nicht sehr auffällig. Aber die Mutter erlebt das als so überwältigend, das es sozusagen zu einer Symptomverstärkung kommt. Das ist sehr schwierig in der Situation für die Kinder. Es ist keine Klarheit da. Es besteht eine vollkommene Diskrepanz zwischen körpersprachlichem und verbalsprachlichem Ausdruck. Das ist eines der typischsten und in der Literatur noch best analysiertesten Phänomene, dass die Mütter in ihrer Übersetzung nicht kongruent sind, d. h. das Kind versucht von sehr frühem Alter an Dolmetscher zu sein, wie es diese zwei diskrepanten Botschaften aufeinander bringt. Die Kinder, die Babys werden von Beobachtern dieser Eltern/Kind-Szenen häufig als unsensitiv behandelt erlebt, also in der Wahrnehmung der emotionalen Verfügbarkeit beim Wickeln, beim Füttern, beim Schlafen legen werden die Eltern als über- oder unter- oder schlecht

sensitiv, sich schlecht anpassend erlebt. Sie sind sehr häufig hypersensitiv. Sie sind übergriffig, real wie auch auf der Symbolebene. Was heißt signalverwirrend? Das ist eine der ganz täglich beobachteten, typischen Verhaltensweisen. Auf diesem Logo sehen wir einen Mann, der die Schultern hebt. Diese Geste in unserem kulturellen Bereich heißt, ich weiß es nicht. Das brauche ich nicht verbal zu übersetzen. Die non-verbale Botschaft heißt, ich weiß es nicht. Jetzt stellen sie sich vor der Mann sitzt einfach da, und sagt ich weiß es nicht. Dann fangen wir an zu studieren, wie passt das zusammen, was könnte er meinen, was heißt das für mich? Wir sagen, dem nehme ich die Botschaft nicht ab, oder der lügt, oder führt mich in die Irre. Und ich versuch mit meiner Erkenntnis von Körpersprache zu interpretieren, wie ich diese Körpersprache interpretiere. Und diese kleine Zeichnung könnte interpretiert werden, Achtung, ich konzentriere mich, warte mal kurz, oder Wutanfall, gleich zerplatze ich, oder lass mich doch in Ruhe, abgewandt, oder ich denke nach. Und wenn ich sie alle befragen würde, hätten wir noch 15, 20 Interpretationen, dieser Körpersprache, aber selten würde jemand sagen, diese Körpersprache heißt, ich weiß es nicht. Das ist eine der frühest erfassbaren Schwierigkeiten aus der Perspektive des Kindes und führt zu ganz frühen unterschiedlichen Entwicklungsverläufen, die wir eigentlich so im Alter von sechs Monaten bereits das Muster fest haben. Die extremsten dieser Unterschiede sind: Das Kind zieht sich zurück. Es vermeidet diese Verwirrung ganz bewusst. Es wird ein früher Blickvermeider, was furchtbar kränkend ist für die Mütter, also das Kind erlebt diese Verwirrung und Übergriffigkeit und spürt, mit geht es besser, wenn ich dem ausweiche, und wendet den Blick ab. Für die Mütter ist das entsetzlich. Sie kommen dann in die Klinik und sagen, mein Kind liebt nur die anderen, ich bin die falsche Mutter, nehmen sie es, ich will es abgeben, mein Kind will nicht mich, mit jedem ist es lieb. Wenn ich komme, schaut es weg. Sehr häufig ist das dann auch der Schlüssel, wo man dann in der Therapie sehr gut an diesem Symptom ansetzen kann. Manchmal sogar bringen die Eltern das selber als Lösungsversuch, dass sie z. B. sagen, nur beim Wickeln, ist sie lustig. Jetzt wissen sie, dass wenn gewickelt wird, habe ich ungefähr 70 cm. Abstand, weil das Kind auf dem Tisch ist, wenn ich mit dem Kind in eine bewusste Dialogsituation gehe, gehen diese Mütter viel zu nah heran. Wenn man ihnen das rein auf der Ebene des Symptoms erklären kann, können sie sehr rasch auch Wege finden, um aus dieser Kränkung herauszukommen – nur als Beispiel. Das Kind würde also nach innen kommunizieren, wobei wir über diese Kommunikation natürlich nur Phantasien haben, und zieht sich insgesamt zurück, wird von der Bindungsentwicklung her ein sog. Vermeider. Die zweite auch häufige Entwicklungsvariante ist: das Kind wird zum genialen Übersetzer und Interpreten dieser verwirrenden Situation und beginnt seine Karriere als Therapeut des Elternteils, aber meistens auch mit einem Entwicklungsnutzen für sich selbst. Es ist also sozusagen, ein gebraucht werden oder missbraucht werden für die Pathologie des Elternteils, aber selber geht es mit ja auch besser, wenn ich es besser verstehe. Man darf das nicht so einseitig sehen.

Wenn wir jetzt in Richtung zwei-, drei-, vier-jährige Kinder gehen, so kommt es zu einer charakteristischen Einteilung oder Unterschiedlichkeit in der Nomenklatur der Bindungsforschung, das sind die Ainsworth-Kategorien aus der fremden Situation. Wir sehen also Kinder, die das Muster entwickeln, ich vermeide Kontakt, ich brauche dich nicht, ich schaffe es allein, gib mir das Essen und ich bin schon o.k. Das sind Kinder, die sich vorwiegend unbelebten Spielsachen zuwenden und von denen behauptet wird, sie sind pflegeleicht und wahnsinnig brav. Das kann also auch sozusagen, ein Schlüssel dahin sein. Der Typus C, sind die sog. ängstlich-unsicher gebundenen Kinder, beginnen ganz früh zu somatisieren, das sind die sog. Schreikinder, die Schlafstörungen, die Kinder, die im Kindergarten sich nicht von der Mutter trennen können, weil die Mutter sozusagen die Botschaft gibt, ich brauche dich, bleib bei mir, aber hab es schön mit den anderen Kindern, und diese Situation das Kind überfordert. Die gefährdetste Gruppe sind die Kinder, die nach der Bindungsklassifikation als Typ D, chaotisch, unsicher, klassifiziert werden, und das sind Säuglinge von schweren, meisten kontinuierlich psychiatrisch, meistens psychotischen Eltern ohne Kompensationsmöglichkeiten, die also bereits im ersten Lebensjahr mit Auffälligkeiten in Richtung tiefgreifende Entwicklungsstörung reagieren. Jetzt gibt es aber, bevor ein Kind so auffällig wird, eine ganze Fülle von sog. dysregulierten Kindern, Kinder die mit der Verarbeitung ihrer Sinnenwelt, nämlich der Integration externer Reize in ihr Selbst, Schwierigkeiten haben. Und diese Kinder verlangen eine übermäßige elterliche Kapazität an auf sie eingehen, weil sie so ein schmales Band haben von, wo passt es mir gerade, das ist mir zu viel, das ist mir zu wenig, das ist mir zu kalt, das ist mir zu heiß, verlangen sie sehr viel Konstanz und Kontinuität, und das ist etwas, was diese Eltern nicht geben können. Der Ausdruck early onset ADHD, ist das, was wir in der Pädiatrie jetzt früh hypergenetisch aufmerksamkeitsgestörte Kinder nennen, die Kolik-Babys, Schreikinder usw. waren die alten Klassifikationen. Das sind auch Kinder, die nicht so geworden sind, weil die Eltern psychiatrisch krank sind, aber sie sind so wie sie sind und die Eltern können überdurchschnittlich schlecht mit ihrem so sein umgehen. Und die Entwicklung bereits im Vorkindergarten- und frühen Kindergartenalter zu sog. Kindergartenoutcast oder latente oder offene Aggressionen wird von Pädagogen sehr deutlich bereits hier gesehen. Wenn wir uns jetzt vorstellen, dass diese Kinder so la la, nicht wirklich auffällig bis ins Schulalter kommen, gibt es auch verschiedene Schulkarrieren, die gesehen werden, und zwar umfassen sie so ungefähr 20 Spektren der kinderpsychiatrischen Symptomatologie. Viele der Kinder sind überangepasst, brav, unauffällig, besonders brave, ehrgeizige, sich auf die Schule konzentrierende Schatzis der Lehrer, und der Lehrer würde nie glauben, dass dieses Kind zu Hause eine Belastung hat, weil das ist sozusagen, oft das Musterkind in der Familie. Es gibt Kinder, die aufgrund der psychiatrischen Auffälligkeit plötzlich eine Schulphobie entwickeln, ich kann nicht in die Schule, ich will nicht in die Schule, ich habe Angst, wird oft gesagt, aber der wirkliche Grund ist, dass sie sich nicht trauen den Elternteil alleine zu lassen, der Elternteil könnte einen Suizid machen, in den Stunden, wo es weg, er könnte einen Anfall kriegen,

er könnte sich auffällig benehmen, ich habe die Situation besser im Griff, wenn ich zu Hause bleibe, bis so weit, dass manche Kinder im Alter von sieben, acht Jahren wirklich den gesamten Haushalt führen, während ihre Eltern nicht dazu in der Lage sind. Viele Kinder entwickeln Introversionssymptome, also in Richtung frühkindliche Depression, Konzentrationsschwäche, so ein ich schaukle mich durch, aber ich bin nicht auf der Höhe meiner grundsätzlichen emotionalen und kognitiven Möglichkeiten. Sehr häufig genieren sich die Kinder für ihr zu Hause, können selbstverständlich nicht darüber sprechen und vermeiden soziale Kontakte. Sie bringen nicht Freunde nach Hause und fragen auch nicht, ob sie es dürfen und sie versuchen sich möglichst unauffällig zu benehmen, was dazu führt das die Kinder dann zunehmend im Sozialen vereinsamen.
Am dramatischsten wird es in der Pubertät. Hier wird dann sehr deutlich und meistens wirklich auf der verbalen Ebene auch, thematisiert und verbalisiert, was da ungefähr los ist. Die Fragen, wer bin ich, woher komme ich, ist sie wirklich meine Mutter, wenn sie so komisch ist, was habe ich von ihr mitbekommen, ist das erblich, was sie sagt, werde ich auch so sein als Elternteil, warum hat es die Mutter oder den Vater getroffen, warum muss ich das durchmachen, warum hat sie schon wieder ihr Symptom und habe ich was falsch gemacht?
Jetzt, nur beispielhaft, die Perspektive des Kindes am Beispiel Wutanfall, Eltern, die plötzlich explodieren. Das Kind erlebt, so wie eine Vorgewitterstimmung, wetterfühlige Leute können zwei Stunden vor einem Gewitter ohne weiteres sagen, es braut sich was zusammen, Kinder berichten genau das mit diesen Worten, es braut sich was zusammen, es wird heute sicher wieder einen Anfall geben. Das Kind fragt sich mit sehr viel Energie und Kreativität, kann ich es vielleicht verhindern, wenn ich jetzt noch schnell die Küche aufräume, passiert es vielleicht nicht. Soll ich mich verstecken, hab ich was falsch gemacht, das es heute schon wieder ist? Sie fühlen sich sehr hilflos und haben das Gefühl, so wie beim Wetter, das Gewitter nicht beeinflussen zu können, also sie spüren die Eigendynamik des Geschehens, versuchen trotzdem zu kompensieren, aber kommen nicht durch, und wie rette ich mich, also sie fühlen sich enorm verantwortlich.
Ich habe hier ein Mail von einer ehemaligen Patientin, das möchte ich ihnen hierzu kurz vorlesen. Ich habe ihr erzählt, dass ich einen Vortrag habe zu dem Thema und sie hat mir spontan geschrieben:
Meine spontanen Gedanken zum Thema Kinder psychiatrisch kranker Eltern, das ist eine heute 42-jährige Frau.
Als Kind habe ich so nie gedacht. Es gab keine Definition. Keine Vorstellung von gesund und krank. Es gab nur Druck, Dauerdruck. Ich wurde am Fuße eines Vulkans geboren. Der Vulkan konnte jederzeit und überall explodieren. Ich habe mich bemüht den Vulkan (die narzisstischen Wutausbrüche meiner Mutter) zu vermeiden und Orte zum Leben gesucht, die nicht vulkanisch waren. Es war normal, dass es mich nicht gab. Ich habe mich sehr schlecht gefühlt. Immer wieder das Gefühl gehabt, ich löse mich auf und andauernd dagegen mit sehr viel Kraft gekämpft. Wenn ich mich im Spiegel anschaute, wusste ich, das bin nicht ich, das ist mein

Als-Ob. Das ist die, die so tut, als ob sie Martina sei. Ich muss sie im Griff haben, sie muss die anderen glücklich machen. Die Welt besteht aus einem Ich, das ist meine Mutter, und aus den anderen. Ich bin nicht. Ich, ich bin du. Das ist die Sehnsucht nach einer Begegnung, die nicht Vermeidung und angestrengtes so tun als ob wäre. Diese Sehnsucht habe ich versteckt, um nicht zu weinen. Jede echte Begegnung machte mich weinen und ich wünschte es und vermeide es gleichzeitig. Das ist alles. Gruß Martina.

Das ist eine sehr prägnante, und ich glaube sehr berührende Weise, wie jemand durch eine Psychotherapie lernen kann zu versuchen, den Gefühlen von damals in der heutigen Sprache Ausdruck zu vermitteln. Und gerade da geht das nicht, und das ist etwas, das immer wieder diskutiert wird, was ist wahr daran? War es wirklich so schlimm, wie die das fühlt? Wie viel ist da gefälscht? In der Psychotherapie geht es nicht darum. Es ist eine große Leistung, wenn jemand auf dieser Reflexionsebene, es ausdrücken kann für sich oder vielleicht sogar für wenige Menschen, denen das mitgeteilt werden kann. Und wenn es diese Reflexionsebene einmal erreicht, verändern sich automatisch oder im Zuge dessen sehr häufig auch die realen Kontakte dieser Menschen.

Wie fühlen die Eltern? Was bewegten die Eltern, denen z. B. nach einem Anfall, wo das Kind dann sehr schlimm geschlagen wurde, ins Spital kommen? Wie fühlen sie dieses, „etwas kommt"?

Sie sagen eigentlich durchgehend, ich spüre, dass es mir nicht gut geht, ich spüre, dass es kommt, ich kann es nicht verhindern, was ist los?, wie komme ich raus?, um Gottes Willen, wo ist das Kind?, ist es da?, liebt es mich?, und bin ich Schuld. Es entsteht also eine so wie Gespaltenheit des Kranken selbst in seiner Rolle als Elternteil. Sehr häufig berichten die Eltern, dass nur die Existenz des Kindes sie verhindert hat, sich heute Nachmittag umzubringen, weil sie wussten um fünf Uhr heute Nachmittag braucht ja die Kleine wieder die Flasche, und sie stand schon mehrfach auf dem Gleis vom Zug, aber das um fünf Uhr das Kind füttern müssen, hat sie sozusagen zurückgeholt.

Was ist unsere Aufgabe als Helfer? Es gilt die diffizile und wirklich sehr schwierige und nicht häufig genug zu diskutierende Balance zu finden zwischen Unterstützung und Übernahme der Situation. Darum ist es heute so wichtig, dass wir über die Perspektive des Kindes reden. Es werden in diesem Bereich wahnsinnig viele Meinungen von Drittpersonen geäußert, ich finde das Kind muss jetzt raus da, das ist unzumutbar, ich finde, ich finde, ich finde... Niemand setzt sich hin und fragt die Kinder. Und wir sind noch immer nicht so weit, trotz UNO Rechtskonventionen, dass wir die Kinder als reliable und berechtigte Mitreder in Lösungsstrategien miteinbeziehen. Es besteht eine Scheu, ein siebenjähriges Kind in einer Helferkonferenz mit sitzen zulassen. Wir müssen versuchen die Ziele der verschiedenen Institutionen oder Berufsgruppen zu koordinieren, und zwar nicht nachdem der Patient schon in 15 Institutionen war, sonder voraus. Wir müssen die Interventionen koordinieren und nicht gegeneinander strampeln, und der eine nimmt das Kind vom Schulhof weg, und der nächste steckt es am Montag wieder hin und sagt, die kennen sich nicht aus. Hier geht sehr viel Energie verloren und Evaluationsverfahren, nämlich und wie hat unsere Maßnahme sich ausgewirkt, müssen geplant und koordiniert werden. Es muss eine Diagnose vor die Behandlung kommen!! Es wird in dem Gebiet sehr häufig in Notfallstimmungen verfallen, in Österreich heißt das „Gefahr in Verzug“, ein schrecklicher Ausdruck, Freitag um drei, ist immer Gefahr in Verzug, und da müssen Kinder direkt vom Schulhof ins Spital gebracht werden, einfach weil man die ganze Woche eine Situation, die bekannt ist, weggeschoben hat bis Freitagnachmittag jeder sich fürchtet, dass es zu Hause am Wochenende eskaliert, und dann ist plötzlich Gefahr in Verzug. Es muss geklärt werden, ist das ein Kind, das erkrankt ist im Sinne von eine psychiatrische oder psychotherapeutische Hilfe bedarf, oder Unterstützung und Begleitung braucht. Das Kind soll und muss einbezogen werden. Die Eltern soweit möglich, auch die Kranken, sollen angehört werden. Und man soll nicht den Kranken, um ihn zu schonen, nicht einladen zum Gespräch. Wenn er nicht will oder nicht kann, wird er nicht kommen, aber man soll ihn grundsätzlich dabei haben. Die erweiterte Familie soll einbezogen werden. Es sollen nicht gigantisch große Pläne gemacht werden in der Krise selbst. Es müssen kleine niederschwellige Schritte gemacht werden, wie kommen wir von Freitag bis Montag? Am Montag setzen wir uns wieder zusammen und schauen, wie wir von Montag auf zwei Wochen später kommen. Aber nicht, wie lösen wir das Problem für die nächsten fünf Jahre? Das ist ein Unsinn in einer Krisensituation zu versuchen, längerfristige Entscheidungen zu treffen. Genau gleich wie in der Suizidprophylaxe sind kurzfristige Kontrollen angezeigt und ausprobieren ist erlaubt, wenn das Kind die verrückte Idee hat, dass es das beste wäre, wenn es heute Nacht bei der Freundin X schlafe, dann soll man das erlauben, und nicht sagen, das ist aber keine Dauerlösung. Sondern möglicherweise wird das Kind nach zwei Nächten in der Familie X, selber mit einer neuen Situation kommen oder die Mama der Familie X wird sagen, es geht oder es geht nicht. Aber nicht vornherein sozusagen das Kind nicht Experimente vorschlagen lassen. Die Frage ist, ist Psychotherapie die Therapie der Wahl? Nur, wenn das Kind es wünscht. Es soll keine Psychotherapie beschlossen werden, sondern dem Kind helfen, seine Hilfevorstellungen selbst zu formulieren. Psychotherapie ist eine Methode, die auf der freiwilligen Motivation und Bereitschaft basiert, und darum kann man niemanden zu einer Psychotherapie verdonnern, selbst wenn beide Eltern in der Psychiatrie sind. Es sollen spezialisierte Kinder Jugendpsychotherapeuten in Anspruch genommen werden wenn ja. In meinen Augen ist in der Krise eine Familientherapie meistens kontraindiziert, Familiengespräche nicht, das ist o.k. Helferkonferenzen, ja. Und die Zusammenarbeit zwischen Kinderfachärzten, Kinder-/Jugendpsychiatern, Jugendwohlfahrt usw. muss koordiniert werden mit einer Evaluation der Maßnahmen.

Was läuft da oft schief? Von besonders Erwachsenenpsychiatern, die die erkrankten Eltern pflegen und behandeln, wird manchmal empfohlen, ein Kind zu bekommen, damit der Elternteil eine Aufgabe hat. Und das ist etwas, was als Kinderarzt und Kindertherapeut gesehen wirklich unethisch ist, ein Kind ist nicht die Thera-

pie für einen kranken Menschen. Es kann dazu führen, dass die Geburt eines Kindes eine psychiatrische Erkrankung besser macht, aber es kann auch das Gegenteil auslösen. Also Kind nicht als Therapie. Immer noch, ich glaub auch in Deutschland, in Österreich jedenfalls weit verbreitet, das Abstillen bei postnatalen Depressionen, ein riesiger, großer, ethischer, einfach Blödsinn. Die Trennung von Eltern und Kind als Therapie sollte zumindest mit einem großen Fragezeichen versehen werden. Begleitung statt Interventionen und Begleitung statt Trennung. Und wir sollen Fragen stellen und die Situation analysieren bevor wir mit subjektiven Meinungen davon galoppieren.
Und das Letzte, ich bin sicher, dass in diesem Hörsaal etliche Menschen sitzen, die selbst Kinder auch kinderpsychiatrisch auffälliger oder kranker Eltern sind. Ich bin sicher, dass ein Großteil der Population von Psychotherapeuten selber solche Kindheit erlebt hat. Meistens wird gesagt, dass das Thema Mutter die ersten zwei Jahre in der dreijährigen Psychotherapieausbildung beschäftigt oder sogar blockiert.
Irgendwann muss man aber ein Fazit ziehen in der Frage Warum ist etwas wie gelaufen? Nachdem man Therapieausbildungen und Analysen und Jahre des Redens, Denkens, Überlegens, sich mit der Situation vertraut hat, muss man irgendwann sozusagen sagen, bin ich eine Geschädigte oder war das eigentlich die wichtigste Lehrerin in meinem Leben. Und ich glaube, dass das sehr wichtig ist auch in der Begegnung von Kindern mit verschiedensten Traumen, das wir sozusagen auch das Trauma als Möglichkeit einer Chance definieren. So wie das in der Psycho-Onkologie und in vielen Gebieten der Medizin umdefiniert wird, glaube ich nicht, dass man jemandem wünschen kann mit einem psychiatrisch kranken Elternteil aufzuwachsen, aber die Alternative in eine Pflegefamilie zu kommen oder gar in ein Kinderdorf, ist nicht mehr state of the art. Wir sollten also versuchen diese Kinder zu begleiten und mit der Ist-Situation soweit zu stützen, dass sie schrittweise positive und entwicklungsfördernde Wege sich selbst finden.

# Präventionsprojekt für Kinder psychisch kranker Eltern

Susanna Staets und Dr. Michael Hipp

Kinder psychisch kranker Eltern haben ein erhöhtes Risiko, selbst eine psychische Störung zu entwickeln. Sie sind über längere Zeiträume elterlichen Verhaltensweisen ausgesetzt, die sie weder verstehen noch verarbeiten können. Die Tabuisierung der psychischen Erkrankung innerhalb und außerhalb der betroffenen Familien erschwert den Umgang mit der Problematik. Häufig werden Überforderung und innere Not der Kinder erst dann offenbar, wenn sie selbst Verhaltensauffälligkeiten zeigen und kinder- bzw. jugendpsychiatrischer Behandlung bedürfen.

Zur Prävention psychischer Erkrankungen entwickelten der Sozialpsychiatrische Dienst Hilden und Kindertherapeutinnen in der Praxis für Kunst- und Kinderpsychotherapie Haan ein Beratungsangebot für das mittlere und südliche Kreisgebiet Mettmann. Angesprochen werden sollen Familien mit minderjährigen Kindern, in denen mindestens ein Elternteil an einer endogenen Psychose (Schizophrenie; manisch-depressive Erkrankung) oder an einer schweren Persönlichkeitsstörung leiden. Um die betroffenen Familien zu erreichen, ist eine enge Zusammenarbeit mit den Rheinischen Kliniken Langenfeld, den niedergelassenen Ärzten, den Jugendämtern, den psychologischen Beratungsstellen, den sozialpsychiatrischen Zentren und den Betreuungsvereinen erforderlich.

Voraussetzung für die Akzeptanz des Präventionsprojektes durch die betroffenen Familien ist eine niedrige Eingangsschwelle. Hierzu müssen die Sorgen der Eltern vor einer Überforderung und Pathologisierung ihrer Kinder oder vor einer Infragestellung ihrer Erziehungskompetenz entkräftet werden. Dem Bedürfnis der Eltern nach Diskretion wird durch die strikte Beachtung datenschutzrechtlicher Bestimmungen Rechnung getragen. Die ausdrückliche Einwilligung beider Eltern soll Loyalitätskonflikten vorbeugen und die Kontaktaufnahme zu den Kindern erleichtern.

Zielsetzung des Projektes ist es, die Persönlichkeitsentwicklung der Kinder in einem schwierigen familiären Umfeld zu unterstützen. Das Beratungsangebot beinhaltet neben Familiengesprächen vor allem Einzelkontakte und Gruppenarbeit mit den Kindern .

Kindgerechte Informationsvermittlung über die psychische Erkrankung der Eltern fördert das gegenseitige Verständnis in der Familie und bildet die Grundlage für den Abbau von Ängsten. In einem strukturierten Rahmen soll „Kind-Sein" ermöglicht werden. Die Kinder erhalten die Gelegenheit, durch künstlerisches Gestalten und spielerisches Tun die überfordernden Erlebnisse emotional zu verarbeiten.

In Familiengesprächen soll das Thema der psychischen Erkrankung enttabuisiert und dadurch Schamgefühle und verdeckte Schuldzuweisungen entkräftet werden. Durch die Verbesserung der Kommunikationsstrukturen wird die Verständigung

innerhalb der Familie erleichtert und die Öffnung nach außen zum Aufbau eines stützenden sozialen Netzes begünstigt. Die Eltern werden in ihrer Erziehungskompetenz gestärkt und können ihrer elterlichen Verantwortung besser gerecht werden. Die Kinder werden von ihrer Verantwortung für das Wohlbefinden des kranken Elternteils entlastet, können sich ihren kindlichen Bedürfnissen gemäß verhalten und sich später konfliktfreier zur Gestaltung ihres eigenen Lebens vom Elternhaus ablösen.
Am Ende der Präventionsarbeit werden die Kinder ermutigt, eine Vertrauensperson zu benennen, an die sie sich im Krisenfall zur Unterstützung wenden können. In der Praxis werden zudem regelmäßig offene Sprechstunden abgehalten, an denen sich die Kinder und ihre Familien ohne Voranmeldung beraten lassen können.

**Auswirkung der psychischen Erkrankung der Eltern auf die Beziehungsgestaltung mit den Kindern**

1. Starkes Hervortreten negativer Gefühle: Angst, Aggressionen, Wut, Feindseligkeit, Reizbarkeit, Depressivität
2. Unberechenbarkeit in der affektiven Zuwendung (fehlende Verlässlichkeit): Schwanken zwischen Nähe und Distanz, Verwöhnung und Entwertung
3. Vermindertes Einfühlungsvermögen (geringe emotionale Schwingungsfähigkeit)
4. Beeinträchtigte Verhaltenssteuerung (Impulsivität): Tendenz zu Fremd- oder Autoaggression (Gewalt, Suizidalität, Selbstverletzung)
5. Antriebsstörung mit Passivität, Apathie, Interesselosigkeit und geringer emotionaler Beteiligung. Gefahr von Defiziten bei der Versorgung der Kinder (Vernachlässigung)
6. Ängstigender Umgang mit der Realität: Durchlässigkeit der Grenze zwischen Fantasie und Wirklichkeit. Das Kind gerät in den Konflikt zwischen der eigenen Realitätswahrnehmung und der Loyalität zum kranken Elternteil.
7. Beeinträchtigung des psychosozialen Funktionsniveaus: sozialer Abstieg; chaotischer Umgang mit Zeit und Geld; Desorganisation des Haushaltes; Konflikte mit dem sozialen Umfeld (Vereinsamung)
8. Beziehungsdiskontinuität: Häufige Identitätswechsel durch Krankheitsrezidive. Häufige Abwesenheit durch Krankenhausaufenthalte

**Folgewirkungen der psychischen Erkrankung der Eltern auf die Kinder**

1. Desorientierung, Unverständnis und Angst
2. Schuldgefühle: Verantwortlichkeit gegenüber dem elterlichen Verhalten („egozentrische" Erklärungsversuche)
3. Schamgefühle gegenüber Peer Group (Stigmatisierung durch psych. Erkrankung)
4. Tabuisierung der psychischen Erkrankung: Kommunikationsverbot des Familiengeheimnisses nach außen und innen

5. Soziale Isolierung: Rückzug hinter eine Mauer der Diskretion. Verlust der Möglichkeit zu korrigierenden Erfahrungen außerhalb der Familie
6. Parentifizierung: Kind ist als Partnerersatz für den gesunden Elternteil verantwortlich für die Alltagsbewältigung innerhalb der Familie
7. Ablöseproblematik in der Adoleszenz: Verschärfung des Autonomie – Abhängigkeitskonfliktes. Anspruch für ein eigenes, selbstbestimmtes Leben wird durch die Verantwortung für das Wohlergehen der Eltern in Frage gestellt.
8. Störung des Aufbaues eines verbindlichen Wirklichkeitsbildes in der Auseinandersetzung mit den paranoiden Wahrnehmungen des kranken Elternteils
9. Verlust der Beziehungssicherheit: Trennungs- Kontakt- Leistungsängste
10. Aufbau eines negativen oder instabilen Selbstkonzeptes: Erhöhte Vulnerabilität gegenüber jeder Form der psychosozialen Belastung
11. Verlust des Vertrauens in die Fähigkeit, durch das eigene Verhalten etwas Vorhersehbares bewirken zu können (Kontrolle äußerer Ereignisse). Die Beeinträchtigung der Überzeugung der Selbstwirksamkeit erzeugt eine Haltung der Hilflosigkeit und Abhängigkeit als Ausdruck einer depressiven Disposition.
12. Verlust der Fähigkeit zur „Regression im Dienste des Ich d. h. zur Unbeschwertheit, Entspannung, Abgabe von Verantwortung und Kontrolle, Genuss.
13. Störung der Selbstwahrnehmung: hohe Leidensfähigkeit bei fehlender Respektierung der eigenen Grenzen führt zu häufiger Überforderung.

**Entwicklung von Kompetenzen:**

1. überdurchschnittliche Fähigkeit zum Krisenmanagement
2. hohe Selbstständigkeit
3. großes Verantwortungsbewusstsein
4. ausgeprägtes Einfühlungsvermögen in andere Menschen (spätere Tendenz zu Helferberufen)

# Soziale Unterstützung nach dem Trauma

Prof. Dr. med. Wolfram Schüffel

Nichts ist unterstützender im Fall des Traumas als *gespürte* Gegen-Seitigkeit: Der unmittelbar Betroffene spürt, wie der Gegen-Über zur Seite steht.
Bereits in dieser Formulierung räumlicher Gegebenheiten möchte ich eine Spannung spürbar machen: Ich spreche fast widersprüchlich vom Gegen-Über, der als Helfer *zur Seite* steht oder gar zur Seite, zum Seitenrand eines Weges geht. Der Vortrag handelt von dieser Spannung und dem hieraus resultierenden Spannungsfeld.
Die Spannung und das Spannungsfeld stelle ich mit Hilfe der Erfahrungen dar, die ich gemeinsam mit den Betroffenen und den Gegen-Überstehenden, also den Helfern nach dem Grubenunglück von Stolzenbach bei Borken im Jahre 1988, erlebt habe. Das Unglück geschah, als am 01.06.1988 in der Braunkohlengrube Stolzenbach eine Explosion erfolgte. 51 Männer kamen hierdurch schlagartig um; acht Männer überlebten zum Teil mit schweren Verletzungen. Es gab sechs überlebende Bergarbeiter, die bereits als tot erklärt worden waren und doch 65 Stunden nach der Katastrophe lebend geborgen werden konnten (Arbeitsgruppe Stolzenbachhilfe, 1992, S. 32; wenn nachfolgend lediglich Seitenzahlen ohne Quellenangaben angegeben werden, handelt es sich um diese Dokumentation des Grubenunglücks von Borken und der nachfolgenden Hilfsmaßnahmen). Die Toten entstammten 50 Familien; eine Familie hatte zwei Todesopfer zu beklagen. Sie ließen 83 Halbwaise zurück. Im Sinne der hier und jetzt ablaufenden Veranstaltung waren diese Kinder und Jugendlichen als Traumatisierte anzusehen. Die Hilfsmaßnahmen für die Kinder laufen auch nach Beendigung des Hauptprogramms weiter, bis das letzte Kind seine Berufsausbildung abgeschlossen hat.

In vier Abschnitten gehe ich darauf ein,

1. wie in Borken während der dem Unglück folgenden drei Jahre eine Begleitung in ständig neu durchdachter Weise erfolgte,
2. wie sich in Deutschland die 1988 deutlich zu beobachtende Tendenz der Nichtbefassung mit Themen der Traumatologie in Richtung einer Befassung veränderte,
3. wie jedoch diese manifeste Befassung mit dem Trauma Spaltungstendenzen im Einzelnen wie im Kollektiv leicht übersehen lässt und
4. wie eine auf die Kohärenz des Einzelnen wie des Kollektivs ausgerichtete soziale Unterstützung wesentlich zur Gesundung beiträgt.

*Die vier Abschnitte werden unterschiedlich lang sein: Abschnitt eins dominiert, Abschnitte zwei bis vier sind kürzer. Diese unterschiedliche Gewichtung hat seinen Grund darin, dass im Abschnitt eins ausführlich darauf verwiesen wird, wie die Arbeit in die ganze Breite der regionalen Arbeit eingebunden war, während die nachfolgenden drei Abschnitte Konsequenzen und Reflexionen dieses Eingebundenseins beinhalten.*

Ein hier benutztes Mittel der Darstellung ist das *Narrativ*. Es ermöglicht, auf Bedeutungs- und Sinnfragen einzugehen, die im Falle lebensverändernder Ereignisse immer von Bedeutung sind.

## 1.0 Eine Begleitung über drei Jahre: Wie das Gegen-Über zur Seite steht

Das Unglück geschah am 01.07.1988. Die Begleitung der Betroffenen begann am 02.07.1988, also einen Tag später. Sie endete im Mai 1991, also drei Jahre danach. Eine halbjährige Übergangszeit schloss sich an, zu deren Ende das Kuratorium „Hilfsfonds Grubenunglück Stolzenbach" aufgelöst wurde. Wie im Hilfsprogramm vorgesehen, lief ab diesem Zeitpunkt lediglich das Unterstützungsprogramm für die Jugendlichen und Kinder weiter. Was war in dieser Zeit abgelaufen?
Borken und die Grube Stolzenbach liegen nur wenige Kilometer nördlich von Marburg an der Bundesstraße 3 nach Kassel. Als Leiter der Abteilung Psychosomatik der Philipps-Universität Marburg sah ich es als Aufgabe des Universitätsklinikums Marburg, hier eine Hilfe anzubieten. Die Einsatzgruppe der Helfer wie der zwei- bis dreihundert Personen umfassenden Gruppe der Angehörigen befanden sich auf dem Grubengelände. Als ich etwa zwanzig Stunden später hier eintraf, war es völlig ungewiss, was sich unter Tage abgespielt hatte. Waren nach der gewaltigen Detonation Menschen umgekommen, wie viele? Wie viele lebten? Mit meinen Begleitern ging ich auf den Leitenden Notarzt zu und erläuterte mein Vorhaben. Es enthielt als Grundaussage: Nach Abschluss der Rettungsarbeiten wird das Leben weitergehen. Es geht um das Leben *nach* der Katastrophe, das wir bereits in den ersten Stunden der Hilfeleistung vor Augen haben sollten.
Erst mit einer derartigen *Perspektive* bestehen, so meine damalige wie meine heutige Auffassung, Chancen einer nachhaltigen sozialen Unterstützung im Falle des Traumas.
Der Leitende Notarzt stimmte meiner Auffassung zu. Er machte mich mit den wichtigsten Helfern bekannt, hierunter dem Werksarzt und den Sozialarbeiterinnen. Diese wiederum stellten die Verbindung her zu den wichtigsten Personen des sozialen Umfeldes, d. h. zum Bürgermeister, zu Werksleitung, Betriebsrat, regionalem Roten Kreuz, Schule, Kirche (protestantisch, katholisch, moslemisch). Es waren im Wesentlichen diese Repräsentanten des sozialen Umfeldes bzw. ihre Vertreter, die sich eine Woche später als Arbeitsgruppe „Stolzenbachhilfe" offiziell konstituierten. Kurz hierauf konnte ich Georg Pieper als Klinischen Psychologen für eine ganztägige Mitarbeit gewinnen. Er war ab diesem Zeitpunkt für die klinisch-psychologische Arbeit vor Ort zuständig, während ich die Projektleitung übernommen hatte.
Damit sind die Menschen benannt, die im Rahmen des Programms zur Seite standen, d. h. zum Gegen-Über, genauer zu vielfältigen Gegenüber für die unmittelbar

Betroffenen wurden. Dies geschah in Form vielfältigster Hilfen, von denen ich zwei hervorheben möchte:
- 979 Hausbesuche der Sozialarbeiterinnen (S. 134);
- 10 Gesamttreffen in dem kleinen bei Borken gelegenen Ort Trockenerfurth (S. 42).

Beide Hilfsangebote entwickelten sich aus dem Gesamtablauf heraus, d. h. aus den sich ergebenden Anforderungen. Sie waren zunächst nicht als Hauptpunkte des Programms geplant worden, sondern ergaben sich aus den Abläufen, die gewissenhaft von Tag zu Tag und Woche zu Woche verfolgt und evaluiert wurden. Als Projektleiter stellte ich mich auf derartige prozessbezogene Abläufe ein und verfolgte hierbei die Perspektive des Lebens nach der Katastrophenarbeit mit Hilfe von vier *Leitvorstellungen*:
(1) Unmittelbar Betroffene und zur Seite stehende Helfer finden sich im Rahmen eines *Wir-Projektes* wieder, das immer kontrovers empfunden wird.
(2) Betroffene wie Helfer empfinden Gefühle und dürfen diese untereinander mitteilen, um *bedeutungsvoll* und *sinnvoll* zu arbeiten.
(3) Helfer benötigen Rückhalt in einem tragfähigen organisatorischen Hilfegeflecht auf Gegenseitigkeit.
(4) Von der Gesellschaft ausgehende Hilfeimpulse für das Hilfegeflecht bedürfen ideeller Beiträge wie finanzieller Beiträge.

### 1.1 Das Wir-Projekt initiieren

Bereits am dritten Tage, also am 03.06.1988, nahmen die Sozialarbeiterinnen die Hausbesuche auf. Am siebten Tage wurde die Arbeitsgruppe Stolzenbachhilfe konstituiert. Das Ziel beider Einrichtungen war, ein größtmögliches Maß an Kommunikation zwischen Betroffenen und Umwelt herzustellen.
Am 21.07.1988, also genau fünfzig Tage nach dem Ereignis, kam es zu einem ersten Treffen der Hinterbliebenen und der Überlebenden in Gegenwart der Begleiter, d. h. der Gegen-Überstehenden. Nahezu jede Familie war vertreten. Die Leitung dieses Treffens hatte der örtliche DRK-Sprecher übernommen, d. h. die Eigenkräfte der Region waren entsprechend dem Konzept mobilisiert.
Der Sinn eines derartigen Treffens war zunächst überaus *kontrovers* diskutiert worden. Zunächst hatten sich die meisten Hinterbliebenen zurückgezogen und mieden einen Kontakt. Selbst die teilweise jahrzehntelang bekannten und sehr geschätzten Sozialarbeiterinnen des Betriebes wurden von ihnen *zurückgewiesen.* Doch gelang es gerade diesen Frauen, anfänglich durch *Nicht-Sprechen,* durch *Zuhören und Hand-Halten* den Kontakt herzustellen. Einzeln angesprochen, stimmten die anfänglich ablehnenden Hinterbliebenen dem Treffen zu. Als es zum Treffen kam, war eine „Bleierne Trauer spürbar, die hier und da von verkrampftem Schluchzen unterbrochen wird." Im Verlauf des Treffens kam es zur Aufforderung, sich an den Händen zu fassen und zusammenzufinden (S. 42). Diese Aufforderung wurde als erlösend empfunden.
Das *Wir-Projekt* der ersten 24 Stunden und des 7. Tages (s. o.) wurde vertieft. Es

ging im Laufe der nächsten Wochen und Monate in Gruppenarbeit über, an der schließlich zwei Drittel der unmittelbar Betroffenen teilnahmen.

## 1.2 Gefühle äußern, um bedeutungsvoll und sinnvoll zu arbeiten

Dieser Gruppenarbeit war vorausgegangen, dass kontrovers Eingeschätztes zwischen Betroffenen und Helfern diskutiert worden war. Als kontrovers wurde die Rolle des Eigentümers der Grube gesehen. Der habe bewusst das Risiko einer Katastrophe in Kauf genommen, da er die unrentable Grube habe schließen wollen. Diese Behauptung, der Eigentümer sei praktisch ein mörderischer Aggressor, war nicht zu rechtfertigen. Sie war aber gut durch Erfahrung wie Theorie zur Katastrophenarbeit erklärbar. Wichtig wurde: erstens die Gefühle der Betroffenen akzeptieren; zweitens über deren Intensität wie gleichzeitiger Brüchigkeit sich klar werden; drittens den irrealen Inhalt erarbeiten, viertens mit den Betroffenen erarbeiten, was sie mit den Verstorbenen und gewaltsam genommenen Angehörigen hätten im Leben erschaffen wollen.
Als Helfer waren wir heftigen Angriffen ausgesetzt. Sie ließen sich etwa in der Formulierung wiedergeben, wir seien das Sprachrohr der Werksleitung. Wie in einer unbewussten Art von Rollenspiel übernahmen wir in der Gruppe der Helfer jeweils bestimmte Rollen. Spaltungstendenzen inszenierten sich und mussten durchgearbeitet und gedeutet werden. Als Helfer griffen wir uns untereinander an, bis wir dann realisierten, dass wir unsererseits den heftigsten Spannungen ausgesetzt waren und diese aus Identifikationen mit den Betroffenen bzw. unseren Projektionen auf die Außenwelt herrührten. Fast drohte ein Zusammenbruch des Projektes, als die klinisch-praktischen Helfer darauf beharrten, auf neutralem, nicht betriebseigenem Arbeitsplatz zu arbeiten. Diejenigen Helfer, die für organisatorisch-verwaltungsmäßige Aufgaben zuständig waren, konnten ihrerseits derartige Forderungen nicht nachvollziehen. Zunächst mit Hilfe der Intervision, dann durch die bald einsetzende Supervision ermöglicht, nahmen wir als betriebsfremde Helfer wahr, dass die anderen Helfer unter uns, nämlich die Sozialarbeiter, längst auf betriebseigenem Boden arbeiteten, während sie in den Räumen des Gruppeneigentümers ihren normalen Arbeitsabläufen nachgingen. Unsere Angst war, so zeigte die Intervision und die Supervision, die Angst vor eigener Aggression im Hinblick auf die innere und äußere Zielsetzung unserer Arbeit. Wir konnte schließlich von unserer Forderung nach angemieteten Räumen zurücktreten und die Arbeitsfähigkeit unserer Gruppe erweitern und vertiefen. Diese Entwicklung wäre wahrscheinlich ohne die gleichzeitig stattfindende Intervision und die hiernach einsetzende externe Projektsupervision (siehe Abschnitt 1.3) nicht möglich gewesen.

Uns wurde deutlich, dass Bedeutung und Sinn der ablaufenden Verlust- und Trauerarbeit sich in der eigenen Arbeitsgruppe widerspiegelte. Die ablaufende Arbeit würde so gut oder so schlecht werden, wie unsere Arbeitsbeziehungen in der Arbeitsgruppe selbst waren.

### 1.3 Helfer benötigen Rückhalt in einem Hilfegeflecht auf Gegenseitigkeit

Die Gruppe war unterdessen zusammengewachsen. Eine Feinabstimmung der Arbeitsabläufe wurde erforderlich.

Diese Form des Rückhaltes wurde zunächst durch verbindliche Arbeitsabläufe geschaffen. Diese begannen mit dem Treffen der AG, die zunächst wöchentlich, dann vierzehntägig und schließlich monatlich über insgesamt drei Jahre stattfanden.

Der Ablauf der Arbeitsbeziehungen in der AG selbst wurde zum Gegenstand der Projektsupervision (vgl. S. 37; S. 46 ff.). Deren Bedeutung kann nachträglich nicht hoch genug eingeschätzt werden. Als Supervisorin des Gesamtprojektes gewannen wir Frau Prof. Dr. ILAL-KOPTAGEL/Istanbul. Sie ist Psychiaterin, Psychoanalytikerin. – Eine eigenständige Gruppensupervision suchten Sozialarbeiterinnen und Lehrerinnen gemeinsam und parallel zur Supervision auf. G. PIEPER, als Klinischer Psychologe nahm gleichzeitig Einzelsupervision. Entsprechend verfuhr ich als Projektleiter.

Der Ablauf der so skizzierten Gruppenarbeit wurde durch drei Maßnahmen institutionalisiert und damit garantiert (S. 52):

1. Von allen Beteiligten wurde die schriftliche Fassung des Hilfsprogramms als verbindlich anerkannt (S. 183-194).
2. Die Freisetzung der Sozialarbeiterinnen für die Projektarbeit bzw. die Honorierung (des Klinischen Psychologen als Vollzeitkraft) bzw. eine Aufwandsentschädigung (Projektleiter) wurde vertraglich zugesichert.
3. Regelmäßige Treffen der Mitglieder der AG Stolzenbachhilfe einschließlich jährlich zu erstellender Tätigkeitsberichte. Großer Wert wurde auf den Besuch jeder einzelnen Mitgliederversammlung gelegt (S. 180 ff.).

### 1.4 Aus der Gesellschaft erwachsende Hilfsangebote

Ich meine mit dem Titel dieses Abschnittes, dass die eigentliche Traumaarbeit Grundvorstellungen demokratischen Selbstverständnisses mobilisiert. Es geht um *Gewalt und Autonomie*. Gefragt sind Exekutive und Medien. Der Bürgermeister, Sprecher der Gemeinde und gleichzeitig oberster Vertreter der Exekutive setzte sich persönlich dafür ein, dass ein im Entstehen begriffenes Hilfsprogramm zur gesundheitlichen Betreuung der Betroffenen umgesetzt wurde.*

Mit mir als Projektleiter machte er in einer öffentlichen Gemeindeveranstaltung auf verhaltensmäßige und vor allem auf *körperliche* Symptome aufmerksam. Seinerseits hatte der Bürgermeister einen großen Rückhalt erfahren, als sieben Tage nach dem Unglück der Bundespräsident, der Bundesarbeitsminister, der Hessische Ministerpräsident mit seinem gesamten Kabinett erschienen waren. Die Trauergemeinde umfasste viertausend Teilnehmer.

Einen qualitativ vergleichbaren Einsatz habe ich erst 2001 in New York wiederge-

* Hier sei Bürgermeister Heßler für die durchgehende Unterstützung unserer Arbeit gedankt.

funden, als von der New Yorker Stadtverwaltung in einem entsprechend gedruckten Ratgeber in konkreter Weise auf verhaltensmäßige und körperliche Symptome hingewiesen wurde; (Quelle: New York needs us strong; coping after Sept. 11 – New York City Department of Health and Mental Hygiene, printed 12.01, 3.02; 8.02) Die Medien, d. h. Rundfunk, Presse, Fernsehen: Sie erwiesen sich bei der Durchführung des Projektes als *unentbehrlich.* Eine eingehende Pressedokumentation liegt vor. (Mathes et al ,1991). Ich möchte drei Beiträge hervorheben, die mir für die Entwicklung des Projektes besonders wichtig erscheinen:

1. DIE ZEIT, 10.06.1988, mit einem Artikel von Werner SCHLEGEL: „Als wäre es gestern gewesen." Es handelt sich um einen Bericht zum gestörten Gemeindeleben in Radevormwald, das damals siebzehn Jahre zuvor aufgrund eines Zugunglücks 41 Kinder und 5 Erwachsene verlor. Ausdrücklich wird von der Arbeitsgruppe gesagt: „Der Zeitungsartikel dient der Arbeitsgruppe in der Folgezeit immer wieder als Warnung, es niemals soweit kommen lassen zu dürfen" (S. 172). Dieser Artikel ist wegen seiner Wichtigkeit auch zum heutigen Zeitpunkt als Anhang zu diesem Artikel abgedruckt.
2. ZDF, die Sendung „Menschen 1988" (S. 58). Hier stellte Günther Jauch in der von ihm inaugurierten und gestalteten Sendung u. a. die Überlebenden von Borken vor. Diese sprachen die Betroffenen der Flugzeugkatastrophe von Ramstein an, die sich wenige Wochen nach dem Grubenunglück von Borken am 28.08.88 ereignete. Hier sprang der Funke der Selbsthilfe über, an der sich sowohl die unmittelbar Betroffenen wie ihre Helfer beteiligten: Die Betroffenen der beiden Ereignisse tauschten sich ebenso aus, wie es ihre Helfer taten (vgl. auch Abschnitt).
3. Stellvertretend für die Bemühungen von Presse, Rundfunk und Fernsehen, Einblick in Traumaarbeit zu geben, steht der Film von Katrin SEYBOLDT, ZDF, 31.10.1991 (S. 162 bis 171). Hier beschreiben Jens, ein achtjähriger Junge und seine Mutter wie durch Gruppenarbeit ein beginnendes PTSD aufgelöst bzw. bei ein scheinbar unerschütterlichen Grubenwehrangehörigen wegen eines PTSD in die Behandlung geht.

Der so erfolgenden ideellen Unterstützung seitens Exekutive und Medien steht die *materielle Unterstützung* gegenüber. Damals standen 4,5 Mill. DM zur Unterstützung der Betroffenen zur Verfügung. Von größter Bedeutung ist, dass die Mittel für unmittelbar Betroffene wie für die Öffentlichkeit nachvollziehbar und anhand eindeutig bestimmbarer Regeln vergeben werden (S. 38; S. 198 ff.). Hier leistete die entscheidende Arbeit das Hilfswerk Grube Stolzenbach bzw. dessen Mitarbeiter (Satzung des Hilfswerkes: Siehe S. 194-201). Eine solche, in der Öffentlichkeit jederzeit nachvollziehbare Arbeit ist unabdingbar. Auch hier bin ich erst mit dem 11.09.01 auf qualitativ vergleichbare Einrichtungen gestoßen (Time, 11. Sept. 2002).

## 2.0 Entwicklungen in der Katastrophenarbeit in Deutschland seit 1988

Der ZEIT-Artikel von SCHLEGEL hatte auf eine kaum zu überschätzende Problematik in Deutschland im Umgang mit Katastrophen und im weiteren im Umgang mit Gewalt hingewiesen. Gleichzeitig meine ich, dass die Zeit in den ausklingenden 80er und den beginnenden 90er Jahren einen Einschnitt im Umgang mit diesem Thema in Deutschland darstellte. Es wurde darüber hinaus deutlich, dass im deutschsprachigen Raum eine besondere Problematik im Vergleich zum westlichen Ausland vorlag. Ich werde in diesem zweiten Abschnitt vier Punkte aufgreifen: eine fehlende Beratungsmöglichkeit bei Traumaarbeit in Deutschland 1988; deren Überwindung in den 90er Jahren; zur Entwicklung der Selbsthilfe bei Laien wie bei Fachleuten; Entwicklung professioneller Traumaarbeit.

**Die fehlende Beratungsmöglichkeit:**
Ich versuchte nämlich meiner Funktion als Projektleiter nachzukommen und suchte Beratung im eigenen Klinikum wie an solchen Orten, die mir hierfür geeignet erschienen. Zum damaligen Zeitpunkt bekam ich regelmäßig die Antwort, dass Betroffene eines Unglücks grundsätzlich nicht anders zu behandeln seien als Patienten. Das bedeutete im Endergebnis, dass man darauf warten sollte, bis sie Hilfe anforderten. Aufgrund mit ausländischen Kollegen, unter ihnen Wolter de Loos (Rotterdam), Rachel Rosser, London, Lars Wisaeth, Oslo, wusste ich, dass diese Angaben nicht zutrafen. Vielmehr zeigten alle Erfahrungen aus dem damaligen westlichen Ausland, dass man auf die Betroffenen zugehen soll, dies möglichst innerhalb der ersten 24 Stunden nach dem Unfallgeschehen. Glücklicherweise fand zu diesem Zeitpunkt die 17. Europäische Konferenz für Psychosomatikforschung unter meiner Leitung in Marburg statt (August 1988). Hier kam es zu einer ad hoc Beratungsgruppe, der neben den genannten Persönlichkeiten weiterhin Benyamin Maoz (Israel) und die bereits erwähnte Günzel Koptagel-Ilal (Istanbul) angehörten. Ihnen verdanke ich nicht nur wesentliche Impulse zur Entwicklung des Hilfsprogramms (s. o.), sondern eine moralische Rückenstärkung der von mir vertretenen Position, unbedingt *aktiv* auf die Betroffenen zuzugehen und deren Selbsthilfekräfte zu mobilisieren. Das medizinische Modell des Zuwartens ist, so wurde ich durchgehend bestärkt, im Falle der Katastrophe *obsolet.*
Die *Überwindung* der bis dahin gültigen, heute auch in Deutschland als obsolet eingeschätzten Position wurden in dieser Zeit, so würde ich es heute sehen, durch zwei Ereignisse möglich. Beim ersten Ereignis handelt es sich um die Entwicklung vor Ort, d. h. in Borken selbst. Hier hatten mit größter Deutlichkeit die Sozialarbeiterinnen, der Betriebsrat, der Betriebsarzt, auch der Ltd. Notarzt und sehr bald die regionalen Kräfte vor Ort erkannt, welche Chancen die Mobilisierung der Eigenhilfe bietet. Eine nicht zu unterschätzende Rolle spielte hierbei die transkulturelle Arbeit, die unter der Mitwirkung von G. Koptagel-Ilal möglich wurde. Durch geschicktes Einwirken verstand sie es, die Familienkräfte der betroffenen Türken zur Geltung zu bringen und gleichfalls im Hotcha, d. h. dem moslemischen Geistlichen einen Mitarbeiter zu finden. Dies war zu jener Zeit alles andere als eine Selbstverständlichkeit, als selbst die christlichen Kirchen sich nicht einig waren, ob sie einen ökumenischen Gottesdienst haben sollten. Schließlich wurde es ein Gottesdienst unter Beteiligung von Protestanten, Katholiken und Moslems. – Die zweite

Hilfe kam durch die erwähnte Sendung von Günther JAUCH. Meines Wissen wurde erstmals in Deutschland in dieser denkwürdigen Sendung die Frage gestellt, wie eine öffentliche Unterstützung von Menschen aussieht, die von einer Katastrophe betroffen worden sind. Ab diesem Zeitpunkt setzte eine öffentliche Diskussion ein. Das Ehepaar Hartmut und Sybille Jazko wie die zu diesem Zeitpunkt etablierte Kaiserslauterer Seelsorge als Helfer der Betroffenen des Unglücks von Ramstein, sahen sich wachsendem Verständnis gegenüber, vgl. Brief des Leiters der Seelsorge H. Seidlitz, 30.12.91 (S. 168 ff.).
Ich würde sagen, dass mit dem Jahreswechsel 88/89 das Schweigen in Deutschland endgültig gebrochen wurde, dass Opfer einer Katastrophe Hilfe benötigen.
Zur Entwicklung der Selbsthilfe bei Laien wie bei Fachleuten und deren Zusammenarbeit *untereinander* entstehen jetzt wesentliche Impulse, die aus der Sicht zehn Jahre danach eine *erfreuliche* Entwicklung erkennen lassen. Auch hier ist Borken wieder maßgebend beteiligt. Von der Werksleitung wird vorgeschlagen, auswärtige professionelle Helfer anzufordern, um einem sog. „konzeptionellen Mangel" (S. 43) abzuhelfen. Die Kräfte der Selbsthilfe vor Ort zeigen sich stärker, und, dass aus der Region heraus die Zusammenarbeit mit den Experten entwickelt wird. Deren Argument, die ihrerseits auf die Zusammenarbeit mit den Kräften der Region setzen, lautet andererseits: Wir haben das nötige Know-how, jedoch ist dieses prozessbezogen und richtet sich nach dem Ablauf in der Entwicklung in der Region und speziell bei den Betroffen aus. Von der Gesamtarbeitsgruppe Ramstein/Kaiserslautern, d. h. den dortigen Experten Jazko, Seidlitz et al sowie den Betroffenen wird ein entsprechendes Vorgehen ebenfalls verfolgt. Als ich dann ein hieraus abgeleitete Modell zur Beratung der Helfer in Ostanatolien im Jahre 1991 vorschlage, als dorthin die verfolgten Kurden geflohen sind und ihnen von der Weltöffentlichkeit geholfen werden soll, stoße ich beim DRK durchaus auf Resonanz. Später kommt es zur Zusammenarbeit mit dem Sanitätswesen der Bundeswehr. Hier steht zunächst der Sanitätseinsatz in Kambodscha, dann der Nato-Einsatz auf dem Balkan zur Diskussion. Die Ausführungen von Biesold (Hamburg) zeigen, dass der Ansatz einer Abstimmung zwischen Laien- und Spezialistenhilfe in der Bundeswehr aufgegriffen wird (vgl. Biesold, Referat zum derzeitigen Kinderschutzforum).
Zur Entwicklung wissenschaftlicher Tätigkeit in der Traumaarbeit in Deutschland: Hier wurde der erwähnte wissenschaftliche Rückstand der Forschung (vgl. Europäische Psychosomatik-Tagung, Marburg 1988) wahrgenommen. 1991 gründete G. Fischer in Freiburg das erste Forschungsinstitut für Psychotraumatologie auf deutschem Boden (Fischer, auf diesem Kongress). Erstmals fand im Jahre 1997 die zweijährlich durchgeführte Europäische Tagung zur Traumaforschung in Maastricht unter maßgeblicher deutscher Beteiligung statt. Im Jahre 1999 wurde in Köln unter der Leitung von Gottfried FISCHER die bis dahin größte Veranstaltung zu diesem Thema auf deutschem Boden durchgeführt. Im folgenden Jahre kam es zur Gründung der „Deutschsprachigen Gesellschaft für Stressforschung."
Es folgten die Entwicklung von Leitlinien zur Behandlung bei PTSD, die unter

maßgeblicher Beteiligung des Deutschen Kollegiums für Psychosomatische Medizin ablief.
Das vierte Kinderschutzforum unterstreicht, dass wir in unserer Zielsetzung vorangekommen sind, soziale Unterstützung nach dem Trauma zu ermöglichen. Können wir mit dieser Entwicklung zufrieden sein?

## 3.0 Spaltungstendenzen bei der manifesten Befassung mit dem Trauma: im Individuum und im Kollektiv

Ich möchte zwei Narrative bringen, eines aus der Zeit von Borken 1988 und eines aus der heutigen Zeit, d. h. dem abgelaufenen Sommersemester 2002. Ich hoffe, Sie können helfen, unsere gegenwärtige Lage zu beleuchten und die Frage nach der Zufriedenheit mit der gegenwärtigen Entwicklung zu beantworten. Ich hoffe, mit diesen Narrativen herauszuarbeiten, was die Gründe sind, dass wir in Deutschland so spät in die Traumaarbeit eintraten, dass Traumaarbeit Beziehungsarbeit zwischen zwei Menschen und ihrer Umwelt darstellt, dass wir uns in Deutschland in einem Prozess der Erfahrensgewinnung befinden und dass wir zunächst die neu geschaffenen Strukturen im Sinne einer Aufgabenteilung anerkennen müssen.
Im Herbst 1988, also wenige Monate nach dem Grubenunglück von Borken suchte mich ein mir gut bekannter Asthma bronchiale-Patient und Landwirt im Oberhessischen auf. Er klagte über vermehrte asthmatische Beschwerden, und wir kamen auf seine jetzige familiäre Situation zu sprechen. Er war zu dieser Zeit 63 Jahre alt, verwitwet. Die über 80jährige Mutter wohnte auf dem Hof, in dem sie Einsitzrecht genoss. Im Gespräch stellte sich heraus, dass jetzt auch der dritte Sohn sich entschlossen hatte, nicht Bauer zu werden, sondern einen anderen Beruf zu wählen. Der Patient fand dies verständlich und meinte, den Jungen müsse man ihr Recht gewähren, sich das Leben eigenständig zu gestalten. Er keuchte hierbei verstärkt, und ich merke, dass er in bekannter asthmatischer Form die Luft aufgestaut hatte und nicht abatmen konnte. Über kurz oder lang drohte sich wieder der von früher bekannte Asthmazustand einzustellen, der bereits zu mehrfachen Aufenthalten auf der Intensivstation und zur Kortisonabhängigkeit geführt hatte. Das heftige Atmen *repräsentierte* natürlich eine Abwehr von Konflikten, deren Ursache ich zu verstehen suchte.
Scheinbar unmotiviert kam er auf die Hilfsmaßnahmen für die Überlebenden und Hinterbliebenen des Grubenunglücks von Borken zu sprechen. Es werde ein fürchterliches „Gedöns“ um sie gemacht. Früher habe man ihn auch nicht gefragt, wie er weiterkomme. Er entsinne noch, wie er in den letzten Monaten an der Ostfront in einen Kessel geraten sei. Von den 350 Kameraden hätten sich fünfzig absetzen können, die anderen seien elendig „krepiert“. Er habe sich dann nach Hause durchgeschlagen. Als er kurz nach der Kapitulation vom 08. Mai 1945 im Dorf angekommen sei, hätten ihn die Bewohner nur gefragt, wie es komme, dass er da sei. Sie hätten gedacht, er hätte es nicht geschafft. Nun solle er sich aber schleunigst auf seinen Acker machen, um den noch rechtzeitig zu bestellen. Keiner hätte ihn gefragt, wie es ihm gehe.

Der Patient gab diejenige unempathische Haltung wieder, die sowohl dem Artikel von Werner SCHLEGEL entnehmbar ist wie sinngemäß 1988 in Borken als dem Wohnort der Betroffenen wie in Hannover in der Hauptverwaltung des Grubeneigentümers und insgesamt in der Bundesrepublik – unterschwellig und zeitweise offen ausgesprochen – spürbar war. Stellvertretend für diese Menschen an ihren verschieden Orten habe ich mit dem Patienten über die Jahre geduldig erarbeiten können, dass er in der Tat auf vieles hatte verzichten müssen. Dass die auf dem Hof einsitzende Mutter geradezu ein lebender Garant für diese vielen Verzichterklärungen ist: Sie habe aber auch nichts anderes gesehen und könne dementsprechend nicht anders reagieren. Er seinerseits könne dagegen sehen, wie er mit dem Hof umgehe, wenn die Söhne ihn nicht bewirtschafteten, er andererseits überkommenes Erbe darstelle. Wie er es mache, hier zu einem Kompromiss zu kommen? Hier trat ich, wie ich es anfänglich beschrieben habe, von meiner Position als Gegen-Über zurück und erlebte mich nunmehr innerlich an seiner Seite stehend und tat dies auch in den folgenden Jahren. Heute hat der Patient den Hof verpachtet, lebt von der Rente und Einkommen der Pacht und wartet ab, wie die Enkel heranwachsen. Eines Tages wird er mit den Söhnen gemeinsam entscheiden, wie das Testament aussehen kann. Die neu gewonnene Partnerin wird ihm zur Seite stehen. Die Mutter ist unterdessen verstorben. Kürzlich schrieb er mir eine Karte von der Nordseeküste, auf ihr eine Möwe, von der Luft (!) getragen.

Das zweite Narrativ, das Narrativ vom Sommersemester 2002 entstammt dem Unterricht in der Psychosomatischen Medizin. Er findet in Marburg in Form eines wöchentlich ablaufenden zweistündigen Praktikums statt. Hier treffen die MedizinstudentInnen auf eine Zufallsauswahl von Patienten und Patientinnen der einzelnen Kliniken. Ihre Aufgabe ist, unterschiedlichste Formen der Krankheitsverarbeitung bei unterschiedlichsten Formen von Krankheiten kennen zu lernen. In der chirurgischen, in der kardiologischen, in der gastroentereologischen, in der neurochirurgischen etc. Klinik. Ich möchte betonen, dass jeder Student hieran teilhat, dass es eine verbindliche Veranstaltung innerhalb des Curriculums ist und Psychosomatik ein Prüfungsfach ist. Die StudentInnen, über die ich hier spreche, stellen also einen Querschnitt heutiger Studenten dar. Im vorliegenden Falle handelte es sich um eine Gruppe von zehn MedizinstudentInnen im achten Semester, also kurz vor dem Beginn des letzten Ausbildungsabschnittes des Medizincurriculums. Sie diskutierten die neurochirurgische Krankengeschichte einer jetzt 55jährigen Patientin. Der Tutor,* beschreibt sie:

Die Patientin war gepflegt gekleidet (im Alltagskleid, nicht im Krankenhauslook), hatte grau-braun-meliertes Haar, war in einem gut genährten, nicht übergewichtigen Allgemeinzustand und kam entschlossen, ohne vor den Studenten zu erschre-

* *Der Tutor war Philipp Kneppe und die Veranstaltung fand am 27.06.02 statt. Ich danke Philipp Kneppe für die Beschreibung der Situation, aus der ich zitiere. Er diskutierte auch die Fallgeschichte mit mir und beschrieb eingehend die Probleme, mit den Kommilitoninnen und Kommilitonen ins Gespräch zu kommen. Sie waren fast so alt wie er und dennoch fühlte er eine Barriere zwischen sich und ihnen.*

cken, in den Abteilungsraum, wo die Anamnese durchgeführt wurde. Sie hatte eine starre Halskrause um den Hals, was ihren Gang ein wenig staksig wirken ließ und nachdem sie sich zunächst auf den von mir angebotenen Stuhl gesetzt hatte, meinte sie, es sei ihr lieber, auf einem festen Stuhl zu sitzen, mit einer steiferen Rückenlehne ausgestattet, auch wenn sie dadurch „über der Anamnese-Führenden" sitzen würde. Im Laufe des Gespräches gab sie kurz und knapp, manchmal von den Teilnehmern als schnippisch empfundene Antworten. Die Anamnese-Führende fühlte sich durch die Fachkompetenz und dem kurzen und prägnanten Antwortstil etwas „unter Druck gesetzt" und meinte, sie sei froh gewesen, als das Gespräch beendet war, ohne allerdings das Bedürfnis zu verspüren, das Gespräch vorzeitig zu beenden. Die übrigen Teilnehmer teilten bis auf einen Teilnehmer den Eindruck der Anamnese-Führenden, zum Teil wurde die Patientin auch als „unsympathisch" empfunden.
Die Patientin beschrieb Lähmungserscheinungen und Parästesien in beiden Armen sowie erhebliche Kopfschmerzen. Sie war in der letzten Zeit analgetikaabhängig geworden. Die Beschwerden wurden auf einen Diskusprolaps im Bereich der Hals-Wirbel-Säule zurückgeführt und eine Operation wurde durchgeführt. – Parallel zur Entwicklung ihrer Körperbeschwerden beschrie sie, wie ihr die Arbeit als Sozialarbeiterin immer schwerer fiel, gleichzeitig ihre Kinder aus dem Haus gingen und ihr Mann durch die Arbeit gebunden war. Sie beschrieb, wie sie Zeit ihres Lebens sozialpsychiatrisch aktiv war und die bewegendste Zeit ihres Lebens war, als sie Mitwirken konnte, die stationäre Psychiatrie zugunsten einer ambulanten, gemeindenahen Psychiatrie aufzulösen. Die Patienten kamen, so sagt sie nachdrücklich, endlich aus den Mauern heraus. Sie beschrieb dann, wie ihre Eltern im Berlin der Nazizeit und der Bombardierung Verfolgte des Naziregimes versteckten, verraten wurden und in Gestapohaft gekommen seien. Sie seien entkräftet 1945 befreit worden. Als sie 1946 geboren wurde, seien beide Eltern schon schwer krank gewesen und 1947 die Mutter bzw. 1948 der Vater verstorben. Sie sei daraufhin in mehreren Kinderheimen gewesen. *Diese Kinderheime seien aber sehr gut gewesen*, und man habe sich um die Kinder ernsthaft bemüht. – In anderen Worten: Die Patientin verlor im ersten Lebensjahr die Mutter, im zweiten Lebensjahr den Vater. Mit hoher Wahrscheinlichkeit war zumindest die Mutter bereits krank, als sie mit der Patientin schwanger war. Es ist kaum vorstellbar, dass dieses menschliche Wesen nicht schwerste Früh-Traumata erlitten hatte.
Die ca. 25-jährigen StudentInnen nahmen die Mitteilung der Patientin zur Kenntnis und berichteten mir hierüber, als sie gemeinsam mit ihrem Tutor in der Supervisionsstunde traf. Nein, sie könnten keine näheren Mitteilungen machen, von wann bis wann die Patientin in einem bestimmten Heim gewesen sei oder gar darüber, wie die Unterbringung konkret ausgesehen habe. Aber das sei auch nicht nötig, da die Patientin selbst sage, wie gut sie dort versorgt worden sei. In einer sich anschließenden Diskussion vertreten die StudentInnen die Meinung, sie sähen keinen Grund, sich auf diese längst abgeschlossene Vorgeschichte der Patientin einzulassen. Es sei allerdings, so räumten sie ein, bedenkenswert, dass sie so-

lange unter Schmerzen gelitten habe und erst sehr spät die neurochirurgische Intervention erfolgt sei. Auch könnten sie mir zustimmen, dass die Situation mit der Patientin angespannt gewesen sei, möglicherweise die Patientin selbst unter Spannung stehe. Vielleicht sei es dann ganz gut, ein Konsil in der Psychosomatik anzufordern. Diese Grundtendenz wird von acht der zehn StudentInnen vertreten; lediglich der oben erwähnte Teilnehmer und eine weitere Studentin waren interessiert nachzuforschen, wie das Selbstbild der Patientin evtl. mit den Beschwerden zusammenhängen könne.
Ich sehe in diesem Vorgang eine beunruhigende Form der Delegierung von Aufgaben nach *außen.* Was hier Not täte, wäre das Gegenüber-Stellen, um dann wieder die Patientin ihren Weg gehen zu lassen. Setzt sich dieses Delegieren fort, wäre letztlich wieder derjenige Zustand erreicht, den Werner Schlegel im mehrfach erwähnten Zeitartikel beklagt.
Der 1945 noch jugendliche Bauer verkörpert im wahrsten Sinne des Wortes diejenige Nachkriegsgeneration, die in die vorgegebenen Verhältnisse der Nachkriegszeit hinein wuchsen mit all ihren autoritären Strukturen. Andererseits sind hinter der Somatisierung noch die Wutzustände und gleichzeitig die Wünsche zu spüren, selber versorgt zu sein und gleichzeitig in seiner Einzigartigkeit und Einmaligkeit als Individuum anerkannt zu werden, ganz besonders von der Mutter. In einem gewissen Umfange hat es die 68er Generation möglich gemacht, zumindest gegen die verkrusteten autoritären Strukturen sich aufzulehnen und einige von ihnen haben den langen Marsch durch die Institutionen „angetreten gehabt". Ihre Kinder sind nunmehr den achtsemestrigen StudentInnen, die den langen Marsch ihrer Eltern durch die Institutionen samt deren Frustrationen miterlebt haben. Diese Eltern haben im Vergleich zu dem Vorgegebenen Enormes geschafft: So wurde wie im Falle der Sozialarbeiterin gegen eine Psychiatrie vorgegangen, die es bis zum heutigen Tage nicht geschafft hat, sich für die Gräueltaten zu entschuldigen, die in ihrem Namen geschahen. Es gibt Ausnahmen hiervon, die Gedenkstätte von Hadamar im Hessischen belegt es. Aus persönlichen Mitteilungen (W. Blankenburg) weiß ich, dass nur die wenigsten Psychiatrien nach 1945 bereit waren, positive Gutachten für KZ-Überlebende zu schreiben. Auch hier sollten Ausnahmen genannt werden: Die Universitätskliniken von Heidelberg, Göttingen und Freiburg. Nicht zuletzt stellt das auf diesem Kongress abgehandelte Zentralthema in besonderer Unerbittlichkeit die Problematik vor, auf die die fortschrittlichen Kräfte innerhalb der deutschen Psychiatrie stießen: Das Posttraumatische Stresssyndrom war erstmals im Deutschsprachigen in all seiner Eindeutigkeit und als eigenständiges Krankheitsbild beschrieben und als *Traumatische Neurose* bezeichnet worden. Dies war das Verdienst des Berliner Neurologen und Psychiaters Oppenheim. Die Bezeichnung fand schnell internationale Anerkennung. Im ersten Weltkrieg wurde sie von den Alliierten als Folge der mörderischen Kriegshandlungen respektiert; in Deutschland dagegen unter maßgeblicher Beteiligung der Mehrheit der deutschen Neurologen und Psychiater als Angstreaktion diffamiert und unter maßgeblicher Beteiligung des damals führenden Psychiaters

Bonhoeffer (der ein Gutachten schrieb) nicht als entschädigungspflichtig eingestuft. Sehr schnell wurden die Erscheinungen (u. a. die Erscheinung der sog. „Kriegszitterer“ als Zeichen von Feigheit interpretiert. Entsprechende junge Männer waren dann im zweiten Weltkrieg Kriegsverweigerer und Deserteure. Nicht zuletzt aufgrund dieses Sachverhaltes wurden in der Deutschen Wehrmacht 30.000 Männer jeglichen Alters standrechtlich umgebracht, heute würden wir sagen *ermordet*. Eine persönliche Ironie und Tragik: Der Theologe Bonhoeffer, der von Hitlers Schergen umgebracht wurde, war der Sohn desjenigen Bonhoeffers, der dazu beitrug, dass die waffendienstverweigernden Männer des zweiten Weltkrieges ebenfalls umgebracht wurden.

Diese kurzen Skizzen über fünfzig Jahre nach dem Kriege sollen verdeutlichen, vor welchen Aufgaben wir standen und wir stehen, wenn es um die o. g. demokratischen Werte zwischen Autonomie und Gewalt geht, mit denen wir uns im Falle des Traumas auseinandersetzen müssen. Es ist kein Wunder, dass die dritte Generation, als diese würde ich die MedizinstudentInnen von Marburg bezeichnen, in der beschriebenen Weise agieren. Unsere Frage müsste lauten: Wie wird es ihnen gestattet, sich in die Hilfsbedürftigkeit und in die vielen schwachen Seiten der psychiatrischen Sozialarbeiterin hineinzuversetzen, die ja ihrerseits alles tun möchte, dass es auf der ganzen Welt nicht mehr diejenigen Kinder gibt, von denen sie eines gewesen ist: Mutterlos, vaterlos.

### 4.0 Ressourcenförderung und Salutogenese: Wie soziale Unterstützung wesentlich zur Gesundung beiträgt.

Das dritte Narrativ ist dasjenige von Jens, dem achtjährigen Halbwaisen von Borken. Mit der Hilfe seines Narrativs möchte ich überlegen, wie die soziale Hilfe im Traumafalle im Bauern einerseits, der Sozialarbeiterin andererseits möglich wurde. Beide litten jahrelang an ihren ungelösten Konflikten. Psychosoziale Hilfe war dagegen in ihren Fällen nicht Gegenstand von Überlegungen. Mehr noch: In beiden Fällen ist ihr Leiden bereits in der Kindheit angelegt. Wie ermöglichen, dass Kindheit zum Gegenstand unserer Überlegungen zur sozialen Hilfe wird?

Jens wartete auf die Rückkehr seines Vaters. Er konnte sich nicht vorstellen, dass der Vater ihn allein ließ. Er war mit ihm schwimmen gegangen, hatte mit ihm Fußball gespielt. Er spürte nun, dass Mutter anders war. Gehörten sie, d. h. Vater und Mutter, noch zusammen? Er schaute sich das elterliche Hochzeitsbild an: Da waren sie zusammen zu sehen. Er spürte, dass er die Mutter nicht ansprechen sollte. Sie verhielt sich anders, sie *war* verändert. Gleichzeitig blieb der Vater weg. Und wen hätte er ansprechen können, wenn nicht die ihm Nächststehende? Doch er wusste: Wenn er sie anspricht, wird sie besorgt sein und noch stärker belastet sein als bisher. In dieser Situation begann er zu weinen. Wir weinen, wenn wir bewegt sind, uns durch einen Raum bewegen, um den Vermissten zu suchen und bereits wissen, dass der Vermisste nicht in diesem Raum zu finden ist. Es wurde ihm in diesen Bewegungen schwindelig, und er musste husten. Schwindelig wird es uns, wenn wir Orientierung suchen. Wir husten, wenn die Luft Partikel enthält, die un-

seren Bronchien Fremdkörper sind, von denen wir uns befreien. Jens schilderte seine Symptome der Mutter, die mit ihm zu einem Arzt ging. Der übersetzte sie offensichtlich als Zeichen einer nicht ausreichenden Funktion des Körpers und untersuchte die Hirnströme. Oder wusste er doch recht genau, sagte aber nichts, weil er nicht wusste wie er es sagen kann? Die beiden männlichen Wesen kamen jedenfalls nicht ins Sprechen, am allerwenigsten sprachen sie triadisch. Triadisch, Vater und Mutter von dem Grubenunglück sprechen müssen. So spiegelte sich die neue Situation in der Arzt-Patient-Situation als Ausschweigen des Unglücks wieder.
Katrin SEYBOLDT zeigt diese Situation meisterhaft in ihrem Film. Der Zuschauer kann in diesem Film verfolgen, wie Schwindel und Husten zurückgehen, wenn Jens mit seinem behandelnden Psychologen ins Gespräch kommt. Spricht er mit Georg PIEPER und wird der Vater zum Thema, lösen sich Schwindel und Husten auf. Diese Reaktion ist so zu verstehen, dass sich Jens nicht mehr schwindelig fühlt und durch Husten in einen imaginären Raum flüchten muss, sondern zur Ruhe kommt. Diese Ruhe wird repräsentiert, während er an den Bronzering herantritt, der um den Ort des ehemaligen Förderturmes gezogen ist. Auf ihm ist der Name seines Vaters unter den Namen der anderen umgekommenen Männer zu finden. Jens erfasst die Namenszüge des Namens seines Vaters, *gewinnt Halt.* Schwindel und Husten sind verschwunden.
Der Junge, seine Mutter mit ihm, erfahren im Laufe des Hilfsprogramms, dass sie getragen werden und dass die Umwelt zu ihnen Beziehungen (neu) herstellt.

Der Bauer kam aus seinem Kessel, in dem ihn ein „sein“ Führer verließ. Dieser Führer war der Repräsentant derjenigen Gemeinschaft, der er angehörte. Er war nicht nur nicht interessiert gewesen an seinem Ergehen; er hatte offen erklärt, dass es dieses deutsche Volk nicht verdiente ihn zu überleben, wenn es nicht seine, des Führers, Erwartungen erfülle. Ich könnte mir vorstellen, er hatte den Führer geliebt aber nicht geschafft, die Verblendung zu sehen, der er erlegen war und damit die Bedingung des Trauerns zu ermöglichen. Von seiner Mutter konnte er später berichten, wie sie dem Führer vergleichbar sagte, dass man sich zurückstellen müsse, um der Familie und dem Hof zu dienen. Sie habe seine Ehe so belastet, dass seine Mutter depressiv geworden sei. In unserer Therapie ging es darum, nach dem Tod seiner Frau auch und gerade als Besitzer des Hofes den eigenen Weg zu gehen, selbst wenn die Mutter das Einsitzrecht besaß. Es war mit ihm möglich herauszuarbeiten, dass er durchaus das Recht hatte, auch Mutter gegenüber zu sagen, dass er nicht immer stark sein kann noch will. Diese Fähigkeit erwuchs aus der therapeutischen Beziehung, die er entwickelte. Hier wurde er streckenweise zum kleinen Jungen, der er nicht hatte sein dürfen. Er verglich sich dann mit der Möwe, die sich im Raum durch die Luft getragen fühlt.
Scheinbar anders war es der Sozialarbeiterin gegangen. Nie hatte sie sich mit dem Führer identifiziert noch hätte sie sich mit nationalsozialistischen Strukturen abfinden können. Stattdessen hatte sie von klein auf alles getan, mit anderen gemein-

sam neue Strukturen herzustellen. Immer hatte sie hierbei eine Haltung bewiesen, die ich mit „Kopf-oben-Haltung“ bezeichne: Übersicht behalten, den Rücken strecken, die Nackenmuskulatur anspannen, den Kopf oben halten und mit anderen zusammen hatte sie sogar Trampolinsport geübt, wo sie synchron sprang und es zur Meisterschaft brachte. Sie dekompensierte, als die Kinder aus dem Hause gingen. Nun ist die Enkelgeneration der Kriegsgeneration herangewachsen. Den Bauern sehe ich noch als Vertreter der Kriegsgeneration an. Diese Enkel, also die Studenten in Marburg und an anderen Orten in Deutschland, haben Mütter und Väter gehabt, die in der Sozialarbeiterin vergleichbar, fürchterlichsten Gewaltstrukturen gegenüber standen und ihnen zum Teil sehr erfolgreich entgegen traten. Doch war jetzt dem Bauern vergleichbar wieder das gleiche Phänomen beobachtbar, hier trat es sogar verstärkt auf. Sie identifizierten sich mit Werten der Selbstbestimmung und menschlichen Autonomie als demokratischen Werten. Sie konnten und wollten nun ihrerseits nicht schwach sein letztlich bildlich aufgegriffen bis zur Halskrause in der Anspannung stehend und von der Halskrause den Kopf hochgehalten. Der Schmerz durfte nicht gezeigt werden, bis die Operation den einzigen Ausweg zeigte.

Die Enkelkinder der Nachkriegsgeneration waren nicht zu fragen, was die Herzkrause tragen soll bzw. festzustellen, dass auch eine Sozialarbeiterin und Mutter erwachsener Kinder den „Kopf hängen“ lassen will. Vielmehr akzeptieren sie die ursprüngliche Abwehr einer kindlichen Hilfsbedürftigkeit, die zur Information geworden ist, als Ausdruck nicht bezweifelbaren Autonomieverhaltens. Diese Enkel können sich allerdings darauf einlassen zu sagen, ein Experte solle das Verhalten beurteilen.

Können wir also zufrieden sein mit dem Stand der Traumaarbeit in Deutschland? – Die Frage ist nur zu beantworten, wenn wir Raum und Zeit der jeweiligen Hilfeleistungen in unsere Betrachtungen einbeziehen, wie in jedem Falle die soziale Unterstützung aussieht und aussehen kann.

Hier dann zusammenfassende Darstellungen von Raum und Zeit der psychosomatischen Grundversorgung, u. a. die Gedanken von CASEY aufgreifen.

## Soziale Unterstützung nach dem Trauma

Dr. med. Karl-Heinz Biesold

Nach den Terrorangriffen vom 11. September 2001 ist nicht nur in den USA wieder die Diskussion um die medizinische Versorgung und damit auch um frühe psychosoziale Interventionsmaßnahmen bei Großschadensereignissen entbrannt. Bisher gibt es in der Bundesrepublik weder auf nationaler Ebene, noch im Bereich der meisten Bundesländer oder Städte ein durchgehendes Konzept zur Durchführung präventiver psychotraumatologischer und ggf. früher therapeutischer Maßnahmen bei Katastrophen. Die psychologischen/ psychosozialen/ psychotherapeutischen Hilfsmaßnahmen sind bisher kein integrierter Bestandteil der medizinischen Notfallversorgung.

Im Herbst 2001 wurde in den USA von einer internationalen Expertenkonferenz mit 60 Teilnehmern ein Konsensuspapier mit Richtlinien erstellt :
„**The Mass Violence and Early Intervention Expert Consensus Guidelines**", das sich von der Effektivität früher Interventionsmaßnahmen, über ethische Probleme bis hin zu organisatorischen Fragen, wie Ausbildung von Helfern und gestuften Zeitplänen von Interventionsmaßnahmen äußert.
Veranstalter waren das US-Verteidigungsministerium, das US-Justizministerium, das Department of Veterans Affairs (VA), das National Center for PTSD (zum VA gehörend), das National Institute of Mental Health und das Rote Kreuz.

**Im Nachfolgenden wird dieses internationale Konsensuspapier dargestellt und seine Bedeutung für zu erstellende Konzepte in der BRD diskutiert werden.**

Es geht dabei um folgende sechs Fragen:

I. Welche anerkannten guten Verfahren wären bei Fällen von massiver Gewalt (Großschadensereignissen) im Rahmen der Erstbetreuung zu empfehlen?

II. Worin sollten die wichtigsten Handlungsprinzipien bestehen?
- Was sollte getan werden und warum?
- Was sollte nicht getan werden und warum nicht?
- Welches Spektrum von Handlungsmöglichkeiten gibt es in verschiedenen Situationen.

III. Welche Fragen ergeben sich hinsichtlich der zeitlichen Abstimmung der Erstbetreuung?

IV. Worin besteht ein geeignetes Screening?

V. Worin besteht eine geeignete Nachsorge, für wen und wie lange?

VI. Welche Fachkenntnisse, Fähigkeiten und Ausbildung sind für erste Betreuungsmaßnahmen erforderlich und auf welchem Niveau?

Zu den wichtigsten Komponenten der psychologischen Erstbetreuung zählen die Vorbereitung, Planung, Aufklärung und Ausbildung der Helfer sowie die Unterstützung von Personen, die bei einem Großschadensereignis oder bei einer Katastrophe traumatisiert wurden. Bei Katastrophen / Großschadensereignissen sollten daher Psychiater und Psychologen in die Einsatzgruppen integriert werden: psychosoziale Betreuung muss als Element in der Katastrophenschutzplanung Berücksichtigung finden.

Da es nach psychischen Traumatisierungen eine Art „Selbstheilungsprozess“ gibt, sollte jedoch erst einmal die normale Erholung abgewartet werden. Bei der zunächst – bei fast jedem auftretenden akuten Belastungsreaktion handelt es sich meist nicht um behandlungsbedürftige Störungen.

## Spontanverlauf nach Traumatisierungen

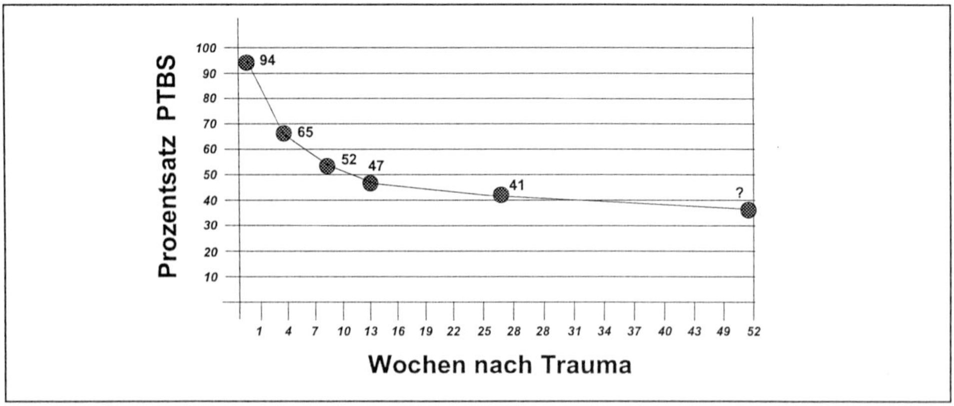

Nach dem Erleben eines potentiell traumatisierenden Ereignisses tritt bei fast allen zunächst eine akute Belastungsreaktion, die nach mehreren Wochen wieder abklingt. Nur bei einer geringeren Anzahl der Traumatisierten bleiben über Wochen oder Monate anhaltende Störungen, z. B. Posttraumatische Belastungsstörungen (PTBS) zurück. Die Anzahl derer, die symptomatisch bleiben, ist u. a. von der Art des erlebten Traumas abhängig. Es gibt eine Art „Dosis-Wirkungs-Beziehung“, d. h. je schwerer das Trauma ist, um so höher ist der relative Anteil derer, die in der Folgezeit eine PTBS entwickeln.

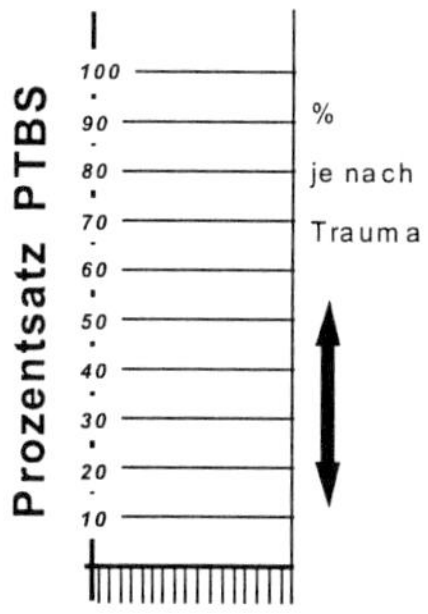


## Prävalenzraten für PTBS

> 90 % Holocaust-Überlebende
ca. 35 - 50 % nach Vergewaltigung
ca. 25 % nach anderen Gewaltverbrechen
ca. 25 % bei Technischen / Naturkatastrophen
ca. 20 % bei Kriegsopfern
ca. 5 - 20 % bei Krebserkrankungen
ca. 5 - 15 % nach schweren Verkehrsunfällen
ca. 3,5 % nach physischen Angriffen

Der weitere Verlauf, d. h. ob es zu einer Stabilisierung im psychischen Befinden der Betroffenen kommt oder ob sich eine posttraumatische Belastungsstörung entwickelt, ist von verschiedenen Faktoren abhängig, die den Heilungsprozess fördern oder behindern können. Sowohl Trauma abhängige, wie auch persönliche und soziale Faktoren spielen dabei eine Rolle.

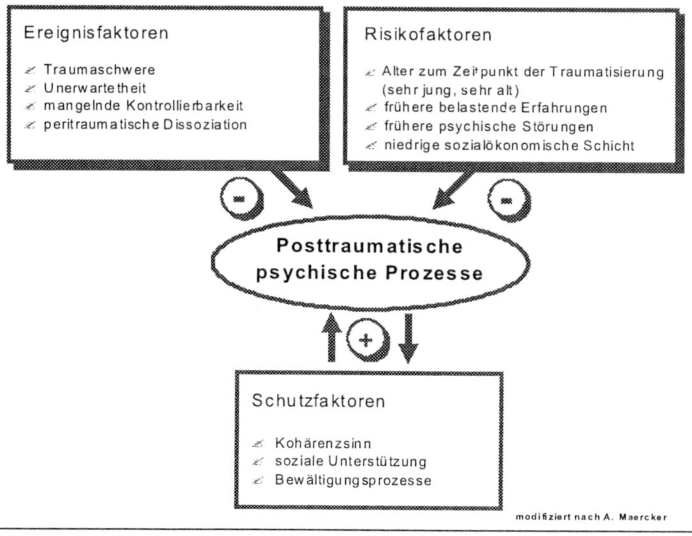

Dabei kann vor allen Dingen die Bedeutung der sozialen Unterstützung gar nicht hoch genug eingeschätzt werden. Das Nichtglauben durch die Umgebung, nicht darüber reden können, die Aufforderung, sich zusammenzureißen und die Nicht-Anerkennung durch öffentliche Funktionsträger und Arbeitgeber wirken sich nachgewiesenermaßen zusätzlich belastend aus.
Die erste psychologische Beurteilung und Betreuung bei Großschadensereignissen sollte sich auf eine Bedürfnishierarchie konzentrieren: zuerst geht es um das Überleben, dann folgen Sicherheit, Nahrung, Unterbringung, Gesundheit (sowohl physisch als auch psychisch), Sichtung (psychiatrisch-psychologische Sichtung zur Erkennung möglicher Notfälle), Orientierung (Information der Überlebenden über unmittelbar vor Ort zur Verfügung stehende Leistungen), die Kommunikation mit Familienangehörigen, Freunden und Bekannten sowie andere Formen der psychologischen Ersten Hilfe (Förderung der normalen Erholung, der Widerstandskraft und der persönlichen Entwicklung) unter besonderer Berücksichtigung von Risikogruppen, zu denen Kinder, Hinterbliebene, ältere Menschen, Überlebende, die bereits früher psychische Probleme hatten und Behinderte gezählt werden müssen.
Wir teilen den zeitlichen Ablauf der psychosozialen Betreuung in 5 Phasen auf:

- Phase 1 **Vor dem Zwischenfall**
- Phase 2 **Einwirkung (0-48 Std.)**
- Phase 3 **Rettung (0-1 Woche)**
- Phase 4 **Erholung (1-4 Wochen)**
- Phase 5 **Rückkehr zur Normalität (2 Wochen-2 Jahre)**
- Phase 2-4 = „early interventions“

**Für die zeitliche Abstimmung der Betreuungsmaßnahmen gelten folgende Richtlinien:**

| | |
|---|---|
| **Phase 1** | **Vor dem Zwischenfall** |
| Ziele | Vorbereitung, Verbesserung der Bewältigung |
| Verhalten | Vorbereitung vs. Verleugnung |
| Rolle aller Helfer | Vorbereitung, Ausbildung, Erwerb von Kenntnissen |
| Rolle von Angehörigen psychiatrisch-psychologischer Dienste | Vorbereitung<br>Ausbildung, Erwerb von Kenntnissen, Zusammenarbeit, Information und Beeinflussung politischer Entscheidungen, Aufbau von Strukturen für schnelle Hilfe |
| **Phase 2** | **Einwirkung (0-48 Std. nach dem Ereignis)** |
| Ziele | Überleben, Kommunikation |
| Verhalten | Kampf/Flucht, Lähmung, Aufgabe usw. |

| | |
|---|---|
| Rolle aller Helfer | Rettung, Schutz |
| Rolle von Angehörigen psychiatrisch-psychologischer Dienste | <u>Sicherstellen von Grundbedürfnissen</u><br>Sicherheit/Überleben, Nahrung und Unterbringung, Orientierung, Unterstützung der Kommunikation mit Angehörigen, Freunden und Bekannten, Beurteilung der Umgebung hinsichtlich weiterer Gefahren/Giftstoffe<br><br><u>Psychologische Erste Hilfe</u><br>Unterstützung und "Präsenz" für die am stärksten Betroffenen, Zusammenhalten von Familien und Zusammenführen von einander nahe stehenden Personen, Information, Förderung der Kommunikation und Aufklärung, Schutz der Überlebenden vor weiteren Schädigungen, Verringerung der physiologischen Erregung, Beobachtung der Wirkung, Beobachtung und Anhörung der am stärksten betroffenen Personen, Beobachtung der Umgebung im Hinblick auf Belastungsreize<br><br><u>Fachliche Unterstützung, Beratung und Ausbildung</u><br>Verbesserung der Fähigkeit von Organisationen und Hilfskräften zur Durchführung der erforderlichen Maßnahmen, um die Struktur der Gemeinschaft wiederherzustellen, die Erholung in der Familie und die Widerstandskraft zu fördern und die Gemeinschaft zu schützen<br>Zielgruppen:<br>• zuständige Organisationen<br>• andere Hilfs- und Rettungskräfte |
| **Phase 3** | **Rettung (0-1 Woche nach dem Ereignis)** |
| Ziele | Anpassung |
| Verhalten | Widerstandskraft vs. Erschöpfung |
| Rolle aller Helfer | Orientierung, Erfüllung von Bedürfnissen |
| Rolle von Angehörigen psychiatrisch-psychologischer Dienste | <u>Feststellung der Bedürfnisse</u><br>▪ Beurteilung des Istzustandes, der Erfüllung von Bedürfnissen und der Erholungsbedingungen.<br>▪ Welche zusätzlichen Interventionen sind erforderlich für<br>1. Gruppen<br>2. Populationen<br>3. Individuen<br><br><u>Sichtung</u><br>▪ Klinische Beurteilung<br>▪ Überweisung bei Indikation<br>▪ Identifizierung von anfälligen, stark gefährdeten Einzelpersonen und Gruppen<br>▪ Stationäre Notfallbehandlung oder ambulante Behandlung<br><br><u>Weitergehende Hilfsmaßnahmen und Verbreitung von Informationen</u><br>▪ Identifizierung und Kontaktaufnahme mit Personen, die keine Betreuung erbeten haben (d.h. Hilfeleistungen durch umhergehende Kräfte)<br>▪ Aufklärung über verschiedene Leistungen, Bewältigungsstrategien, Erholungsprozess usw. (durch Nutzung vorhandener gemeinschaftlicher Strukturen, Flugblätter, Webseiten) |

| | |
|---|---|
| | Förderung der Widerstandskraft / Erholung<br>▪ Soziale Interaktion<br>▪ Schulung in Bewältigungsverfahren<br>▪ Aufklärung über Stressreaktionen, traumatische Erinnerungen, Bewältigung, normale vs. anomale Funktionen, Risikofaktoren, Hilfsleistungen<br>▪ Unterstützung von Gruppen und Familien<br>▪ Förderung der natürlichen sozialen Unterstützung<br>▪ Betreuung von Angehörigen<br>▪ Wiederherstellung der Organisationsstruktur (d.h. operative Nachbereitung (operational debriefing), wenn dies ein Standardverfahren der Hilfsorganisation darstellt)<br>▪ Seelsorgerische Unterstützung |
| **Phase 4** | **Erholung (1-4 Wochen nach dem Ereignis)** |
| Ziele | Bewertung / Planung |
| Verhalten | Trauer, Neubewertung, quälende Erinnerungen, erste Schilderungen |
| Rolle aller Helfer | Ansprechbarkeit, Sensibilität |
| Rolle von Angehörigen psychiatrisch-psychologischer Dienste | Beobachtung der Erholungsbedingungen<br>▪ Beobachtung und Anhörung der am stärksten betroffenen Personen<br>▪ Beobachtung der Umgebung im Hinblick auf Giftstoffe<br>▪ Überwachung vorher bestehender und andauernder Gefährdungen<br>▪ Überwachung der angebotenen Leistungen |
| **Phase 5** | **Rückkehr zur Normalität (2 Wochen-2 Jahre nach dem Ereignis)** |
| Ziele | Reintegration |
| Verhalten | Anpassung vs. Phobien, PTBS, Vermeidung, Depression usw. |
| Rolle aller Helfer | Kontinuität der Unterstützung |
| Rolle von Angehörigen psychiatrisch-psychologischer Dienste | Behandlung<br>Verringerung oder Linderung von Symptomen oder Verbesserung von Funktionen durch:<br>▪ Einzel-, Familien- und Gruppentherapie<br>▪ Pharmakotherapie<br>▪ Stationäre Kurz- oder Langzeitbehandlung |

**Überlebende von Katastrophen sollten über folgende Dinge aufgeklärt werden:**

- die Art traumatischer Stressreaktionen
- die Normalisierung traumatischer Stressreaktionen
- die Faktoren für ein erhöhtes Risiko der Entwicklung schwerwiegender Störungen (ohne die Erwartung eines chronischen Verlaufs zu provozieren)
- Möglichkeiten zur Bewältigung der Folgen größerer Zwischenfälle und Katastrophen
- Angebot an verfügbaren Hilfsdiensten nach größeren Zwischenfällen und Katastrophen (u. a. psychiatrisch-psychologische Beratungsdienste)
- zeitlicher Verlauf und Möglichkeiten der Inanspruchnahme fachärztlicher Hilfe auf eigenen Wunsch

**Dabei ergeben sich folgende Risiken der Aufklärung:**

- Weitergabe falscher Informationen, aktueller Modeerscheinungen oder nicht fundierter Meinungen als gesicherte Fakten
- soziale Stigmatisierung von Personen, die zahlreiche Symptome aufweisen
- „umgekehrte Stigmatisierung" und Hervorrufen von Schuldgefühlen – „Wenn Sie diese Symptome nicht haben, dann ist da etwas nicht in Ordnung mit Ihnen und Ihren Gefühlen."
- Verwendung von Begriffen und Termini, die der jeweiligen Zuhörerschaft fremd sind, insbesondere Fachausdrücke und fachsprachliche Wendungen, die ungewollt negativ wirken. Die Verwendung ein und desselben Manuskripts wird unterschiedlichen Zielgruppen nicht gerecht.
- Kliniker neigen oft unbewusst zu einer übertriebenen Pathologisierung und einer Überwertung von therapeutischen Maßnahmen und einer Kompensation der Beeinträchtigung, anstatt auf natürliche Hilfen und Widerstandskräfte zu vertrauen.

**Betreuungskräfte, die zur Abmilderung der Auswirkungen traumatischer Erfahrungen eingesetzt werden, benötigen weitere Spezialschulungen in folgenden Bereichen:**

- Screening und die Bestimmung von Risikofaktoren für chronische posttraumatische Störungen
- Beistand bei und nach Unterrichtung über einen Todesfall
- Arbeit mit traumatisierten Kindern
- Arbeit mit Hinterbliebenen
- Arbeit mit speziellen Personengruppen wie z. B. Angehörigen von Rettungsdiensten

**Erforderliche Strukturen und Verfahren im Katastrophenschutz:**

- (nationaler) Notfallplan, Katastrophenschutzbehörden und organisatorische Verbindungen
- Einsatz psychiatrisch-psychologischer Dienste im Katastrophenfall

- Erarbeitung ethischer Grundsätze der Arbeit psychiatrisch-psychologischer Dienste bei Katastrophen und bei Gewalttaten in einer Gemeinde (DMH/CV, Disaster Mental Health / Community Violence)
- Vorbereitung zu erwartender Situationen
- Beantragung von Finanzhilfen

**Bei der Betreuung zu berücksichtigende Aspekte:**
- Abstimmung der Betreuung
  - auf die jeweilige Phase einer Katastrophe
  - auf die jeweilige Umgebung
  - auf die Überlebenden

**Weitere Empfehlungen zu den Ausbildungsinhalten:**
- Vermittlung eines besseren Verständnisses der Betreuer für die veränderte Umgebung und Dynamik bei Einsätzen nach einer Katastrophe
  - Veränderung individueller Reaktionen, der Dynamik bzw. der zwischenmenschlichen Beziehungen (d. h. vermindertes Abwehrverhalten, erhöhte Hilfsbedürftigkeit, Verlangen nach Trost)
  - Verbesserung der Fähigkeit, unter chaotischen Verhältnissen ohne die sonst übliche Rollenverteilung und Büroatmosphäre zu arbeiten
  - Durchführung von Betreuungseinsätzen unter primitiven Bedingungen wie z. B. in Notunterkünften, provisorischen oder überfüllten Lagern von Hilfsorganisationen, in Leichenhallen usw.
- Entwicklung von Ausbildungsmaterial und speziellen Ausbildungseinheiten für Psychiater/Psychologen und praktische Ärzte:
  - z. B. Beratung von Einsatzleitern, Gruppenführern und sonstigen Kräften des Katastrophenschutzes zu Fragen der psychischen Gesundheit bei Großschadensereignissen
  - Auswirkungen von Katastrophen und Gewalttaten auf das Miteinander größerer Gruppen wie z. B. Familien, Gemeinschaften und Belegschaften sowie strategische Betreuungsmaßnahmen (z. B. Beurteilungs-, Konsultations- und Unterstützungsprogramme) für diese Gruppen
  - Sekundäre Traumatisierung, burn out und stellvertretende Traumatisierung sowie die allmähliche Distanzierung, die erforderlich ist, um den normalen Dienst wieder aufnehmen zu können.

**Schlussbemerkung:**

Die Eisenbahnunglücke von Eschede und Brühl, der Gletscherbahnunfall am Kitzsteinhorn, die Lawinenunglücke der letzten Jahre und nicht zuletzt der Amoklauf von Erfurt haben in der Bevölkerung das Augenmerk dafür geschärft, wie groß die psychischen Belastungen für Opfer, Angehörige und Helfer sein können. Es ist eine ethische Pflicht – aber heute leider noch nicht selbstverständlich – dass psychisch

traumatisierten Menschen die gleiche Hilfe und Fürsorge zu Teil wird, wie den körperlich verwundeten Opfern.
Wir müssen unsere Notfallversorgungssysteme und unsere Organisationsstrukturen neu überdenken und im Bereich psychosozialer Betreuung einen genauso professionellen Ausbildungs- und Versorgungsstandard erreichen, wie dies in der übrigen medizinischen Versorgung auch der Fall ist.
Entsprechende Bestrebungen der Neuorganisation psychosozialer Hilfe gibt es mittlerweile auch in der Bundesrepublik, auf Länder- und Kommunalebene, aber auch im europäischen Rahmen z. B. im Bereich des Katastrophenschutzes, behördlicher Einrichtungen und Hilfsorganisationen etc., was hoffen lässt, das wir in diesem noch lückenhaften Versorgungsbereich in den nächsten Jahren Entwicklungsfortschritte verzeichnen können.

# Trauma zwischen therapeutischem und politischem Diskurs

Dr. David Becker

Wenn man heutzutage auf einer wissenschaftlichen Tagung über Trauma sprechen will, steht man vor einem komplizierten Dilemma: Einerseits sind die wissenschaftlichen Erkenntnisse und Theorieentwicklungen inzwischen sehr vielfältig und die Literatur zum Thema füllt viele tausend Bände, auf der anderen Seite ist es eine Illusion zu glauben, es würde sich hier um ein rein wissenschaftliches Thema handeln. Trauma ist heutzutage auch Teil eines politischen Diskurses und kann nicht unabhängig von diesem diskutiert werden. Auch meine Perspektive ist nicht wertneutral, sondern geprägt

- von 17 Jahren leben und arbeiten in Chile mit Opfern der Verfolgung
- von der Beratung von Institutionen der Flüchtlingshilfe in Deutschland und der Schweiz
- sowie von den Erfahrungen eines internationalen Beraters, der in den letzten Jahren vor allem im ehemaligen Jugoslawien tätig gewesen ist.

Diese einleitenden Worte sind notwendig, um vielleicht nachvollziehbar zu machen, weshalb manche der im Folgenden zu entwickelnden Gedanken relativ polemischen Charakter haben.

Wenn wir über Trauma nachdenken, müssen wir zunächst einmal eine Reihe von Schwierigkeiten benennen:
1. Trauma ist zum Modewort geworden, das entsprechend sinnentleert für jedwedes Problem als adjektivische Ergänzung missbraucht wird. Als vor ein paar Jahren meine Tochter eines Tages aus der Schule nachhause kam und sagte „heute war es wieder total traumatisch", ist mir deutlich geworden, dass dieses Wort, um das viele von uns lange gekämpft haben bis es überhaupt in der Öffentlichkeit Zugang fand, heutzutage beliebig für alle Schrecknisse verwendet wird. Gegen die Benutzung des Wortes „Trauma" als Adjektiv, auch durch die Medien, ist eigentlich nichts einzuwenden, allerdings ist zu befürchten, dass „Trauma" so zum diffusen Synonym für etwas Schreckliches wird, ohne dass dem Wort noch ein spezifischer Sinn innewohnt. Dazu ist allerdings anzumerken, dass auch unter Fachleuten die Einigkeit darüber fehlt, wie der Begriff Trauma zu verstehen, geschweige denn, wie Trauma zu behandeln ist. Wir streiten weiterhin darüber – und das aus gutem Grund. Es gibt unterschiedliche Richtungen und unterschiedliche Meinungen, und das inzwischen gehäuft, da Trauma und Traumaarbeit Teil eines umfassenden Geschäftes geworden sind. Bevor wir also überhaupt beginnen, über das Wesen von Traumata zu sprechen, muss uns klar sein, in welchem Rahmen wir uns bewegen und wie gesagt, es ist ein Rahmen, in dem Fachleute streiten, aber auch ein Rahmen, in dem Fachleute Geld verdienen, in dem weltweit Millionen umge-

setzt werden. Nur als Beispiel sei in diesem Zusammenhang der Bosnienkrieg erwähnt. Bosnien ist ein Ort, an dem noch während des Krieges ganz rasch quasi flächendeckend Traumabehandlungszentren entstanden sind. Wenn ich heute nach Bosnien fahre, sehe ich mit Schrecken die Situation dort, obwohl der Krieg vorbei ist. Die Kollegen haben endlos viele Workshops über sich ergehen lassen müssen, übertrieben könnte man sagen, wenn sie nicht während des Krieges Traumatisches erlebten, dann spätestens infolge der Ausbildungen, die man ihnen angetan hat. Viele der Institutionen, die mit ausländischer Hilfe gegründet wurden, sind allerdings inzwischen wieder verschwunden, weil man zwar Ausbildungen finanzierte, aber nicht bereit war, die entsprechenden Behandlungszentren langfristig abzusichern. Die auf den Workshops gelernten Techniken waren zwar zum Teil nützlich, haben aber in großem Umfang verhindert, dass sich ein lokal angepasstes und den lokalen Gegebenheiten entsprechendes Traumaverständnis entwickeln konnte. Anstatt im Trauma-Bericht wirklich zu helfen, hat man an vielen Stellen Entfremdungsprozesse nur noch vertieft. Trauma bleibt also ein zentrales Problem in Bosnien; die Behandlungsstruktur bleibt ungenügend, aber das internationale Traumabusiness hat seinen Schnitt gemacht und gut daran verdient.

2. Ein weiteres Problem im Zusammenhang mit Traumata ist, dass es heutzutage – ich möchte sagen – einen gewissen „Run“ darauf gibt, sich als Opfer bezeichnen lassen zu dürfen. Die Worte „Opfer“ oder „Survivor“, wie das neuamerikanisch oft genannt wird, sind populär geworden. Man kann „Survivor“ von allem sein – nicht nur von Vergewaltigung und Folter, auch von Diäten, von Schulen, von zu vielen oder zu wenigen Süßigkeiten. Viele Leute mutmaßen offenbar, es gehe Opfern gut und man bekomme als Opfer von der Gesellschaft etwas. Das ist natürlich ein Trugschluss und wer mit Opfern direkt gearbeitet hat oder arbeitet, weiß das. Der Begriff „Opfer“ hat genauso wie der Begriff „Täter“ in unsere Gesellschaft Eingang gefunden und es scheint so, als sehnten sich ganze Völker und Scharen von Politikern auf dieser Welt danach, sich in der Opferrolle darzustellen. Der Journalist Ian Buruma hat dies die „Industry of Victimhood“ genannt (vergl. Buruma, I., 1999). Ich finde den Begriff interessant; man sollte ihn im Kopfe behalten.

3. Last not least möchte ich noch auf eine wichtige Tatsache hinweisen: Obwohl alle über Trauma sprechen, interessieren sich nur wenige tatsächlich für das Schicksal von Traumatisierten. Was die konkrete Arbeit mit Traumatisierten wirklich bedeutet, bleibt ein Randthema. Auf Kongressen zum Thema spricht heutzutage sicherlich jemand über Trauma, aber eine Diskussion über die ungeheure Mühsal dieser Arbeit gelingt kaum oder gar nicht. Findet einmal ein praktisch orientierter Kongress zum Thema Trauma statt, so ist das ein Highlight. Dennoch wird man auch in einem solchen Rahmen sicherlich mehr Erfolgsstories über Traumabehandlungen hören als Details über die endlosen, jahrelangen Prozesse, in deren Verlauf wir froh sind, dass die Menschen weiterleben. Ich sag das bewusst so negativ. Vor Jahren habe ich habe mich mit einem Traumatherapeuten, den ich

sehr schätze, darüber ausgetauscht und dabei haben wir festgestellt, dass wir auf Kongressen nicht über unsere Erfolge, sondern über unsere Misserfolge berichten sollten, dann wäre die Tür zum Verständnis dessen, was Traumaarbeit wirklich bedeutet, einen Spalt breit geöffnet.
Um nun auf die definitorisch-theoretische Ebene zu kommen, möchte ich einige grundlegende Merkmale benennen, von denen ich glaube, dass sie jenseits aller spezifischen Richtungen gelten.
Trauma ist eine normale Reaktion auf eine anormale Situation. Wenn ich von Trauma spreche, dann meine ich sogenannte „manmade disasters“. Mich interessiert Trauma im Kontext sozialer Verhältnisse: Das ist entweder politische Verfolgung oder – im weitesten Sinne – auch familiärer Missbrauch und Missbrauchsprozesse. Auch das sind sozial indizierte Traumatisierungsprozesse. Sie sind nicht identisch den politischen Traumatisierungsprozessen, aber sehr ähnlich. Ein deutlicher Unterschied besteht etwa zu Traumatisierungen, die durch einen Autounfall zustande kommen. Auf jeden Fall: Trauma ist eine normale Reaktion auf eine anormale Situation.
Trauma findet statt, wenn die Erinnerung, das Gedächtnis in seinen sozialen Dimensionen zerbricht. Dieser Satz ist schwierig; im Englischen ist er verständlicher. Das schöne englische Wort „memory“ meint Erinnerung, aber auch Gedächtnis. Im Deutschen sind wir differenzierter und die Worte passen nicht so gut zusammen, deswegen hier diese komplizierte Konstruktion.
Erinnerung und Gedächtnis sind Schlüsselelemente. Wenn Traumatisierung stattfindet, dann werden Welten zerstört, psychische Innenwelten, aber auch soziale Welten. Man stelle sich einmal Folgendes vor: Wenn die Psyche eines Menschen vorübergehend zusammenbricht, dann gibt es keine Erinnerung mehr, weil es diesen Menschen mit der ihm/ihr inhärenten Denkfähigkeit vorübergehend nicht gab. Für das, was in dieser Zeit der „Abwesenheit“ in mir und um mich herum passierte, kann es kein Bild geben. Ich kann mir vorstellen, dass die Welt zusammenbricht, aber ich kann in meinem Gehirn das Bild nicht formen von einer Welt, die zusammengebrochen ist, während ich zusammenbrach. Und ich kann in meinem Gehirn erst recht kein Bild formen von mir selbst, der nicht mehr existiert. Lebte ich auf dem Mond, könnte ich mir vorstellen, zuzuschauen, wie die Welt zerbricht, aber einen totalen Bruch der Welt, an dem ich selbst teilhabe, kann ich erinnerungsmäßig nicht abbilden und in dem Sinne auch nicht daran teilhaben. Es klingt unlogisch, aber real ist es so: Das Trauma, an dem ich teilhabe verschließt sich qua definitionem einer bewussten Teilhabe. Trotzdem haben traumatisierte Menschen Erinnerungen, fragmentierte Erinnerungen, Bruchstücke, Splitter. Wenn ich den Traumabegriff hinsichtlich seiner absoluten Essenz definiere, dann würde ich sagen, das Entscheidende ist, dass Vergangenheit im Sinne von Erinnerung zerstört wird. Und der zentrale Punkt, sowohl individuell wie sozial ist, wie kann man eine solche Erinnerung trotz ihrer Fragmentierung wieder zusammenfügen.
Trauma ist nur innerhalb und in Bezug auf einen spezifischen sozialen, kulturellen und politischen Kontext zu verstehen. Kurz und gut: Trauma ist nie das Gleiche.

Zwischen Folteropfern in Chile, den Traumata KZ-Überlebender, denen der Vietnam-Veteranen oder Kriegsopfern in Bosnien bestehen für Traumatisierungen kulturell bedingte Unterschiede. Ein Kind in Chile, das nicht mehr sagen kann, was es fühlt, mag traumatisiert sein, wenn es nicht mehr „ich" sagen kann, aber ein guatemaltekisches Kind, das einer Indianergemeinde angehört und das noch nie „ich" gesagt hat, weil es immer, wenn es nach seinen Gefühlen gefragt wurde, etwas geantwortet hätte, das sich auf die Gemeinde bezog. Wenn man dieses Kind fragt, „wie geht es dir", würde es antworten „bei uns passiert zur Zeit dies und jenes". Wenn dieses Kind beginnt „ich" zu sagen, dann, weil es traumatisiert worden ist, d. h. dieses Kind sagt dann „ich", wenn das Militär das Dorf zerstört hat, die Gemeinde auseinandergebrochen ist und es in eine Zwangsindividualisierung nach westlichem Muster gezwungen worden ist. Was also für das eine Kind Trauma bedeutet, bedeutet es für ein anderes keineswegs, sondern gegebenenfalls das Gegenteil. Fazit: Trauma ohne kulturellen Kontext gibt es nicht und kulturlose Traumadefinitionen, halte ich für absoluten Nonsens. Das kulturelle Paradigma ist das entscheidende, wenn wir von Trauma sprechen (vergl. Becker, D., 1992, 2001).

Es gilt zu unterscheiden zwischen traumatischen Situationen, Trauma und Trauma-Symptomen. Ich denke, traumatische Situationen sind z. B. gegeben in Kriegen, aber nicht alle Menschen, die Kriege durchleben, werden traumatisiert. Trauma findet in traumatischen Situationen für einzelne statt, wenn aber jemand traumatisiert worden ist, heißt das noch nicht, dass er sofort Trauma-Symptome entwickelt. Symptome sind noch einmal zu unterscheiden bezogen auf die Traumatisierung selbst und ihre Ursachen.

Bettelheim hat über seine Erfahrung im KZ Folgendes gesagt: „Am bezeichnendsten an dieser Situation war ihre Unausweichlichkeit, ihre ungewisse Dauer, mit der Aussicht ein ganzes Leben lang zu dauern, die Tatsache, dass nichts an ihr vorhersagbar war, dass das Leben des Betroffenen in jedem Augenblick bedroht war und dass diese nichts dagegen unternehmen konnten. Diese Erfahrung war so ungewöhnlich, dass ich einen neuen Begriff brauchte, um sie zu beschreiben. Ich wählte den Begriff „Extremsituation" (Bettelheim, B., 1943). Wenn wir heute von extremen Traumatisierungen oder Extremtraumatisierung sprechen, dann ist das zurückzuführen auf Bettelheim und wie immer man heute über Bettelheim spricht, da wo man noch über ihn spricht – seine Arbeit wird inzwischen ja kritisiert – ist wohl nicht daran zu zweifeln, dass er etwas sehr Wichtiges beschrieben hat. Er hat begriffen, dass man auf Wunden, die in politischen Kontexten geschlagen werden, nicht mit einer psychiatrischen Sprache antworten darf, dass man neue Begriffe finden muss, z. B. den Begriff „Extremsituation". Bettelheim ist der erste, der aufgrund eigener Erfahrung und eigener Traumatisierung im KZ verstanden hat, dass wir eine neue, nicht pathologisierende Sprache brauchen, wenn wir über solche Verletzungen sprechen.

Wenn ich Traumatisierungen im Rahmen eines kulturellen Paradigmas beschreibe, dann liegt mir die Definition von Keilson (Keilson, H., 1979) am nächsten: Keilson war der erste, der verstanden hat: Trauma als Einschnitt – das reicht nicht; wir müssen Trauma als Prozess begreifen. Keilson hat am Beispiel jüdischer Kriegsweisen in Holland folgende unterschiedliche Sequenzen nachgewiesen: die der feindlichen Besetzung der Niederlande, die der direkten Verfolgung und die der Nachkriegsperiode. Das Entscheidende war, dass er nachweisen konnte, dass Trauma im politisch-sozialen Kontext nicht etwas ist, das einmal stattfindet, sondern Trauma wird zu einem ständigen, sozialen und individuellen Prozess, in dessen Verlauf wir verschiedene Sequenzen unterscheiden können. Interessant ist z. B. folgendes Beispiel: Ein Kriegswaisenkind hat im Krieg Furchtbares erlebt, aber nach dem Krieg in einer liebevollen Pflegefamilie ein gutes Schicksal gehabt. Diesem Kind ging es im Erwachsenenalter besser als einem Kind, das keine so schrecklichen Kriegserlebnisse gehabt hatte, aber danach wenig Gutes erlebte.

Das Keilson'sche Konzept legt folgenden Schluss nahe: Auch wenn die aktive Verfolgung beendet ist, setzt sich das Trauma fort. So können wir verstehen, dass Flüchtlinge sich bei uns nicht etwa in einem sicheren Hafen erleben, sondern nur in die nächste traumatische Sequenz eingetreten sind. Auch bei Kindern, die schwer misshandelt worden sind, wirkt das Trauma weiter, auch wenn sie den Misshandlungen nicht mehr ausgesetzt sind und woanders leben. Keilson und die Keilson'sche Definition macht dies klar verständlich und steht nicht im Widerspruch zu dem vorher von mir benannten kulturellen Paradigma. Diese Definition versucht gar nicht genau festzuhalten: das ist das Trauma, das ist das Symptom. Sie sagt nur: strukturell müssen wir Trauma auf eine bestimmte Art und Weise verstehen. Ein absolut von der Hand zu weisender Begriff, der zur Zeit weltweit benutzt wird, ist die sogenannte „posttraumatische Belastungsstörung" oder auch wie es im Englischen heißt: „Post Traumatic Stress Disorder (PTSD)". Diese Diagnose ist im Wesentlichen falsch, schlecht und unnütz. Betrachten wir die vier Buchstaben der Diagnose einmal etwas genauer:

1. P für „post" heißt „nach" (nach dem Trauma) und – wie bereits gesagt – Trauma endet nicht mit dem Ende der traumatischen Situation: Menschen, die im KZ waren, können auch noch dreißig Jahre später Symptome haben oder entwickeln. Somit ist „post" also falsch.
2. T für „Traumatic" lassen wir fürs Erste kommentarlos stehen.
3. S für „Stress". Stress ist qua definitionem eine Re-Aktion des Organismus. Benutzt man Stress in Zusammenhang mit Trauma, dann muss man hinzufügen „überwältigender Stress, grenzenloser Stress" oder etwas, das dem eigentlichen Sinn von Stress widerspricht. Es geht nämlich nicht um Stress, es geht um Zusammenbruch. Entsprechend ist das Wort Stress essentiell falsch. Wenn man weiterhin davon ausgeht, dass Trauma etwa einen existentiellen Riss bedeutet – dann ist „S" auch falsch.
4. D für „Disorder" , also „Störung". Wenn wir Opfer von Gewalt künstlich pathologisieren, sind wir mitverantwortlich an der Krankheit, die wir angeblich behandeln. D. h. wir müssen eine Sprache finden, die anerkennt, was Opfer erlitten

haben und nicht eine Sprache bzw. Begriffe benutzen, die bei den Opfern eine vom sozialen Kontext losgelöste, gewissermaßen keimfreie Krankheit diagnostizieren. „PTSD“, oder die „Posttraumatische Belastungsstörung“ tut genau dieses: Über soziale Verhältnisse wird nicht mehr gesprochen, über die traumatische Situation, die das Trauma bewirkt hat, wird nicht gesprochen. Ich glaube, der Begriff „PTSD“ impliziert das, was auch Eissler schon kritisiert hat in seinem berühmten Artikel, in welchem er fragt: „Die Ermordung von wie vielen seiner Kinder muss ein Mensch symptomfrei ertragen, um eine normale Konstitution zu haben?“ (Eissler, K., 1963). Wenn es stimmt, dass Trauma eine normale Reaktion auf eine anormale Situation ist, dann müssen wir auf diese künstlichen Pathologisierungen verzichten.

Fazit: „P“, „S“ und „D“ sind falsch und für das T haben wir bessere Definitionen. Darüber hinaus lässt sich feststellen: Die Symptom-Liste ist unvollständig, unter anderem deshalb, weil die Symptome kulturell sehr variieren können und außerdem Individualdiagnosen darstellen. Die gesamte Familie lässt sich nicht mit einer Diagnose belegen. Zum Beispiel ist es möglich, dass ein Folteropfer keine Traumatisierung erlitten hat, aber die Tochter traumatisiert ist. In einem solchen Fall müssen Hilfsbegriffe, wie „sekundär traumatisiert“ verwendet werden. Und last not least fehlt im PTSD die Gesamtdimension, die sich auf die Zeit, auf den Verlauf, den Prozess bezieht. Ich schlage vor, den Begriff „PTSD“ bzw. „Posttraumatische Belastungsstörung“ als Diagnose zu streichen. Wenn man ihn verwenden muss, weil Versicherungen oder Gerichte das einfordern, dann sollte man gleichzeitig in jedem Gutachten, jeder Beurteilung deutlich sagen, dass es bessere, richtigere Definitionen gibt, die erklären, womit wir es zu tun haben. Ich halte den Begriff „PTSD“ für einen der folgenreichsten, falschen Begriffe in der Fachwelt.
Wenden wir uns jetzt noch den Traumaperspektiven in der Dritten Welt zu: Wie man hier bei uns vielleicht von einer Überpsychologisierung sprechen kann, so können wir in der sogenannten Dritten Welt von einer Überpolitisierung sprechen. Dort wurde Trauma immer zuerst im sozialpolitischen Zusammenhang verstanden und immer in Verbindung mit Menschenrechtsverletzungen gesehen. Man glaubte, dass die beste Therapie eine gerechtere Welt sei und man hat zu Recht geglaubt, dass die besten Traumatherapeuten nicht unbedingt aus der Ersten Welt kommen. Ich denke, in Ländern wie Chile oder Mexiko oder auch Südafrika hat man sehr viel dafür getan und sehr interessante Dinge geschrieben und produziert, die die politischen Dimensionen von Traumatisierungsprozessen darstellen, erläutern und diskutieren. Vielleicht hat man es manchmal auch übertrieben. Relativ häufig hat man geglaubt, sobald z. B. die Diktatur zu Ende ist, geht es allen Opfern wieder gut. Faktisch war das natürlich nicht so. In Chile war die Diktatur zu Ende und der Effekt war eher umgekehrt, d. h. die Depression unter den Opfern waren viel häufiger und schlimmer als noch während des Kampfes gegen die Diktatur, weil mit dem Ende der Diktatur nur die nächste traumatische Sequenz begann. D. h. auch die positiven Aspekte dieser Perspektiven aus der sogenannten Dritten Welt soll man kritisch

betrachten. Wir könnten hier in unseren Landen aber alle von den Traumatherapeuten in diesen Ländern lernen, weil sie gar nicht auf die Idee kämen, Trauma aus dem politischen und sozialen Kontext herausgelöst zu betrachten.
Die Traumadiskussion in Deutschland ist schwierig und das zeigt das Thema Flüchtlinge geradezu paradigmatisch (vergl. Becker, D., 1998). Wenn wir Flucht als zweite traumatische Sequenz verstehen, sind wir nicht das Land, das Flüchtlingen Sicherheit bietet, sondern das Land, in dem sich die Traumatisierung fortsetzt. Wenn wir unsere Flüchtlinge gut behandeln, dann kann es sein, dass sie teilweise gesunden. Wenn wir sie verfolgen, wenn wir sie quälen, wenn wir sie misshandeln, wie das regelmäßig geschieht, dann sind wir beteiligt an den nächsten Sequenzen ihrer Traumatisierungen und die Frage der Behandlung wird zu einer scheinheiligen Frage. Flucht enthält Aspekte großer Angst, der Angst vor der Fremde und in der Fremde und die fast immer existierende Liebe zum und die Sehnsucht nach dem Heimatland. Flüchtlinge sind einer Situation ausgesetzt, in der sie ständig etwas falsch machen. Sind sie von den Gedanken an ihr Heimatland gequält und möchten möglichst rasch zurück, gelingt die Anpassung nicht gut; sie lernen Deutsch nicht leicht und bleiben hier fremd; und damit geht es ihnen schlecht. Wenn es ihnen gelingt, sich hier gut zu integrieren, anzupassen gleicht das in gewissem Sinne wiederum einem Verrat des Heimatlandes und so fühlen sich dann auch. Das Dilemma eines jeden Flüchtlings besteht also darin, sich im Fluchtland anzupassen, aber gleichzeitig die Beziehungen zum Heimatland aufrechtzuerhalten. Physisch sind Flüchtlinge im Fluchtland zunächst in Sicherheit, aber genau in diesem Moment beginnt gewissermaßen der psychische Terror. Während ein Haus brennt, ist man mit dem Löschen beschäftigt; sobald es abgebrannt ist, ist Zeit darüber nachzudenken, wie furchtbar die Zerstörung und ihre Folgen sind. Das heißt, wenn das Umfeld physische Sicherheit bietet, beginnt die psychische Qual der Gedanken, was alles verloren und zerstört ist, Gedanken, die gewissermaßen auf Eis lagen, während man noch die akute Angst haben musste, im nächsten Moment erschossen zu werden.

Und last not least gibt es die Misshandlungen oder den Missbrauch durch deutsche Behörden. Ohne dass ich das hier weiter ausführen möchte, nur einige Gedanken dazu:
Gutachten, die für bzw. über Flüchtlinge erstellt werden müssen, tragen das Stigma einer Perversion, an der ich durchaus selbst auch teilnehme. Fachkollegen haben jahrelang darum gekämpft, dass traumatisierte Flüchtlinge als solche anerkannt werden. Und dennoch sind wir in diesem Zusammenhang in eine Situation geraten, in der wir Gutachten und Beurteilungen erstellen müssen, deren Nutzen für die Flüchtlinge höchst fragwürdig ist. Wir haben Beratungsstellen, in denen Flüchtlinge Schlange stehen; weil sie ein Papier brauchen, das man Gutachten nennt, und das ihnen das Hierbleiben ermöglicht. Wir haben es nicht damit zu tun festzustellen, in welchem Maße Menschen traumatisiert sind und welche Behandlung ihnen helfen könnte, sondern wir sehen uns Menschen gegenüber, die

lediglich am Überleben, indem sie hier bleiben können, interessiert sind. Wir müssen uns also überlegen, ob wir „Persilscheine" ausstellen. Ursprünglich war unsere Intention, Menschen ihre Traumatisierung zu bescheinigen, ihnen zu einer Behandlung zu verhelfen, stattdessen werden wir letztendlich durch die Ausländerbehörden aufgefordert, „die Wahrheit rauszukriegen". Wir müssen uns darüber äußern, was jemandem *wirklich* passiert ist. Wenn Flüchtlinge in dieser Situation angstvoll zur Lüge greifen und das wird später bei Gericht evident, dann erhalten wir das Stigma „dieser Psychologen", die alle Unsinn reden, sich manipulieren lassen und zu gutgläubig sind. Wir geraten unter Druck und in Zugzwang; wir handeln nicht mehr als gewissenhafte Fachleute, als Spezialisten, sondern gerieren uns als Polizisten, als Detektive. Unsere Gutachten stellen angeblich die Traumatisierung dar, behaupten letztendlich „die Wahrheit" zu schildern und werden von allen Beteiligten missbraucht als Glaubhaftigkeitsbescheinigung bezüglich der Angaben des Flüchtlings.
Hinzu kommt, dass traumatisierte Menschen eben nicht kohärent über ihre Traumatisierung berichten können. Sie sind inkohärent, widersprüchlich usw. Unsere Begutachtungsrichtlinien, denen wir unterliegen, fordern möglichst klar und deutlich darzustellen, wie und warum ein Mensch traumatisiert ist, worin die Folgen der Traumatisierung bestehen usw. Bilden wir nun die Wahrheit detailgetreu ab, überzeugen wir damit kaum jemanden; lügen wir und erzählen kohärent eine Geschichte, die mehr oder weniger glaubhaft ist, bewegen und befinden wir uns in einem unauflöslichen Widerspruch. Das Ganze entbehrt schließlich alle Züge, die man mit einem ethisch verstandenen Therapeutentum verbindet.

Uns allen ist die „Gutachtengeschichte" zu schulden, die wir in der Hoffnung begonnen haben, zu helfen. Inzwischen zerstören wir selbst unsere Hilfsfunktion, anstatt Flüchtlingen zu helfen Ich denke, wir berauben uns der Fähigkeit zu therapieren, wir werden zu Hilfspolizisten, die über das Wohl und Wehe von Flüchtlingen entscheiden, denn wenn unser Gutachten die Traumatisierung bejaht, ist die Chance größer, dass der Mensch bleiben kann; wenn wir sie verneinen, wird der Mensch abgeschoben. Und spätestens an dieser Stelle sind wir zu etwas geworden, was wir nie sein wollten. Auch verschleiern wir durch diese Pseudoprofessionalisierung den politischen Charakter der Flüchtlingsdebatte. Etwas übertrieben könnte man nämlich inzwischen annehmen, dass es auf die Dauer überhaupt keine Flüchtlinge mehr geben wird, die in Deutschland ihr Recht auf politisches Asyl wahrnehmen können. Stattdessen werden wir womöglich ein paar tausend „Traumatisierte" haben. Ich kenne keinen endgültigen Ausweg aus dem hier kurz skizzierten Dilemma, möchte aber einige Gedanken dazu formulieren, die zumindest meine Gefühlslage widerspiegeln:
Ich glaube der Zweck heiligt nicht das wohlmeinende Mittel. Das Mittel ist, obwohl mir noch kein besseres oder richtigeres eingefallen ist, falsch. Wir sollten nicht versuchen, alles abzudecken, den Gesamtkampf für die Rechte der Unterdrückten zu führen, unsere therapeutischen Aufgaben zu missbrauchen und auch nicht,

eine Art Revolution zu proben. Wir sollten uns auf unsere Aufgaben als erfahrene und gute Fachkräfte besinnen und für unsere Patienten sorgen. Dazu gehört die Therapie. Dazu gehört auch, zu bestätigen, dass sich der und der Patient in unserer Behandlung befindet. Dazu gehört nicht, über diesen Menschen ein Urteil gegenüber Behörden abzugeben. Diese feine Unterscheidung zwischen Urteil und Behandlung ist der Weg, den wir wieder finden und gehen sollten. Und in diesem Sinne möchte ich mit einem ganz konservativen Vorschlag schließen, nämlich dem Vorschlag der Rückbesinnung auf die Aufgaben der Beratung und Therapie.

## Literatur

*Becker*, D., 1992: „Ohne Hass keine Versöhnung. Das Trauma der Verfolgten." Kore-Verlag, Freiburg

*Becker*, D. 1998: „Das Elend mit den Flüchtlingen: Undankbare Opfer und ihre Helfer. Überlegungen zur psychologischen Diagnose und Therapie von Gefolterten." In: Schweizerische Ärztezeitung, 4.

*Becker*, D., 2001: „Dealing with the Consequences of Organized Violence in Trauma Work." Berghof Handbook

*Bettelheim*, B., 1943: „Individual and Mass behavior in Extreme Situations." In: Journal of Abnormal and Social Psychjology, Jg. 38, S. 417-512

*Buruma*, I., 1999: „The Joys and Perils of Victimhood." In: Nue York Review of Books, Nr. 8.

*Eissler*, K.R., 1963: „Die Ermordung von wie vielen seiner Kinder muss ein Mensch symptomfrei ertragen, um eine normale Konstitution zu haben." Klett-Cotta, Psyche 17; 241-291

*Keilson*, H., 1979: „Sequentielle Traumatisierung bei Kindern." Enke, Stuttgart

# Trauma zwischen therapeutischen und politischen Diskurs

Anni Kammerlander

Refugio München, die Einrichtung, in der ich arbeite, ist ein Beratungs- und Behandlungszentrum für Flüchtlinge und Folteropfer. Unsere Klienten sind Flüchtlinge, die Folter überlebt haben, traumatisiert sind oder eine Krisensituation durchleben. Im Team arbeiten Psychologen, Sozialarbeiter und Ärzte sehr eng zusammen. Die beste Therapie hilft nicht, wenn die Lebensumstände desolat sind. Deshalb hat die Sozialberatung bei uns auch einen hohen Stellenwert. In den meisten Fällen werden auch Dolmetscher eingesetzt, damit eine Verständigung möglich ist.
Unsere Arbeit beginnt in der Nachfluchtphase. Verfolgung, Folter, Haft, Krieg und Flucht sind überstanden, das Exil- oder Asylland ist erreicht. Das kann kurz nach der Einreise sein, kann aber auch erst nach Monaten und Jahren sein. Meistens werden Flüchtlinge an uns weiterverwiesen in Krisensituationen oder wenn das Ende des Aufenthalts droht. Unsere Klienten haben bei der Anmeldung überwiegend einen ungesicherten Aufenthalt. Das hat natürlich auch erheblichen Einfluss auf die Beratung oder den Start einer Therapie. Bei vielen läuft über lange Zeit erst einmal stützende Begleitung, bevor oder dass überhaupt Therapie möglich ist. Der Ablauf einer Aufenthaltsfrist, die Ausreiseaufforderung, die Ablehnung des Asylantrags oder eine negative Gerichtsentscheidung wirken sich enorm auf die Klienten aus und sind retraumatisierend. Sie beeinflussen auch die soziale Beratung und die therapeutische Unterstützung.
Es gibt in anderen Ländern Behandlungseinrichtungen für gefolterte oder traumatisierte Flüchtlinge, die nur mit Personen arbeiten, die einen sicheren Aufenthalt haben. Damit ist die Therapie frei von der Belastung durch den unsicheren Aufenthalt und der Angst vor der Abschiebung. Es gibt natürlich sehr unterschiedliche Meinungen über den Sinn von psychologischer Hilfe oder Therapie bei unsicherem Aufenthalt. Wir in München und auch die anderen Zentren in Deutschland haben entschieden, auch Flüchtlinge als Klienten anzunehmen, die noch keinen sicheren Status haben. Bei den niedrigen Anerkennungszahlen in Deutschland würden sonst kaum noch Flüchtlinge die Chance für eine therapeutische Hilfe haben. Es würde dann ein einziges Zentrum bundesweit genügen. Retraumatisierende oder traumatisierende Lebensbedingungen gehören hier leider zum Flüchtlingsalltag. Das wird von den verantwortlichen Stellen in Politik und Verwaltung nicht so gesehen.
Ich gehe ausführlicher darauf ein, denn dies sind in unserem Land die Bedingungen, die Flüchtlinge vorfinden. Sie sind durch Gesetze und Verwaltungsvorschriften geschaffen und zementiert, sie werden von der Gesellschaft gebilligt. Sie werden leider häufig durch das Handeln von Menschen in Behörden durch Willkür oder Absicht oder Unfähigkeit oder Unwissen restriktiver ausgelegt und umgesetzt als notwendig.

*Zur Situation der Flüchtlinge*

Die neu ankommenden Flüchtlinge sind erst einmal sehr erschöpft, leiden noch unter den Folgen der oft grauenhaften Erlebnisse und der Flucht. Sie müssen sehr schnell zur ersten Anhörung vor dem Bundesamt um ihre Asylgründe darzulegen. Die Anhörung dient zur Überprüfung der Identität und des Fluchtweges. Hier kann für viele das Verfahren schon zu Ende sein, wenn sie unglaubwürdig erscheinen. Erst im nächsten Schritt wird dann die Fluchtgeschichte abgefragt. Ein großer Teil der Flüchtlinge ist nicht in der Lage, in der Anhörung die Asylgründe vollständig, nachvollziehbar und glaubwürdig dazulegen. Dafür gibt es verschiedene Ursachen, einige möchte ich nennen:

Es gibt sehr unterschiedliche kulturelle Umgangsweisen mit angstmachenden, bedrohlichen und schambesetzten Ereignissen. Man spricht mit anderen Menschen nicht darüber, um sie zu schonen. Es gibt sehr unterschiedliche Wahrnehmungen von Ereignissen. In Deutschland zählt nur die persönliche Verfolgungsgeschichte, Kurden berichten von der Verfolgung ihres Volkes und nicht von ihrer persönlichen – das Kollektiv hat eine andere Wertigkeit als das Individuum. Es gibt sehr viele scham- und schuldbesetzte Erfahrungen, über die man nicht sprechen kann. Es gibt die Folgen einer Traumatisierung, wie z. B. die PTSD, die bewirken, dass Menschen nicht über bestimmte Ereignisse reden können.

Im Vordergrund steht nach der Ankunft also nicht die Fürsorge und der Schutz der Menschen, von denen ein Teil traumatisiert ist. Im Vordergrund steht erst einmal die Überprüfung der Rechtmäßigkeit der Einreise. Und so wie das Verfahren organisiert und gewollt ist, bedeutet das mehr Abwehr als Aufnahme. Für die Betroffenen ist das nicht verstehbar. Eine Aufnahme mit offenen Armen ist da die Ausnahme. Das waren vor Jahrzehnten die Flüchtlinge aus dem Ostblock, die den Kommunisten entsprungen sind. Das waren in den letzten Jahren z. B. einige Kontingente von Vertriebenen aus dem Kosova, die 1999 kamen. In Bayern wurden die ersten aus Kosova sozusagen mit einem roten Teppich begrüßt, jeder hatte einen Politiker und einen Helfer an der Seite bei der Ankunft. Nach sechs Wochen beschwerten sich viele dieser Neuangekommenen bitter, weil sie schon mehrmals umverteilt worden sind und die Versorgung mit Essenspaketen nicht funktionierte und über Wochen kein Taschengeld ausgezahlt wurde.

Nach der Anhörung kommt die Umverteilung von der Erstaufnahmeeinrichtung in eine Gemeinschaftsunterkunft. Wünsche von Flüchtlingen, auch wenn es um die Zusammenlegung von Familien geht, werden äußerst selten berücksichtigt, ebenso besondere Bedürfnisse bei körperlich Kranken oder traumatisierten Personen. Die Familie, Bekannte oder Landsleute wären ein stützendes System, das zur psychischen Stabilität beträgt. Gemeinschaftsunterkünfte können sehr unterschiedlicher Qualität sein. Die Mehrzahl ist einfach menschenunwürdig. Wenige qm stehen einer Person zu, 7-köpfige Familien in einem Raum oder 4 fremde Personen in einem Container ist normal. Da ist eigentlich nur das Bett als eigener Raum vorhanden. Toiletten, Duschen, Küchen sind Gemeinschaftseinrichtungen und müssen von zu vielen genutzt werden. Privat- oder Intimsphäre ist nicht gegeben.

Die Versorgung läuft über Essenspakete, deren Zusammensetzung zu vielen Klagen Anlass ist. Mit den Paketen ist auch die letzte Möglichkeit für ein bisschen Selbstbestimmung genommen. Dazu kommt ein Taschengeld von € 40 für eine erwachsene Person. Ärztliche Versorgung ist vorgesehen in akuten oder lebensbedrohlichen Situationen. Für Klienten von uns hieß das z. B. Folterschäden wie zerschlagene Knie, ausgerenkte Schulter, geplatztes Trommelfell sind auch hier nicht behandlungswürdig. Dazu brauchte es Spenden. Es ist ganz klar ein Leben unter dem Existenzminimum.
Die Aufenthaltsdauer wird oft nur für 4-8 Wochen gewährt. Dies hält die Betroffenen in einem Dauerstress der Angst, der Jahre anhalten kann. Hinzukommen willkürliche Umverlegungen und Residenzpflicht. In München werden wegen eines neuen Unterbringungsgesetzes gerade 3000 Flüchtlinge umverteilt, also zum Umzug gezwungen. Äußerst negativ wirkt sich auch das Arbeitsverbot aus. Einer unserer Klienten prägte den Satz: sitzen, denken, schlafen, krank. Mit dem Zuwanderungsgesetz werden sich im neuen Jahr die Lebensbedingungen für Flüchtlinge mit unsicherem Status wohl weiter verschlechtern. Hier geht es nur noch um Abschreckung und Druck zur Ausreise.
Der Versuch, bei Politikern und bei Behörden zu erklären und zu verdeutlichen, dass allein die Lebensbedingungen für Flüchtlinge sich auf deren körperliche und psychische Gesundheit auswirken, dass sie auf Dauer Schaden zufügen, oder zu erklären, was dies bei traumatisierten Menschen bewirkt, hat selten Erfolg. Die Gegenargumente gehen kaum darauf ein sondern sind allgemein: Wir haben in Deutschland die meisten Asylbewerber. Wir haben gute Leistungen, sonst würden nicht so viele kommen. Es gibt zu viele Scheinasylanten und Wirtschaftsflüchtlinge u. ä. Erstaunlich ist für mich auch, dass Politiker davon ausgehen und behaupten, dass sexuelle Gewalt, Frauenfluchtgründe oder Traumatisierung im Verfahren inzwischen berücksichtigt werden und wenigstens zu einem Abschiebehindernis führen. Die Realität schaut da anders aus. Im Grunde interessiert der Flüchtling als Mensch, der Gefühle, Hoffnungen, Ängste und Wünsche hat, wenig.
Hier noch eine Anmerkung zur Definition von Folter durch die UN. Die UN hat eine gute Beschreibung, wann Folter vorliegt. Nun haben wir eine neue Erfahrung damit gemacht, als wir anonyme Fallbeschreibungen im Verwendungsnachweis vorlegen mussten. Die Definition gilt zwar weiter, aber nicht für alle Länder. So zählen die Gräueltaten an Menschen in Bosnien und Kosova, nicht mehr als Folter, da es im Bürgerkrieg war. In Afghanistan und Tschetschenien hängt es davon ab, wer, wann und wo von wem malträtiert wurde. Soweit zum Einfluss der Politik auf Definitionen.

Unsere Klienten.
Die Klienten werden zu 90% überwiesen von anderen Einrichtungen wie Sozialdiensten, Bezugspersonen, Ärzten, Kliniken, amnesty u. a. Erwartungen sind nochmalige Abklärung, stützende Begleitung in Krisen, Therapie. Manchmal wurde eine Traumatisierung schon diagnostiziert und es geht um die Behandlung. Manchmal wird eine Traumatisierung vermutet und es geht um eine Abklärung und eine Be-

handlung. Rechtsanwälte, Gerichte und Bundesamt verweisen vor allem an uns mit dem Wunsch nach einem Gutachten über die Traumatisierung. Fragen Bundesamt oder Gericht ein Gutachten an, so kann es sein, dass sie die „Traumatisierung“ besser erklärt haben möchten oder es steht die Frage dahinter „stimmt das überhaupt“?

Die Flüchtlinge selbst haben sehr unterschiedliche Erwartungen und Befürchtungen. Viele werden zu uns geschickt und haben keine Ahnung von unserer Einrichtung und was die Beratung und Therapie bedeutet. Viele haben aber auch die Erwartung, dass über Refugio auch der Aufenthalt gesichert wird oder andere Verbesserungen erreicht werden. Die Tatsache dass hier Menschen sind, die zuhören, die ein Gespräch in ihrer Sprache möglich machen, die ihre Erfahrungen würdigen, löst Erwartungen aus, die über die Beratung und Therapie hinausgehen. Gehofft wird, wenn endlich jemand versteht, was passiert ist und wie schrecklich das Leben immer noch ist, dass es dann auch anderen verständlich gemacht wird, dass damit die Abschiebung verhindert wird, der Aufenthalt erreicht, eine Wohnung oder Arbeit gefunden wird. Beim Aufenthaltsstatus können in manchen Fällen eine Verlängerung oder eine Verbesserung erreicht werden. Aber es gibt keine Garantie darauf.

Wir haben 1994 in München mit der Arbeit begonnen. Dass Flüchtlinge traumatisiert sind, war damals beim Bundesamt, bei Gerichten noch kein Thema. Was eine Traumatisierung bedeutet, wodurch sie entsteht, wie die Folgen sind, war bei diesen Stellen unbekannt. Unter unseren Klienten waren einige, die kurz vor der Abschiebung standen. Die Fluchtgründe wurden als nicht ausreichend für eine Anerkennung bewertet, sogar Folter wurde nicht geglaubt trotz körperlicher Spuren, weder Traumatisierung noch deren Folgen waren Thema. Einige der Klienten hatten von ihren Erlebnissen nicht gesprochen, andere konnten sie nicht logisch und nachvollziehbar darlegen. Hinzu kamen die Einschätzung über die politische Lage im Herkunftsland, die häufig den Tatsachen nicht entsprach und schöngefärbt war.

Unsere ersten Versuche, bei der Anhörung oder beim Gericht eine Traumatisierung zu erklären, waren sehr mühsam und frustrierend. Es gab Ablehnungen, Beleidigungen und Angriffe. Auf Wunsch von Anwälten kam es zu den ersten Stellungnahmen. Richter und Anhörer reagierten anfangs überwiegend negativ. Die psychologischen und medizinischen Fachbegriffe fanden sie unverständlich. Eine Traumatisierung war für sie nicht nachvollziehbar. Sie warfen uns auch Parteilichkeit vor. Wenige äußerten, dass sie durch die Stellungnahme neue Erkenntnisse hatten und dies für ihre Entscheidung wichtig war.

Der Traumatisierungsbegriff, wie er gängig verwendet wird, erfasst nicht das Ausmaß der Störung und Zerstörung wie es tatsächlich ist nach Folter und Verfolgung. Auch in Gutachten und Stellungnahmen muss auf DSM IV und ICD 10 zurückgegriffen werden, da dies die zur Zeit anerkannten und angewandten Manuale im Traumabereich sind.

Inzwischen wird die Tatsache einer Traumatisierung von Flüchtlingen auch von

Politik, Behörden und Gericht grundsätzlich nicht mehr verneint und in manchen Fällen in Betracht gezogen. Trotzdem ist es noch in jedem Einzelfall nicht einfach, sie im Aufenthaltsverfahren einzubringen. Es sind sicher die wenigeren Fälle, bei denen aufgrund des Berichts der Betroffenen bei Bundesamt oder Gericht eine Traumatisierung anerkannt wurde. Damit müssen schon weitere Stellen eingeschaltet werden wie Ärzte, Psychiater, Kliniken, Gesundheitsämter oder Behandlungszentren. Auch Ausländerämter verlangen für Duldungsverlängerung oder Aufenthaltbefugnis wegen einer Traumatisierung Behandlungspläne oder Stellungnahmen. Häufig müssen die Betroffenen noch zum Gesundheitsamt zu einer nochmaligen Überprüfung des Ergebnisses. Hier gäbe es noch einiges zu sagen zu den Kenntnissen der Amtsärzte im Bereich Traumatisierung.
Traumatisierung wurde erstmals bei bosnischen Bürgerkriegsflüchtlingen ein Grund für eine Aufenthaltsbefugnis für eine spezielle Flüchtlingsgruppe. Voraussetzung war, dass ein Facharzt oder eine anerkannte Einrichtung eine Stellungnahme abgegeben haben, also die Traumatisierung bestätigt haben. Für Flüchtlinge aus dem Kosova trifft diese Regelung nicht mehr zu. Eine bescheinigte Traumatisierung hilft noch nicht zu einer Befugnis, vorerst aber zu einer Verlängerung der Duldung.

In unserer Einrichtung ist die direkte Arbeit mit den Klienten, die Therapie und die soziale Beratung, der eine Teil unserer Arbeit. Bei den jetzigen Gesetzen und deren Umsetzung durch Behörden und Gerichte müssen wir gleichzeitig in vielen Fällen für eine Verbesserung des Aufenthaltes und damit der Lebensbedingungen kämpfen. Dies bedeutet zusätzliche Gespräche, Verhandlungen, Schriftverkehr und auch Stellungnahmen in vielen Einzelfällen. Parallel versuchen wir über Information auf verschiedensten Ebenen, also Gespräche, Austausch, Informationsveranstaltungen, Fortbildung das Thema „Traumatisierung“ oder psychische Auswirkungen von Flucht, Folter, Verfolgung einzubringen, oder besser zu erklären und verstehbar zu machen. Die Erfahrungen für uns und die Reaktionen der anderen sind sehr unterschiedlich. Für manche sind es wichtige Informationen, womit sie einen anderen Umgang mit dem Thema finden und sich auch unterstützt fühlen. Andere sehen uns weiter als die unheilbaren Gutmenschen. Reaktionen, die wir hören: Das kann ja alles gespielt sein. Mit meiner Lebenserfahrung erkenne ich schon was los ist. Die können auch daheim in Therapie gehen. Aber auch Äußerungen wie: Wenn ich mich darauf einlasse, könnte ich meinen Job nicht mehr machen. Seit ich mehr über Traumatisierung weiß und besser hinhöre, geht es mir schlechter. Ich nehme mehr mit nachhause.

*Gedanken zu Bescheinigungen, Stellungnahmen, Gutachten.*
Flüchtlinge erwarten Hilfe. Die Symptome sollen geringer werden oder verschwinden, die Zukunft soll wieder lebenswert sein, die Angst soll weg sein. Dazu gehören auch Aufenthalt, Wohnung, Arbeit oder ausreichende soziale Hilfe. Gutachten, Bescheinigungen werden gewünscht, da große Erwartungen damit verbunden sind. Für einen Teil der Flüchtlinge heißt die Bestätigung der Traumatisierung

auch, dass sie die Symptome behalten müssten, krank bleiben müssten, damit der Aufenthalt weiterläuft. Behörden erwarten Entscheidungshilfe durch Stellungnahmen und Gutachten. Es besteht die Gefahr, dass die Aussteller zum verlängerten Arm der Behörden werden. Die Beschreibung der Traumatisierung soll handhabbar, verstehbar, übersichtlich, nachvollziehbar sein. Am liebsten noch mit Ablaufdatum und versprochener Erfolgsmeldung.

*Hilfsorganisationen*
Diese sind im Dilemma. In den meisten Fällen braucht es Unterstützung für den Aufenthalt. Im Einzelfall braucht es dann eine kurze Bescheinigung, einen Behandlungsplan, eine Stellungnahme oder ein Gutachten. Dies zu verweigern ist nicht möglich, solange es keine anderen Lösungen gibt. Damit sind die Hilfsorganisationen natürlich auch eine weitere Figur auf dem Schachbrett „Asyl, ja oder nein, und wenn ja, wie". Welche Unterstützung oder welcher Schaden dabei für Klienten entsteht bedürfte einer genauen Untersuchung.

Fall A
Die junge Frau war im Kosova nach einer Demonstration verhaftet worden und auf der Polizeistation von mehreren Polizisten vergewaltigt worden. Sie verließ nach kurzer Zeit aus Angst ihre Heimat, nachdem sie feststellte dass sie aus der Vergewaltigung schwanger war. Sie wurde vom Bundesamt nach der Anhörung zu uns geschickt, weil es ihr während der Anhörung sehr schlecht ging. Eine Stellungnahme über die Traumatisierung war mit Grundlage für eine Anerkennung vom Bundesamt. Die Therapie konnte beginnen. Hier ging der Gesundungsprozess sehr gut voran, der Weg zurück in ein normales Leben war bald möglich.

Fall B
Die kurdische Frau war schon vor einigen Jahren bei uns als Klientin in ärztlicher Untersuchung und psychologischer Begleitung gewesen. Sie und ihr Mann waren vom türkischen Militär misshandelt worden. Die damaligen Gutachten wurden vom Bundesamt und vom Gericht abgelehnt. Inzwischen hatte der Rechtsanwalt Folgeantrag gestellt wegen der Vergewaltigung der Frau durch türkisches Militär, aus der auch ein Kind hervorging. Dieses Ereignis durfte auf keinen Fall mit dem Mann besprochen werden. Die Frau hatte große Probleme, die ungefähren Daten nach den vielen Jahren noch zusammenzubringen. In der Zwischenzeit war sie wieder bei einer Psychologin in Beratung. Die Anhörerin des Bundesamtes fragte nach einer Stellungnahme zur psychischen Verfassung und zur Traumatisierung. Die sich widersprechenden Angaben wurden nach der Stellungnahme als Symptom der Traumatisierung gewertet. Die Frau bekam nach § 51 AuslG einen Aufenthalt.

Fall C
Der junge Mann war als Student in seiner Heimat bei einer Oppositionsgruppe tätig und wurde mehrmals verhaftet. Beim 3. Mal war er 4 Monate in Haft ohne Urteil:

Berichtete Foltermethoden waren: massive Schläge, Elektroschocks, Zigaretten am Körper ausgedrückt, mit glühenden Werkzeuge verwundet, Schnittverletzungen, sexuelle Gewalt, gefesselt aufgehängt. Nach der Haftentlassung hat die Oppositionsgruppe die Ausreise organisiert.

Kurze Chronologie

03.98 Asylantrag, als unglaubwürdig abgelehnt

03.8.98 Abschiebehaft

08.98 Abschiebeversuch, Fluggesellschaft lehnt Transport ab wegen der Abwehr

27.10.98 Abschiebeversuch, widersetzt sich

12.11.98 Abschiebeversuch, widersetzt sich am Flughafen, Strafbefehl

06.99 Psychiater diagnostiziert ständige Verschlechterung des Gesundheitszustandes

30.06.99 Haftentlassung wegen der schlechten psychischen Verfassung, traut sich nicht in seine Unterkunft, schläft bei verschiedenen Bekannten. Das Ausländeramt betreibt vehement die Ausreise. Der Mann ist in nervenärztlicher Behandlung am Wohnort und kommt als Klient zu Refugio. Der Therapeut fährt hin oder der Klient kommt in Begleitung zu uns, Fahrweg 140 km.

09.99 Strafbefehl wegen Widerstand bei der Abschiebung. Ein Nervenkrankenhaus stuft ihn als unglaubwürdig ein. Der behandelnde Psychiater attestierte gravierende psychische Probleme und Suizidalität. Die Ärztin des Gesundheitsamtes schreibt nach ihrer Untersuchung: er gebärdet sich äußerst theatralisch, Simulation der körperlichen Beschwerden, Suizidalität nicht glaubhaft. Polizeiarzt und Ärzte der JVA bescheinigen Reisefähigkeit.

09.11.99 Verhaftung mit körperlicher Verletzung in Folge, erneute Abschiebehaft, Rückführung in Extra-Flugzeug vorgesehen.

11.99 und 2.00 psychologische Stellungnahme von Refugio. Landesanwalt stellt Reisefähigkeit fest.

12.11.99 aus der Haft entlassen, denn das Gericht sah sich außerstande die sich widersprechenden ärztlichen Atteste zu beurteilen.
Urgent action durch amnesty international. Letzter Ausweg und Rettung: Ausreise im Mai 2000 in die USA, die ihn wegen seiner Verfolgungsgeschichte aufnimmt.

Fazit: für Bundesamt, Gericht und Ausländerbehörde war dies ein Fall, bei dem weder die Verfolgungsgeschichte noch unabhängige ärztliche oder psychologische Stellungnahmen Gehör fanden. Der Fall wurde „durchgezogen“. Mündliche Äußerungen von Politikern und Ausländerbehörden machen das überdeutlich.
So groß die Ablehnung durch den Staat und seine Vertreter war, so breite Unterstützung fand der Mann bei Flüchtlingsorganisationen und Medizinern. Fälle wie diesen gibt es sie immer wieder, können auch in einen Glaubenskrieg zwischen gut und böse ausarten, der zum Teil auf dem Rücken des Betroffenen ausgetragen wird.

Bei vielen Flüchtlingen wird das Asyl- oder Duldungsverfahren ein Kampf durch die Instanzen, ein weiterer Kampf um die Existenz. Eine Stabilisierung der körperlichen und psychischen Gesundheit wird in dieser Zeit meist nicht erreicht oder ist sehr schwankend oder verschwindet wieder. Die Traumatisierung setzt sich fort, Symptome können stärker werden. Die Opferrolle wird festgeschrieben. Die Rolle von stützenden Einrichtungen kann dann auch von der helfenden Position schnell abweichen z. B. durch die Befragung bei Gutachten, durch die – wenn auch zugestimmte – Informationsweitergabe an Behörden. Einerseits wünscht dies der Klient, andererseits quält es auch. Doch dieser Weg scheint noch der einzige zu sein, der ihm zur Zeit weiter helfen könnte. Die eigenen Anteile und Wünsche der Helfer im stellvertretenden Kampf mit dem Staat wären auch einer weiteren Beleuchtung wert.

Fragen, die sich auf unterschiedlichen Ebenen stellen:
Was brauchen die Betroffenen?
Was muss auf politischer Ebene passieren?
Welche Unterstützung brauchen die Menschen in den Behörden?
Was können Zentren dazu tun?
Wo und mit wem den Dialog über ein neues Traumakonzept beginnen?

# Trauma und Institution

## Hinweise zur Arbeit in einem Risikoverhältnis

Pieter Hutz

Neben erfolgreicher Traumabearbeitung gehört Traumatisierungen und Retraumatisierung von Klienten zur Realität in helfenden Institutionen, nicht selten erleiden ihre Mitarbeiter dabei eigene Traumatisierungen. Der Vortrag nimmt die Chancen und Risiken institutioneller Hilfe für traumagefährdete und traumatisierte Menschen in den Blick und untersucht die psychischen und institutionellen Faktoren, deren Zusammenspiel Hilfeprozesse ungünstig oder günstig beeinflussen. Er arbeitet heraus, wie innerseelische Konflikte von Klienten und widersprüchliche institutionelle Bedingungen zu einer Dynamik gegenseitiger Beschuldigungen für das Misslingen von Hilfeprozessen führen können und die Beteiligten sich in ihrem jeweiligen Verhalten bestärkt sehen. Der Vortrag möchte dazu beitragen, dass Institution ihre traumatisierte Klienten angemessen wahrnehmen können und deren oft bizarres Handeln als „szenische Kommunikation" eines Traumas und nicht als Hindernis für den Fortschritt des Hilfeprozesses erleben müssen. Er geht von einem beiderseits ambivalenten Verhältnis aus, bei dem der Hilfewunsch und die Hilfebereitschaft ein tragfähiges Arbeitsbündnis eingehen, das Misstrauen der Klienten und die institutionelle Angst vor einer „Infektion" mit dem Trauma aber auch ein Abwehrbündnis bilden können, das zu einer Paralysierung des Hilfeprozesses und einer Retraumatisierung des Klienten führt. Neben den beiderseitigen Bedingungen für die Entstehung von schädigenden Verklammerungsmustern von Klient und Institution arbeitet der Vortrag die Bedingungen heraus, die den Mitarbeitern helfen, diese schwierige Aufgabe im Rahmen einer Institution ohne eigenen Schaden zu bewältigen.

### 1. Traumata sind

- Folgen überforderter, überwältigter Abwehrmechanismen und der Zerstörung der körperlichen/seelischen Integrationsfähigkeit.
- Die Kommunikationsfähigkeit – die Fähigkeit über Erlittenes sich mit anderen zu verständigen – wird durch ein Trauma nachhaltig ver- (zuweilen auch) zerstört.
- Eigenes Unverstandenes ist kaum kommunizierbar. So entsteht bei gleichzeitigem Mitteilungsdruck eine hohe Isolation. Mit ihr geht die Angst einher sich selber nicht zu verstehen und von anderen nicht verstanden zu werden.
- Traumata bei objektsgebundenen Verletzungen schaffen Objektangst, wer von einem Menschen verletzt wurde wird Menschen gegenüber misstrauisch und verschlossen.

## 2. Wie kommunizieren Menschen Traumata?

- über Symptombildungen – sie wirken „störend" sind aber gleichwohl nötig („Ventilfunktion")
- über Handeln – meist widersprüchlich und nicht ohne weiteres zu verstehen
- Über Ambivalenzspaltungen aus psychischem Angewiesensein sein auf ausschließlich und eindeutig „gut" oder „böse" zur Entlastung in Beziehungen
- das Trauma handelt sich selber, macht (auch still) unablässig lärmend auf sich aufmerksam und lässt sich nur schwer berühren.

Ein Traumata „**organisiert**" das Leben und die innere/äußere Lebensorganisation eines Menschen als weitgehend unbewussten Prozess:

- Eine ständige Dynamik von **Vermeidung** und **Überwindung** gleichzeitig. Das Trauma bringt einen Menschen in ein Spannungsverhältnis zur Umwelt.
- Es schränkt die Lebensweise fortwährend ein. Sobald ein Pol (Vermeidung oder Überwindung) sich durchsetzen will, gewinnt der andere an Stärke.
- So entsteht eine ständige Dynamik zwischen den Polen **Annehmenwollen** und **Abwehrenmüssen**.

Insofern schwanken traumatisierte Menschen zwischen einem Wirksamwerdenlassen der Hilfe und einer möglichen Reinszenierung eines Traumas. Während das Überwinden einer traumatisierenden Erfahrung nur mit einer Überwindung von Misstrauen und dem Zulassen hilfreicher (und ängstigender) Beziehungserfahrungen verbunden ist, wäre mit der Wiederholung des Traumas zwar der erneute Schmerz aber auch die „vertraute" Beziehungserfahrung verbunden.

## 3. Zum Verhältnis von Trauma und Institution

**Institutionen bieten Traumabewältigungsversuche, sie werden jedoch auch darin verstrickt.**

Wie müssen Institutionen sein, um die Bewältigung von Traumata zu unterstützen?

Im Kontakt mit Traumata müssen Institutionen **Angst** bewältigen – neben den Ängsten der Klienten in beträchtlichem Maße **innerinstitutionelle** Ängste:

1) Angst vor dem mit Traumaerleben verbundenen Schmerz (vor allem als Ängste von Mitarbeitern).
2) Die Angst vor **manifestem Angsterleben** im Rahmen der Institution (Das Äußern und Erleben von Ängsten wird häufig stigmatisiert).
3) Eine **Angstflucht** vor der **Scham** und vor den **Schuldgefühlen** nicht „richtig" helfen zu können. Hilflosigkeit (Ohnmacht) in professioneller Arbeit wird als beschämend erlebt – muss rationalisiert werden, z. B. als „Unfähigkeit von Klienten".
   - Traumata sind für helfende Menschen auch bedrohlich: Sie wiederbeleben eigene **schmerzhafte** und **angstvolle** Erfahrungen, sie mobilisieren enorme Hilfe und Traumaüberwindungswünsche. So erzeugen sie bei Klienten

und bei Helfern eine Art natürliche Diskrepanz zwischen Überwindungswunsch und Bewältigungsgeschwindigkeit.
- Sie berühren unbewusst, d. h. die Art und Weise des Berührtwerdens entzieht sich in Teilen dem bewussten Wahrnehmen. Die individuelle/institutionelle Reaktionen auf ein Trauma sich z. T. entziehen unserer Wahrnehmung.
- Das Verhältnis zu Traumata ist von einem **ambivalenten** Bewegungsablauf geprägt: Es ist mit einem Hin zur Wahrnehmung und es ist bei (subjektiv) zu starkem Berührtwerden mit einem Weg vom Erleben verbunden.
- **Institutionen** haben kein unmittelbares aber ein gleichwohl hoch wirksames Verhältnis zu Traumata. Das ist nicht unmittelbar wahrnehmbar, weil Institutionen nichts erleben. Das Verhältnis ist über die **Mitarbeiter** vermittelt und über die institutionellen **Regeln**, **Kulturen** und andere Merkmale der Institution.
  **Die Gesamtheit dieser Bedingungen prägt die institutionelle Traumabewältigungskompetenz.**
- Institutionen haben ein Eigeninteresse der Angstreduzierung zur Funktionsstabilisierung (George Devereux). Zu viel Angst beeinträchtigt die Arbeitsabläufe und stellt das Funktionieren und damit die Identität der Institution in Frage. Zu wenig Angst wirft die Frage nach der emotionalen Nähe zum Trauma des Klienten auf.
- Institutionen bewegen sich auf einem Kontinuum zwischen diesen beiden Polen, ihre Traumabewältigungsqualität ist vermutlich daraus zu schließen wie gering die Ausschläge zwischen diesen beiden Polen sind. Von viel Angst zu wenig Angst und umgekehrt oder eher mittlere Werte? „Wackelt" die Institution, bewegt sich abwechselnd von einem Pol zum anderen oder ist sie relativ stabil?

Institutionen können somit sein:
- bewusst reflexive und
- **unbewusste** Partner
- im Überwinden von Traumata <u>**und**</u> im Wiederholen von traumatischen Erlebnissen durch ihre **Mitarbeiter**, durch Mitarbeiter**gruppen, durch die Institution als Ganzer**
- mit den **institutionellen Regeln**. Die Regeln können **beiderseits schädigend** eingesetzt werden:

## 4. Möglichen Folgen

**Klienten verwickeln Institutionen in ihre Traumainszenierungen und Institutionen beziehen Klienten in ihre institutionellen Konflikte ein.**
- z. B. erleben Klienten institutionelle Widersprüche
- Differenzen zwischen Anspruch und Vermögen
- Ausbildung von Mitarbeitern, von institutionellen Grenzen

**Vor allem unbewusste Widersprüche sind wirksam, weil ihnen die Mitarbeiter selber unerkannt ausgesetzt sind.**
Die institutionellen Widersprüche wirken auf die Traumaverarbeitung ein. Unbewusst bilden sich *kollusive* Muster. Die Abwehr der Klienten geht ein Bündnis ein mit der Haltung der Institution, eigene Konflikte nicht zu lösen zu wollen/zu können. Hieraus bilden sich Symptome vor allem dann, wenn Entwicklungen stagnieren. Stagnierende Hilfeprozesse begünstigen Verwahrlosungstendenzen in der institutionellen Hilfe.
Zwei Beispiele für kollusive Muster zwischen Klient und Institution:
1) Der Klient will den der Verletzung des Kindes zugrunde liegenden Konflikt nicht ansprechen. Die Hilfe lässt sich auf die Abwehr ein und organisiert Hilfen um den Konflikt: „Um den heißen Brei". Es kommt zu einer Hilfe, die nicht „berührt" und wenig bewirkt.
2) Der Klient leugnet die Misshandlung mit aller Macht – die Institution setzt sich machtvoll mit einer Maßnahme durch – es kommt zu keinem Arbeitsbündnis, sondern dazu, dass der Klient sich machtvoll unterwirft (eine paradoxe Dynamik).

**In beiden Fällen werden die zugrunde liegenden Probleme nicht kommuniziert, die Helfer sind nicht wirklich erfolgreich, die Familie löst ihre internen Probleme und die Probleme mit der Hilfe nicht wirklich. Die Abwehrbewegungen von Institutionen zum Schutz vor den zerstörerischen Wirkungen von Traumata schaffen ein Spannungsverhältnis zwischen Institution und traumatisierten Menschen. Die Folge sind komplexe und widersprüchlicher Arbeitsprozess zwischen Annäherung und Distanzierung.**
**Insbesondere bei der Arbeit mit traumatisierten Klienten handelt es sich um schwere verantwortungsvolle Arbeit, die unter den Anforderungen entsprechenden Arbeitsbedingungen geschehen muss; anderenfalls werden die Arbeitskraft, die Persönlichkeit und Fachlichkeit der Mitarbeiter über die Maßen mit einem auch der geforderten Qualität abträglichen Maß beansprucht.**

## 5. Wovon hängt Traumabewältigung mit institutioneller Hilfe ab?

- Institutionen sind ein gesamtsystemischer Wirkungszusammenhang. An dem was einzelne Mitarbeiter mit ihren Klienten tun und lassen sind die Teams, die Leitungshierarchie (auch wenn sie das nicht wahrhaben will) und die strukturellen Gegebenheiten der Arbeit wirksam und verantwortlich beteiligt. Das Klientensystem beeinflusst und verwickelt nicht nur den einzelnen Mitarbeiter sondern die ganze Institution. Über die Mechanismen der Spaltung und der projektiven Identifikation werden alle einbezogen.
- Traumabewältigung ist somit nicht die isolierte Aufgabe einzelner hochqualifizierter MitarbeiterInnen. In einer tiefenhermeneutisch-systemischen Sicht ist sie eine Fähigkeit der ganzen Institution, die am Ge- oder Misslingen der Hilfe mitwirkt.

- Von der Fähigkeit, ein Trauma wahrzunehmen und nicht beim Blick auf das Symptom – die Verletzung, das anstößige Verhalten – zu verharren.
- Von der Fähigkeit, eigene Anteile (als Institution) an einer Traumareinszenierung wahrzunehmen (mit welchen Verhalten begünstigt die Institution die Wiederholung eines Traumas?).
- Von reflexiven Kommunikations- und Handlungsspielräumen im Konflikt zwischen Klient und Institution (und innerinstitutionell wenn die Klient-Helfer-Beziehung zu einer innerinstitutionellen Spaltung führt).
- Von der ruhigen Etablierung von einerseits klaren Grenzen und von einer gut entwickelten Regelflexibilität (in welchen Situationen trägt das Festhalten bzw. der flexible Umgang mit Regeln zu einer Traumabewältigung bei?
- Die Institution wirkt bearbeitungsfördernd bzw. -behindernd, wenn ihre Haltung eindeutig bzw. widersprüchlich ist. Die Frage ist, ob die Klienten sich mit sich selber oder den Widersprüchen der Institution befassen müssen.
- Davon, ob die Institution traumatisierte Klienten und mit ihnen befasste Mitarbeiter alleine lässt.

## 6. Hilfreich für das Gelingen von Traumabewältigung mit Hilfe von Institutionen sind:

- Hilfreich ist eine Selbstwahrnehmung als **Milieu –** als Arbeitsmilieu der Mitarbeiter und auch als Arbeitsmilieu der Klienten. Eines der effektiven Mittel von Institutionen zur eigenen **Milieureflexivität** und zur Kommunikationsfähigkeit von Institutionen ist die Arbeit in Großgruppen. Als einzelne Mitarbeiter, als Team und als Gesamtinstitution zu kommunizieren trägt dazu bei, dass Institutionen, die von ihren Klienten traumatisiert werden sich verständigen können. In solchen Großgruppen erhalten und entwickeln Institutionen ihre Haltefunktion für die Klienten und für die Mitarbeiter. Es kommt wesentliches zur Sprache.
- In Großgruppen ist es möglich, den einzelnen Mitarbeiter seines institutionellen Rückhalts zu versichern und ihn wahrnehmen zu lassen, dass er in einem institutionell funktionierenden Milieu arbeitet und nicht nur über ein hierarchisches Informations- und Anordnungssystem miteinander verbunden ist. Großgruppenarbeit hat auch eine milieubildende Funktion weil sie Mitarbeiter aktiviert.
- Hilfreich sind klare und klar kommunizierte Arbeitsaufträge, traumatisierte Klienten reagieren auf kleinste Widersprüche und auf Mangel an Authentizität sofort mit einem eigenen Ambivalenzverlust, der wiederum die Institution in Konflikte bringt. Transparenz von Arbeitsabläufen ist also ein Arbeitsmittel für den Umgang mit den Klienten und den Mitarbeitern.
- Komplexe Institutionen und ihre Arbeitsabläufe eignen sich zur Reinszenierung von traumatischen Erleben besonders gut. In einer gemeinschaftlichen Haltung sind sie das Beste was Hilfesysteme heute zu bieten haben; in einer Ambivalenz – und Konfliktspaltung können sie eine verheerende Wirkung entfalten.
- Institutionen sind nicht gefeit vor der Wiederholung von Traumata mit Klienten.

Deshalb ist es wichtig, dass sie Ihr Mitwirken an einer Retraumatisierung von Klienten kommunizieren können. Die Traumatisierung entfaltet ihre Wirkung erst richtig durch die anschließende Nichtkommunikation. Um das Mitwirken an Traumatisierungen einzuschränken brauchen Institutionen eine hohe Selbstreflexivität über ihren Umgang mit Klienten. Dies erfordert Arbeitsabläufe auf ihre Klienten- und Mitarbeiterverträglichkeit zu untersuchen.

- Institutionen, die mit traumatisierten Menschen arbeiten werden oft in ein System des **Nichts-mehr-Entscheidens** hineingezogen, weil in hochambivalenten Beziehungen immer so viel auf dem Spiel zu stehen scheint, dass man Entscheidungen lieber vermeidet – so häufen sich Berge von unentschiedenen in der Arbeit an, die man ständig vor sich her schiebt.
- Anders formuliert: In den institutionellen Widersprüchen und in institutionellen Abwehrmechanismen ist auch eine **traumatogene Potenz** enthalten, die die Institution bei einem klaren Blick auf die institutionelle Arbeitweise und Haltungen (zu Klienten und Mitarbeitern) behindert. Traumatogen kann z. B wirken einen Mitarbeiter mit schwierigen Klienten alleine und isoliert arbeiten und sich überfordern zu lassen. Oder Mitarbeiter nach einem Klientensuizid alleine zu lassen.
- Für die Arbeit in komplexen Hilfeprozessen von Institutionen sind als Fachkenntnisse neben den eigentlichen Fachfertigkeiten hilfreich:

1. Kenntnis und Anwendungskompetenz in Entwicklungspsychologie, vor allem um Jugendhilfeentscheidungen in ihrer Wirkung auf Kinder einschätzen zu können.
2. Kenntnisse und Anwendungskompetenz von Konfliktpsychologie und von Traumatheorien um das Verhalten und Erleben von Klienten verstehen und sich dazu verhalten zu können.
3. Wissen und Verhaltenskompetenz über die Struktur und Dynamik institutioneller Abläufe und ihrer Wirkungen auf Klienten und auf Mitarbeiter, um die Wirkungsweise der Arbeit mit traumatisierten Menschen auf die Mitarbeiter und die Institution verstehen und bewältigen zu können.

**In diesem Zusammenhang braucht es Fortbildungsweisen, die die Wissensgebiete auf die täglichen Handlungsabläufe beziehen können. Also Theorie in Praxisanwendung unter Berücksichtigung der Arbeitsumstände und ihrer Chancen und Risiken.**

- Fähigkeit sich institutionsintern kommunikativ auf Traumata zu beziehen. Es braucht ein transparentes System der Kommunikation. Es wird in Institutionen über sehr vieles gesprochen, aber nicht über das, was einen berührt und einen überfordert. Es muss vor allem über die Belastungen, über die durch die Arbeit entstehenden Konflikte und die Überforderungen gesprochen werden.
- Traumatisierte Klienten entwickeln in den Augen von Institutionen nicht selten etwas dämonisches. Zur Entdämonisierung von Klienten brauchen sie ein gründliche Wissen und eine gute Wissenskommunikation. Das in einer Akte festge-

haltene Wissen nützt nichts. Es muss teamintern/institutionsintern kommuniziert werden, um durch die Gemeinschaft der Mitarbeiter zu einem haltenden Netz werden zu können – für Mitarbeiter und für Klienten.

- Dies hilft auch institutionelle Abwehrmechanismen wie eine individualisierende Kontakt und Schuldabwehr der Institutionen zu überwinden: Damit kann die häufige Haltung überwunden werden, dass die Klienten und wenn die nicht die einzelnen Mitarbeiter die Schuld hätten und es gelingt eine differenzierende Sicht.
- Für die Arbeit ist die Unterscheidung zwischen Konflikt und Trauma nötig. Der Konflikt zwischen Institution und Klienten (z. B. bei einem Sorgerechtsentzug) ist eine normale Realität in der Jugendhilfe. Erst das der Konflikt eines Klienten mit der Institution nicht einer Bearbeitung zugänglich ist und (z. B. eine Sorgrechtsentscheidung) und unkommuniziert gegen den Willen droht eine Retraumatisierung zu bewirken.
- Den Konflikt deutlich wahrzunehmen, ihn den Klienten auch als Konflikt darzustellen und erkennbar zu machen, zwei beteiligte Seiten identifizieren zu können und weitere Handlungsoptionen zu erarbeiten sind die Mittel mit denen traumatisierende Prozesse vermieden werden können. Anders formuliert: Wenn Institutionen mit ihrem Latein am Ende sind und dieses nicht wahrnehmen (als eigene Unzulänglichkeit), dann laufen sie Gefahr die Lösung eines Konflikts über das Knie zu brechen.
- Arbeitsbezogene Spielräume die bei Mitarbeitern und Klienten angstmäßigend wirken, niedrige Angstpegel wirken konfliktmäßigend.
- Klare und selbstreflexive Haltungen in Bezug auf eigene Grenzen und Spielräume.
- Innerinstitutionelle Sprach- und Reflexionsräume (gruppenspezifisch und gruppenübergreifend), das begünstigt Angstbindungsfähigkeit und mindert konfliktschürende Angstunterdrückung. **Institutionen sind nur so klug und empathisch wie wirkungsvoll die reflexive Kommunikation und die Entscheidungskompetenz ihrer Mitarbeiter organisiert ist.**
- Der Erfolg im Umgang mit Traumata besteht oft schon darin, den Kontakt mit Klienten überhaupt als einen Arbeitskontakt erhalten zu können, es nicht zu einer Vernachlässigungs- oder Überwältigungssituation kommen zu lassen, den Kontakt in einer konflikthaften Situation nicht abreisen zu lassen.
- Auf der Ebene von Arbeitsanweisungen, Fortbildungen und Supervisionen alleine ist die Belastungsbewältigung von Institutionen nicht zu lösen. Die Institutionen werden zunehmend in ihrer Gesamtheit von ihren traumatisierten Klienten belastet. Die Institutionen brauchen ein **Recovery-System** um Abschleif- und Deformierungsprozessen zu begegnen.

# Traumatisierende Milieus im Kontext von Vernachlässigung, Misshandlung und Missbrauch

Prof. Dr. Hildegard Mogge-Grotjahn

1.

Als Jessika Kuehn-Velten mich fragte, ob ich mir im Rahmen dieses Kongresses einen soziologischen Beitrag zum Zusammenhang von „Trauma" und „Milieu" vorstellen könnte, habe ich zwar etwas gezögert, aber in Anbetracht der interessanten Fragestellung doch gerne zugesagt. Bei der Vorbereitung meines Beitrages hat sich das Zögern als sehr berechtigt herausgestellt; denn soziologische Milieu- und psychologische Trauma-Konzepte lassen sich nicht so ganz nahtlos aufeinander beziehen. Das liegt daran, dass es zwischen den gesellschaftlich gegebenen Lebensbedingungen eines Individuums und seinem psychischen Befinden, seinen Wahrnehmungs-, Verarbeitungs- und Handlungsmustern zwar eine Wechselwirkung gibt, aber keine „Eins-zu-Eins-Beziehung" im Sinne eines einfachen Ursache-Wirkungs-Schemas.

Ich habe mir meinen Beitrag nun so gedacht, dass ich zunächst einige eher grundsätzliche Gedanken zum Thema „Milieu" bzw. zu „traumatisierenden Milieus im Kontext von Vernachlässigung, Misshandlung und Missbrauch" vortrage und die Bedeutung des Milieu-Verständnisses für das Fallverstehen dann an zwei kurzen Filmsequenzen zu verdeutlichen versuche. Anschließend skizziere ich einige offene Fragen, über die ich gerne mit Ihnen diskutieren würde.

2.

In der konkreten Arbeit – sei es im sozialpädagogischen, im schulischen, im therapeutischen oder auch im medizinischen Bereich – haben die Professionellen es zunächst immer mit einzelnen Personen zu tun. Nun ist zwar jeder „Fall" immer einzigartig, weil jeder Mensch einzigartig ist, aber er ist nie ein „Einzel-Fall"; denn jeder Mensch lebt in jeder Lebensphase in sozialen Systemen und Milieus. Diese lassen sich als konzentrische Kreise, oder besser im Elias'schen Sinne als „Figurationen" vorstellen (zum Figurations-Begriff vgl. Elias 1986/1970).

Der Einzelne/das Kind gehört zu einer Familie bzw. zu einer aus den unmittelbaren Bezugspersonen gebildeten primären sozialen Gruppe. Diese prägt spezifische Handlungs- und Verhaltensmuster, ein spezifisches Familien- oder Gruppen-Milieu aus. Sie tut dies aber nicht im luftleeren Raum, sondern unter bestimmten sozialen und materiellen Bedingungen, in einem räumlichen Umfeld, zu einer bestimmten Zeit und vor dem Hintergrund von Lebensstilen und Lebensweisen einschließlich beschreibbarer Werte-Horizonte und kultureller Kontexte. Dies alles zusammen ist als „soziales Milieu" zu verstehen, wobei in diesem erweiterten Milieu-Verständnis die Aspekte der Lebens<u>lage</u> und der Lebens<u>welt</u> des Individuums

ergänzt bzw. erweitert werden durch die Aspekte von Deutungs- und Kommunikationsmustern sowie Werteorientierungen.
Reinhart Wolff hat diesen Zusammenhang besonders prägnant formuliert: Im Milieu „... verschränken sich ... die materiellen Lebensbedingungen und die lebensgeschichtlich oft über Generationen entstandenen Beziehungsmuster und Charakterentwicklungen zu einem komplexen Ineinander äußerer und innerer Beziehungswelten... “ (Wolff 2002, 80).
Wie immer das Milieu, in dem eine Person lebt, aus therapeutischer oder sonst wie anteilnehmender Perspektive zu beurteilen sein mag: es ist für die betreffende Person, sei es Säugling, Kind, Jugendlicher oder Erwachsener, das Vertraute, in dem er/sie sich alltäglich bewegt und zurechtfindet, in dem er oder sie seine Anpassungs- und Bewältigungsstrategien entwickelt hat, in dessen Horizont er oder sie „die Welt“ wahrnimmt, beurteilt und deutet.
„Eigenes Milieu“ heißt also: bekannte, vertraute (nicht unbedingt: gute) Verhaltensweisen / Regeln / Normalitäten / Gewissheiten, d. h. emotionale und Verhaltens-Sicherheit(en) – und sei es, so schrecklich das ist, die Sicherheit, dass es nichts Sicheres / Verlässliches gibt.
„Fremdes Milieu“ dagegen heißt, günstigenfalls: Neugier und Herausforderung, oft aber: Angst und Verunsicherung, die den Versuch hervorbringen, das Bekannte wieder herzustellen. Hierauf beruhen die enormen Beharrungskräfte, das sog. „autopoeitische Potenzial“ von Milieus.

3.
So viel bzw. wenig zum Milieu-Verständnis im Allgemeinen. Um nun den Zusammenhang zwischen Milieus und Traumata herzustellen, habe ich Anleihen gemacht in der soziologischen und politikwissenschaftlichen Armutsforschung sowie in der Gesundheitssoziologie und bei Stresstheorien. Aus der Armutsforschung ist bekannt, dass Armut zwar zu erhöhten gesundheitlichen Risiken bei Kindern und Erwachsenen, zu einem erhöhten Risiko der Vernachlässigung und Misshandlung und zu überdurchschnittlich häufigem devianten Verhalten von Kindern und Jugendlichen führt, dass dieser Zusammenhang aber nicht monokausal ist. Erst die unterschiedliche Verursachung und Dauer von Armut, vor allem aber die subjektive Verarbeitung der von Armut gekennzeichneten Lebenslage führt, in Verbindung mit vorhandenen oder nicht vorhandenen Bewältigungs-Ressourcen dazu, dass aus Risiken tatsächliche Schädigungen werden. Dies passt zusammen mit den Befunden gesundheitssoziologischer und stresstheoretischer Forschungen, nach denen belastende Lebensumstände und/oder belastende Lebensereignisse nicht automatisch zu Erkrankungen führen, sondern dann, wenn die persönlichen Bewältigungspotenziale und die sozialen Unterstützungspotenziale auf Dauer nicht ausreichen. Je länger belastende Lebenslagen andauern, je häufiger belastende Ereignisse eintreten, desto höher ist die Gefahr, dass es zu somatischen und/oder psychosomatischen Erkrankungen kommt.

Dies alles „im Hinterkopf“, lassen sich folgende Verschränkungen von „Milieu“ und „Trauma“ denken:
Es kann sich um dramatische Einzelereignisse, wie z. B. Unfälle, Gewalttaten, Natur bzw. Umweltkatastrophen ... handeln, die außerhalb des familialen Systems und außerhalb der Lebenswelt der Betroffenen verursacht werden oder stattfinden. Diese können Personen betreffen, die in einem intakten und stabilen Milieu leben, oder aber Personen, deren familiale und lebensweltliche Milieus instabil bzw. nicht intakt sind; die jeweiligen Milieus können hilfreich und unterstützend, aber auch hilflos und belastend wirken.
Es kann sich um dramatische Einzelereignisse handeln, die im familialen System bzw. in der Lebenswelt der Betroffenen sich ereignen, z. B. Erkrankung oder Tod eines Familienmitgliedes, Trennungen, Unfälle, Einbrüche ... Dies kann wiederum in einem stabilen oder einem instabilen, einem hilfreichen oder einem hilflosen Milieu stattfinden.
Es kann sich um viele „kleine“, unspektakuläre Ereignisse handeln, um sich wiederholende Erfahrungen des Verlustes, des Verlassenseins, der Vernachlässigung – also um das, was wir hier als Mikrotraumen thematisieren. Diese finden in der Regel im familialen System statt, das wiederum eingebettet sein kann in unterschiedliche, mehr oder weniger hilfreiche lebensweltliche Milieus.
Und schließlich kann das lebensweltliches Milieu selber traumatisierend wirken – beispielsweise Notunterkünfte, Asylbewerbercontainer, verslumte Stadtteile mit heruntergekommenen Wohnungen, ... – aber auch innerhalb dieser traumatisierenden Milieus kann es unterschiedliche familiale Systeme geben, die eher abfedernd oder eher verstärkend wirken.

4.
Helfende/therapeutische Fachkräfte müssen also sowohl die „Ereignisse“ als auch ihren „Kontext“ erkennen und verstehen. Dieser Kontext im Sinne des Milieus, in dem belastende bzw. traumatisierende Erfahrungen verursacht und/oder verarbeitet werden, setzen sich sowohl aus objektiven Bedingungen als auch aus den subjektiven Deutungs- und Handlungsmustern, Sinnstrukturen und Regeln sowie Bewältigungsressourcen zusammen. Das heißt: als professionelle Kraft muss ich sowohl einiges über das Milieu meiner KlientInnen **wissen**, als auch das Milieu **verstehen**.
Wissen kann und muss ich alles das, was ich an empirischen Daten zur Verfügung habe oder recherchieren kann. Das sind in erster Linie Informationen über die materielle Situation (Einkommen, Wohnungssituation, Bildungsstand, Gesundheitsstatus ...), aber auch über das Umfeld, z. B. Nachbarschaften, Infrastruktur, Zugänglichkeit von Freizeit- und/oder Beratungseinrichtungen; soziale Kontakte; homogene oder heterogene Bevölkerungsstruktur, u. a. m.
Über die pure Beschreibung solcher Lebenslagen hinaus ist entscheidend, etwas über die Ursachen der jeweiligen Lebenslage zu erfahren, weil sich daraus Anhaltspunkte für ihre voraussichtliche Dauer und auch mögliche Bewältigungsressour-

cen ergeben. Beispielsweise ist es von entscheidender Bedeutung, ob eine Armuts-Lage mit einer bestimmten biografischen Phase, etwa Kinderversorgung nach Trennung oder Verwitwung, verbunden ist oder aber über Generationen hinweg „weitergegeben" wurde.
Durch diese Fragen und Informationen zur Lebenslage weiß ich vieles über meine Klientin/meinen Klienten. Verstehen kann ich durch Empirie allein aber (fast) nichts. Hierzu bedarf es hermeneutischer Methoden, d. h. des systematischen Wahrnehmens und Rekonstruierens der subjektiven Deutungs- und Verarbeitungsmuster, der Wertehorizonte, der familialen „Traditionen", in denen die objektiv gegebenen Lebensumstände verstanden und in das eigene psychische Erleben integriert werden. Erst durch das Zusammenführen von „Wissen" und „Verstehen" eröffnet sich mir ein Zugang zu dem, „was der ‚Fall' ist". Es gibt keine mono-kausalen Erklärungen, sondern nur die Möglichkeit, aus der Verschränkung von Lebensbedingungen und subjektiver Deutung die Milieus zu rekonstruieren, die entweder selber ein Risiko darstellen und/oder dazu beitragen, mit Risiken so umzugehen, dass aus ihnen keine Traumata entstehen. Dabei kommt es entscheidend darauf an, die milieuspezifische Eigenlogik zu verstehen.

5.
Diese zugegebenermaßen ziemlich abstrakten Überlegungen möchte ich nun an einem Fallbeispiel mithilfe zweier kurzer Szenen aus dem Film „Kleine Vera" konkretisieren.
*Vera ist 16. Sie lebt mit ihren Eltern in einer Hochhaussiedlung. Sie hat die Hauptschule abgeschlossen und derzeit weder eine Ausbildungsstelle noch einen Platz an einer weiterführenden Schule. Ihr Vater ist LKW-Fahrer, die Mutter Angestellte. Der ältere Bruder hat studiert und lebt mit Frau und Kind weit weg.*
*Die Filmausschnitte zeigen eine Hochhaussiedlung am Rande einer russischen Großstadt, umgeben von Industrieanlagen und Bahngeleisen, durchschnitten von schlechten Straßen; es gibt einen ramponierten Kinderspielplatz. Die Wohnungen sind eng und einfach ausgestattet; sie verfügen über eine Innentoilette und einen Balkon.*
*Die gezeigten Familienszenen spielen sich in der Küche und auf dem Balkon ab. In wechselnden Koalitionen, überwiegend lautstark setzen sich die (leidende) Mutter, der (alkoholisierte) Vater und die (meist provozierend schweigende) Tochter mit Veras mangelnden Zukunftsaussichten, ihrem „schlechten Umgang", ihrem „aufsässigen" Verhalten einschließlich Rauchen etc. auseinander. In der zweiten Szene sagt Vera ihrer Mutter, dass sie ein Kind erwartet ...*

6.
Abschließend einige vorläufige Schlussfolgerungen und offene Fragen / Anregungen zur Diskussion.
– Gemessen an der in Russland „üblichen" Armut, ist die Lebenslage von Vera und ihrer Familie stabil und zumindest nicht unterprivilegiert; das äußere Mi-

lieu (Stadtteil, Wohnung, Umgebung) ist dort durchaus „normal". Gemessen am deutschen Lebensstandard dagegen erscheinen Lebenslage und äußeres Milieu als fast schon schockierend. Frage: sind Lebenslagen und Milieus dann und nur dann schädlich bis traumatisierend, wenn sie deutlich von dem in einer Gesellschaft „Üblichen" abweichen?

- Schon an diesen kurzen Filmsequenzen wird die latente (und, wie im Laufe des Films immer wieder gezeigt wird) auch offene Gewaltträchtigkeit des Familienmilieus deutlich. Frage: ist diese Gewaltträchtigkeit eine direkte Folge der Lebensumstände? Oder würde sie sich auch unter besseren Lebensumständen Geltung verschaffen, weil sie in der Persönlichkeit der Familienmitglieder und ihren jeweiligen Biografien verankert ist? Oder entsteht sie erst durch die Verknüpfung von Lebensumständen mit biografisch erworbenen Mustern und Persönlichkeitsdispositionen?
- Welche Verarbeitungs- und Deutungsmuster, welche Hilfemöglichkeiten bieten sich für Vera in ihrem Milieu? Die „Familienthemen", die sich bei ausführlicheren Filmausschnitten mithilfe hermeneutischer Methoden natürlich noch besser rekonstruieren ließen, lauten u. a.: „Was sollen die Leute denken?!" / „Liebe ist eine Illusion!" / „Hilfe gibt es nicht!" – Veras Freund bzw. ihre beiden Freunde, ihre Clique (peer group) unterscheiden sich, wie im Film gezeigt wird, kaum von ihrem häuslichen Milieu. Ihr Bruder, der von den Eltern zur Hilfe geholt wird, fürchtet um seine Reputation. Professionelle Hilfe ist unter den in Russland gegebenen Bedingungen nur in engen Grenzen zu erwarten. – Frage: wird ein belastendes Ereignis, werden belastende Lebenslagen erst dadurch zur traumatisierenden Größe, weil die subjektiven Verarbeitungsmöglichkeiten fehlen und das Milieu nicht ent-, sondern zusätzlich belastet?

Alles in allem zeigt sich, dass „Trauma" und „Milieu" vielfältig miteinander verknüpft sind. Daraus folgt für mich, dass jede einseitige Auflösung der Problematik zu kurz greift: Einzelfallhilfe, sei sie therapeutischer und/oder sozialpädagogischer Art, muss eingebettet sein in eine Beeinflussung sozialer Milieus im Sinne von Stärkung sozialer und auch materieller Ressourcen. Die Stärkung der persönlichen Bewältigungskapazität von Klientinnen und Klienten einerseits, die Auseinandersetzung mit den politischen Dimensionen sozialer Probleme andererseits dürfen nicht gegeneinander ausgespielt werden.

### Literatur

*Allert*, Tilmann u. a. (1994): Familie, Milieu und sozialpädagogische Intervention. Münster

*Bitzan*, Maria (2000): Konflikt und Eigensinn. Die Lebensweltorientierung repolitisieren, in: neue Praxis, Heft 4/2000, S. 335-346

*Brinkmann*, Wilhelm (2002): Arme Kinder. Armes Deutschland. Wie Kinder durch Armut zu Schaden kommen, in: Zenz, Winfried M. / Bäch*er*, Korinna / Blum-Maurice, Renate (Hg.). S. 54 –68

*Blum-Maurice*, Renate (2002): Die Wirkungen von Vernachlässigung auf Kinder und der „Kreislauf der Gewalt", in: Zenz, Winfried M. / Bächer, Korinna / Blum-Maurice, Renate (Hg.), S. 112-128

*Butterwegge*, Christoph / *Klundt*, Michael (Hrsg.) (2002): Kinderarmut und Generationengerechtigkeit. Familien- und Sozialpolitik im demografischen Wandel. Opladen

*Christ*, Hans (2002): Dissoziative Bindung und familiale Traumatisierung, in: Zenz, Winfried M. / Bächer, Korinna / Blum-Maurice, Renate (Hg.), S. 88 – 102

*Elias*, Norbert (1986/1970): Was ist Soziologie? München

*Esser*, Günter (2002): Ablehnung und Vernachlässigung von Säuglingen, in: Zenz, Winfried M. / Bächer, Korinna / Blum-Maurice, Renate (Hg.), S. 103-111

*Hanses*, Andreas (2000): Biographische Diagnostik in der sozialen Arbeit. Über die Notwendigkeit und Möglichkeit eines hermeneutischen Fallverstehens im institutionellen Kontext, in: neue Praxis, Heft 4/2000, S. 357-379

*Hildenbrand*, Bruno (1983): Alltag und Krankheit. Ethnographie einer Familie. Stuttgart

*Holz*, Gerda (2002): Armut hat auch Kindergesichter. Zu Umfang, Erscheinungsformen und Folgen von Armut bei Kindern in Deutschland, in: Zenz, Winfried M. / Bächer, Korinna / Blum-Maurice, Renate (Hg.), S. 24-38

*Honig*, Michael-Sebastian (2001): Soziale Frage, Frauenfrage – Kinderfrage? Dokumente der politischen Sozialberichterstattung über Kinder: Eine vergleichende Lektüre, in: Sozialwissenschaftliche Literatur Rundschau 42, Heft 1/ 2001, S. 59-83

*Hradil*, Stefan (1999): Soziale Ungleichheit in Deutschland. 7. Auflage. Opladen

*Hurrelmann*, Klaus (2000): Gesundheitssoziologie. Eine Einführung in sozialwissenschaftliche Theorien von Krankheitsprävention und Gesundheitsförderung. Weinheim/München

*Jakob*, Gisela / *von Wensierski*, Hans-Jürgen (Hrsg.) (1997): Rekonstruktive Sozialpädagogik. Konzepte und Methoden sozialpädagogischen Verstehens in Forschung und Praxis. Weinheim/München

*Klocke*, Andreas (2001): Armut bei Kindern und Jugendlichen und die Auswirkungen auf die Gesundheit. Gesundheitsberichterstattung des Bundes Heft 3/ 01, hg. vom Robert-Koch-Institut. Berlin

*Klundt*, Michael / *Zeng*, Matthias (1993): Kinderarmut und ihre psychosozialen Folgen als Gegenstand der Forschung, in: Vester, Michael / von Oertzen, Peter / Geiling, Heiko / Hermann, Thomas / Müller, Dagmar (Hrsg.): Soziale Milieus im gesellschaftlichen Strukturwandel. Zwischen Integration und Abgrenzung. Köln

*Mansel*, Jürgen (2002): Lebenssituation und Wohlbefinden von Jugendlichen in Armut, in: Butterwegge, Christoph / Klundt, Michael (Hrsg.), S. 115-136

*Merten*, Roland (2002): Psychosoziale Folgen von Armut im Kindes- und Jugendalter, in: Butterwegge, Christoph / Klundt, Michael (Hrsg.), S. 137-151

*Mogge-Grotjahn*, Hildegard (1999): Soziolgie. Eine Einführung für soziale Berufe. Zweite Auflage. Freiburg

*Wolff*, Reinhart (2002): Kindesvernachlässigung – Entwicklungsbedürfnisse und die fachlichen Aufgaben der Jugendhilfe, in: Zenz, Winfried M. / Bächer, Korinna / Blum-Maurice, Renate (Hg.), S. 70-87

*Zenz*, Winfried M. / *Bächer*, Korinna / *Blum-Maurice*, Renate (Hg.) (2002): Die vergessenen Kinder. Vernachlässigung, Armut und Unterversorgung in Deutschland. Köln

# Generationen übergreifende Wirkungen aus der Zeit des Nationalsozialismus

Dr. phil. Jürgen Müller-Hohagen

Seit mittlerweile mehr als fünfzehn Jahren befasse ich mich mit seelischen Auswirkungen der Nazizeit, habe vielfach darüber auf Tagungen, in Büchern (Müller-Hohagen 1988, 1994, 1996) und Artikeln berichtet. Meine Befunde stammen aus der täglichen, der ganz „normalen" Arbeit an einer Münchener Erziehungs- und Familienberatungsstelle und innerhalb einer kleinen psychotherapeutischen Praxis in Dachau, dem Ort, an dem ich mit meiner Familie seit 1982 wohne und wo meine Aufmerksamkeit für „diese Themen" sehr gewachsen ist.

In diesem kurzen Vortrag möchte ich vor allem einen Einblick geben, in welch intensiver Weise die Zeit des Nationalsozialismus bis heute in Störungen und Beschwerden von Menschen präsent sein kann, die erst Jahre oder Jahrzehnte danach zur Welt gekommen sind. Entsprechend dem Tagungsthema geht es vor allem um Auswirkungen von Erlebnissen, die damals für die Betroffenen traumatisierend waren. Das heißt natürlich nicht, dass sie dies automatisch auch für die Nachkommen wären, sozusagen als ein ererbtes Trauma. Diesen problematischen Begriff lasse ich lieber beiseite und spreche stattdessen nur allgemein von Generationen übergreifenden Wirkungen seinerzeit stattgefundener Traumatisierungen.

Deren Spektrum ist weit. Es reicht, alles bezogen auf Menschen, die oder deren Nachkommen uns heute in unseren psychosozialen, medizinischen oder pädagogischen Arbeitsfeldern begegnen können, von dem Universum der Schrecken, welchem die Verfolgten und ihre Angehörigen ausgesetzt waren, über die damit nicht vergleichbaren, dennoch furchtbaren Erlebnisse in Flucht, Vertreibung, Bombenkrieg und, wiederum davon zu unterscheiden, bis hin zum Grauen des Krieges für die Soldaten an der Front. Vieles davon ist nie wirklich zur Sprache gekommen, nicht in den Familien, erst recht nicht in der Öffentlichkeit. Zugleich gilt, dass es aus praktisch allen diesen Bereichen persönliche Zeugnisse und – allerdings teilweise noch sehr lückenhafte – wissenschaftliche Analysen gibt, so dass wir uns, wenn wir es wollen, informieren können. Von historischer Seite jedenfalls ist keine Epoche der deutschen Geschichte so umfassend erforscht worden wie die Zeit zwischen 1933 und 1945. Doch von alledem auch nur einige Grundzüge in unser Bewusstsein aufzunehmen und in unserem persönlichen und beruflichen Alltag daran zu denken, das fällt bis heute schwer.

Hinsichtlich folgender Bereiche also kann uns in unserer heutigen Arbeit etwas aus jener Zeit gegenübertreten, wenn wir es nur wahrzunehmen vermögen:

- Menschen, die verfolgt wurden, weil sie für „minderwertig" bzw. nicht mehr zur Menschheit gehörig erklärt wurden („Rasse", Homosexualität, Behinderung, „Asozialität")

- Politisch und weltanschaulich Verfolgte / Widerstand
- Menschen, die sich direkt oder indirekt an der Verfolgung beteiligt haben (Täter im engeren Sinne, Zuarbeiter, Mitläufer, Zuschauer)
- Soldaten
- Bombenkriegsgeschädigte
- Flüchtlinge und Vertriebene aus den deutschen Ostgebieten und von anderswo
- Zivilisten, die von den Siegermächten (vor allem Sowjetunion) zu Zwangsarbeit herangezogen wurden
- Frauen, die vergewaltigt wurden (dabei auch noch zu unterscheiden, wo, wann, von wem)
- Displaced Persons (überlebende Juden, v. a. aus Osteuropa, Ukrainer, Weißrussen ...)
- Desorientierte

Wenn wir diese Aufzählung betrachten, stellt sich die Frage: Wer von den Menschen, die 1945 in Deutschland lebten, gehört eigentlich nicht dazu und wer, die Nachkommen eingeschlossen, von denen, die heute hier leben? Um so mehr verwundert das immer noch relativ geringe Interesse in Allgemeinheit und Fachwelt an einer genaueren Wahrnehmung solcher Nach- und Weiterwirkungen. Ab und zu schwappt etwas auf, so wie im Gedenkjahr 1995 oder nach der Publikation des Goldhagen-Buches oder durch die Wehrmachtsausstellung oder kürzlich durch die Veröffentlichung einer Novelle von prominenter Seite – Günter Grass – über das Schicksal von Flüchtlingen. Dann kommt etwas von damals ins öffentliche Bewusstsein – und bald ist es wieder weg.
Was den Verfolgten angetan wurde, darüber informiert man sich am besten in Berichten wie denen von Primo Levi, Robert Antelme, Hermann Langbein und den vielen anderen, die es aufgeschrieben haben. Wenn wir uns auch nur ein wenig für die Auswirkungen der NS-Zeit öffnen möchten, ist über das, soweit stattgefunden, in der Schule Gelernte hinaus eine persönliche Auseinandersetzung mit solchen Zeugnissen eine unerlässliche Voraussetzung. Danach schrecken wir vielleicht nicht mehr automatisiert zurück, wenn wir plötzlich feststellen oder anhand von eigentlich klaren Andeutungen ahnen könnten, dass uns jemand aus dem weiten Kreis der Überlebenden des Nazi-Terrors oder aus der Nachkommenschaft gegenübersitzt. Und solche Kenntnisse helfen uns hinsichtlich der anderen Seite des Spektrums, bei so manchem wehleidigem Gejammer, wie schlecht es ihnen doch immer gegangen sei, auch an die Möglichkeit zu denken, dass hier Täter und ihre Nachkommen sich so, wie es massenhaft gemacht wurde und wird, zu vermeintlichen Opfern stilisieren.
Da in dem anderen Vortrag dieses Forums aus der Arbeit mit Verfolgten und ihren Nachkommen berichtet wird, gehe ich auf diese grundlegende Seite meiner Arbeit mit seelischen Auswirkungen der Nazizeit nicht weiter ein. Ich verzichte auch darauf, zu den einzelnen Bereichen jeweils Fallvignetten vorzustellen, da dies in Anbetracht der zur Verfügung stehenden Zeit nur in so verkürzter Weise erfolgen

könnte, dass niemandem gedient wäre. Außerdem würde es der Illusion Vorschub leisten, es ließen sich klare und auch noch voneinander abgrenzbare Wirkungen der verschiedenen Traumatisierungen angeben, sozusagen eine Typologie der Schrecken und ihrer Folgen. Das aber geht nicht.
Deshalb ziehe ich es vor, hier einen etwas ausführlicheren Bericht in den Mittelpunkt zu stellen, und zwar aus dem Bereich von Flucht und Vertreibung.

Familie S. wurde vom Allgemeinen Sozialdienst an unsere Stelle verwiesen, als sich bereits eine ganze Reihe von Problemen aufgehäuft hatte. So war der älteste Sohn ohne Schulabschluss geblieben, weil er monatelang den Unterricht versäumt hatte, ohne dass die Eltern dem etwas entgegensetzen konnten. Jetzt zeigte sich dasselbe bei der vierzehnjährigen Tochter. Wieder schafften es die Eltern nicht, sich durchsetzen. Die Probleme eskalierten, und schließlich kam es sogar zu einer dramatischen Einweisung in die Jugendpsychiatrie. Und dann fing auch noch der neunjährige Martin an, ebenfalls die Schule zu schwänzen und herumzustreunen. Auf diesen Jungen und die Eltern konzentrierte sich im Folgenden meine Arbeit in Absprache mit den Mitarbeiterinnen des Allgemeinen Sozialdienstes, der Klinik und der Sozialpädagogischen Familienhilfe. Interessant war dabei, dass wir zu mehreren den Eindruck hatten, irgendetwas sei in dieser Familie verborgen.
In meiner Arbeit mit Familie S. stellte sich schon bald in aller Deutlichkeit heraus, wie sehr Martin seine Eltern in der Hand hatte. Er drohte die Besuche in der Beratungsstelle zu verweigern, was ihm auch teilweise gelang. Er suchte in den Stunden über sie und mich zu bestimmen, und insbesondere verspottete er seinen Vater, z. B. wenn dieser ihm beim Tischfußball unterlegen war. Auf der anderen Seite stellte sich allerdings heraus, dass er in den vielfältigen Problemen der Familie oft geradezu wie ein Erwachsener an der Seite der Eltern stand, was eigentlich weit über die Kräfte und Möglichkeiten eines Neunjährigen hinausging. Es ist bekannt, dass solch eine Überforderung bis hin zu einer Art von regelrechter Generationenumkehrung gehen kann, bei der dann in wesentlichen Teilen das Kind für seine Eltern sorgt. Bei stärkerer Ausprägung ist dies ein sehr problematischer Faktor für die kindliche Entwicklung, und zugleich verweist es auf tiefliegende ungelöste Belastungen im Leben der Eltern (siehe etwa Miller 1979, Grubrich-Simitis 1979).

Da sich allmählich ein vertrauensvolles Klima in unseren Stunden entwickelt hatte und Herr und Frau S. recht offen waren, konnten wir zunehmend besser über die verschiedenen Belastungen auch in ihrer Vergangenheit sprechen. Und doch verließ mich der Eindruck nicht, irgendwie im Dunkeln zu tappen. Ich war in Gefahr, gereizt zu werden, und zwar besonders gegen Herrn S., der mir bei aller Offenheit zugleich auch unklar oder gar unehrlich vorkam. Das zog sich über einige Zeit hin. Eine Veränderung trat ein, als er in einer Stunde weitaus intensiver und klarer als zuvor über seine schwere Kindheit sprach. Er musste sich regelrecht durchringen zu dieser Offenheit. Sie waren Flüchtlinge aus dem Sudetengebiet. Er und seine zwei jüngeren Schwestern hatten jeweils verschiedene Väter, er einen Tschechen, die nächste Schwester einen amerikanischen Offizier, die jüngste einen Deutschen. Die Mutter zog sie allein auf, und sehr bewegend schilderte Herr S. die Not ihres Lebens als Flüchtlinge in einem abgelegenen Teil des Bayerischen Waldes, davon vier Jahre in Flüchtlingslagern: „Da sind viele Kinder und ältere Leute gestorben. Wir waren total fertig." Auch als die äußerste Not vorüber war, sah das Leben zwischen dem 10. und 14. Lebensjahr für ihn außerordentlich hart aus. Insbesondere musste er voll für seine Schwestern sorgen, und wenn diese etwas anstellten, wurde er dafür von der Mutter geprügelt.

Vor diesem Hintergrund, den ich hier nur andeute, wurde mir bereits vieles von den Auffälligkeiten seiner Kinder und insgesamt der Familie S. klar. Ein Vater, der selbst in seinen ersten Lebensjahren ständig überfordert war, tut sich später seinen eigenen Kindern gegenüber schwer, in angemessener Weise zu verlangen und zu geben, schwankt hin und her zwischen Über- und Unterforderung. Dabei können die Spannungen in der Familie bis zum Zerreißen steigen, so dass etwa von daher bereits die dramatische Klinikeinweisung der Tochter nicht mehr so unverständlich erschien wie vorher. Wahrscheinlich war dies für die Tochter unbewusst ein Ventil gewesen, um aus für sie ungreifbaren Spannungsfeldern herauszukommen.

Herr S. hatte aber noch mehr zu berichten. Er kam nämlich auf das Kriegsende und die Zeit danach in dem zuvor relativ friedlichen Sudetendorf zu sprechen, in dem er die ersten sechs Lebensjahre aufgewachsen war. So erlebte er mit, wie unmittelbar vor dem Einmarsch der Amerikaner SS-Leute alle Nachbarn erschossen, die aus ihren Fenstern weiße Fahnen herausgehängt hatten. „Dabei war vorher dazu aufgefordert worden. Zum Glück hatten wir das nicht gemacht, sonst wären wir erschossen worden. Das halbe Dorf wurde erschossen." Ebenso bereitete es ihm unfassbaren Schrecken, als er später mit eigenen Augen ansah, wie ehemalige HJ-Angehörige von den Tschechen auf qualvolle Weise umgebracht wurden. Und als die Mutter sich schließlich zur Flucht entschlossen hatte, wurden sie aufgegriffen, zurückgebracht, streng verhört und hatten es nur den positiven Aussagen tschechischer Nachbarn zu verdanken, dass man sie laufen ließ. Der zweite Fluchtversuch gelang, aber man muss sich einmal im Nachhinein vorstellen, wie gespenstisch das besonders für den kleinen Jungen gewesen sein muss: „An der Grenze, da sind wir ja fast über lauter Tote hinweggestiegen." Er hätte riesige Angst gehabt, nicht um sich aber, sondern um die Mutter, „denn was hätte ich alleine getan, wenn ich keine Mutter mehr gehabt hätte?"

In dieser Äußerung haben wir, so denke ich, einen Schlüssel, um die eigenartige Generationenumkehrung auch im heutigen Verhältnis zwischen Herrn S. und seinem Sohn Martin, aber sicherlich auch in Bezug auf die älteren Kinder, besser zu verstehen. Damals, in diesen Extremsituationen, wurde Herr S. nachhaltig geprägt, nicht auf sich zu schauen, sondern auf die anderen, zunächst vor allem auf die Mutter, dann auf die kleinen Schwestern, und das übertrug sich offensichtlich, wie es oft geschieht, später auch auf seine Familie. Er selber hatte nichts zu beanspruchen, musste sogar Demütigungen, wie ich sie in den gemeinsamen Stunden

von Seiten Martins miterlebte, stillschweigend schlucken – mit dem Ergebnis einer chronischen psychosomatischen Erkrankung.
Der Schrecken dieser Kindheit konnte in unseren Gesprächen als etwas Bestimmendes für Herrn S.' Leben herausgearbeitet werden, und er fand in dieser Situation auch aufmerksame Zuhörer in seiner Frau und sogar in Martin.
Offensichtlich hatte dieser schon lange viel von der verborgenen Last des Vaters gespürt, konnte sie aber nicht greifen, fühlte einen unklaren Anspruch auf Hilfe und Verständnis von Seiten des Vaters auf sich, versuchte dem nachzukommen, schaffte es nicht – und die Spannungen stiegen für ihn zum Weglaufen.
Jetzt aber, nachdem der extrem belastende Hintergrund von Herrn S. zur Sprache gebracht war, löste sich manches an den Schwierigkeiten der verschiedenen Familienmitglieder. (Natürlich gab es noch eine Reihe anderer Zusammenhänge, auf die ich hier nicht eingehen kann.) Die schönste Bestätigung für die inzwischen erreichte Besserung lieferte Herr S. selber: Er, der sich selber nie etwas Besonderes gegönnt hatte, dann aber manches Mal voll Groll auf das schaute, was seine Kinder sich leisteten oder forderten, er also mietete zu seinem 50. Geburtstag die Kantine seiner Arbeitsstelle und lud zu einem rauschenden Fest ein! Er wagte es, auf sich aufmerksam zu machen, sich für wert zu halten, gefeiert zu werden, anderen etwas zu geben und von ihnen zurückzubekommen, also gerade das, was ihm bisher so schwer gefallen war, auch in der Familie.
Ich kann hier natürlich nur in begrenzten Ausschnitten über den Verlauf dieser Familientherapie sprechen, hoffe aber doch deutlich gemacht zu haben, welch große Bedeutung bis in die Gegenwart hinein derartige traumatische Erfahrungen haben können und wie auch die Nachkommen unter dem Schatten eines solchen Schicksals stehen. Das heißt nicht, sie seien selber davon traumatisiert, sondern eher, wie zu zeigen versucht wurde, gestört und verstört sowie in ihrer altersentsprechenden Entwicklung behindert durch die traumabedingten, als solche aber nicht erkennbaren Lebensäußerungen eines Elternteils, hier des Vaters.
Wenn wir uns aber im gemeinsamen Gespräch solchen massiven Belastungen der Vergangenheit nähern können, dann steigt die Wahrscheinlichkeit für – unter Umständen unerwartete – Lösungen. Herrn S.' Geburtstagsfeier ist dafür ein schönes, geradezu symbolisches Beispiel. Und die Entwicklung sämtlicher Kinder verlief seitdem, soweit ich es noch überschauen konnte, endlich in ruhigeren Bahnen.

Ich habe hier ausführlicher über die Arbeit mit Familie S. berichtet, weil sich daran einiges zeigen lässt, das ich für relativ typisch halte, wenn es um seelische Auswirkungen der Nazizeit gerade mit Blick auf traumatische Familienhintergründe geht. Insbesondere denke ich an diese Punkte:

1. „Das Trauma“ wird häufig nicht als Problemfeld, oft nicht einmal überhaupt thematisiert. Hier ist ein sensibles Hinhören von beraterischer und therapeutischer Seite unerlässlich, ebenso manches Mal ein zwar vorsichtiges Ansprechen dieser Bereiche, zugleich aber aktiver, als man es sonst machen würde.
2. Welch hohe Bedeutung diesen Hintergründen und ihrer Bearbeitung nach oft

jahrzehntelangem Schweigen zukommt, zeigt sich unter Umständen erst an den Wirkungen, die dann – wie bei Herrn S. – geradezu an ein Wunder erinnern können.

3. Gravierende und trotz großen Einsatzes nicht behebbare Auffälligkeiten bei Einzelnen und ganzen Familien sollten uns unter anderem auch an verborgene Traumatisierungen aus der NS-Zeit als mögliche Hintergründe denken lassen. Andernfalls können wir den Klientinnen und Klienten unter Umständen bitteres Unrecht zufügen bzw. längst erfolgte soziale Ausgrenzung noch weiter zu zementieren helfen.
4. Oftmals zeigen sich solche Auffälligkeiten erst bei Kindern und Kindeskindern. Je weiter dabei der zeitliche und der Generationenabstand ist, umso weniger denkt man an solche Zusammenhänge, umso undeutlicher und „unspezifischer" werden die Symptome. Das ist ein Thema von großer Bedeutung, dem weitaus mehr Beachtung gewidmet werden sollte als zur Zeit noch.

Das Konzept der Traumatisierung ist endlich auch in der deutschen Fachwelt angekommen und mittlerweile in aller Munde. Als jemand, der sich relativ früh damit auseinander gesetzt hat, nämlich in der psychologischen und psychotherapeutischen Arbeit mit Behinderten und ihren Angehörigen (siehe Müller-Hohagen 1987), begrüße ich das sehr. Und was das spezielle Thema dieses Vortrags betrifft, so hoffe ich, dass auch die immer noch zögerliche Aufmerksamkeit für die seelischen Auswirkungen der Nazizeit zunimmt und es zu den Standards qualitätsvoller psychosozialer Arbeit gehört, solche Hintergründe mit einzubeziehen.

Warnen in diesem Zusammenhang möchte ich abschließend vor Folgendem:

Täter – und das nicht nur in Deutschland – lieben es, sich als vermeintliche Opfer darzustellen. Dieses Tarnungsmanöver nach außen und gegenüber dem eigenen Gewissen ist oftmals nicht einfach ein billiger Taschenspielertrick, sondern kann sich auf erhebliche erlittene Belastungen, eventuell auch Traumatisierungen im engeren Sinne berufen. Natürlich haben auch Soldaten und SS-Leute zu leiden gehabt, unter Umständen sogar massiv, und doch ist es eine extreme Verfälschung, wenn diese Belastungen von uns Fachleuten, wie es geschehen ist, in einem Atemzug genannt werden mit den Extremtraumatisierungen der Verfolgten. Gerade weil das Thema der seelischen Auswirkungen der Nazizeit so umfassend ist, gilt es genau zu unterscheiden.

Generell muss angesichts einer mittlerweile eintretenden Inflationierung in der Verwendung des Traumabegriffs vor einer einebnenden Verwendung dieses Konzepts in Fachwelt und Allgemeinheit gewarnt werden. Extremtraumatisierungen auf Seiten von NS-Verfolgten, heutigen Opfern von Folter oder von schwerster familiärer Gewalt sind etwas grundlegend anderes, als es üblicherweise zum Beispiel im Zusammenhang von Trennungen und Scheidungen für die Betroffenen zu verzeichnen ist. Selbst massive Traumatisierungen durch Unfälle oder Naturkatastrophen unterscheiden sich wesentlich, da hier nicht das fundamentale Vertrauen in die Mitmenschen zerstört wird.

Gerade wenn es um Verfolgte von Nazi- oder sonstiger politischer Gewalt geht, sollte man sich davor hüten, beispielsweise Pessimismus und Misstrauen automatisch nur als Traumatisierungsfolge zu sehen. Wie Jean Améry schon vor längerer Zeit betont hat (1977, S. 154), kann es sich dabei auch um bitter-nüchterne Einsichten in den Zustand der Welt handeln, die von anderen, die sich für „unbetroffen“ halten, ausgeblendet werden.

Bezüglich einer die Generationen übergreifenden Weitergabe von Traumatisierungen aus der Nazizeit habe ich bereits eingangs Zurückhaltung empfohlen. Seelische Weiterwirkungen sehe ich dagegen in einem Maße, wie es bis heute immer noch nicht für möglich gehalten wird. Nur fällt das nicht automatisch unter den Begriff der Traumatisierung.

Generell, also nicht nur in Bezug auf NS-Hintergründe, ist angesichts der angesprochenen Inflationierung des Traumabegriffs allmählich wieder stärker daran zu erinnern, dass seelische Auffälligkeiten auch noch viele andere Ursachen haben können und dass selbst beim Vorliegen von eindeutigen Traumatisierungen insbesondere die bewussten und unbewussten Konflikte und mögliche Eigenanteile der Betreffenden nicht übersehen werden sollten. Zu deren Abwehr wird das Traumakonzept zunehmend häufiger eingesetzt.

## Literatur

*Améry*, Jean (1977): Jenseits von Schuld und Sühne. Bewältigungsversuche eines Überwältigten. Stuttgart.

*Antelme*, Robert (1987): Das Menschengeschlecht. Als Deportierter in Deutschland. München.

*Grubrich-Simitis*, Ilse (1979): Extremtraumatisierung als kumulatives Trauma. Psychoanalytische Studien über seelische Nachwirkungen der Konzentrationslagerhaft bei Überlebenden und ihren Kindern. Stuttgart. Psyche 33, S. 991-1023

*Herman*, Judith (1993): Die Narben der Gewalt. Traumatische Erfahrungen verstehen und überwinden. München.

*Langbein*, Hermann (1987): Menschen in Auschwitz. Wien

*Levi*, Primo (1991): Ist das ein Mensch? München.

*Miller*, Alice (1981): Du sollst nicht merken. Frankfurt

*Müller-Hohagen*, Jürgen (1987): Psychotherapie mit behinderten Kindern. München. 1993[2]: Heidelberg

*Müller-Hohagen*, Jürgen (1988): Verleugnet, verdrängt, verschwiegen – die seelischen Auswirkungen der Nazizeit. München. (Neuauflage in Vorbereitung)

*Müller-Hohagen*, Jürgen (1994): Geschichte in uns. München. 2002[2]: Berlin

*Müller-Hohagen*, Jürgen (1996) (Hg.): Stacheldraht und heile Welt. Historisch-psychologische Studien über Normalität und politischen Terror. Tübingen

# Die Wirkung von Traumatisierung über Generationen

Silvie Tyrangiel

In meiner psychotherapeutischen Arbeit mit Holocaust-Überlebenden und deren Nachkommen – der sog. 2. Generation – habe ich mich mit dem Phänomen der sog. „Übertragung“ von Traumata befasst, also demjenigen Prozess, der die Wirkung von Traumatisierung von einer Generation auf die nächste Generation analysiert. Meine Erfahrungen entstammen einerseits meiner persönlichen Auseinandersetzung mit dem Thema, andererseits meiner Forschungstätigkeit in diesem Bereich sowie der psychotherapeutischen Arbeit mit Angehörigen der 2. Generation, die sich an unsere Beratungsstelle TAMACH in Zürich wenden. TAMACH ist die erste und einzige psychosoziale Beratungsstelle für Holocaust-Überlebende und ihre Angehörigen in der Schweiz und existiert seit Anfang 1998. Das Angebot von TAMACH (auf hebräisch „Unterstützung“) richtet sich an Menschen, die den Holocaust – unabhängig von ihrer religiösen oder nationalen Herkunft – entweder als Flüchtlinge, im Versteck oder im Lager überlebt haben und/oder Familienangehörige während der Schoa verloren haben. Darüber hinaus bieten wir psychosoziale Unterstützung für EhepartnerInnen und Kinder von Holocaust-Überlebenden an.
Unsere Definition eines Holocaust-Überlebenden ist bewusst weit gehalten, da wir wissen, dass traumatische Erlebnisse, sich nicht allein auf den Aufenthalt in einem Konzentrationslager beschränken lassen. Vielmehr handelt es sich um ein kumulatives Geschehen, einen Prozess, der in jeder Phase – auch in der Nachkriegszeit – traumatisierendes Potenzial besaß.
Über das Ausmaß der Traumatisierung der Überlebenden war man sich lange nicht im Klaren. Ende der 50er Jahre wurde u. a. im Zusammenhang mit den Wiedergutmachungsgutachten langsam sichtbar, welche psychischen und physischen Wunden die Verfolgung hinterlassen hatte. Es dauerte noch weitere 25 Jahre bis fundierte Kenntnisse zur posttraumatischen Verarbeitung der Überlebenden zur Verfügung standen.
Dass die Kinder auch in Mitleidenschaft gezogen worden war, ahnten die Überlebenden nicht. Erst als die 2. Generation heranwuchs und psychotherapeutische Hilfe in Anspruch nahm, wurde man auf die Verbindung zwischen elterlichen Traumata und deren Auswirkungen auf die Nachkommen aufmerksam.
Was ist unter „Übertragung“ oder „transgenerationeller Tradierung“ zu verstehen und wie manifestiert sie sich im Leben der 2. Generation? Was und wie wurde übertragen? Wie kann man Übertragung eingrenzen?

Zunächst möchte ich einige Begriffe klären:
Die zweite Generation, was ist darunter zu verstehen? Mit der 2. Generation ist die nach dem Krieg geborene Generation gemeint. Es fallen darunter alle Kinder

von Holocaust-Überlebenden, die nach 1945 geboren wurden, d. h. die ältesten dieser Generation sind heute Mitte 50, die jüngsten ca. 35 Jahre alt.

Übertragung, was ist darunter zu verstehen?
Es geht hier nicht um das Phänomen der Übertragung/Gegenübertragung im psychoanalytischen oder psychotherapeutischen Sinn.
Übertragung im Zusammenhang mit der Tradierung von Traumata beschreibt einen Prozess, bei dem traumabedingte Verhaltensweisen und Haltungen der Eltern Auswirkung hatten auf bestimmte Gefühlszustände, Gedanken, Wertvorstellungen und Verhaltensweisen der Kinder.
Man könnte auch fragen „Welche innerpsychischen, traumabedingten Phänomene wurden den Kindern vermittelt?"
Aus familientherapeutischer Sicht könnte man „Übertragung" als unbewussten Delegationsprozess der Eltern an die Kinder definieren. Die Kinder versuchen über die Annahme der Delegation unbewusste Wünsche der Eltern zu erfüllen und deren Themen und Verletzungen zu kompensieren. Möglicherweise dient die Erfüllung der Übertragungen durch die Kinder zur Reparatur und Konsolidierung des schwer traumatisierten Familiensystems.

Beispiele für Delegationen:
*Eltern fühlen sich aufgrund der Verfolgung als minderwertig („Untermenschen", keine vollständige Ausbildung, ängstlich, feige) => Die Kinder sollen beweisen, dass die Juden bzw. sie selber spezielle Leistungen erbringen können (Bildung, Beruf, Karriere......).*
*Das gegensätzliche Beispiel: Eltern möchte unauffällig sein, um zukünftige Verfolgungen, Diskrimination u. a. zu vermeiden. Die Anpassungsfähigkeit der Kinder ist enorm. Später haben diese Kinder oft Probleme bei der Identitätsfindung. Dieses Beispiel ist auch interessant für die 2. Generation innerhalb von Migrantenfamilien: Integriert man sich hier oder geht man in das Ursprungsland zurück?*

*Die Eltern leben als Juden in Deutschland und fühlen sich deshalb schuldig (Land der Täter, der Mörder der eigenen Eltern) => Die Kinder oder ein Kind wandert nach Israel aus und integriert sich innerhalb einer orthodoxen Gemeinschaft.*

Psychoanalytisch orientierte Autoren sehen den Mechanismus der Tradierung als frühe, unbewusste Identifikation des Kindes mit den verdrängten Themen der Eltern. Das Kind fühlt sich herausgefordert, die elterlichen Verdrängungen nachzuleben und lässt auf diese Weise, die innere Welt der Eltern wiederaufleben.

Ein eindrückliche Beispiel für diesen Prozess, möchte ich an dieser Stelle zitieren. Es stammt von Carl Friedmann aus dem Buch mit dem Titel „Vater", in welchem der Autor, Erinnerungen aus der Perspektive seiner Kindheit erzählt.
„Er spricht den Namen niemals aus. Es kann Trebibor, Majdawitz, Soblinka oder Birkenhausen geheißen haben. Er spricht von „Lager", als hätte es nur ein einzi-

ges gegeben. „Nach dem Krieg", sagt er, „habe ich einen Film über das Lager gesehen. Gefangene schlugen sich zum Frühstück ein Ei in die Pfanne." Er schlägt sich mit der flachen Hand an die Stirn. „Ein Frühstücksei!" sagt er schrill. „Im Lager!" Das Lager ist also ein Ort, an dem keine Eier gebraten werden.
„Weit mehr noch als ein Ort ist das Lager ein Zustand. „Ich habe Lager gehabt", sagt er (der Vater). Darin unterscheidet er sich von uns. Wir hatten Windpocken und Röteln. Und Simon hat, nachdem er vom Baum gefallen war, wochenlang mit einer Gehirnerschütterung im Bett gelegen. Aber Lager haben wir noch nicht bekommen. Aus Bequemlichkeit lässt er meist das Partizip weg. Dann sagt er: „Ich habe Lager", als ob der Zustand noch andaure. Und eigentlich ist das auch so. Er hat immer noch Lager, vor allem im Gesicht. Weniger in der Nase oder den Ohren, obwohl die dafür groß genug sind, sondern in den Augen. Im Zoo habe ich einen Wolf mit solchen Augen gesehen. Das Kind holt seinen Bruder zum Wolfskäfig. „Und", fragte er gelangweilt, als wir zusammen vor dem Wolfskäfig standen, „was ist denn mit dem Vieh los?"
Er hat Lager!" schluchzte ich. Max warf einen Blick durch die Gitterstäbe. „Unmöglich", sagte er, „Wölfe haben kein Lager... ."[1]

Wie wird sich die Wahrnehmung des an „Lager erkrankten" Vaters auf das Kind ausgewirkt haben? Welche Schlussfolgerungen zieht ein Kind aus solchen Erlebnissen?
Sowohl aus persönlichen Berichten als auch aus den zahlreichen empirischen Untersuchungen zur Übertragung wissen wir mittlerweile, dass in Familien von Überlebenden gehäuft ein Parentifizierungsprozess stattfand. Die Kinder wurden oft zu den Eltern ihrer Eltern mit all seinen Implikationen. Obwohl die Eltern nach außen hin ganz „normal" erschienen und funktionierten, spürten die Kinder schon früh – so wie das Kind aus dem erwähnten Zitat – dass ihre Eltern Opfer waren und dass sie als Kinder herausgefordert waren, darauf Rücksicht zu nehmen.
An dieser Stelle möchte ich betonen, dass die Übertragung oder die Tradierung traumatisch-bedingter Schlussfolgerungen auf die 2. Generation kein bewusst, beabsichtigtes Vorgehen der überlebenden Eltern war.
Was bei der 2. Generation im Laufe der Jahre sichtbar wurde, sind individuelle Lösungsversuche, allein gefundene Antworten auf das, was sie bei ihren Eltern wahrnahmen. Übertragung ist also kein willentlich, bewusst angestrebter Prozess der Eltern. Sie passiert unwillkürlich, von Geburt an auf allen Ebenen: der sinnlich-körperlichen, der kognitiven und seelischen Ebene. Die Kinder werden in sie hineingeboren. Lily Brett bemerkt dazu in ihrem Buch ‚Zu viele Männer' „Die Eltern gingen mit ihrem Wissen um die Feindseligkeit der Welt nicht hausieren. Das war auch nicht nötig. Die Botschaft von der allgegenwärtigen Bedrohung hatte ihre Kinder schon lange zuvor erreicht.[2]
Die Aussage einer 1951 in Deutschland geborenen Frau soll weitere Aspekte der Übertragung verdeutlichen.
Die Frau ist als Protestantin aufgewachsen, die Großmutter war bereits getauft

worden, der Vater der Frau wurde als Kind getauft, die Mutter war von Geburt an protestantisch. Ein Teil der väterlichen Familie kam im Holocaust um.
Sie erzählt: „Meine Mutter wählte meinen Namen aus, einen Namen, den es in der ganzen Familie nicht gab, weil die jüdische und christliche Seite Anspruch auf mich erhob. Sie wollte nicht, dass ich den Namen einer Toten erhielt. 1954 kamen wir in die Schweiz, weil mein Vater nicht mehr in Deutschland leben konnte. Ich war sein „Stock“ an dem er sich aufrichtete, wenn er innerlich von Angst überflutet wurde. So hab' ich das von klein an erlebt. Ich war sein „Engel“, der ihn aus dieser inneren Verzweiflung herausholte. Ich habe, so lange ich mich erinnern kann, die Toten „gesehen“, ganz real, am Tag. So habe ich mich von Kind an mit dem Tod angefreundet. Ich habe also immer „gewusst“, dass da was nicht stimmt und dass es in meinem Vater und mir ist – und nicht in meiner Mutter und Schwester! Als ich zehn Jahre alt war, zog mein Lehrer über die Deutschen her, wegen Auschwitz. Da wir selber damals Deutsche waren, begann mein Vater mir Details zu erzählen und wollte mit mir nach Auschwitz fahren. Ich weigerte mich. Ich bin noch immer auf der Suche nach Menschen, die in mir einen Menschen sehen und nicht Ungeziefer, Opfer oder eine Zumutung.
Im Laufe der Jahre habe ich ein “inneres“ und „äußeres“ Notgepäck entwickelt. Einerseits eine intensive Spiritualität, Meditation, Gebet. Äußerlich manifestiert sich mein Notgepäck, in Pass und Geld in Reichweite. Bis zu meinem 35. Lebensjahr hatte ich auch regelmäßig, bereitgestellte Pakete mit Kleidern, die ich unbewusst packte. In jeder Wohnung suchte ich jeweils ein potenzielles Versteck für den Sommer und den Winter.“
In diesem Auszug zeigt sich nicht nur die Parentifizierung der Tochter gegenüber dem Vater, dem sie als Auffangbecken für seine Angst und für seine ungelöste Überlebensschuld dient. Die Aussage verweist auch auf die Auswirkung des Schweigens rsp. Redens. Egal, ob die Eltern von ihren schrecklichen Erlebnissen sprachen oder nicht, wissen wir heute, dass sich die Auswirkungen des Verschweigens nicht signifikant von den Auswirkungen des offen ausgedrückten Leids, oder der offen berichteten Geschichte unterscheiden. Kinder reagieren auf das emotionale Klima in der Familie und nicht alleine auf verbale Interaktionen. Welche Form die elterliche Kommunikation auch annahm – sei es durch Schweigen, durch sporadische Bemerkungen oder durch ein überschwemmendes, zwanghaftes Erzählbedürfnis – die Kinder waren der unverdauten Erinnerung, welche die Eltern oder eines der Elternteile in sich trugen, ausgesetzt.
Später befragt, berichten die Nachkommen, sie hätten „es immer gespürt“, dass ihre Eltern „speziell“ waren und dass sie herausgefordert waren, in irgendeiner Form darauf Rücksicht zu nehmen. Auch wenn die Eltern sich an der Oberfläche ganz normal verhielten.
Was in diesem Beispiel auch ersichtlich wird, ist die Übernahme von sogenannten elterlichen „survival skills“ (Überlebensfertigkeiten) durch die Kinder. Die Tochter muss allzeit zur Flucht bereit sein, das Nötigste sofort bereit haben und jederzeit ein Versteck verfügbar haben. Die „survival skills“ wurden den Kindern in Form von

unbewussten oder teilweise bewussten Botschaften übermittelt. So nützlich diese Strategien unter Verfolgungsbedingungen waren, so unangemessen manifestierten sie sich innerhalb familiärer Interaktionsmuster und als „Werkzeuge für das Leben". Im Lager war es überlebensrettend, nicht über die Zukunft nachzudenken, den Verlust der Nächsten nicht zu fühlen, stets wachsam zu sein und sich anzupassen. Doch übertragen auf die Kinder der Überlebenden sind diese selben Überlebenswerkzeuge 50 Jahre nach der Befreiung kaum geeignet um das Leben in Freiheit optimal zu meistern. Vielmehr positionieren sie die Zweite Generation psychisch in die Situation des Lagers, obwohl die Realität eine ganz andere ist.
Ich möchte wieder Lily Brett zu Wort kommen lassen:
„Kindern von KZ-Überlebenden fällt es schwer, sich frei zu fühlen. ... Es fällt ihnen schwer, sich unabhängig von ihren Eltern zu sehen, ein eigenes Leben zu haben, überhaupt ein Leben. Sie sind gezwungen Hindernisse und Bürden zu schaffen, sich ihren Eltern anzugleichen, wenigstens einen Teil des Entsetzlichen nachzuempfinden. Unter der Last von Ängsten, Befürchtungen und Depressionen sind sie dann frei genug weiterzuleben. Kinder von Überlebenden müssen die Leere ihrer Eltern ausfüllen. Sie müssen verlorene Gegenstände und Menschen und Ideale ersetzen. Wen nimmt es da wunder, dass Freiheit für viele von ihnen alles andere als selbstverständlich ist!"[3]
Zum Abschluss möchte ich auf die Frage, ob „Übertragungen" vermieden werden könnten rsp. ob man „Übertragungen" vorbeugen könnte, eingehen.
Übertragungen sind in allen traumatisierten Familien vorhanden, sie vollziehen sich automatisch und unbewusst. Um „Übertragungen" zu vermeiden oder einzugrenzen, müssten die traumatisierten Erwachsenen das Geschehene so reflektieren, dass eine Integration des Traumas möglich wird. Dies ist ein großer Anspruch und für viele traumatisierte Menschen kaum realisierbar.

Wir, die wir mit traumatisierten Menschen der ersten und der zweiten Generation arbeiten, können jedoch einiges beitragen, um die Folgen von Verfolgung, Vertreibung, Folter und anderen Gräueln lindern zu helfen. Als erstes müssen wir erkennen, dass wir bei der ersten Generation von Traumatisierten immer auch auf eine Generation von potentiellen Überträgern treffen. Diese identifizieren sich oft nicht als solche, aber wir treffen sie mit großer Wahrscheinlichkeit in Arztpraxen, psychiatrischen Einrichtungen, Asylbewerberheimen, in Fürsorgeämtern oder als Eltern von Kindergarten- oder Schulkindern.
Vielleicht würde es bereits zur Reduzierung von „Übertragungen" beitragen, wenn das Wissen um die Auswirkungen von Traumata auf Familien zu etwas „Selbstverständlichem" würde, vor allem im Kreis derjenigen Menschen, die beruflich damit konfrontiert werden könnten.
Das Wissen um die Auswirkungen von Traumata innerhalb von Familien kann als Grundlage für eine Sensibilisierung dienen, um Antennen zu entwickeln, mit denen diese Übertragungsprozesse frühzeitig erkannt werden können.
Die Sensibilisierung kann dazu beitragen, die Betroffenen weder als Opfer noch

als Helden abzustempeln sondern als Menschen, die spezielle, schwer ertragbare Erlebnisse hatten, die in ihnen und ihren Familien Spuren hinterlassen haben. Wie schaffen wir eine erlaubende Atmosphäre?
U. a. indem wir nicht schweigen, sondern Fragen stellen, respektvoll und unaufdringlich. Indem wir Informationen vermitteln und klar stellen, dass ein Trauma keine Krankheit ist, sondern eine Wunde, die mit entsprechender Unterstützung etwas weniger Schmerzen verursachen und evtl. heilen kann.

## Literatur

*Brett* Lily (2002): Zu viele Männer. Frankfurt/M: Suhrkamp Verlag, S. 24.

*Friedman* Carl (1993): Vater, eine Erzählung. Zürich: Amman Verlag, S. 7-8.

## Weiterführende Literatur

H.S. *Herzka*, A. *von Schumacher*, S. *Tyrangiel* (1989): Die Kinder der Verfolgten, die Nachkommen der Naziopfer und Flüchtlingskinder heute. Göttingen: Verlag Vandenhoeck & Ruprecht.

R. *Ludewig-Kedmi*, M.V. *Spielge*, S. *Tyrangiel* (Hg.),( 2002): Das Trauma des Holocaust zwischen Psychologie und Geschichte. Zürich: Chronos Verlag.

## Fußnoten

1 Friedman, Carl (1993): Vater, eine Erzählung. Zürich: Amman Verlag, S. 7-8.

2 Brett, Lily (2002): Zu viele Männer. Frankfurt/M: Suhrkamp Verlag, S. 24.

3 Brett, Lily (2002): wie Anm. auf S. 6.

# Heimerziehung – Fremdunterbringung als kumulatives Trauma?

Prof. Dr. med. Roland Schleiffer

## 1. Fremdunterbringung unter bindungstheoretischem Aspekt

Fremdunterbringung meint die Unterbringung eines Kindes oder Jugendlichen außerhalb seiner Familie, etwa in einer Pflegefamilie, einer Wohngemeinschaft oder einem Heim. Die Entscheidung für eine solche Maßnahme wird durch das Jugendamt getroffen, wenn zwei Sachverhalte festzustellen sind:

1. Das Kind oder der Jugendliche ist im Falle eines weiteren Verbleibes in der Herkunftsfamilie körperlich und/oder psychisch gefährdet, etwa durch Vernachlässigung, Misshandlung oder Missbrauch, und
2. eine anderweitige Unterbringung, etwa bei Verwandten oder anderen nahe stehenden Personen, ist nicht möglich.

Fremdunterbringung steht also an, wenn Eltern nicht in der Lage und/oder nicht willens sind, ihre Kinder angemessen zu versorgen und zu erziehen. Eine solche Maßnahme dient der Schadensabwendung oder Schadensbegrenzung, wenn Gefahr für das Wohl des Kindes im Verzug ist. Anlass für diese Maßnahme der Kinder- und Jugendhilfe (KJHG) ist mithin eine Situation der Hilfsbedürftigkeit. Das Kind oder der Jugendliche befindet sich, zumindest nach Einschätzung der staatlich bestallten Beobachter, in einer Notlage.

Diese Zusammenhänge lassen sich empirisch bestätigen. So nennt etwa das Projekt Jugendhilfeleistungen (JULE), eine repräsentative Evaluationsstudie zu stationären und teilstationären Erziehungshilfen, folgende Problemlagen zu Beginn der ersten stationären Erziehungshilfemaßnahme bei Kindern und Jugendlichen: Bei 2/3 von ihnen war die Eltern-Kind-Beziehung massiv gestört, in 54% der Fälle waren die Kinder/Jugendlichen das Opfer familiärer Kämpfe, und in 43% erleben sie Gewalt- und/oder Missbrauchserfahrungen. Bei den Familien dieser Kinder und Jugendlichen bestand zudem ein regelrechtes Netzwerk aus psychosozialen Problemlagefaktoren (Baur et al. 1998, 208 ff.). Die Fremdunterbringung ist insofern nicht als Maßnahme in Bezug auf ein singuläres Trauma, sondern weit eher als eine Reaktion auf ein kumulativ wirksames traumatisches Bedingungsgefüge anzusehen.

Angesichts dieser Risikofaktoren sollten Jugendliche, die in einem Heim leben, psychopathologisch in hohem Ausmaß belastet sein, zumal die Indikation gerade für eine Heimunterbringung streng zu stellen ist. So heißt es bei Post (1997, 66): „Als Richtschnur für die Anwendung des § 27 muss sich die öffentliche Jugendhilfe zu eigen machen: Nur die gesamte Persönlichkeit tiefgreifend erfassende Störungen in der Entwicklung eines Kindes oder Jugendlichen recht-

fertigen es, Hilfen zur Erziehung für notwendig zu erachten. Ganz besonders für die Heimerziehung, auch für die Erziehung in einer Tagesgruppe, ist dieser Maßstab anzulegen."
Unter bindungstheoretischer Perspektive ist davon auszugehen, dass diese Notlage beim Kind zu einer Aktivierung seines Bindungssystems führt, dessen Funktion darin besteht, die Nähe zu zumindest einem Menschen herzustellen, der in seiner Rolle als Bindungsfigur Sicherheit zu gewähren in der Lage ist. Da das Bindungssystem zu den biologisch angelegten Verhaltenssystemen zu rechnen ist, lässt sich folgern, dass Kinder oder Jugendliche, bei denen eine Heimunterbringung ansteht, geradezu von Natur aus die Befriedigung von Bindungsbedürfnissen und damit eine Deaktivierung des Bindungssystems erwarten. Solche Erwartungen erwartet auch das KJHG, heißt es dort doch, das Jugendhilfe dazu beitragen soll, „positive Lebensbedingungen für junge Menschen und ihre Familien sowie eine kinder- und familienfreundliche Umwelt zu erhalten oder zu schaffen" (§ 1 KJHG, Abs. 3).
Nach alledem sollte also die Jugendhilfemaßnahme „Fremdunterbringung" ein aktiviertes Bindungssystem deaktivieren. Betrachtet man diese Hilfemaßnahme unter einer bindungstheoretischen Perspektive, müssen sich allerdings Zweifel einstellen, ob und inwieweit dies gelingen kann. Im Gegenteil: es lassen sich Argumente anführen, die dafür sprechen, dass diese Maßnahme, die einer Notlage abhelfen soll, durchaus geeignet ist, das Bindungssystem zusätzlich zu aktivieren.
So verweist schon der Begriff „Fremdunterbringung" auf ein durchaus ängstigendes Potential dieser Maßnahme. Das Kind wird in der Fremde, außerhalb seiner Familie untergebracht. In der Fremde fühlt man sich für gewöhnlich schwerlich wohl und geborgen, sondern eher beziehungslos und bindungslos. Zudem ist eine Unterbringung eine „Maßnahme", eine Entscheidung der Verwaltung. Entscheidungen sind Kommunikationsformen, die für Organisationen typisch sind. Sie werden veranlasst. Es besteht typisch keine Reziprozität zwischen den Beteiligten, sondern eine Asymmetrie und eine grundsätzliche Austauschbarkeit der Personen. Dem Kind wird dadurch eher ein Objektstatus zugewiesen. Fremdunterbringung ist als typisch organisationale Kommunikation ganz unterschiedlich konfiguriert als Kommunikationsformen des Bindungsverhaltenssystems bzw. des damit komplementären Pflegeverhaltenssystems, die Merkmale einer Interaktion, d. h. einer Kommunikation unter Anwesenden, besitzen (vgl. Schleiffer 2003). Kinder und Jugendliche werden in dieser organisationalen Kommunikation thematisiert, ohne aber an ihr teilzunehmen. Schließlich bringen sie sich nicht selbst unter. Im Gegenteil, die Betroffenen versuchen in der Regel, einer solchen Maßnahme zu entgehen. Man möchte im Heim eben nicht „landen", ebenso wenig wie in „der Psychiatrie" oder „im Knast". Die Fremdunterbringung lässt sich mithin als eine paradoxe Situation beobachten. Ein und dieselbe Kommunikation aktiviert das Bindungssystem, soll aber gleichzeitig auch das aktivierte Bindungssystem deaktivieren.
Betroffen von dieser Maßnahme sind nun in aller Regel Kinder und Jugendli-

che, die in ihrer Herkunftsfamilie ausgesprochen schlecht versorgt wurden. Ihnen wurde keine angemessene Achtung und Versorgung entgegengebracht. Erlebnisse von Misshandlung und Vernachlässigung sind für Kinder unbegreiflich, sind zu unverständlich, als dass sie in ein kohärentes inneres Arbeitsmodell, in eine eindeutige Erwartungsstruktur eingebracht werden könnten. Eine desorganisierte Bindungsrepräsentation ist die Folge (vgl. Green u. Goldwyn 2002).
Dieser besondere Bindungstyp einer desorganisiert/desorientierten Bindung ist in den letzten Jahren in das Zentrum der Aufmerksamkeit der Bindungsforschung gerückt. Im Unterschied zu den organisierten Bindungsformen, der sicheren Bindung sowie der vermeidend-unsicheren und der unsicher-ambivalenten Bindung, ist es dem desorganisierten-unsicher gebundenen Kind (noch) nicht gelungen, aus seinen Bindungserfahrungen eine eindeutige Erwartungsstruktur und damit ein kohärentes inneres Arbeitsmodell von Bindung zu konstruieren. Dafür ist das Verhalten der Bindungspersonen zu widersprüchlich. Auf der einen Seite fungieren sie als Bindungspersonen, zumal gerade kleine Kinder existentiell auf sie angewiesen sind, auf der anderen Seite ängstigen sie mit ihrem Verhalten ihre Kinder, sorgen also dafür, dass bei diesen das Bindungssystem aktiviert wird. Eine solche paradoxe Situation liegt regelmäßig vor, wenn ein Kind durch Misshandlung, Missbrauch oder grober Verwahrlosung traumatisiert wird.
Die Ergebnisse von Längsschnittstudien lassen den Schluss zu, dass es sich bei der desorganisiert-unsicheren Bindungsrepräsentation um einen gravierenden Risikofaktor für die weitere psychosoziale Entwicklung des Kindes handelt, wobei das Risikopotential wahrscheinlich deutlich höher sein dürfte als bei der „organisierten" Ausprägung einer unsicheren Bindung. Dies betrifft sowohl affektive Störungen als auch Störungen des Verhaltens in der Kindheit bis in das Erwachsenenalter (Cassidy u. Mohr 2001). Überhaupt wird in der Literatur der Unterscheidung organisiert/desorganisiert inzwischen mehr Bedeutung beigemessen als der traditionellen Unterscheidung sicher/unsicher (Dozier u. Tyrrell 1998).

Als Fazit der bisherigen Überlegungen lässt sich also festhalten:

1. Fremdunterbringung als Maßnahme der Jugendhilfe hat unter bindungstheoretischem Aspekt ein desorganisierendes Potenzial.
2. Betroffen sind in der Regel Kinder und Jugendliche, die in ihrer Herkunftsfamilie so schlecht versorgt wurden, dass es ihnen nicht möglich wurde, eine organisierte Bindungsrepräsentation aufzubauen.
3. Aufgrund dieser Strukturanalogie zwischen der familiären Situation des Kindes oder des Jugendlichen, die Anlass gab für die Fremdunterbringung, und eben dieser Hilfemaßnahme ist bei den von dieser Maßnahme betroffenen Kindern und Jugendlichen mit der Gefahr einer sequentiellen oder kumulativen Traumatisierung zu rechnen.

Von Interesse muss es daher sein, Näheres über die Ausgestaltung der Bindungsrepräsentation von Jugendlichen, die seit längerer Zeit in einem Heim leben, zu erfahren.

## 2. Zur Bindungsorganisation von Jugendlichen in Heimerziehung: eine empirische Studie.

Im Folgenden sollen die wichtigsten Ergebnisse einer Untersuchung zur Verteilung der Bindungsrepräsentationen bei 72 Jugendlichen, die als Maßnahme der Kinder- und Jugendhilfe in einem Heim leben, in Kürze referiert werden (vgl. ausführlicher Schleiffer 2001, 2003, Schleiffer u. Müller 2002).

### 2.1 Methodik

Die Untersuchung wurde durchgeführt in einem großen Kinder- und Jugendheim in kirchlicher Trägerschaft mit einer Gesamtplatzzahl von 132 stationären und 30 teilstationären Plätzen. Das Durchschnittsalter der 39 Jungen und 33 Mädchen betrug 16 Jahre und 8 Monate. Fast alle der untersuchten Jugendlichen lebten seit längerem in dem Heim. Das Alter der Untersuchungsgruppe bei Aufnahme in diesem Heim betrug im Durchschnitt 12 ½ Jahre, ihre durchschnittliche Aufenthaltsdauer dort 4 Jahre und 3 Monate. 12 Jugendliche waren bereits Eltern. Das Durchschnittsalter der 10 Mütter, von denen 7 in einer eigenen Mutter-Kind-Gruppe des Heims lebten, betrug 16 ½ Jahre.
Viele der Jugendlichen hatten in ihrer Herkunftsfamilie traumatische Erlebnisse erleiden müssen. 57 der 72 Jugendlichen (= 79%) waren in ihrer Familie misshandelt worden. Bei 2/3 der Mädchen war ein sexueller Missbrauch zumindest wahrscheinlich. 8 der 10 Mütter waren mit hoher Wahrscheinlichkeit sexuell missbraucht und 7 misshandelt worden. Bei 24 Jugendlichen, mithin bei einem Drittel der Untersuchungsgruppe, musste von einer elterlichen Alkoholproblematik ausgegangen werden. Bei dreiviertel der Jugendlichen lebten die Eltern nicht mehr zusammen. 14 von ihnen hatten den Verlust eines Elternteiles oder einer anderen für sie wichtigen Bezugsperson durch deren Tod erleben müssen. Die Angaben der Jugendlichen wie auch der Mitarbeiterinnen des Heimes ließen bei den meisten Familien auf eine sozioökonomische Benachteiligung schließen.
Die Bindungsrepräsentation bei den 72 Jugendlichen wurde mit dem Erwachsenenbindungsinterview (AAI) erfasst (Main u. Goldwyn 1998, Gloger-Tippelt 2001). Es handelt sich dabei um ein halbstrukturiertes Interviewverfahren von 1 bis 2 Stunden Dauer, das die gegenwärtigen Bindungsrepräsentationen von Jugendlichen und Erwachsenen zu rekonstruieren sucht. Erfasst wird dabei die im Hier und Jetzt wirksame mentale Organisation der vergangenen Bindungserfahrungen. Bei diesen Repräsentationen handelt es sich um einen organisierten Komplex teils unbewusster, im prozeduralen Gedächtnis gespeicherter, teils dem Bewusstsein zugänglicher, episodischer Gedächtnisinhalte. Diese Erinnerungen betreffen bindungsrelevante Sachverhalte wie die Interaktion mit den wichtigen Bindungspersonen bei Krankheit, Verletzung, Kummer, Ablehnung, Trennung oder deren Verlust. Die Analyse zielt also nicht primär auf den Inhalt des Interviews, sondern auf die Art und Weise, wie der Interviewte seine Geschichte erzählt, auf die narrative Kohärenz.
Eine Bindungsrepräsentation, bei der Bindungsbeziehungen grundsätzlich ein hoher Wert beigemessen wird, wird als sicher (F) bewertet. Die Antworten im In-

terview sind nachvollziehbar, die geäußerten Gefühle glaubhaft. Beim Hörer bzw. Leser entsteht der Eindruck, dass es der interviewten Person inzwischen gelungen ist, mit einer gewissen Distanz auf ihre bindungsrelevanten Kindheitserlebnisse zu schauen. Das innere Arbeitsmodell wird unsicher-distanzierend (Ds) genannt, wenn die zumeist knappen Antworten im AAI entweder eine Tendenz zu einer emotional eher unbeteiligten Abwertung oder aber zu einer nicht überzeugenden Überidealisierung widerspiegeln. Die Bindungsrepräsentation von Personen, deren Antworten auf eine noch immer konfliktuöse Beziehung zu ihren früheren Bezugspersonen verweisen, wird unsicher-verstrickt (E) bezeichnet. Die Interviews wurden als nicht-klassifizierbar („cannot classify", CC) beurteilt, wenn sowohl bindungsvermeidende als auch bindungsverstrickte Passagen im Transkript eine eindeutige Zuordnung des Interviews nicht erlaubten.
Bei den 7 Mutter-Kind-Paaren, die in der Mutter-Kind-Gruppe des Heimes wohnten, war es möglich, die Qualität der Bindung mit der Methode der fremden Situation einzuschätzen. Bei diesem Verfahren, bei dem die Kinder im Alter zwischen 12 und 15 Monaten in einer standardisierten Belastungssituation videographiert werden, handelt es sich um das Standardverfahren der Bindungsforschung, dessen Validität und Reliabilität zureichend belegt ist (Hofmann 2001). Die Analyse der kindlichen Verhaltens führte zur Klassifikation in die Bindungskategorien sicher, unsicher-vermeidend, unsicher-ambivalent sowie desorganisiert-unsicher.
Die Einschätzung psychischer Auffälligkeiten wurde mit der Child Behavior Checklist in der deutschen Übersetzung der Arbeitsgruppe Deutsche Child Behavior Checklist (1998a, b) vorgenommen. Der CBCL wird in der internationalen epidemiologischen wie klinischen Forschung zur Erhebung von Verhaltensauffälligkeiten bei Kindern und Jugendlichen sehr häufig angewendet, um zumindest zu einer generellen Unterscheidung zwischen psychiatrisch auffälligen und unauffälligen Kindern und Jugendlichen zu kommen. Auch für Deutschland liegen Normwerte vor (Döpfner et al. 1997). In der vorliegenden Studie misst also die CBCL die Auffälligkeit der Jugendlichen aus Sicht ihrer Betreuer in der Annahme, dass diese die Jugendlichen in ihrem alltäglichen „häuslichen" Umfeld erleben. Die Befragung der Jugendlichen selbst erfolgte durch den Fragebogen für Jugendliche, der deutschen Übersetzung des Youth Self Report, der analog zum Elternfragebogen CBCL aufgebaut ist und dessen Skalenbildung und Auswertung nach den gleichen Grundsätzen wie beim Elternfragebogen erfolgt (Arbeitsgruppe Deutsche Child Behavior Checklist, 1998a, b).

## 2.2 Ergebnisse

### Psychopathologie

Die Ergebnisse des CBCL-Fragebogens und des YSR-Fragebogens lassen keinen Zweifel daran, dass es sich bei diesen Jugendlichen um eine ausgesprochen hoch psychopathologiebelastete Gruppe handelt. Der Wert der Gesamtverhaltensauffälligkeit ist dreimal so hoch wie der der deutschen repräsentativen Stichprobe. Auch bezüglich der unterschiedlichen Verhaltensbereiche unterschieden sich die untersuchten Jugendlichen in Heimerziehung deutlich vom Durchschnitt ihrer Altersgenossen. Sie gaben je nach Verhaltensbereich 3 bis 5 mal so häufig ein solches Ausmaß an Symptombelastung an, dass sie als klinisch auffällig eingeschätzt werden mussten. Dabei wurden sie von ihren Betreuern annähernd ebenso häufig als so ausgeprägt auffällig eingeschätzt, wie sie dies selbst taten. Bemerkenswert ist das Ergebnis, dass die Mädchen sowohl in der Selbst- wie auch in der Fremdeinschätzung ein ähnlich hohes Ausmaß an externalen Auffälligkeiten aufwiesen. Der sonst deutliche Geschlechtsunterschied bezüglich des dissozialen und aggressiven Verhaltens fand sich also nicht. Mädchen, die in einem Heim leben, sind mithin als besonders gefährdete Gruppe anzusehen.

**Bindungsklassifikation**

Tabelle 1 zeigt die Verteilung der Bindungsklassifikation in Abhängigkeit vom Geschlecht. Die Jugendlichen wurden fast ausschließlich als unsicher gebunden klassifiziert. Lediglich bei 3 Jugendlichen wurde ihr Interview als sicher gebunden eingeschätzt. Es fand sich eine deutliche Geschlechterdifferenz ($Chi^2 = 36{,}11$, $df = 3$, $p < .001$). Die Jungen waren häufiger unsicher-vermeidend gebunden. Den Mädchen wurde häufiger die Kategorie nicht-klassifizierbar (CC) zugeteilt.

***Tabelle 1: Verteilung der Bindungsklassifikation in Abhängigkeit vom Geschlecht***

| | Bindungsklassifikation | | | |
|---|---|---|---|---|
| | F | Ds | E | CC |
| Jungen (n = 39) | 1 (2,6%) | 22 (56,4%) | 2 (5,1%) | 14 (35,9%) |
| Mädchen (n = 33) | 2 (6,1%) | 6 (18,2%) | 6 (18,2 %) | 19 (57,6 %) |
| Total (n = 72) | 3 (4,2%) | 28 (38,9%) | 8 (11,1%) | 33 (45,8 %) |

*Anmerkung: F = sicher; Ds = unsicher-vermeidend; E = unsicher-verstrickt; CC = nicht klassifizierbar*

Bei den Jugendlichen, bei denen eine eindeutige Klassifizierung ihres Interviews nicht möglich war (CC) zeigte sich eine starke Neigung, bindungsrelevante Erlebnisse der Kindheit zu idealisieren, gepaart mit einer ausgeprägten Neigung, bei der Frage nach konkreten Belegen einer solchen Einschätzung auf Erinnerungslücken zu beharren. Dadurch erschien ihr Bericht ausgesprochen inkohärent. Diese Gruppe der CC-Jugendlichen unterschied sich in mancher Hinsicht von der der anderen Jugendlichen. Die Jugendlichen dieser Gruppe waren insgesamt älter. Sie waren in ihrer Vorgeschichte deutlich häufiger Opfer sexuellen Missbrauchs geworden (Chi-Quadrat = 8,00, n = 24, df = 1, p < .01). Jugendliche mit dieser Bindungsklassifikation wurden in jüngerem Alter aus der Familie herausgenommen. Dementsprechend lebten sie schon deutlich länger im Heim (F = 10,77, df = 70, p < .03), nämlich durchschnittlich etwas über 6 Jahre.

**Beziehung zwischen der Bindungsrepräsentation und anderen Variablen**
Angesichts der hohen Basisraten an psychopathologischer Auffälligkeit und Bindungsunsicherheit waren schon aus statistischen Gründen kaum eindeutige Zusammenhänge zwischen diesen Merkmalen zu erwarten. Allerdings war die Symptombelastung bei den Jugendlichen mit einer nur desorganisiert-unsicheren Bindungsrepräsentation generell höher im Vergleich zu denen mit einer organisiert-unsicheren (Ds/E) Bindungsrepräsentation, ohne dass sich dieser Unterschied aber statistisch als ausreichend wahrscheinlich nachweisen ließ.
*Zwischen den Variablen „Misshandlung“ und „Bindungsrepräsentanz“ fand sich kein statistisch eindeutiger Zusammenhang. Allerdings waren diejenigen 22 Mädchen, bei denen von einem sexuellen Missbrauch ausgegangen werden musste, noch häufiger hochunsicher gebunden (73%) im Vergleich zu den anderen 12, bei denen kein sexueller Missbrauch vorlag (50%). Zudem bestand kein Zusammenhang zwischen den Variablen „Dauer der Fremdunterbringung“ und „Bindungsorganisation“. Insofern fand sich kein Hinweis dafür, dass diese Art der Jugendhilfemaßnahme die Bindungsorganisation in Richtung von mehr Sicherheit verändert haben könnte.*

**Jugendliche Mütter und ihre Kinder**
Nur eine junge Mutter wurde als bindungsvermeidend (Ds) klassifiziert. Die Interviews der übrigen 11 jugendlichen Eltern wurden als CC beurteilt. Somit unterschied sich die Bindungsrepräsentation der jugendlichen Eltern auch statistisch bedeutsam von der der noch kinderlosen Jugendlichen ($Chi^2$ [df = 1; N= 70] = 7.04; p < .01). Sie waren noch häufiger unsicher gebunden. Bei 7 Kindern dieser jugendlichen Mütter war es möglich, deren Bindungsorganisation in der Fremden Situation zu untersuchen. Bei dieser Untersuchung fand sich nur bei zwei Kindern ein sicheres Bindungsmuster (B). Das Bindungsmuster der anderen 5 Kinder (71%) wurde als desorientiert (D) eingeschätzt. Im Vergleich dazu beträgt die durchschnittliche Häufigkeit desorganisierter Bindungsmuster bei Kindern jugendlicher Mütter nach den Angaben der von Van IJzendoorn et al. (1999) durchgeführten Metaanalyse lediglich 23%.

## 3. Folgerungen für eine bindungstheoretisch inspirierte Heimerziehung

Abschließend soll noch auf einige Problembereiche hingewiesen werden, deren Diskussion für eine bindungstheoretisch inspirierte Theorie und Praxis der Heimerziehung von Interesse sein dürfte. Es sind dies folgende Fragen, die anderen Ortes teilweise ausführlicher diskutiert werden (Schleiffer 2001, 2003).

(1) Wie lässt sich die Häufigkeit hochunsicherer Bindungsrepräsentationen erklären?
(2) Soll die Veränderung der Bindungsrepräsentation Ziel der Jugendhilfe sein?
(3) Welche Voraussetzungen müssen vorliegen, damit die Veränderung von Bindungsrepräsentationen ein realistisches Ziel ist?
(4) Wie wirken sich die hochunsicheren Bindungsrepräsentationen auf den Erziehungshilfeprozess im Heim aus?

Zuvor soll aber noch auf die methodischen Begrenzungen dieser Studie hingewiesen werden, um einer vorschnellen Generalisierung der Ergebnisse vorzubeugen. So ist fraglich, inwieweit sich Daten, die bei einer doch recht kleinen Untersuchungsgruppe nur einer einzigen Einrichtung gewonnen wurden, auch auf andere Institutionen der stationären Jugendhilfe übertragen lassen, zumal es „das" Heim zumindest in Deutschland nicht mehr gibt. So wohnten entsprechend dem modernen pädagogischen Konzept des Heimes, das eine Vielzahl differenzierter pädagogischer Angebote umfasste, viele der an der Studie teilnehmenden Jugendlichen nicht in traditionellen Wohngruppen mit Schichtbetreuung. 14 Jugendliche wohnten außerhalb des zentralen Hauses in sogenannten Verselbstständigungsgruppen. 17 wurden in einer eigenen kleinen Wohnung sozialpädagogisch betreut. Die Gründe für die Heimaufnahme bei den untersuchten Jugendlichen dürften insgesamt allerdings durchaus „typisch" sein. Auch bezüglich der bindungstheoretischen Methodik ist auf Einschränkungen hinzuweisen. Sie betreffen die Frage der Validität des Erwachsenenbindungsinterviews, das ursprünglich an einer Gruppe von unauffälligen Erwachsenen entwickelt wurde, für die Untersuchung einer solch diffizilen Population. Auch gibt es noch nicht genügend Sicherheit bei der Diagnostik und Anwendung der Kategorie „Cannot-classify" insbesondere in dieser Altersgruppe. Bei aller gebotenen Vorsicht sollten die Ergebnisse der hier vorgestellten Studie dennoch Anlass für eine Diskussion bieten, zumindest solange sie sich nicht durch erfreulichere Daten aus weiteren Studien, die dringend zu fordern sind, in ihrer Bedeutung relativieren lassen.

### 3.1 Die Entwicklung der hochunsicheren Bindung

Den in dieser Studie untersuchten Jugendlichen in Heimerziehung stand fast ausschließlich nur eine unsichere Bindungsrepräsentation zur Verfügung. In der Verteilung der Bindungsrepräsentationsmuster kontrastieren sie eindrucksvoll von Jugendlichen der Normalbevölkerung, die sich diesbezüglich kaum von Erwachsenen unterscheiden. Auch wenn es sich bei der vorliegenden Studie um die erste Publikation aus dem Heimbereich handelt, gibt es dennoch einige Untersuchungen zur Verteilung der Bindungsrepräsentationen von Klienten anderer Institutionen der psychosozialen Versorgung. Diese Befunde verweisen übereinstimmend auf ein seltenes Vorkommen sicherer Bindungskonzepte und auf eine deutliche Überrepräsentanz hochunsicherer Bindungskonzepte bei Jugendlichen, die sta-

tionär behandelt werden (vgl. Schleiffer 2003). Insofern dürfte weniger das fast vollständige Fehlen sicherer Bindungskonzepte, sondern eher die Überrepräsentanz der hochunsicheren und nicht-klassifizierbaren Bindungskonzepte (CC) bei den untersuchten Jugendlichen überraschen, die sich ähnlich ausgeprägt bislang lediglich in zwei Studien aus dem forensisch-psychiatrischen Bereich fand.
Vielen der betreffenden Jugendlichen stand keine kohärente Strategie zur Verfügung, mit deren Hilfe sie ihre bindungsrelevanten Erlebnisse narrativ hätten strukturieren können. Die Frage, wie es zu diesem „vollständigen Zusammenbruch" (Hesse 1996) der Bindungsstrategie gekommen ist, kann mit den Daten der vorliegenden Studie nicht beantwortet werden, da die statistisch fassbaren Zusammenhänge lediglich eine Momentaufnahme darstellen. Allerdings lässt sich doch in Kenntnis der von Missbrauch und Misshandlung belasteten Biographien der hier untersuchten Jugendlichen vermuten, dass sie noch nie in ihrem Leben über eine sichere Bindungsorganisation und mit hoher Wahrscheinlichkeit nur über eine desorganisierte Bindungsrepräsentation verfügt haben dürften. Das hieße dann, dass die Jugendhilfemaßnahme diesbezüglich nicht zu einer Änderung bzw. Verbesserung beigetragen hat. Vielleicht ist aber auch eine optimistischere Sichtweise berechtigt, nach der sich die hohe Prävalenz an CC-Bindungsmustern als Hinweis darauf verstehen ließe, dass die betreffenden Jugendlichen noch Zeit brauchen, um neue Bindungserfahrungen in ihr inneres Arbeitsmodell integrieren zu können. Dann wäre die CC-Klassifikation eher ein Zeichen von Hoffnung. Gerade auf dem Hintergrund der oben ausgeführten Überlegungen drängt sich allerdings die Vermutung auf, dass eine hochunsichere Bindungsrepräsentation durchaus Ausdruck einer gelungenen Anpassung an die den Jugendlichen im Heim gebotene Situation, d. h. an ihre Fremdunterbringung, sein könnte.

### 3.2 Veränderung der Bindungsrepräsentation: ein Ziel der Jugendhilfe?

Den Ergebnissen der Bindungsforschung zufolge kommt einer unsicheren und insbesondere einer hochunsicheren Bindungsrepräsentation auch im Jugendalter eine nicht zu unterschätzende Bedeutung als Risikofaktor für das weitere Leben zu. So bestehen Zusammenhänge zwischen der Bindungsrepräsentation von Jugendlichen zu einer Reihe von Anpassungsvariablen in diesem Alter, etwa zum Umgang mit Belastungen, zum Selbstwert und zur Gestaltung von Beziehungen nicht nur zu den Eltern, sondern auch zu den Gleichaltrigen, den peers, und damit auch für Liebesbeziehungen (Zimmermann u. Becker-Stoll 2001).

Gemäß KJHG soll Heimerziehung als „eine auf längere Zeit angelegte Lebensform" „auf ein selbständiges Leben vorbereiten" und so dazu beitragen, dass der junge Mensch sein „Recht auf Förderung seiner Entwicklung und auf Erziehung zu einer eigenverantwortlichen und gemeinschaftsfähigen Persönlichkeit" im Sinne des § 1, Abs. 3 KJHG verwirklichen kann. Insofern wäre eine Verbesserung der Bindungsrepräsentation durchaus als kuratives Ziel dieser Jugendhilfemaßnahme anzusehen. Auch dürfte ein präventiver Interventionsbedarf in Bezug auf die nachfolgende Generation bestehen. Auch wenn die Fallzahl der in der Studie untersuchten jugendlichen Mütter sehr klein ist, spricht der Befund doch dafür, dass jugendliche Mütter, die als Maßnahme der Jugendhilfe in einem Heim leben, besonders schlecht vorbereitet sind, die Rolle einer „ausreichend guten" Mutter zu übernehmen. Die ihnen zur Verfügung stehenden Ressourcen im Sinne protektiver Faktoren sind sehr gering. Insbesondere haben sie selbst in ihrer Kindheit keine vorhersehbaren, ausreichend guten Erfahrungen mit elterlicher Versorgung machen können, welche die Erfahrungsgrundlage für ein ausreichend organisiertes Bindungskonzept hätten bieten können. Ihre intuitive Elternschaft wurde dadurch behindert. Sie geben ihre eigene unsichere Bindungsrepräsentanz an ihre Kinder weiter im Sinne einer intergenerationalen Transmission (Fonagy et al. 1991, Van IJzendoorn 1995), was die Entwicklungschancen der Kinder beeinträchtigt.

### 3.3 Voraussetzungen für eine Veränderung der Bindungsrepräsentation durch Heimerziehung

Die Bindungstheorie geht davon aus, dass Bindungskonzepte grundsätzlich veränderbar sind. Bindung ist kein Schicksal. Voraussetzung für die Veränderung einer Bindungsrepräsentation sind bindungsrelevante Erfahrungen, vor allem Beziehungserlebnisse mit Menschen, die die Rolle von Bindungsfiguren übernehmen. Für den Fall, dass diese Erfahrungen zu einer Veränderung der Bindungsrepräsentation im Richtung eines Mehr an Sicherheit führen, spricht man von einer „earned security" im Unterschied zu einem von Beginn an bestehenden sicheren Bindungskonzept. Im Erwachsenenalter sind solche bindungskorrigierenden Erfahrungen vor allem im Zusammenleben mit einem Partner, der Bindung grundsätzlich einen hohen Stellenwert einräumt, oder aber auch in einer helfenden Beziehung anlässlich einer Psychotherapie zu erwarten.

Die Frage stellt sich, ob auch die Heimerziehung solche bindungskorrigierenden Erfahrungen ermöglichen kann. Voraussetzungen hierfür wäre zum einen, dass die Jugendlichen solche Bindungserfahrungen im Heim auch suchen, und zum anderen, dass Erzieher und Erzieherinnen die Rolle von Bindungspersonen auch übernehmen können und wollen. Grundsätzlich darf man damit rechnen, dass sich Jugendliche außerhalb ihrer Familie um eine substitutive Bindungsbeziehung bemühen, besteht doch ein natürliches Bestreben nach Bindung „von der Wiege bis zum Grab" (Bowlby 1982, 159 f.), und sicherlich verstärkt bei Menschen, deren Bindungsbedürfnisse so wenig befriedigt wurden wie bei den in einem Heim lebenden Jugendlichen. Trotzdem dürften sich Bindungsbeziehungen im Heim nicht automatisch herstellen (Schuengel u. Van IJzendoorn 2001), vor allem dann nicht, wenn die betreffenden Jugendlichen die Erfüllung ihrer Bindungsbedürfnisse noch in ihrer Herkunftsfamilie erwarten können oder sie bei anderen Personen innerhalb oder außerhalb des Heimes suchen, etwa bei Gleichaltrigen. Auch bedarf es ausreichend Zeit für der Entwicklung von Bindungsbeziehungen. Letztlich entscheiden die inneren Arbeitsmodelle der Jugendlichen darüber, inwieweit sie sich über-

haupt bereit finden, sich dem Wagnis einer Korrektur ihrer Bindungsrepräsentationen auszusetzen.
Auch auf Seite des Personals müssen bestimmte Voraussetzungen für die Übernahme der Rolle einer Bindungsperson gegeben sein. Nach Howes (1999) sind dies
(1) die Sorge in körperlicher und emotionaler Hinsicht,
(2) ihre kontinuierliche oder konsistente Bedeutung für das Leben des Kindes und
(3) ihre Bereitschaft zu einer affektiven Investition.

Da es sich bei den Bindungskonzepten um Erwartungsstrukturen handelt, die in der Regel unbewusst im prozeduralen Gedächtnis gespeichert sind, ist mit einer Veränderung mit Sicherheit nicht kurzfristig zu rechnen. Dies dürfte insbesondere für die hochunsicheren Bindungskonzepte von Jugendlichen zutreffen, die aufgrund ihrer prekären intrafamiliären Erlebnisse rigide und veränderungsresistent beschaffen sind. Heimerzieher und –erzieherinnen sollten diesbezüglich etwa im Vergleich zu Psychotherapeuten durchaus im Vorteil sein, gestalten sie doch über eine lange Zeitdauer mit den Jugendlichen zusammen deren Alltag.
Auch wenn diesbezüglich keinerlei Studien vorliegen, erscheint die Annahme plausibel, dass ähnlich wie in der Psychotherapie auch in der Heimerziehung von sicher gebundenen professionellen Helfern bessere Interventionserfolge zu erwarten sind. Erzieher und Erzieherinnen mit eigener sicherer Bindungsrepräsentation können eher bindungskorrigierende Erfahrungen anbieten, weil sie es sich leisten können, sich nicht immer erwartungsgemäß den Jugendlichen gegenüber zu verhalten. Nur wenn sie deren Erwartung enttäuschen, werden sie die Jugendlichen zu einer Überprüfung und Korrektur ihrer Bindungskonzepte, die sich in ihrem früheren Kontext durchaus bewährt haben, veranlassen können. Insofern kommt auf die „Passung" der Bindungskonzepte zwischen Erziehern und Jugendlichen an. Grundsätzlich dürften komplementär zu den Bindungsstrategien der Klienten ausgerichtete Interventionen erfolgreicher sein (Tyrrell et al. 1999). So bietet es sich etwa an, das hyperaktive Bindungssystem einer verstrickt-gebundenen Jugendlichen zu deaktivieren, während bei einem bindungsvermeidenden Jugendlichen auf dessen versteckte Bindungsbedürfnissen eingegangen werden sollte. Eine solche nichtkomplementäre, erwartungswidrige Vorgehensweise kann durchaus anstrengend sein und setzt daher auf Seiten der professionellen Helfer neben einer besonderen Sensibilität für bindungsrelevante Sachverhalte auch ein gehöriges Maß an Frustationstoleranz voraus.

Der Umstand, dass die Erzieherinnen sehr viel Zeit mit den Jugendlichen verbringen, sollte Chancen für korrigierende Bindungserfahrungen eröffnen. Diesbezüglich dürften die professionellen Helfer im Heim im Vergleich zu Psychotherapeuten eindeutig im Vorteil sein. Allerdings bringt die Alltagsorientierung der modernen Heimerziehung auch Erschwernisse mit sich, da anders als in der hochartifiziellen und intimen Therapiesituation es gerade in der Gruppenerziehung oft nur schwer möglich ist, sich unbeobachtet auf das Innenleben der Jugendlichen „einzulassen“. Die Funktionen von Heimerzieherinnen sind sicherlich nicht an erster Stelle therapeutisch, sondern sind ungleich komplexer als die von Psychotherapeuten (vgl. Moses 2001). Da es sich bei einer Bindungsbeziehung um eine Zweipersonenbeziehungen handelt, muss auf der organisatorischen Ebene der Institution – schon vom „Stellenschlüssel“ – ausreichend Zeit und Raum für solch exklusive Beziehung geschaffen werden.

### 3.4 Auswirkungen hochunsicherer Bindungsrepräsentationen auf den Jugendhilfeprozess

Nicht nur das Zustandekommen einer Bindungsbeziehung, auch ihre weitere Ausgestaltung wird von Faktoren auf Seiten der Erzieher wie auf Seiten der Jugendlichen bestimmt. Aber auch für den Fall, dass eine Korrektur von Bindungskonzepten als ein unrealistisches, die Heimerziehung überforderndes Ziel oder gar als unbedeutend angesehen wird, vermag die Bindungstheorie eine Reihe von Schwierigkeiten, die sich beim Umgang mit dieser schwierigen Klientel im Heim auftun, zu erhellen (vgl. Schleiffer 2001). So wird gerade eine bindungsabwertende Haltung der Jugendlichen die Erzieherinnen leicht frustrieren, wird ihr Angebot einer hilfreichen Beziehung doch oft brüsk zurückgewiesen. Dann besteht die Gefahr, dass sich die Pädagogen schon aus Gründen des Selbstschutzes von den Jugendlichen zurückziehen und sich insofern an deren bindungsabwertenden Verhalten anpassen. Dadurch wird allerdings dieses innere Arbeitsmodell ein weiteres Mal bestätigt und gefestigt, zumal bindungsabwertende Attituden in diesem Alter subkulturell durchaus favorisiert werden. Eine solche kollusive bindungsvermeidende Einstellung von Seiten der Erzieher lässt sich zudem pädagogisch leicht rationalisieren mit dem Hinweis auf die zu fördernde Verselbstständigung der Jugendlichen. Auch die derzeit verwendeten Evaluationskriterien in der Heimerziehung berücksichtigen so gut wie keine Bindungsgesichtspunkte, auch wenn die Bedeutung enger, zuverlässiger und sicherer Beziehungen für die Sozialisation, Entwicklung und Erziehung geradezu zum Gemeingut geworden ist (Krappmann 2001). Aus bindungstheoretischer Sicht lässt sich von einem besonderen Hilfeparadox der Heimerziehung sprechen: Diejenigen Kinder und Jugendlichen, deren Bindungskonzepte aufgrund ihrer desolaten Erfahrungen in der Herkunftsfamilie am meisten beschädigt wurden, verhindern mit ihrem Verhalten am ehesten korrigierende Erfahrungsmöglichkeiten.

Insofern dürfte es für die Jugendhilfe an der Zeit sein, ihr „zwistigliches Verhältnis“ (Krappmann 2001) zur Bindungsforschung zu korrigieren. Zumindest sollten deren empirischen Ergebnisse zur Kenntnis genommen und auf ihre Bedeutung für Erziehungshilfeprozesse hin angemessen diskutiert werden.

## Literatur


Arbeitsgruppe Deutsche Child Behavior Checklist (1998a): Elternfragebogen über das Verhalten von Kindern und Jugendlichen, deutsche Bearbeitung der Child Behavior Checklist (CBCL/4-18). Einführung und Anleitung zur Handauswertung. 2. Auflage mit deutschen Normen bearbeitet von M. *Döpfner*, J./ *Plück*, J./ *Bölte*, S. Köln: Arbeitsgruppe Kinder-, Jugend,- und Familiendiagnostik.

Arbeitsgruppe Deutsche Child Behavior Checklist (1998b): Fragebogen für Jugendliche. Deutsche Bearbeitung des Youth Self-Report (YSR) der Child Behavior Checklist. Einführung und Anleitung zur Handauswertung. 2. Auflage mit deutschen Normen bearbeitet von M. *Döpfner*, J./*Plück*, J./*Bölte*, S. Köln: Arbeitsgruppe Kinder-, Jugend,- und Familiendiagnostik.

*Baur*, D./*Finkel*, M./ *Hamberger*, M./*Kühn*, A.D./*Thiersch*, H. (1998): Leistungen und Grenzen der Heimerziehung. Schriftenreihe des Bundesministeriums für Familie, Senioren, Frauen und Jugend, Bd. 170. Stuttgart: Kohlhammer.

*Bowlby*, J. (1982): Das Glück und die Trauer. Herstellung und Lösung affektiver Bindungen. Stuttgart: Klett-Cotta.

*Cassidy*, J./*Mohr*, J.J. (2001): Unsolvable Fear, Trauma, and Psychopathology: Theory, Research, and Clinical Considerations Related to Disorganized Attachment Across the Life Span. Clinical Psychology: Science and Practice, 8, 275-298.

*Döpfner*, M./*Plück*, J./*Berner*, W./*Fegert*, J.M./*Huss*, M./*Lenz*, K./*Schmeck*, K. (1997): Psychische Auffälligkeiten von Kindern und Jugendlichen in Deutschland – Ergebnisse einer repräsentativen Studie: Methodik, Alters-, Geschlechts- und Beurteilereffekte. Zeitschrift für Kinder- und Jugendpsychiatrie und Psychotherapie, 25, 218-233.

*Fonagy*, P. (1991): Maternal representations of attachment during pregnancy predict the organization of infant-mother attachment at one year of age. Child Development, 62, 891-905.

***Gloger-Tippelt*, G. (2001): Das Adult Attachment Interview: Durchführung und Auswertung. In: Gloger-Tippelt, G. (Hrsg.): Bindung im Erwachsenenalter. Bern: Huber, 102-120.**

*Green*, J./*Goldwyn*, R. (2002): Annotation: Attachment disorganization and psychopathology: new findings in attachment research and their potential implications for developmental psychopathology in childhood. Journal of Child Psychology and Psychiatry, 43, 835-846.

*Hesse*, E. (1996): Discourse, memory, and the Adult Attachment Interview: a note with emphasis on the emerging cannot classify category. Infant Mental Health Journal 17, 4–11.

*Hofmann*, V. (2001): Psychometrische Qualitäten des Adult Attachment Interviews – Forschungsstand. In: Gloger-Tippelt, G. (Hrsg.): Bindung im Erwachseenalter, Bern: Huber, 121-153.

*Howes*, C. (1999). Attachment relationships in the context of multiple caregivers. In: Cassidy, J./Shaver, P.R. (Hrsg.): Handbook of Attachment. Theory, research, and clinical applications. New York: Guilford Press, 671-687.
*Krappmann*, L. (2001): Bindungsforschung und Kinder- und Jugendhilfe – Was haben sie einander zu bieten? Neue Praxis, 31, 338-346.
*Main*, M./Goldwyn, R. (1998): Adult attachment scoring and classification systems. Unpublished manuscript. Berkeley: University of California.
*Moses*, T. (2000): Attachment theory and residential treatment: A study of staff–client relationships. American Journal of Orthopsychiatry, 70, 474–490.
*Post*, W. (1997): Erziehung im Heim. München: Juventa.
*Schleiffer*, R. (2001): Der heimliche Wunsch nach Nähe. Bindungstheorie und Heimerziehung. Münster: Votum.
*Schleiffer*, R. (2003): Bindungsbeziehungen von Jugendlichen im Heim. Psychotherapie und Sozialwissenschaft (im Druck)
*Schleiffer*, R./Müller, S. (2002): Die Bindungsorganisation von Jugendlichen in Heimerziehung. Praxis der Kinderpsychologie und Kinderpsychiatrie, 51, 747-765.
*Schuengel*, C./*Van Ijzendoorn*, M.H. (2001): Attachment in mental health institutions: a critical review of assumptions, clinical implications, and research strategies. Attachment & Human Development, 3, 304-323.
*Tyrrell*, C. L./*Dozier*, M./*Teague*, G. B./*Fallot*, R. D. (1999): Effective treatment relationships for persons with serious psychiatric disorders: The importance of attachment states of mind. Journal of Consulting and Clinical Psychology, 67, 725–733.
*Van IJzendoorn*, M.H. (1995): Adult attachment representations, parental responsiveness and infant attachment: A meta-analysis on the predictive validity of the Adult Attachment Interview. Psychological Bulletin, 117, 387-403.
*Van IJzendoorn*, M.H./*Schuengel*, C./*Bakermans-Kronenburg*, M. (1999): Disorganized attachment in early childhood: meta-analysis of precursors, concomitants, and sequelae. Development and Psychopathology, 11, 225-249.
*Zimmermann*, P./*Becker-Stoll*, F. (2001): Bindungsrepräsentation im Jugendalter. In: Gloger-Tippelt, G. (Hrsg.): Bindung im Erwachsenenalter. Bern: Huber, 251-274.

# Anders ansetzen – anders arbeiten: Die Hilfen vernetzen –

## Konzepte und Erfahrungen der Familiennetzwerkarbeit

Prof. Dr. Reinhart Wolff

Man kann in der Traumaarbeit – mit Angeboten der Hilfe oder Therapie – ganz unterschiedlich ansetzen: (a) an den erlebten Konflikten und Beeinträchtigungen bzw. an den Verletzungen und Schädigungen, wie auch immer sie sich darstellen, wie sie wahrgenommen bzw. diagnostisch erfasst und in ihren Zusammenhängen erkannt werden; oder (b) an den Eigenkräften und Ressourcen der Betroffenen bzw. an den Hilfemöglichkeiten und Unterstützungssysteme, die vorhanden sind oder geschaffen werden können.
Ich will in meinem Beitrag den zweiten Ansatz aufgreifen, auf verletzende Gefährdungen und Beeinträchtigungen, Misshandlung und Gewalt zu reagieren, indem ich programmatisch ein Konzept sozialraum-orientierter und vernetzter Sozialarbeit vorstelle und zugleich von den ersten Erfahrungen im Familiennetzwerk Hoyerswerda berichte, die den Schluss nahe legen, dass Kinderschutz als vernetzte Gemeinwesenarbeit günstige Perspektiven eröffnet, die eine nachhaltige Qualitätsentwicklung möglich machen.

### 1. Entwicklungslinien

Wenn man die Entwicklung in Praxis und Wissenschaft, was unser Thema betrifft, etwa in den letzten 100 Jahren in den Blick nimmt, dann kann man eine Veränderung der vorherrschenden Perspektive beobachten. Es verschiebt sich die Aufmerksamkeit von nicht mehr zu verkraftenden Erfahrungen einzelner Menschen mit der Folge wahrnehmbarer Schädigungen und Störungen mit Krankheitswert (= Trauma) auf komplexe Ursachen- und Verarbeitungszusammenhänge bzw. vom einzelnen Menschen auf das von vielen Faktoren bestimmte Feld. Aus einfachen Wirkungsketten werden komplexe Arrangements sich bedingender Strukturen und Prozesse.
Man kann diese Entwicklung schön an der Weiterentwicklung der frühen (vor allem auf sexuelle Verführung bezogenen) Traumatheorie zur Psychoanalyse – mit ihrer Entdeckung des Stellenwerts der seelischen Realität, der Phantasie und des Unbewussten – erläutern. Dabei werden nun interessanterweise nicht reale Erfahrungen gegen die Phantasie gestellt, sondern es wird von Freud mit seiner Wende 1897 („Ich glaube meiner Neurotica nicht mehr!") der konstruktive Charakter des seelischen Erlebens betont. Seither – und das hat sich dann später von Jean Piaget bis hin zu den modernen Konstruktivisten noch verstärkt - fassen wir Erleben und Verstehen samt ihrer emotionalen Seiten als etwas auf, was wir selbst wesentlich ins Werk setzen, was unsere eigene Aktivität in vielfältigen Zusammenhängen darstellt. Wir sind nicht nur Objekte von Beeinflussungen, sondern wir

wirken in jeder Hinsicht mit, auch wenn wir Beeinträchtigungen oder Verletzungen erfahren. Wir sind Konstrukteure unserer Realität. Damit verändert sich das eindimensionale Wirkungskonzept der frühen Traumatheorie, werden aus bloßen Opfern Mitwirkende im Geschehen.
Wir können einen ähnlichen Entwicklungsbogen beobachten, was die Veränderung des Kinderschutzes betrifft: Die Aufmerksamkeit, die ursprünglich auf das misshandelte und vernachlässigte Kind und den Misshandler gerichtet war, ist nun erweitert. Jetzt sind die Lebensumstände und Beziehungswelten in den Blick gekommen, hat man die besondere Bedeutung des Hilfesystems für die Bewältigung von Krise und Konflikt besser verstanden. Nicht von ungefähr kennzeichnen viele Fachkräfte ihren Praxisansatz als systemisch.
Von daher wäre es natürlich interessant, die kritische Frage zu stellen, ob das diesjährige Kinderschutzforum mit dem Aufgreifen der Traumaproblematik nicht eventuell doch einen wissenschaftlichen und praxisstrategischen Rückschritt betreibt, der sich modernen ideologischen sozio-kulturellen Entwicklungen im Kontext weltweiter Kampagnen zum sexuellen Missbrauch, zur posttraumatischen-Stress-Disorder (PTSD) sowie zur Multiplen Persönlichkeit verdankt. Ich will diese Überlegung hier nicht vertiefen, zumal die Problematik inzwischen gut untersucht worden ist (vgl. in diesem Zusammenhang die wichtige Studie von Ian Hacking). Es wird Ihnen aber nicht entgangen sein, dass ich nicht zuletzt deswegen eine thematische Verschiebung meiner Fragestellung für richtig gehalten habe, mich also eher mit den Kontexten beschäftigen will als mit einzelnen Handlungen, wie schwerwiegend sie auch immer seien.
Die Kontexte kommen aber auch in den Blick, wenn wir unser berufliches Handlungswissens mustern.

**Vier Gesichtspunkte**, die als Eckpfeiler eines solchen – vor allem entwicklungspsychologischen – Handlungswissens gelten können, sollen hier kurz angedeutet werden:
**1. Wir wissen inzwischen, dass wir Personen als solche nur schwer verändern können, denn Verhalten (und damit auch Verhaltensveränderung) ist immer eine Funktion von Person und Umwelt.** Darauf hat bereits **Kurt Lewin mit seiner berühmten Formel V = f (P, U)** in den späten Dreißiger Jahren aufmerksam gemacht. Wir haben von Lewin gelernt, Personen in ihren Feldern zu verstehen. Dabei kann man unterschiedlich fokussieren: beispielsweise das Feld oder die Person in Blick haben. Jedenfalls wissen wir inzwischen, dass Feldveränderungen dramatische Konsequenzen auch für Personen haben. Wenn wir das Setting ändern, sind wir in der Lage, außerordentliche Effekte bei einzelnen wie insgesamt zu produzieren.
Für die Praxis der Sozialarbeit, für Bildungs- und Erziehungsprozesse überhaupt, ist diese Erfahrung von besonderer Bedeutung, auch wenn moderne humane Dienstleistungen sich inzwischen im Zuge einer starken Individualisierung und Therapeutisierung sehr personenzentriert entwickelt haben.

Am Anfang der Geschichte der Sozialarbeit hat demgegenüber viel stärker die Orientierung aufs Feld eine Rolle gespielt. Sozialarbeit ist ursprünglich soziale Bewegung gewesen. „Social Works“ – das ist die Wurzel der Bedeutung „Sozialer Arbeit“ – waren ursprünglich Werke oder Stiftungen der Bürger zur Veränderung des Gemeinwesens. Man könnte sagen, sie haben regelrecht Umwelt(veränderungs)-aktionen betrieben. Heute betonen wir demgegenüber eher eine Orientierung auf einzelne Personen, eine Tendenz, die auch das KJHG kennzeichnet, das eine starke Zentrierung auf die einzelne Familie und das jeweilige Kind kennt.
Modernes umsetzbares Handlungswissen (actionable knowledge) hat jedoch immer beides im Blick: das Feld (die weiteren Lebensumstände) und die Personen. Wir können uns angewöhnen, sie immer zusammenzudenken. Dann werden unsere Programme viel komplexer.

**2. Ökologische Sozialisationsforschung hat eine weitere Perspektive ermöglicht.** Sie hat zeigen können, dass produktive Weiterentwicklungen von Kindern und Jugendlichen eher gelingen, wenn Dyaden, Zweierbeziehungen, sich um weitere Beziehungen erweitern, sich gewissermaßen triangulieren, vervierfachen, usf. Das nennt Uri Bronfenbrenner, der große amerikanische Entwicklungspsychologe, **die Herstellung eines N + 2-Systems.** Mit der Einführung einer neuen Dimension, ändern sich die Perspektiven, werden neue Erfahrungsräume eröffnet. Das hatte im Übrigen auch der Soziologe Helmuth Plessner bereits mit seinem Konzept der „Extrapositionalität“ im Auge, wenn er betonte, dass das Milieu der anderen erst eigentlich die Sicht auf sich selbst ermöglicht. Extrapositionalität fördert die Persönlichkeitsentwicklung.
Auch durch den Eintritt der sozialen Fachkräfte ins familiale Bezugssystem kann eine solche Neu-Dimensionierung der Beziehungen bewirkt werden, die multiperspektivische Erweiterungen erlaubt, die Entwicklungsprozesse produktiv beeinflussen. Die Chance der Prävention liegt geradezu darin, durch die Herstellung von Brücken zu äußeren Unterstützungsnetzen 2er-Systeme (beispielsweise Eltern-Kind-Systeme) um weitere Bezüge (N) zu bereichern und damit für Entwicklungen zu öffnen.

**3. Wir wissen schließlich aus der entwicklungspsychologischen Forschung, dass Übergänge offenbar strategische Konstellationen in der Entwicklung darstellen.** Und wenn das so ist, dann wäre es möglicherweise für das Hilfesystem interessant, an diesen Übergängen anzusetzen.
Ich habe zusammen mit Heiko Kleve diese Einsicht theoretisch ausgebaut und herausgearbeitet, dass Sozialarbeit überhaupt ein Übergangssystem **oder „Zwischensystem“** ist. Sozialarbeit ist professionell das System, das Übergänge ermöglicht. Wenn beispielsweise Kinder bei der Einschulung Ängste entwickeln, also ihnen der „Übergang“ von der Familie in die Schule nicht gelingt oder wenn Jugendliche aus der Schule einen Übergang ins Berufsleben oder Erwachsenenle-

ben nicht finden, usw. - immer wenn Übergänge in andere Lebensrealitäten misslingen, dann setzt Sozialarbeit ein.
**Wir sind fachlich also Übergangsspezialisten.** Wir sind nicht nur „gate keeper", „Brückenwächter", sondern wir bauen die Brücken. Immer wenn es die Menschen nicht alleine schaffen, eine neue Entwicklungsstufe zu erreichen, brauchen sie Hilfen. Diese Hilfen organisieren wir professionell. Wir sind ein Zwischensystem, sind Spezialisten für Übergänge. Die Frage ist freilich: Nutzen wir die Übergänge und die Krisen, die in dieser Situation entstehen und haben wir das notwendige fachliche Können, hier hilfreich einzugreifen? Für präventive Bemühungen ist natürlich strategisch entscheidend, ob wir die „Anfänge", die „ersten Übergänge" nutzen, ob wir hier zur Stelle sind, denn hier werden möglicherweise lebensentscheidende Weichen gestellt. Deswegen ist der Anfang so wichtig, handelt es sich um einen strategischen Übergang, an dem Prävention ansetzen könnte: mit Hilfen von Anfang an.

**4. Wir können schließlich aus der Resilienzforschung wichtige Schlussfolgerungen für Programm und Methoden gemeinwesenorientierter Hilfepraxis ziehen.** Einige Ergebnisse, die auch für präventive Ansätze von zentraler Bedeutung sind, sollen hier noch einmal genannt werden:
**Erstens: Es gibt Schutzfaktoren und Risikofaktoren.** An Schutzfaktoren anzusetzen, ist günstiger. Das heißt, anstatt ganz genau herausbekommen zu wollen, in welche Risikosituationen Menschen geraten können und ihnen dann vorzubeugen, ist es günstiger zu fragen, wie können wir günstige Lebensverhältnisse herstellen und die Widerstandskräfte der möglicherweise Gefährdeten, ihre Schutz- und Abwehrkräfte stärken? Darüber wissen wir inzwischen ziemlich viel. Das heißt: Je mehr wir die Schutzfaktoren vergrößern, um so eher reduzieren wir die Entwicklungsrisiken.
**Zweitens: Die Akkumulation von Risikofaktoren ist risikoreicher als die Wirkung einzelner Faktoren.** Das heißt, wir müssten uns darauf ausrichten, genauer herauszufinden, wo mehrere Risiken zusammenkommen. Die Forschung hat nämlich zeigen können, dass Risikofaktoren sich in ihrer Wirkung nicht einfach addieren, sondern dass sie eine multiplikative Konsequenz haben. Die Massierung von Risikofaktoren führt zu einer exponentiell erheblich größeren, qualitativ verschärften Gefährdungssituation, hat mehr als bloß additive Konsequenzen.
**Drittens: Multidisziplinäre, kombinierte Hilfen auf mehreren Ebenen haben offenbar eine erheblich größere Wirksamkeit als Einzelhilfen.** Das heißt, wenn wir unterschiedliche Formen der Hilfe kombinieren, sind wir eher in der Lage, Risiken zu reduzieren und günstige Entwicklungsvoraussetzungen zu schaffen.
**Und schließlich viertens: Frühe Hilfen von Anfang an sind wirksamer als späte Hilfen und reaktive Hilfen.**
Mit diesen Erfahrungen sind wir (einige Sozialpädagoginnen um Ramona Kaiser in Hoyerswerda und ich) vor gut einem Jahr daran gegangen, ein neues Konzept engagierter Familiennetzwerkarbeit zu entwickeln und schrittweise im Rahmen

eines Modellversuches des Landesjugendamtes **„Familienbildung in Kooperation mit Kindertageseinrichtungen“** in die Praxis umzusetzen. Ich beschreibe im Weiteren das Programm-Konzept und fasse einige Erfahrungen zusammen.

## 2. Programm und Erfahrungen: Familiennetzwerkarbeit in Hoyerswerda

Hoyerswerda, ursprünglich ein überschaubares Städtchen in der Oberlausitz, ist als Energieproduktionszentrum der DDR zu einer Stadt mit 72 000 Einwohnern geworden, für die man Schritt für Schritt große Plattenbauten – sogenannte „WKs“ = Wohnkomplexe – errichtete. Nach der Wende gab es hier wie andernorts in den neuen Bundesländern heftige fremdenfeindliche Auseinandersetzungen, die jedoch mit Umsicht und Dialogbereitschaft von den Verantwortlichen der Stadt wie den Bürgern bearbeitet und bewältigt wurden. Nicht erfolgreich allerdings war man damit, die Anwanderung von Tausenden von Menschen zu stoppen, nicht zuletzt von jungen Leuten. So hat Hoyerswerda heute nur noch ca. 45 000 Einwohner, d. h. die Einwohnerzahl hat sich seit 1889 fast halbiert.

In den Wohnkomplexen liegen jeweils sogenannte Dienstleistungswürfel, darunter Kitas für jeweils etwa 140-190 Kinder mit Krippe-, Kindergarten- und Hortangeboten. Hier haben wir angesetzt mit unserem Versuch, im sozialen Nahraum der Wohnkomplexe vielfältige Hilfen zu entwickeln und im Rahmen eines gemeinwesen-orientierten Familienbildungskonzeptes miteinander zu vernetzen.

Dabei sind wir von der folgenden **Zielstellung** ausgegangen:

Familienbildung kann nicht unmittelbar einsetzen. Man muss sie erreichen können. Sie braucht Zugänge, die konkrete Hilfeangebote erschließen. Man muss Brücken bauen zu Eltern und Kindern, aber auch zu nützlichen Helfern. Je alltäglicher und universeller man ansetzt, um so tragfähiger werden die Brücken, die zu solidarischer Unterstützung und multidisziplinärer Hilfe führen.

**Daraus ergibt sich die 1. Zielstellung:**

Ausgehend vom alltäglichen und einem an alle Kinder im Umfeld sich richtenden Angebot der Kindertageserziehung öffnen wir die beteiligten Einrichtungen („Sonnenschein“ / „Pusteblume“ und „Märchenland“) für die Entwicklungsbedürfnisse und den Hilfebedarf von Eltern und Kindern, indem wir gerade auf die bisher schwer erreichbaren Familien zugehen, den konkreten Unterstützungsbedarf wie die Eigenkräfte erforschen und die Eltern zur Mitwirkung im Familiennetzwerk Hoyerswerda einladen. **(Entwicklungspartnerschaft mit Eltern und Kindern)**

Das Verhalten von Menschen ist eine Funktion von Menschen unter bestimmten Lebensverhältnissen. Wir sind als Fachkräfte in unseren Einrichtungen ein wichtiger Teil dieser Lebensverhältnisse. Wir selbst sind als Fachkräfte in der Jugendhilfe oder im Bildungs- und Gesundheitssystem das Milieu, auf das eine jede Familie angewiesen ist. Ob wir tatsächlich hilfreich sind (oder etwa inkompetent und feindselig, aggressiv und abweisend), ist entscheidend davon abhängig, ob sich unsere Arbeit sehen lassen kann und ob sie als gute Fachpraxis anerkannt ist, ob wir fachlich etwas können und ob wir unser Können und Wissen weiter entwickeln.

**Daraus ergibt sich die 2. Zielstellung des Modellprojekts:**
Kindertageserziehung im Verbund mit Familienbildung verbinden wir daher mit dem Projekt dialogischer Qualitätsentwicklung, das auf die Förderung bester Fachpraxis im Hilfeverbund zielt. Dabei qualifizieren wir nicht allein die sozialpädagogischen Fachkräfte in unseren Kindertageseinrichtungen und die Koordinatoren des Familiennetzwerkes sondern auch die kooperierenden Kollegen in den anderen Einrichtung, die den weiteren Hilfeverbund bilden. **(Dialogische Qualitätsentwicklung)**
Wer Familien dabei unterstützen will, Kinder in ihrer Entwicklung nach Kräften und entsprechend unseren wissenschaftlichen, materiellen und beziehungsmäßigen Möglichkeiten zu fördern, muss sich mit anderen, die helfen können und wollen, zusammenschließen. Die vielfältigen Möglichkeiten unterschiedlicher Einrichtungen und Fachkräfte vervielfältigen sich, wenn sie miteinander verbunden werden, anstatt sich spezialistisch voneinander abzuschotten.

**Daraus ergibt sich die 3. Zielstellung des Modellprojekts:**
Wir bieten programmatisch und methodisch mehrfach geschichtete Hilfen an und organisieren das Familiennetzwerk als Hilfeverbund. **(Hilfe-Mix und Hilfeverbund)**
Humane Dienstleistungssysteme stellen komplexe lebende Systeme dar. In humaner Hilfepraxis kann man daher nicht sicher wissen und kontrollieren, wie sich Menschen verhalten werden bzw. was und warum überhaupt etwas geschieht. Das heißt: unsere Kausalitätskalküle bleiben unzulänglich, jedenfalls viel unzulänglicher als unter kontrollierten technischen Versuchs- und Produktionsanordnungen, wie sie z. B. im materiellen Produktionsprozess, bei der Anwendung von Maschinen, gelten. Menschen kann man nicht ausrechnen. Jedenfalls ist das, was wir im Kontext lebender Systeme als Ursachenzusammenhänge annehmen, nur von begrenzter Reichweite. Um so wichtiger ist es, sich die komplexen Wirkungen von Hilfeprozessen anzusehen, sie zu dokumentieren und zu untersuchen, um die Ergebnisse im Hilfeprozesse festzustellen und die Qualität und Effektivität der eigenen Praxis zu erhöhen.

**Daraus ergibt sich die 4. Zielstellung des Modellprojekts:**
Wir dokumentieren in Kooperation mit der Wissenschaftlichen Begleitung des Modellprojekts unsere Hilfeprozesse, stellen ihre Ergebnisse fest und untersuchen, wie wir die Qualität und Effektivität unserer Dienstleistungen sichern und verbessern können. (**Dokumentation / Evaluation / Qualitätssicherung)**
Das Modellprojekt wurde partnerschaftlich organisiert und kooperativ entwickelt. Dabei war vor allem die Kooperation mit der Alice-Salomon-Fachhochschule Berlin (Forschungsschwerpunkt Hilfesystemforschung) wichtig. Die Projektpartnerschaft mit dem Kronberger Kreis für Qualitätsentwicklung e.V. kam allerdings wegen anfangs zwar zugesagter dann aber doch nicht vorhandener Mittel nicht zustande.
Programmatisch konkretisierten wir **die Angebote des Familiennetzwerkes** dergestalt, dass schrittweise verschiedene Projekte entstehen sollten, wie z. B.:

- **der FamilienClub** (für Kontakt u. Kommunikation, Feste und Information – mit Kochschule und Haushaltsmanagement / Familiennetzwerkplenum, Netzwerkfesten und künstlerischen Angeboten)

- **der WellnessClub** (mit Angeboten von Massage-, Fitness-, Sport- u. Freizeitaktivitäten, mit Familienreisebüro und Drogen-Ausstiegsprogrammen sowie gesundheitlicher Förderung und Rehabilitation)
- **das Tandem** – die pädagogische Fahrschule (für Eltern und Kinder, Erzieherinnen u. Erzieher, Sozialarbeiter und andere Interessierte wie z. B. Babysitter, Senioren mit Enkeln, Lehrerinnen und Lehrer)
- **die Job- und Tauschbörse** (einer Arbeitsvermittlung und Arbeitsförderungsinitiative in Zusammenarbeit mit dem Arbeits- und Sozialamt)
- **der Familien-Rettungsanker** (als Familienfeuerwehr, Konflikt- und Beratungsdienst und Hilfevermittlung, natürlich im Verbund von Fachkräften und Eltern)

Natürlich rechneten wir damit, dass sich die sozialpädagogischen Fachkräfte der beteiligten Kindertagesstätten nicht sofort für die Idee des Familiennetzwerkes begeistern und dass Abwehr und Skepsis eine Rolle spielen würden. Das hat uns geholfen, mit unseren Plänen nicht einfach „abzuheben". Wir versuchten vielmehr sowohl nüchtern und realistisch zu sein und dennoch uns nicht davon abbringen zu lassen, unsere hochfliegenden Pläne in die Tat umzusetzen.

Ein **Projektteam**, an dem die beiden Koordinatorinnen, die Leiterinnen der Kitas und ich selbst als Coach und Berater teilnahm und das ca. alle 14 Tage zusammenkam, war die organisatorische Basis der Arbeit. Hier berieten wir Ziele und Wege der Arbeit des Familiennetzwerkes – und das machen wir noch heute so.

**Methodisch setzten wir konsequent auf Dialog und Partnerschaft.** D. h. wir sahen uns im Feld um, wer hilfreich sein könnte, recherchierten, was andere anboten und was man im Rahmen des Familiennetzwerkes eventuell nutzen könnte. **Felderkundungen** und **Ideenwerkstätten** waren unsere Arbeitsformen. So trafen wir z. B. mit den Fachkräften des städtischen Jugendamtes zusammen, stellten das Konzept des Familiennetzwerkes vor und erörterten Ideen und Vorschläge, wie wir mit dem Jugendamt zusammenarbeiten könnten. Oder wir luden andere Kolleginnen und Kollegen (aus dem Sozialamt, der Erziehungsberatung, einem naturwissenschaftlichen Bildungsprojekt) ein, in die Kitas zu kommen und erste Projekte / Veranstaltungen anzubieten.

Mit einer kilometerlangen **Kinderkette**, die die verschiedenen Kitas miteinander verband, indem sich Hunderte von Kindern aus Kitas und Schulen an den Händen fassten, einen ziemlich Lärm mit Trillerpfeifen machten oder bunte Nikolausmützen aufhatten, die eine Mutter spontan genäht hatte, machten wir die Bevölkerung anschaulich auf das Familiennetzwerk.

Am wichtigsten aber war, dass wir uns schrittweise den Eltern, vor allem den Müttern selbst gegenüber öffneten. Und es entstand das **Elternteam**, das mit dem Elterncafé begann, den second-hand-shop initiierte, die erste Grillparty oder ein Väterfußballspiel organisierte.

Das **Elterncafé** ist ein Treffpunkt und zugleich eine Möglichkeit für Austausch und Beratung und es hat das ganze Klima in der Einrichtung verändert. Erzieherinnen und Eltern gehen viel offener miteinander um und aufeinander zu und der Gedanke der Erziehungspartnerschaft wird konkreter. Und das hat Folgen: Es wird munterer im Umgang miteinander, Hilfe wird nachgefragt und vermittelt. Inzwischen bilden sich auch in den beiden anderen Kitas Elterngruppen und Erzieheraktivs und stoßen auch dort partnerschaftliche Entwicklungen an.

Gegenwärtig sind wir dabei, die folgenden **Projekte** voran zu bringen, die jeweils mehrere Partner zur Zusammenarbeit anstiften:

(1) Ein erster Schritt ist die „**Werkstatt für Familienhilfe** – eine kollektive Supervision im Hilfeverbund des FNW Hoyerswerda". Hier wird 1 x pro Monat mit allen ASD-Mitarbeiterinnen und den Koordinatorinnen des Familiennetzwerkes unter meiner Anleitung die Arbeit in und mit Familien besprochen. Ergänzend wollen wir **„Elterntrainingskurse"** entwickeln und evtl. eine **„Elternkonferenz"** zur besseren Problemklärung und diagnostischen Abklärung sowie zur Beratung der Fachkräfte.

(2) Daneben haben wir mit den Vorarbeiten für **Entwicklungs- und Bildungslabore** begonnen, in denen Eltern und Erzieherinnen nach dem Modell der englischen „Early Excellence Centres" gemeinsam lernen, die Entwicklung von Kindern gezielt zu fördern.

(3) Und schließlich entwickeln wir in Kooperation mit der VHS Hoyerswerda gerade die **„Elternuniversität Hoyerswerda"** – ein Jahresprogramm (1 x 4-stündig pro Monat), in dem Eltern und pädagogische Fachkräfte (Erzieherinnen und Lehrer z. B.) gemeinsam studieren, wie sie sich und ihre Erziehungsaufgaben besser verstehen können. Dabei sollen die eigenen Erfahrungen mit neuen wissenschaftlichen Theorien und Forschungsergebnissen verbunden werden. Wir wollen dafür eine Gruppe führender Fachleute als Dozenten gewinnen.

Wir sind mit der Arbeit natürlich noch ganz am Anfang. Aber es ist deutlich, dass sie uns gelingt und dass sie zu einer erheblichen Verbesserung gemeinwesenorientierter Hilfen beiträgt.[1]

Wir nutzen diese Erfahrungen inzwischen im übrigen auch in anderen Regionen, z. B. um die Vernetzung ambulanter Hilfen in Berliner Bezirken voran zu bringen.[2]

Aber auch eine sozialraum-orientierte Kinderschutzarbeit könnte davon profitieren, wie ich abschließend zeigen möchte:

## 3. Perspektiven sozialraum-orientierten Kinderschutzes

Ich formuliere thesenhaft:

Netzwerkarbeit im bezirklichen Nahraum kann gefährlichen Konfliktzuspitzungen in Familien vorbeugen, indem universelle, an alle Kinder sich richtende Kindertageserziehungsangebote als Brücke genutzt werden, die zu Hilfe und Unterstützung und zu neuen Möglichkeiten des Lernens führen.

Netzwerkarbeit mobilisiert das bürgerschaftliche Engagement und verknüpft es mit dem Einsatz der Fachkräfte. Ihr Prinzip ist Partizipation und Kooperation. Damit entsteht ein Unterstützungsnetz, das auch Familien, in denen Misshandlung und Vernachlässigung drohen oder geschehen sind, nutzen können, ohne ausgegrenzt oder verfolgt zu werden.

Netzwerkarbeit setzt im ganz normalen Alltag an und ermöglicht, eine große Vielfalt verschiedener Hilfen miteinander zu verknüpfen, so dass ein Hilfe-Mix entsteht, der flexibel genutzt werden kann, besondere, auf die besondere Situation der in der Regel besonders benachteiligten und belasteten Misshandlungsfamilien zugeschnittene Hilfen zu entwickeln.

Netzwerkarbeit öffnet Zugänge und ermöglicht Kontakte, geht auf Familien zu und hilft mit, ein nachbarschaftliches Miteinander zu schaffen, das dazu beiträgt, misshandlungsgefährdete Familien aus ihrer Isolation herauszuführen und in Krisensituationen zu schützen und zu stützen.

Netzwerkarbeit ist kostengünstig, hilft sparen und ist dennoch effektiv, wovon Kinderschutzarbeit profitieren könnte.

Netzwerkarbeit stärkt die Solidarität im Gemeinwesen und fördert die Selbstverantwortung. Sie sind die beste Grundlage für Prävention und Behandlung von Kindesmisshandlung.

## Fußnoten

1 Die beiden Koordinatorinnen, Ramona Kaiser und Ines Pattky, geben weitere Informationen: FNW Hoyerswerda, Otto-Nagel-Straße 53-54, 02977 Hoyerswerda, Tel. 03571 – 60 32 17 / Fax: 03571 – 6 07 94 31 / E-mail: familiennetzwerk_hoyerswerda@yahoo.de

2 Vgl. beispielsweise das Konzept des Familienhilfeträgers GESAB (Gesellschaft für sozialpädagogische Arbeit und Beratung): Familiennetzwerk Steglitz – Eine Ideenskizze. Berlin: Gesab, Mai 2002 / E-mail: gesab-berlin@web.de

# Strukturelle Konsequenzen traumatologischer Erkenntnisse auf Hilfekonzepte im Kinderschutz

Dr. Stefanie Friedlmayer

Die Beschreibung von Traumata und Traumafolgen sind aus meiner Sicht kein alternatives, die Betrachtung von Kontext und Beziehungszusammenhängen ersetzendes Modell, sondern unterstreichen die wesentliche Bedeutung sozialen Erlebens für die physiologischen Komponenten des Menschen. (vgl. Huether, 2002 „Gehirn als soziales Organ") „Die zerstörerische Wirkung (organisierter Gewalt) lässt sich auf drei Ebenen feststellen, der sozialen (gesellschaftlichen), der physiologischen und der psychologischen Ebene." (Egger, 1999, S. 145)
Traumaforschung war und ist sehr stark mit der Erforschung der Auswirkung globaler (kollektiver) organisierter Gewalt (Krieg, Vertreibung, Holocaust, Folter) verbunden. Kaum ein Phänomen wurde, obwohl von Anfang an gut und klar beschrieben (z. B. Shell Schock oder Bunkerphänomen), so oft wieder in Frage gestellt, wie die nachhaltige Schädigung und Beeinträchtigung von Personen als Opfer von Gewalt.
Ein wesentlicher Grund für die In-Frage-Stellung dieses Phänomens liegt sicher in den enormen versicherungsrechtlichen und anderen Schadensersatzansprüchen, die in einer Anerkennung von PTSD* liegen.
Ein noch viel schlechteres Schicksal hat die Beschreibung von PTSD Symptomen bei Opfern individueller, in Familien erlebter Gewalt erlitten (vgl. Besser, 2002). Schon bei den Kriegsopfern wurde die langläufige Auffassung vertreten, dass nicht sichtbare Einwirkung von Gewalt von „normalen Personen" mit der Zeit verarbeitet und bewältigt werden muss. Noch viel deutlicher ist diese Sichtweise bei Gewalt im privaten Kontext als „Volksmeinung" verankert, dass nicht die Auswirkung des Erlebten, sonder die Überempfindlichkeit des/der Betroffenen (traumatische Hysterie) Ursache für die Reaktionen sei. In diesem Zusammenhang werden auch immer wieder Beispiele für die Ausnahmen ins Treffen geführt.
Wenn wir als Faustregel für die Entstehung von Traumata ein Schockerlebnis im Sinn von „no fight, no flight" (Besser, 2002) bezeichnen, gekennzeichnet von Angst und Ausgeliefert-Sein, dann wird aber auch klar ersichtlich, dass eben letztendlich die individuelle Person darüber entscheidet, wann diese Bedingungen für sie gelten. Trotzdem ist die betroffene Person weder schuldig, noch verantwortlich für die Bewertung der Situation.

**Soziale Ebene:**
Die Menschenrechtskonvention (1950) definiert den Rechtsanspruch von Menschen, vor Folter und organisierter Gewalt geschützt zu werden.

Daher ist eine der Menschenrechtskonvention verpflichtete Gesellschaft verantwortlich traumatisierten Personen einen sicheren Ort zur Verfügung zu stellen, von dem aus die Person eine Chance hat die Integration des Erlebten zu beginnen (vergl. Ottomeyr, 2002).
Gewaltschutzgesetz und Jugendwohlfahrtsgesetz, definieren diesen Rechtsanspruch auf der individuellen Beziehungsebene.
Der Wiener Jugendwohlfahrt ist durch die Gesetze diese Aufgabe übertragen, für Kinder diesen sicheren Ort zu gewährleisten. D. h. die Möglichkeiten für ein sicheres und geborgenes Aufwachsen durch primär prophylaktische Angebote zu erweitern, sowie parteilich den Schutz von Kindern zu vertreten.

## Gesetze im Vergleich

**Das ABGB § 176. (1)**

- Gefährden die Eltern durch ihr Verhalten das Wohl des minderjährigen Kindes, so hat das Gericht, von wem immer es angerufen wird, die zur Sicherung des Wohles des Kindes nötigen Verfügungen zu treffen.

**Das BGB § 1666**

- Wird das geistige, körperliche oder seelische Wohl des Kindes (...) durch missbräuchliche Ausübung der elterlichen Sorge, durch Vernachlässigung eines Kindes (...) gefährdet, so hat das Familiengericht (...) die (...) erforderlichen Maßnahmen zu treffen.

**Strukturelle Konsequenzen traumatologischer Erkenntnisse**
S. Friedlmayer

## Wiener JWG und das Kinder- und Jugendhilfegesetz

- **§ 2.** (2) Öffentliche Jugendwohlfahrt ist zu gewähren, wenn und insoweit die Erziehungsberechtigten das Wohl des Minderjährigen nicht gewährleisten. (3) (...) dies ist besonders auch dann der Fall, wenn zur Durchsetzung von Erziehungszielen Gewalt angewendet oder körperliches oder seelisches Leid zugefügt wird.

- **§ 27** (1) Ein Personenberechtigter hat bei der Erziehung eines Kindes oder Jugendlichen Anspruch auf Hilfe (Hilfe zur Erziehung), wenn eine dem Wohl des Kindes oder Jugendlichen entsprechende Erziehung nicht gewährleistet ist und die Hilfe für seine Entwicklung geeignet und notwendig ist.

**Strukturelle Konsequenzen traumatologischer Erkenntnisse**
S. Friedlmayer

Das Wiener JWG geht von zwei Aufgaben des Jugendwohlfahrtsträgers aus:

- **Soziale Dienste:** diese entsprechen im Leitbild dem Auftrag
  - **Service:**
    Die MAG ELF ist ein serviceorientiertes, modernes Dienstleistungsunternehmen. Wir bieten ein vielfältiges Angebot an Information, Beratung, Förderung und Unterstützung für Kinder, Jugendliche und Familien. Wir unterstützen Familien dabei, angemessene Lösungen für Ihre Probleme zu entwickeln.

**Strukturelle Konsequenzen traumatologischer Erkenntnisse**

S. Friedlmayer

MAG ELF Kinder-Jugend-Familie

StaDt::Wien Wien ist anders.

Das Wiener JWG geht von zwei Aufgaben des Jugendwohlfahrtsträgers aus:

- **Hilfen zur Erziehung:** Unterstützung der Erziehung sowie Volle Erziehung. Sie entsprechen im Leitbild dem Auftrag:
  - **Kinderschutz**
    Als MAG ELF setzen wir uns dafür ein, dass die Rechte der Kinder und Jugendlichen gewahrt und gestärkt werden. Präventive Maßnahmen haben einen besonderen Stellenwert. Wir haben darüber hinaus die Verpflichtung und das Recht, gegen Gewalt an Kindern und Jugendlichen einzuschreiten.

**Strukturelle Konsequenzen traumatologischer Erkenntnisse**

S. Friedlmayer

MAG ELF Kinder-Jugend-Familie

StaDt::Wien Wien ist anders.

Für speziell an diesen Grundlagen interessierte hier noch einiges zum Thema Gewaltschutz:

**ABGB § 176.** (1) Gefährden die Eltern durch ihr Verhalten das Wohl des minderjährigen Kindes, so hat das Gericht, von wem immer es angerufen wird, die zur Sicherung des Wohles des Kindes nötigen Verfügungen zu treffen. Besonders darf das Gericht die Obsorge für das Kind ganz oder teilweise, auch gesetzlich vorgesehene Einwilligungs- und Zustimmungsrechte, entziehen. Im Einzelfall kann das Gericht auch eine gesetzlich erforderliche Einwilligung oder Zustimmung ersetzen, wenn keine gerechtfertigten Gründe für die Weigerung vorliegen.

**ABGB § 215.** (1) Der Jugendwohlfahrtsträger hat die zur Wahrung des Wohles eines Minderjährigen erforderlichen gerichtlichen Verfügungen im Bereich der Obsorge zu beantragen. Bei Gefahr im Verzug kann er die erforderlichen Maßnahmen der Pflege und Erziehung vorläufig mit Wirksamkeit bis zur gerichtlichen Entscheidung selbst treffen; er hat diese Entscheidung unverzüglich, jedenfalls innerhalb von acht Tagen, zu beantragen. Im Umfang der getroffenen Maßnahmen ist der Jugendwohlfahrtsträger vorläufig mit der Obsorge betraut.

**Wiener JWG § 2.** (2) Öffentliche Jugendwohlfahrt ist zu gewähren, wenn und insoweit die Erziehungsberechtigten das Wohl des Minderjährigen nicht gewährleisten. (3) (...) Dies ist besonders auch dann der Fall, wenn zur Durchsetzung von Erziehungszielen Gewalt angewendet oder körperliches oder seelisches Leid zugefügt wird.

Die öffentliche Jugendwohlfahrt ist grundsätzlich subsidiär zu gewähren: Pflege und Erziehung Minderjähriger obliegt zunächst der Familie. Dem Jugendwohlfahrtsträger kommt bei dieser Aufgabe eine beratende und unterstützende Tätigkeit zu; diese umfasst insbesondere Beratungen in rechtlichen, psychologischen, psychiatrischen und medizinischen Belangen. Erst wenn die Erziehungsberechtigten das Wohl der Minderjährigen nicht gewährleisten, darf die öffentliche Jugendwohlfahrt einschreiten, jedoch nur insoweit, als es notwendig ist.

Eine Besonderheit des österreichischen Rechtes ist das **Bundesgesetz zum Schutz vor Gewalt** in der Familie, das seit 1. Mai 1997 in Kraft ist:
Macht ein naher Angehöriger dem Minderjährigen das weitere Zusammenleben durch einen körperlichen Angriff, eine Drohung mit einem solchen oder ein die psychische Gesundheit erheblich beeinträchtigendes Verhalten unzumutbar , so hat der Jugendwohlfahrtsträger die Erlassung und allenfalls in der Folge auch den Vollzug einer gerichtlichen einstweiligen Verfügung zu beantragen, mit welcher dem Gewalt übenden Angehörigen das Verlassen der Wohnung und deren unmittelbarer Umgebung aufgetragen und die Rückkehr verboten werden soll.

**Wird dem Minderjährigen durch die genannten Verhaltensweisen des Angehörigen das weitere Zusammentreffen mit diesem unzumutbar gemacht, so ist auf Antrag des Jugendwohlfahrtsträgers dem Antragsteller in der einstweiligen Verfügung der Aufenthalt an bestimmten Orten zu verbieten und aufzutragen, das Zusammentreffen sowie die Kontaktaufnahme mit dem Minderjährigen zu vermeiden.**
Der Antragstellung wird in der Regel ein Einschreiten von Polizei oder Gendarmerie gegen den Gewalt übenden Angehörigen verbunden mit dessen Wegweisung und der Untersagung der Rückkehr in die Wohnung und deren Umgebung vorausgehen.

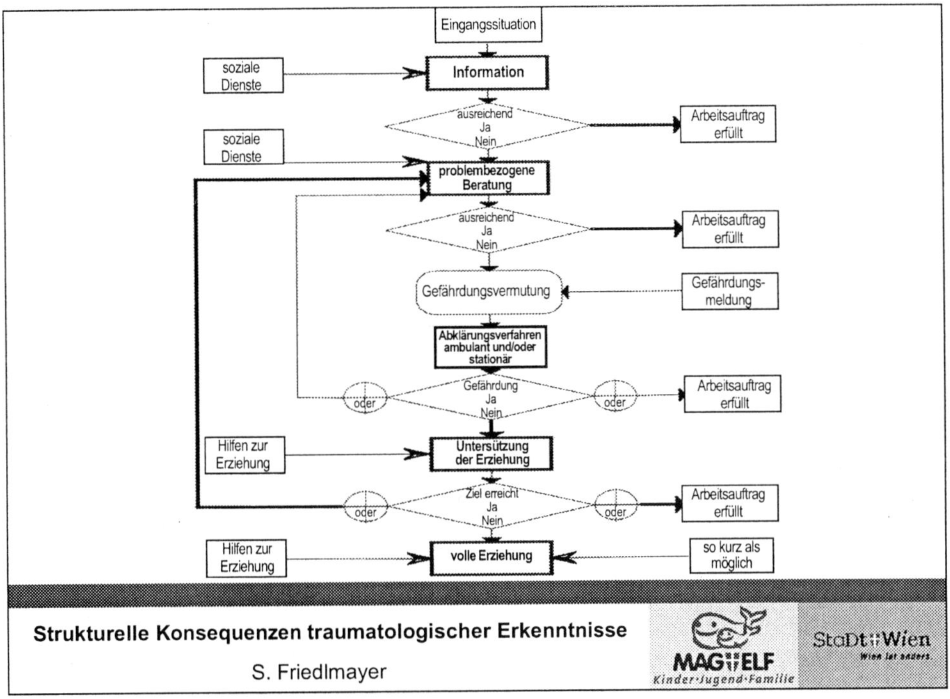


Im Arbeitsalltag ist ein solcher Ablauf aber sicher eher atypisch. Viele weitere Schleifen und entweder/oder sind denkbar.
Brousek (1999) beschreibt in ihrer Diplomarbeit zur Paradoxie sozialarbeiterischen Handelns die subjektiv erlebte Dissonanz zwischen den Aufgaben "Anpassen und Entwickeln".

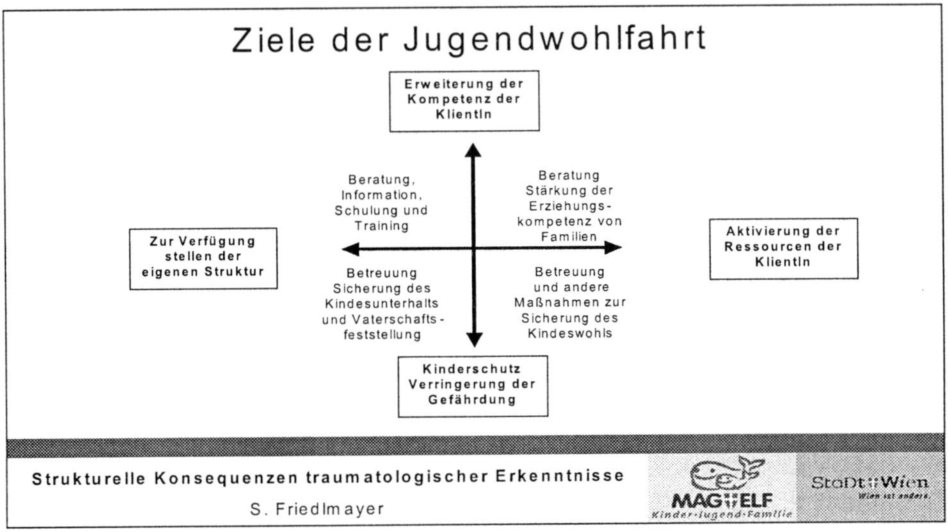

(Entspricht auf der Folie „Ziele der Jugendwohlfahrt" der vertikalen Achse.) Die „ungeliebten Aufgabestellungen" unterhalb der Mittelachse begründen sich vermutlich darin, dass AuftraggeberIn und KundIn nicht ident sind. Da KundInnenzufriedenheit in einem hohen Ausmaß von der Beziehung KlientIn – BeraterIn abhängig ist, wird subjektiv die Arbeit mit weniger zufriedenen bzw. nicht motivierten KlientInnen als unangenehm und im Widerspruch zur persönlichen Berufsmotivation (Entwickeln) erlebt.
Diese individuelle Beziehungsebene wird zur einzigen erwünschten Stoßrichtung sozialarbeiterischen Handels.
Im Zuge der „Therapeutisierung" von Sozialarbeit und der Justiz ist die sozialpolitische Komponente für jemand bzw. für bestimmte Haltungen Lobbying zu betreiben ein Stück in den Hintergrund getreten. „Befähigen zu" ist so gesehen der viel modernere Ansatz, allerdings ist dieser auf die Psychologische Eben, auf die ich noch später eingehen möchte, zu verweisen.
Strukturelle Konsequenzen für die öffentliche Jugendwohlfahrt auf des sozialen Ebene ein „Klima" zu schaffen, dass Gewalt eindeutig problematisiert und der Begründung für Gewalt eine klare Absage erteilt.

**Physiologische Ebene:**
In den letzten Jahren wird in Publikationen vermehrt auf neu physiologische Erkenntnisse in der Hirnforschung Bezug genommen, die die hirnorganische Veränderung als Folge von Bedrohung (unkontrollierbarer Probleme) und Angst belegen. Ich bin in diesem Bereich keine Expertin, doch scheinen die Ergebnisse so plausibel, dass ich postulieren möchte, dass eine nachhaltige Beeinträchtigung von Problemlösestrategien und Lebenskompetenz als Folge traumabedingter physiologischer Veränderungen als Faktum betrachtet werden sollte. (Vergl. Egger, 1999, Mirdal, 2001, Huether, 2002)
Im Sinn der zuvor zitierten gesellschaftlichen Verantwortung gegenüber Gewaltopfern ist diese physiologische Betrachtungsweise ein wesentliches und gewichtiges Argument.
Was aber bedeutet die Annahme einer Diagnostik im Sinne des PTSD für die Psychologisch – Therapeutische Ebene?

**Psychologische Ebene:**
Ich halte die psychodynamische Betrachtungsweise (familiärer) Beziehungsprobleme daher auch der Gewalt für wichtig und möchte sie nicht zu Gunsten einer rein physiologischen Betrachtungsweise aufgeben.
Gleichzeitig möchte ich jedoch eine Eindeutigkeit von Haltungen einfordern, wenn es um die Frage der ethischen Verantwortung von BeraterInnen und TherapeutInnen geht.

- Im Fall organisierter Gewalt (Vertreibung, Folter) möchte ich unterstreichen, dass die Gewalterfahrung des Opfers Respekt fordert und die Frage angebracht ist, ob und inwieweit das Erlebte als Thema von Therapie und Beratung berücksichtigt werden soll/kann (vergl. Egger, 1999, Mirdal, 2001).

- In dem in unserem Arbeitkontext viel häufigeren Fall von innerfamiliärer Gewalt, möchte ich auf ein wesentliches Problem psychodynamischer Ansätze insbes. der Systemischen Therapie hinweisen, und zwar auf die Frage der Gleichberechtigung von Familienmitgliedern und der Verantwortung von TherapeutInnen. „Wo Kinder qua Problemtyp gezwungen sind ein Geheimnis zu wahren, (...). Den Erwachsenen ist in einem solchen Fall die Definitionsmacht allein überlassen, das Kind wird zu einem Mittel zum Zweck gemacht, zum Kriterium, anhand dessen der *Erfolg* einer *Hilifestellung* festgemacht wird. (Ludewig, nach Reiter 1994, S. 381) Vor allem dann, wenn der/die Therapeuln zu sehr in Systemkategorien denkt und sich als Katalysator von Veränderungsprozessen *begreift*, besteht nach Auffassung von Ludewig die Gefahr, dass er/sie zu wenig Verantwortung *übernimmt* und implizite Anliegen von Kindern, die zum Schweigen verteilt sind, *übersieht*.“ (Reiter, 1994)

## Konsequenzen

- Strukturelle Konsequenzen für die öffentliche Jugendwohlfahrt auf der sozialen Ebene: ein „Klima“ zu schaffen, dass Gewalt eindeutig problematisiert und der Begründung für Gewalt eine klare Absage erteilt.
- Strukturelle Konsequenzen auf der psychologischen Ebene: Eine Rollenklärung in welcher Rolle sich der/die HelferIn, BeraterIn, TherapeutIn befindet, um eine der Problemlage angemessene Haltung zu entwickeln, sollte jeder Fallübernahme vorausgehen.

**Strukturelle Konsequenzen traumatologischer Erkenntnisse**

S. Friedlmayer

MAG ELF Kinder·Jugend·Familie

Stadt Wien

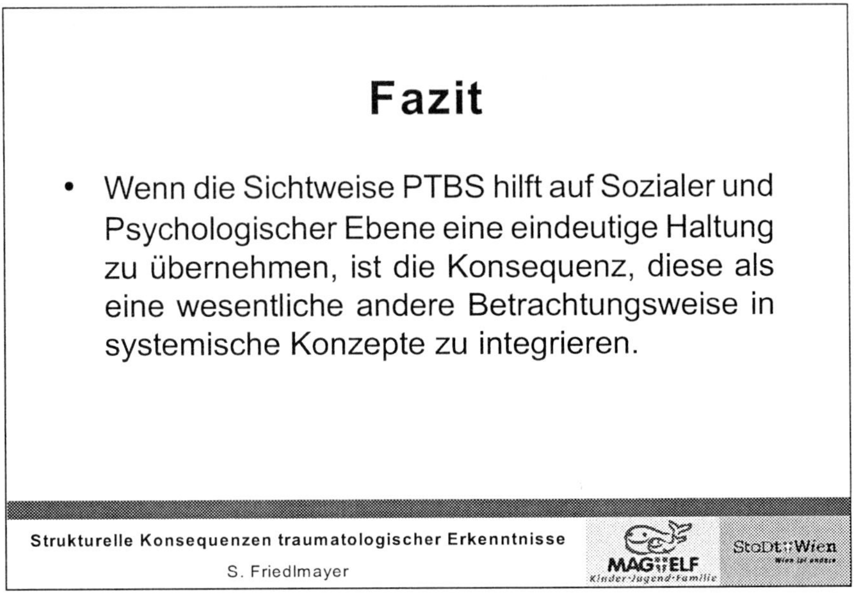


Strukturelle Konsequenzen auf der psychologischen Ebene sind daher: die Notwendigkeit eine Rollenklärung, in welcher Rolle sich der/die HelferIn, BeraterIn, TherapeutIn befindet, um eine der Problemlage angemessene Haltung zu entwickeln, die jeder Fallübernahme vorausgehen sollte. Eindeutigkeit in der Haltung, die es den Opfern ermöglicht eine sichere Betziehung zum/r TherapeutIn aufzubauen, sowie ein sensibles Vorgehen, wann und ob Symptome und Erlebtes zum Thema von Therapie wird.
Wenn die Sichtweise, dass Gewalt PTBS erzeugen kann, hilft auf sozialer und psychologischer Ebene eine eindeutige Haltung zu übernehmen, ist die Konsequenz, diesen Aspekt als eine wesentliche andere Betrachtungsweise in systemische Konzepte zu integrieren.

### Literatur

*Besser*, L. U. (2002) Traumata – Vom Zwang des Vergessens, der Sprachlosigkeit und der Wiederholung zum heilsamen Erinnern. Vortrag anlässlich des 3. Weltkongresses für Psychotherapie. *Auf ADITORIUM (MC)*. Mühlheim: Auditorium Netzwerke

*Brousek*, E. (1999). Anpassen und Entwickeln. Paradoxe Orientierungen professioneller HelferInnen. Eine empirische Untersuchung am Beispiel der SozialarbeiterInnen des Amtes für Jugend und Familie. Wien: Unveröffentlichte Diplomarbeit

*Egger*, I. (1999). Der Turmbau zu Babel. Psychotherapie bei Überlebenden von Krieg, Gewalt und Folter. *SYSTEME 13 (2)* 144-158

*Huether*, G., *Wedekind*, D., *Adler*, L. (2002). Die Bedeutung emotionaler Reaktionen als Trigger für strukturelle Anpassungsprozesse im menschlichen Gehirn. *SYSTEME 16 (2)* in Vorbereitung

*Ludewig*, K. (1995). Professionelle soziale Versorgung ein Grundmodell. ISS (persönliche Mitteilung)

*Mirdal*, G. (2001) „From shell-shock to post-traumatic stress disorder: Interactions between theory and practice in the treatment of trauma". In: *Book of Abstracts VIIth European Congress of Psychology in London 2001* (S. 41)

*Ottomeyer*, K. (2002) Psychotherapeutische Praxis und politische Verantwortung. Vortrag anlässlich des 3. Weltkongresses für Psychotherapie. *Auf ADITORIUM (MC).* Mühlheim: Auditorium Netzwerke

*Reiter*, L., *Reiter-Theil*, St., *Eich*, H. (1994). Der ethische Status des Kindes in der Familientherapie und systemischen Therapie – Antwort auf Kritik. *Prax. Kinderpsychol. Kinderpsychiat. 43*: 379-382

**Fußnote**

* „Im Jahr 1980 hat die Amerikanische Psychiatrische Gesellschaft die Symptomgruppen, welche bei traumatisierten Menschen sehr häufig auftreten, als Posttraumatische Belastungsstörungen (PTBS oder PTSD) in ihr Krankheitsklassifikationssystem aufgenommen. Seit den frühen 90er Jahren wurde sie auch in das Krankheitsklassifikationssystem (ICD-10) der WHO aufgenommen." (Egger, 1999 S.150)

# Traumatisierende Hilfeprozesse[1]

## Geschlossen untergebracht – die Geschichte der Vera Stein[2]

Charlotte Köttgen

### 1. Einleitung

Über einen langen traumatischen Hilfeprozess werde ich berichten. Es ist die Geschichte der Vera Stein, dies ist ihr Pseudonym. Die geschlossene, überwiegend psychiatrische Unterbringung begann in den 70er Jahren, zeitgleich mit dem Erscheinen der Psychiatrieenquete. (1975) Das ist lange her und ist doch hochaktuell.
Vera Stein befand sich in einer Pubertätskrise als eine Psychologin sie mit dem Verdacht auf eine hebephrene Psychose - auf Grund der Testergebnisse – in die Jugendpsychiatrie einwies. Probleme in der Familie, wie Millionen junge Menschen sie in der Pubertät haben, wurden ihr zum Verhängnis. Auf Drängen des Vaters kam sie in immer neue geschlossene Anstalten. Krank an Körper und Seele wurde sie - wie durch ein Wunder- von einer Ersatzfamilie gerettet.

In 7 Jahren kam es wiederholt zu Aufenthalten in verschiedenen geschlossenen Psychiatrien mit Unterbrechungen. Die Verdachtsdiagnose Hebephrenie (genannt Dementia Praecox) bedeutete damals so viel wie 'vorzeitige Verblödung' oder 'Versandung'. Diese negative, prognostische Aussage basierte auf erbbiologischen Theorien. Schon zur damaligen Zeit war die Diagnose umstritten (1974)[3]. Die – ohnehin schwammige – Diagnose konnte nie bestätigt werden und zog sich doch durch alle späteren Arztbriefe hindurch. Vera. St. bekam dennoch Dauergaben von hochdosierten Neuroleptika u. a. Medikamenten. Schon bei Gesunden war bekannt, dass diese negative Folgewirkungen hatten, wie Degwitz seinerzeit (s.1967) immer wieder publizierte (s. Kap.6) Umso mehr Vorsicht wäre deshalb im Umgang mit Psychopharmaka nach einer bekannten, abgelaufenen Kinderlähmung (Poliomyelitis) angeraten gewesen. Vielleicht hätte so die Spätfolge (Postpoliomyelitissyndrom) verhindert werden können. V. Stein hatte das Pech, dass keiner der nachfolgenden Ärzte wagte der „wissenschaftlichen Autorität" einer Universitätsklinik zu widersprechen. Dies ist der eigentliche Sündenfall.

Heute sitzt Vera Stein im Rollstuhl. Wegen der körperlichen Schwäche kann sie ihren anspruchsvollen Beruf als technische Zeichnerin nicht mehr ausüben. Geistig ist sie hellwach und sehr intelligent. Nach vielen erfolglosen Prozessen, kam es vor dem Frankfurter Gericht zum Vergleich mit der Uniklinik. Die Uniklinik zahlte Schmerzensgeld.
Die vorhergesagte „vorzeitige Verblödung" ist nicht eingetreten, die negative Voraussage aber hat viel Unheil angerichtet. Vera Stein kämpft als mittlerweile kenntnisreiche Expertin um Anerkennung der künstlich erzeugten Schäden. Es gehört

viel Mut, Energie und Risikobereitschaft dazu, sich solch einem ungleichen Machtkampf auszusetzen.
In den Theorien und der Praxis der Psychiatrie, in Rechtsfragen und der pharmakologischen Behandlung (den Nebenwirkungen) ist Frau Stein mittlerweile kundiger als manche Fachleute.
Es ist paradox: Je differenzierter das Fachwissen der Spezialisten[4] über die Folgen psychischer und sozialer Traumata ist, desto lauter auch heute wieder der Ruf nach einfachen, repressiven Rezepten. Kinder sollen auch heute wieder einmal zur Erziehung/Therapie eingesperrt werden, obwohl alle Erkenntnisse dagegen sprechen[5].
Die Mechanismen in den geschlossenen Einrichtungen ähneln sich, wie auch die Argumente, die sich wellenförmig wiederholen. So gesehen ist die Geschichte der Vera Stein sehr aktuell.

## 2. Die „Aktenlage“

Vor einigen Jahren erhielt ich viele Arztbriefe und Unterlagen, Vera Stein bat mich, einen unabhängigen Gutachter für sie zu suchen. Sie klage gegen die Kliniken, die sie jahrelang geschlossen festgehalten hatten, dabei wäre ihre Gesundheit ruiniert worden. Fehler werden überall gemacht, sagt Vera Stein selbst, betroffen mache aber das fortgesetzte Rechtfertigen und Vertuschen einmal begangener Fehler.
Diese mir vorliegenden Akten enthalten eine Dokumentation über die Folgen der Hospitalisierung, die der vorwiegend medikamentösen Ruhigstellung, der Bestrafung statt Therapie, die Fortschreibung einer einmal gestellten Fehl-Diagnose ohne Begleitung: dieses alles hätte ihr Leben fast zerstört. Die Geschichte setzt sich fort in dem zermürbenden Versuch gegen neues Unrecht anzugehen. Erfahrungen mit Kliniken, Gerichten und bestellten Gutachtern. Die im Wortsinne „u n e r h ö r t e n„ Hilferufe sind selten in den Verlaufsberichten fest gehalten. Es ging um die Autonomiewünsche einer jungen Frau, die allmählich immer schwierigere Verhaltensweisen wählt, weil die Funktions-Abläufe der geschlossenen Institutionen ihr das normale Leben verwehren. Noch mehr Bestrafungen und Krankheitszuschreibungen sind jeweils die Folgen. Ein junges Mädchen wird zur „Un-Person“ sie beschreibt das in ihrem lesenswerten Buch[6].
Es sind also Aktenberge, in denen sich kaum ein Wort findet, das die junge Frau Stein als Person kenntlich macht. Stattdessen akribisch dokumentiert, diagnostiziert und pathologisiert: Fehlverhalten, Fluchtversuche, ohnmächtiges Agieren zwischen der „eingesperrten Patientin „und den „Behandlern“: Mehr Medikamente zur Strafe. Die subjektiven Aussagen der Patientin tauchen kaum auf. Den Vorstellungen des Vaters wird eher gefolgt, z. B. klagt er über „Arbeitsverweigerungen“, ihre „gedankliche Beschäftigung mit kriminellen und sexuellen Inhalten“ und bittet die Tochter dringend stationär aufzunehmen. Sie kommt auf die geschlossene Station.
‚Vera sei immer schwierig gewesen', sagt auch die Mutter, ‚man habe ihr voraus-

gesagt, dass sie später aggressiv werden könnte. Sie habe immer versucht, sich durchzusetzen. Sie neige zum Erzählen von phantasievollen Schaudergeschichten. Es sei ihr immer schwergefallen zu Vera herzlichen Kontakt zu bekommen. Vera habe durch ihre Beharrlichkeit immer wieder negative Emotionen hervorgerufen.'
Dies die so genannte objektive Anamnese.
‚Vera habe sich unauffällig entwickelt, besuchte den Kindergarten und wurde mit 6 Jahren eingeschult. Ihre Schulleistungen waren durchschnittlich. Im 3. Lebensjahr erkrankte sie an einer Poliomyelitis (Kinderlähmung), am rechten Bein blieb eine (Peroneus) Lähmung zurück'. Sie habe sich über eine „fliegende Psychologin" geäußert und sich häufig selbst verletzend die Haut zerkratzt', heißt es im Bericht der Psychologin und der behandelnden Ärzte. Für die diagnostische Einschätzung bestimmend wird von Ärzten hervorgehoben: Die Mutter der Mutter habe Suizid begangen, sie litt an einer Psychose. Die Mutter von V. war kurz vor Veras Krise wegen einer paranoid-halluzinatorischen Psychose in das psychiatrische Landeskrankenhaus K. eingewiesen worden. Die Ärzte kommen deshalb zum Schluss: „Bei unseren differentialdiagnostischen Erwägungen sprechen die belastende Familienanamnese mütterlicherseits ... mit anklingenden paranoiden Vorstellungen für den Verdacht einer psychotischen Episode aus dem schizophrenen Formenkreis mit jetzt noch bestehenden Restsymptomen"... die Belastung mütterlicherseits bezieht sich auf die vermutete erbliche, nicht auf die erworbene psychoemotionale Belastung.
'Erlebnisweisen, die psychotisch anklingen könnten' wurden 'dann im Verlauf der Behandlung nicht mehr geäußert, die Patientin habe dieses Verhalten „bewusst" eingesetzt, um die Station zu bestrafen, die sie aufgenommen hatte...die störenden Verhaltensmuster seien vor allem gegenüber dem Vater aufgetreten, mit Gleichaltrigen – so eine Lehrerin – sei sie ganz unauffällig gewesen...'
Trotzdem wird die Diagnose „Hebephrenie (Jugendliches Irresein)"von allen nachfolgenden Ärzten[7] – teilweise unüberprüft – übernommen und dient als Legitimation für die Behandlung mit hochdosierten Neuroleptika über viele Jahre. Eine folgenschwere Diagnose, negative Vorurteile nach der einmal gestellten Diagnose Hebephrenie, freiheitsentziehende Maßnahmen, hilflose Fachleute, entwicklungshemmende, zerstörerische Regeln der Institution durchziehen alle Berichte: ein ungutes Zusammenspiel zwischen elterlicher und Staatsgewalt.

### 2.1 Verlaufsberichte:

Der Vater schreibt bundesweit verschiedene Institutionen an. Nach Zwischenstationen wird Vera Stein bei Dr. Heines untergebracht. Sie ist hier mittlerweile 19 Jahre alt. Einige der vom Vater vorher angefragten Kliniken, lehnten die Aufnahme ab. Diese Bremer Klinik liegt weit entfernt von dem Elternhaus. Die Diagnose, Fehler aus der Anamnese, medikamentöse Höherdosierung als Bestrafung und die Fixierungen werden fortgesetzt. Ohne richterlichen Beschluss wird sie geschlossen verwahrt. Aus vielen Befundberichten geht hervor, dass sich ihr aufmüpfiges Verhalten spontan bessert, wenn man ihr entweder Beschäftigung und Arbeit anbietet oder es Aussicht auf eine Rückkehr ins Elternhaus gibt. Werden die väterlichen Versprechen nicht eingehalten, bricht ihr Bemühen um Anpassung jeweils in sich zusammen. Die altersadäquaten Regungen einer 15-22 jährigen, jungen, lebenslustigen Frau werden fast ausnahmslos pathologisiert, d.h. dann im Fachjargon 'mangelnde Krankheitseinsicht' oder 'Perseveration der Gedanken' also die Wiederholung des Wunsches nach Hause zu kommen. Vereinzelte Verlaufsberichte beschreiben einfühlsamer 'dass sie sich schuldig fühle an der Krankheit der Mutter, zu Unrecht eingesperrt sei; dem Vater nicht traue u. a.' Dies bleibt ohne Konsequenzen, es gibt keine Gesprächsangebote oder Familientherapie. Die Neuroleptika[8] und die Tanquilizer werden in auf- und absteigender Dosierung – teilweise mit Gewalt – verabreicht, zur Ruhigstellung, weil sie aggressiv ist, entläuft und sich gegen die Unterbringung wehrt. Die Verlaufsberichte enthalten detaillierte so genannte „objektive" Schilderungen über Vera Steins vielfältige Proteste, ihre „Unarten". Anzeichen für psychotische Symptome werden in keiner der behandelnden Kliniken gefunden.

## 3. Die Begegnung mit der Familie E. erscheint da wie ein Wunder

Ein Arzt empfahl schließlich die größere Nähe zum Heimatort. Vera Stein wird mit massiven Sicherheitsvorkehrungen nach Gießen verlegt. Dort verbringt sie die Zeit vom 05.04.1979-22.05.1980 erneut auf einer geschlossenen Station. Sie bekommt zeitweise noch mehr Medikamente als in Bremen. Sie beschreibt dies anschaulich in ihrem Buch. Nur wegen der dort anstehenden Umbaumaßnahmen wird sie auf eine offene Station verlegt. Hier begriff man immerhin, dass die „störenden" Verhaltensmuster erlernt waren, es heißt hier: „Durch negative Reaktionen ertrotze sie Aufmerksamkeit". Die störenden Verhaltensmuster, mit denen sie gewohnt war Zuwendung zu erzwingen, werden als künstlich erzeugte begriffen. Sie war zu einer Anstaltspatientin geworden, süchtig nach den jahrelang zwangsweise verordneten Medikamenten. Auf der offenen Station wurde die hohe Medikation heruntergesetzt.

Eine Mitpatientin schlägt vor, sie in ihre Familie mitzunehmen und bleibt hartnäckig bei dem Entschluss, trotz der Warnungen durch die Fachleute. Diese geben schließlich nach. Vera Stein beginnt in dieser Ersatzfamilie ganz vorsichtig und mit vielen Rückschlägen in ein normales Leben zurückzukehren.

### 3.1 Der schwierige Weg vom „menschlichen Wrack" zur selbstständigen jungen Frau:

Bei der Familie E., die sie in ihrem Buch liebevoll beschreibt, fühlte sie sich „wie in einem wundervollen, bezaubernden Traum". Mittlerweile 22jährig, empfand sie es als „kostbare Erlösung" wieder frei zu sein „überwältigend" nach Jahren im Auto mitzufahren, ohne Druck vor Strafen, weil man Ausgangszeiten nicht eingehalten hatte usw."

Sich selbst schildert Vera Stein: „ich war zum menschlichen Wrack geworden, ein

Pflegefall, der neu lernen musste zu leben“. Wichtige Phasen zur Verselbstständigung hatte sie in der Anstalt verpasst, manches auch wieder verlernt, beispielsweise mit scharfen Messern umzugehen, Kartoffeln zu schälen, Fleisch zu schneiden u. v. a. m. Sie sagt wörtlich: „die lange Isolation hatte mich von diesen Dingen gänzlich entfremdet..“
Auch zeigte sich: „dass ich mit jungen Menschen nicht mithalten konnte....mein fremdes anderes Verhalten, meine Lächerlichkeit.....“ so beschreibt sie es selbst. Sie wurde verspottet, ihr Misstrauen wuchs, „manchmal verzog ich mich und weinte. Der Drang in die Flucht in krankhafte Symptome kam in mir auf“. Sie wünschte sich inbrünstig wie die anderen Mädchen zu sein, sie fühlte sich wie früher so oft, als sie auch schon durch die Kinderlähmung benachteiligt gewesen war. Sie erlebte beschämt wie die Familie Ernst in ihrem Beisein gefragt wurde: Was, ihr habt sie aus der Psychiatrie geholt? Was habt ihr euch dabei bloß gedacht.....? .

### 3.2 Die Entwöhnung von Medikamenten und eine tiefe seelische Verzweiflung befallen sie (Regression)

Die Hospitalisierung, die Müdigkeit durch die Restmedikamente, die Wahrnehmung der eigenen Unterlegenheit entmutigten sie. Deshalb setzte sie alle Medikamente auf einmal ab. Sie wurde daraufhin völlig antriebslos, bekam Gliederschmerzen, starrte immer auf einen Fleck, die Sprache ging verloren, schließlich konnte sie nicht mehr sprechen, schreiben und nur noch schlecht hören. Sie glaubte, sie habe den Kampf verloren. Sie ging freiwillig zurück in die Klinik Dr. Heines, dort lagen die Fixiergurte schon bereit. Hier sollten die Medikamente neu eingestellt werden, Ziel war es, sie langsamer zu reduzieren.
‘Sie sei wesentlich ruhiger, Gereiztheit und Aggressivität habe sie abgelegt. Es komme nicht mehr zu autoaggressiven Handlungen’, stellte man bei Dr. Heines fest. Die neu entstandenen, neurologischen Symptome werden nicht gezielt untersucht. Im Arztbrief von 1981 der Heines Klinik wird trotzdem die Diagnose „Hebephrenie“ beibehalten. Eine kritische Reflexion der Folgen der hohen Medikamente nach Kinderlähmung fehlt. Die heilsame Wirkung der Normalität in der Ersatzfamilie wird jedenfalls nicht für die festgestellte Besserung in Betracht gezogen.
Diesmal empfand Frau Stein den Aufenthalt anders. Sie wusste, die Familie E. würde sie danach wieder aufnehmen. Das Gefühl der Ausweglosigkeit war verschwunden. Nur ganz allmählich kehrte die Sprache – allerdings völlig verändert – zurück.
Bei der Familie E. holte V. St. Phasen der psychischen Entwicklung nach, allerdings verspätet und unter extrem erschwerten Bedingungen. Das durch Kinderlähmung vorgeschädigte, periphere Nervensystem blieb für immer beschädigt. Die Treue der Betreuungsfamilie wirkte heilsam.
Sie lernt den Beruf der technischen Zeichnerin, in dem sie arbeitete, solange es ihr Körperzustand zuließ. Sie macht den Führerschein, ihre gute Intelligenz war vollständig erhalten. Eine neue verzweifelte Odyssee durch Krankenhäuser beginnt, wegen der Folgen der medikamentösen Fehlbehandlungen nach Kinderlähmung

– wegen des Post-Polio-Myelitis-Syndroms, das künstlich, medikamentös verstärkt, wenn nicht gar mitverursacht worden ist.

## 4. Auszüge aus den Gutachten

Vera Stein gelang es, mit Hilfe von Anwältinnen, jenseits der ihr zugewiesenen Gerichts, andere Gutachter[9] zu finden.

Die Gutachter sollten zu den Fragen Stellung nehmen: war die Diagnose Hebephrenie zurecht gestellt? Waren die Psychopharmaka angemessen und steht die zunehmende Verschlechterung der Poliomyelitis im Zusammenhang mit den Dauergaben von hochdosierten Psychopharmaka?

Die schon bekannten biographischen, lebensgeschichtlichen Ereignisse werden neu bewertet. Wiederholte Male war in den Akten von der unauffälligen Kindheit und Vorgeschichte die Rede, hier einige Ereignisse noch einmal zusammengefasst:

- Als Frühgeburt zur Welt gekommen,
- einem Kulturwechsel ausgesetzt, (die Familie verließ Bolivien als sie etwa 3 Jahre alt war),
- durch die Folgen der Kinderlähmung gehandicapt (anhaltende Lähmung des rechten Fußes),
- nach der Geburt des jüngeren Bruders zurückgesetzt und weniger geliebt,
- durch die psychische Erkrankung der Mutter jedenfalls in der Pubertät verlassen,
- von einem engen und zwanghaften Vater weg gesperrt
- Die durchgängig ablehnende, kritisch entwertende Haltung, von Mutter und Vater, sind generalisierend, lieblos und hatten zweifellos Einfluss auf die psychoemotionale Entwicklung. Ihre relativ harmlosen Versuche, sich in der Pubertät von den Eltern abzugrenzen, Erfahrungen – (mit Jungen) – zu sammeln, werden früh als krankhaft bewertet und sofort bestraft. Die beschriebenen Autoaggressionen kommen in Familien, in denen soziale, körperliche und psychische Repressionen zum Erziehungsstil gehören, oft vor.

Traumatisierende Kindheitseinflüsse spielten zu jener Zeit in der Fachdiskussion eine große Rolle (Kap. 6) Da ihr Werben um Liebe Abwehr auslöste, hat sie durch Regelverstöße Aufmerksamkeit erzwungen. Wenn schon ungeliebt, wollte sie beachtet werden. Mechanismen, die durch die starren institutionellen Strukturen (Anpassung oder Bestrafung) kultiviert und verfestigt wurden. Auf Heimweh, Selbstbestrafungen (schneiden, sich verletzen, andere bedrohen, entlaufen) folgen fortgesetzte Repressionen. Der Vater suchte und fand in enger Kooperation mit den Institutionen und den Ärzten „Hilfe“ durch Einschluss der Tochter. Diese einschneidenden Ereignisse (life-events) sind für diesen Menschen nicht folgenlos geblieben.

### 4.1 Einschätzung der familiären Situation

Nachdem die Mutter durch ihre psychische Erkrankung ausfiel, war der Vater mit 4 Kindern sichtlich überfordert. Er wollte die Tochter Vera, ggf. mit Gewalt, geschlos-

sen unterbringen, teilweise um die erkrankte Mutter zu schützen, teilweise, weil er mit ihr nicht fertig wurde, auch weil seine Zwänge und Ängste ihm keinen Spielraum ließen. Er übte die Macht des Ohnmächtigen aus.
Die Not erfasst schließlich alle Familienmitglieder, da alle sich im weiteren Verlauf – mit Ausnahme des Vaters – wegen psychiatrischer bzw. (psycho)somatischer Beschwerden in Behandlung begeben müssen.
Es muss vermutet werden, dass in der Familie alle Hilfe benötigten: der Vater, der mit seinem zwanghaften, repressiven Erziehungsstil nicht erreichte, was er für normal und richtig hielt; die Mutter, die an die Grenzen ihrer psychischen Kompensationsfähigkeit kam (Diagnose: paranoid-halluzinatorische Psychose); die eine Schwester, die wegen einer Magersucht stationär und psychotherapeutisch behandlungsbedürftig wurde; der Bruder, der mit 23 Jahren starb.
V. St. bekam und übernahm stellvertretend die Schuld für so viel (psychischen) Zusammenbruch. Die Sorge um die Mutter quälte sie. Die frühe Ausstoßung aus dem Elternhaus, jahrelange klinische Aufenthalte haben sie stärker in psychischer Abhängigkeiten an die Eltern gebunden, als dies der Fall gewesen wäre, wenn sie sich normal hätte ablösen können. Sie misstraut – mit Recht – dem Vater, da sie glaubt, er kooperiere heimlich mit den Institutionen, um sie dort festzuhalten, was der Fall war (das ist in Briefen über Geschenke an Ärzte dokumentiert). Das Ausgeliefertsein schlägt sich nieder in einer generalisierten, allgemeinen Lebensangst, in Misstrauen, Selbstanklagen, Wut und Ohnmacht.
Die Schwierigkeiten treten aber lediglich im Elternhaus und in den Kliniken auf. „Interessanterweise soll sich dieses hochpathologische Verhalten nur im stationären Bereich zeigen" – nicht aber im Reitstall oder in der Schule, wo sie sogar gute Kontakte hat und ein gutes Zeugnis bekommt, heißt es richtig – wenn auch leider folgenlos – in einem Arztbrief.
Die ältere Schwester rät ihr, wie sie selbst, eine Psychotherapie zu machen, und warnt sie davor, in das Elternhaus zurückzukehren. Fast jede ihrer „paranoiden" Wahrnehmungen haben einen realistischen Gehalt, den sie ahnt, aber nicht beweisen kann. Eine verrückt machende Situation.
Dem Sinne nach: „Mein Kind ich will das Beste für dich, deshalb sperre ich dich ein...."
Die Mehrzahl der Eltern ertragen die Zerrissenheit von Jugendlichen in der Pubertät. Es ist die Vorstufe einer Ablösung von den idealisierten und geliebten Eltern als notwendige Voraussetzung zur allmählichen Identitätsfindung. Die massiven Konflikte im Familiensystem führten nicht zu Angeboten, die diese Konflikte hätten lösen können.
V. Stein hat in den Anstalten wichtige Phasen, wie die Entwicklung beruflicher Perspektiven und die Anbindung an Peer-Groups, verpasst. Die gewaltsame Herauslösung aus der Familie hat zu Verzögerungen und zeitweisem Stillstand der emotionalen und sozialen Entwicklung geführt.
„Unerhört" – im Wortsinne – wiederholt sie ihr Lebensthema, bis die Familie E. es „erhört": Gebt mir Liebe, sagt mir, dass ich nicht böse bin und deshalb ausgesto-

ßen werden muss, sagt mir, dass ihr mich so haben wollt, wie ich bin, dass ich nicht eingesperrt werden muss. Ihre Fortschritte gehen über eine tiefe Regression bis zur Sprachlosigkeit: das heißt körperlich und seelisch verfällt sie zurück in frühe Stadien eines Kleinkindes, dort findet sie durch die liebevolle Zuwendung und Verlässlichkeit der Ersatzfamilie, langsam wieder heraus. Sie musste die Motorik beim Schreiben neu üben, Sprechen lernen und vor allem Leben lernen.

### 4.2 Diagnose und Einschätzung in den Gutachten

Es sind die Folgen erheblicher Hospitalisierung nach Fehldiagnose (Hebephrenie) und nach einer pubertären Reifungskrise. Es hat nie eine Psychose aus dem schizophrenen Formenkreis vorgelegen.
Sekundär erworbene, schwere soziale und emotionale Entwicklungshemmungen.
Verdacht auf ein Postpoliomyelitis-Syndrom nach Restsymptomatik einer abgeklungenen Poliomyelitis (Peroneuslähmung rechts)
Die Diagnose Hebephrenie wurde auf Grund der familiären Belastung, vorrangig mit veralteten, erbtheoretischen Theorien, begründet. Auch zur damaligen Zeit war die Diagnose Hebephrenie oft eine Verlegensheitsdiagnose für unspezifische Erscheinungsformen im Jugendalter. Auf der Basis dieser Diagnose, aber auch darüber hinaus, wurde inadäquat über zu lange Zeit mit zu hohen Dosen von Psychopharmaka behandelt, die häufig auch noch als Strafmittel eingesetzt wurden. Frau Stein hat zweifellos unter dieser Behandlung subjektiv erheblich gelitten und wurde in ihrer gesamten psychosozialen, aber auch körperlicher Entwicklung nachhaltig dadurch behindert. Da sie nach der Hospitalisierung in Bremen (Dr.-Heines-Klinik) eine Ausbildung als technische Zeichnerin und Maschinenkonstrukteurin absolvierte und sogar in einem Ingenieurbüro arbeitete, kann die Diagnose Hebephrenie auch dadurch als widerlegt betrachtet werden.
In der Dr.-Heines-Klinik war die Situation besonders hoffnungslos: Unterbringung ohne richterlichen Beschluss; Fixierungen, Hospitalisierung, mangelnde Hilfestellung. Die Medikamente werden zu hoch, zu lange und als Bestrafungsmittel eingesetzt.

**Wie weit das später aufgetretene Syndrom, einhergehend mit Cephalgien (Schmerzen im Kopfbereich), dem Verlust der Sprache, Missempfindungen, allgemeinen Bewegungsstörungen, Gangstörungen und Muskelschwäche, ein Postpoliomyelitissyndrom ist - Folge der andauernden Gaben von Psychopharmaka – müsste von anderer Seite beurteilt werden.**
In einigen Jugendpsychiatrien in der BRD wurde zu dem damaligen Zeitpunkt insgesamt deutlich vorsichtiger mit Medikamenten umgegangen (Lempp, 1974), wegen der bekannten Folgewirkungen nach Gaben von Psychopharmaka, (die R. Degwitz damals schon veröffentlicht hatte (Degwitz Kap. 6 siehe dort).
Diese Zeit wäre sonst – so kann vermutet werden – wie eine kritische Pubertätsphase abgelaufen. Viel zu spät und mit erheblichen körperlichen und seelischen Narben holt sie doch noch eine späte Entwicklung nach, ihr Lerneifer und ihr Überle-

benswille blieben – trotz der Erfahrungen – ungebrochen. Ähnlich schwere Regressionen werden oft nach abrupten Beziehungsabbrüchen oder Verlusten bei Kindern beobachtet. Es ist der Rückfall auf frühere Stadien noch vorhandener emotionaler Sicherheit und unmittelbaren Bedürfnisbefriedigung.

**4.3**

Wegen der anhaltenden Schmerzen, motorischen Schwäche und anderer Beschwerden veranlasst die Anwältin, Frau Dr. Dautert, ein toxikologisches Gutachten durch Prof. Dr. med. Bernd Lößner. Der Gutachter vermag zwar nicht einzuschätzen, ob die hohe Medikation seinerzeit zu Recht verabreicht wurde, stellt aber in seinem Gutachten fest:

„Die Degeneration der Motoneurone im Vorderhorn des Rückenmarkes ist ein organischer Hirnschaden, der Vorsicht bei der Anwendung von Neuroleptica gebietet.

In Folge der Erkrankung (Polio) kann sich in seltenen Fällen, oft viele Jahrzehnte später ein Post-Polio-Syndrom entwickeln.

Dieses Syndrom ist gekennzeichnet durch Schmerzen, Zunehmende Schwäche auch in früher nicht betroffenen Muskeln (Parese), Zunehmende Muskelverschmächtigung (Atrophie), Ausgeprägte Erschöpfbarkeit und Leistungsminderung – Beschwerden unter denen Frau St. seit etwa 1991 leidet.“ Gutachter Lößner dazu : ‘Die Pathogenese sei weitgehend unklar. Motorische Belastung scheint das Auftreten dieser Symptome zu begünstigen. Es gibt dazu, wegen der niedrigen Fallzahlen, nur wenige Untersuchungen’.

Die „eingebildeten“ Schmerzen und Schwächen der Vera Stein erweisen sich also auch hier als „real“ und haben einen körperlichen Hintergrund, so real wie seinerzeit ihr Gefühl, der Vater hintergehe sie und die Medikamente schadeten ihr.

## 5. Kampf David gegen Goliath – Vera Stein verklagt die Kliniken.

Vera Stein beginnt schließlich sich ihre Geschichte von der Seele zu schreiben. Das 1. Buch wird beim Fischer-Verlag 1996 veröffentlicht. Die Medien verfolgen die vergeblichen Bemühungen um Recht und Anerkennung mit regem Interesse (z. B. Kontraste, ARD am 06.12.2001).

Sie verklagt einige der Kliniken: Meistens folgen die Gerichte den Aussagen der bestellten Gutachter. Erstmals in Frankfurt wird ihr in einem Vergleich Schmerzensgeld bezahlt. Das Gericht in Frankfurt äußerte Zweifel daran, ob die 1974 getroffene Verdachtsdiagnose (und die sich daran anknüpfenden, medikamentösen Behandlungen) dem ehemaligen medizinischen Stand tatsächlich entsprochen haben. Ob es sich nicht viel mehr um einen groben Diagnosefehler gehandelt habe. Die anderen Prozesse gehen für sie negativ aus. V. Stein muss die Gerichtskosten von einer schmalen Rente bezahlen.

Derzeit wird geprüft, ob ihr Anliegen von dem Europäischen Gerichtshof angenommen werden kann, nachdem der Bundesgerichtshof und das Bundesverfassungsgericht abgelehnt haben, die verschiedenen Verfahren noch einmal aufzurollen.

## 6. Über die Forschung und das Wissen in der Zeit 1970-1980:

**6.1** Die Diagnostik und Therapie entsprach dem damaligen Wissenstand, sagt der Gerichtsgutachter Prof. Gerhard A. E. Rudolf Universitätsklinik Münster im Jahr 2000 vor Gericht aus. Das Gericht in Bremen folgt ihm. Vera Stein verliert diesen Prozess. Deshalb zur Richtigstellung nur einige der damaligen **Fragen und Antworten durch Forschung, soweit sie publiziert und breit diskutiert wurden:**

**6.2** Life-event und High-EE-Forschung:
Von vielen Forschern in jener Zeit wurde übereinstimmend herausgefunden, dass negative Einstellungen von Seiten der Eltern/Angehörigen das Selbstwerterleben entscheidend prägen. Durch positive oder negative Vorurteile seien aber auch die Erfolge psychiatrischer Behandlungen beeinflusst, wie Langzeituntersuchungen an "Schizophrenen" zeigten. Die Bedeutung von hoch emotionalen (high EE) Beziehungen und von life-events waren als Einfluss auf den Verlauf von psychischen Krankheiten bekannt.
Einige der damals gewonnenen Erkenntnis-Zusammenhänge lauteten:

- "Der Einfluss von sozialen Faktoren auf den Krankheitsverlauf der Schizophrenie ist beträchtlich, dazu gehören negative Erwartungshaltungen von Familie und Umwelt, Vorurteile und diagnostische Etikettierung;
- je kürzer die Dauer der Ersthospitalisierung, desto günstiger der Krankheitsverlauf, je länger die Anfangsdauer, desto ungünstiger der Verlauf

**6.3 Langzeituntersuchungen**
Jahrzehntelang war die negative Erwartung der Schulmedizin geprägt durch die Erfahrungen mit dauerhospitalisierten, chronischen Langzeitpatienten, deren Symptome überdies vornehmlich Ausdruck einer schweren Unterstimulation waren." Ciompi nannte daraufhin die chronische Schizophrenie ein Kunstprodukt, einen Anstaltsartefakt. Brown (et al.) 1962, hier aber 1972)[10], Bleuler (1972)[11], Huber G. et al. (1979)[12], Ciompi und Müller (1976) und Ciompi (1980)[13], Köttgen (1979-1984)[14]

**6.4 Pharmazeutische Forschung**
Degwitz (ab 1967[15]) hatte vor erheblichen Nebenwirkungen und Dauerfolgen durch die Neuroleptika und Psychopharmaka gewarnt. Er beschrieb Bewegungsstörungen (Dyskinesien), Persönlichkeitsveränderungen, Leberschäden, Sucht, Sprachstörungen (Dysarthrie), epileptische Anfälle und toxische Delire außerdem künstlich erzeugte Psychosen und die neurolepticabedingten, extrapyramidal-motorischen Störungen im Sinne von Parkinsonsymptomatik, er hob immer wieder die Bedeutung der neuroleptischen Schwelle für das Auftreten von persistierenden, extrapyramidalen Hyperkinesien, also anhaltenden Bewegungs-

störungen (30 bei längerer Behandlung 70%) hervor, zudem waren unerwartete Todesfälle unter Psychopharmaka bekannt geworden.
Das sind also Folgen bei jenen „gesunden" Patienten, die keine Vorschädigung des Nervensystems hatten, sie waren bekannt, wie viel mehr Vorsicht wäre bei einer Vorschädigung geboten gewesen. „Wirksame Medikamente sind nie harmlos", so der Forscher „Neuroleptika wirken eben auf die extrapyramidalen Zentren und erzeugen dort womöglich Schäden" Auch 'Histologische Untersuchungen zeigten anhaltende Hirnschäden, die sich nur z. T. zurückbilden. Es bestehen therapeutische Risiken bei der Langzeitbehandlung mit Neuroleptika und Lithium, in Abhängigkeit von der Dauer der Medikation', (Degwitz im Nervenarzt)

**6.5** Die Psychiatrieenquete, die 1975[16] erschien, berichtete von den elenden, menschenunwürdigen Verhältnissen in der Psychiatrie. Diese Ergebnisse wurden breit diskutiert. Die großen Reformen begannen. Die Deutsche Gesellschaft für soziale Psychiatrie forderte z. B. die Auflösung der psychiatrischen und auch anderer Anstalten. Negative Folgen von Medikamenten und Anstaltsartefakten waren also bekannt.

**6.6** Es entstanden Familiengruppen und Angehörigen-Therapien. Diese wurden mit gutem Erfolg durchgeführt und die Ergebnisse waren in dem angloamerikanischen, früher als im deutschen Sprachraum, veröffentlicht worden. (Dörner et al 1982[17]) Sind Fachleute verpflichtet zum Wohle der Patienten neue Erkenntnisse aufzugreifen?
Die Forschung war zu jener Zeit und ist heute bestimmt von der Pharmaindustrie. Entwicklungsfördernde Betreuungssettings/Methoden, ein psychosozialer, an der Lebenswelt orientierter Hilfeansatz wurden und werden nicht beforscht, wenn doch, ignoriert. Langzeituntersuchungen fehlten insgesamt. Dafür gab und gibt es weder Forschungsgelder, kaum Publikationsmittel, wenig fachliches Interesse, (Köttgen, 1998)[18].

## 7. Diskussion und Zusammenfassung

Man dürfe ein Kind niemals beschämen, sagen die Finnen, die mit dieser Grundhaltung alle – auch benachteiligte – Kinder weltweit am Besten schulisch fördern und integrieren. (Pisa Studie 2002) Tragen Erziehungs-, Lern- und Therapiesysteme in der Bundesrepublik womöglich zum Ausgrenzen, zu Abstiegskarrieren und damit zur Traumatisierung bei, statt zu fördern und die Teilhabechancen zu bessern? Die Bundesrepublik ist – nach Pisa – Weltmeister im Heraus-Sondern/Sortieren.
20 Jahre nach Öffnung sollen in Hamburg wieder geschlossene Plätze für Kinder und Jugendliche als Orte der Erziehung eingerichtet werden. Seit 10 Jahren wächst der Druck auf die Fachleute Kinder einzusperren.
Es gab nur eine sehr kurze, dafür erfolgreiche, Phase einer konsequenten Öffnung,

der Jugendhilfe, diese erstreckte sich damals auch auf die Jugendpsychiatrie. Diesen Zeitraum hat R. Schone in Hamburg untersucht.[19]
Damals gingen alle stationären Hilfen zur Erziehung, unbemerkt auch alle repressiven Maßnahmen, zurück, dazu zählen auch Aufnahmen in der U-Haft und im Jugend-Strafvollzug. Die Kriminalitätsrate ist in dieser Phase nicht angestiegen. Das frei werdende Geld (weniger stationäre Plätze) wurde zur Qualifizierung der Fachkräfte re-investiert. Vor allem die interdisziplinäre Kooperation verbesserte sich. Der Fachdisput fand auf hohem fachlichen Niveau statt, beschreibt der Autor und ergab sich zwingend, weil junge Menschen nicht mehr über die Hamburger Grenzen abgeschoben oder hinter Mauern unsichtbar wurden. Das war für eine kurze Zeit fachlicher und politischer Konsens, dieser wurde ohne Not und wider besseres Wissen aufgegeben. Schwierige Kinder gibt es immer. Das wird in der Regel nur durch einen klaren, verbindlichen Versorgungsauftrag verhindert, durch gemeinsame Verantwortung. Hilfe vor Ort förderte die Kooperationsstruktur und dadurch die Fachkompetenzen. Vor allem durch diese enge – fachpolitisch gewollte – Kooperation mit anderen Fachgebieten, durch die Mitwirkung der Familien kann ein Beitrag zur positiven Zukunftsgestaltung von randständigen Jugendlichen geleistet werden. Das ist bekannt,[20],[21],[22]. Rahmenbedingungen dafür sind: der Verzicht auf Spezialisierung, Unterbinden von Verschiebungen wegen der Beziehungsabbrüche die produziert werden, das Kappen der repressiven Enden um das Top down System zu durchbrechen, eine Normalisierung der Hilfen, die Verbesserung und der Ausbau der regionalen Hilfeangebote und Lebensperspektiven von jungen Menschen, das geht nur mit fachlich gewollter Kooperation. Ein besseres Rezept als geduldig soziales Lernen erproben; alternative Erfahrungen ermöglichen; verlassene junge Menschen verlässlich begleiten, die Familie ersetzen oder ergänzen; die frühen Gewalterfahrungen in der sozialen Umwelt abbauen; bessere soziale Perspektiven aufbauen hat bisher niemand gefunden. Damit bessert sich die Situation bei 75% der jungen Menschen, die eine schwierige Ausgangslage hatten, wie Thiersch[23] für die Hilfen zur Erziehung nachweisen konnte. Die Rückfallquoten in den Strafsystemen sind dagegen unverändert hoch und liegen bei etwa 2/3, sie sind so teuer wie erfolglos. Deshalb noch einmal zu Vera Stein: erst die Aufnahme in eine Ersatzfamilie hat eine späte Entwicklung ermöglicht. Danach haben sich die künstlich erzeugten psychischen und sozialen Schäden zurückgebildet. Nicht so genannter „Fachverstand", sondern Zufälle waren es, die sie schließlich retteten, die Familie E. in ihrer Normalität und Fürsorge, die Verlegung auf die offene Station, wegen eines Umbaus....so wurde sie befreit.
Dies entspricht der Erfahrung der Fachleute: Jugendliche, die treue Begleiter in Fachleuten / Erziehern/ Ersatzeltern fanden bekommen in vielen Fällen eine neue wirkliche Chance. Die Hilfen gehen zum Kind, damit das Kind nicht rumgeschoben wird durch den Dschungel der Helfersysteme.
Nach dem damaligen Stand wissenschaftlicher Erkenntnisse ist nicht adäquat behandelt worden. Vera Stein muss jeden erlittenen Fehler selbst nachweisen. Es waren eben nicht paranoide Wahnvorstellungen, wenn sie die geschlossene Insti-

tution als den langen Arm des strafenden Vaters wahrnahm, der ja tatsächlich mit den Ärzten konspirierte. Ein ungleicher, für die meisten ein hoffnungsloser Kampf, der Kraft, Nerven, Geld und Mut verlangt, ihr um Anerkennung zu kämpfen.
Ein hervorragendes Buch erschien, in dem sie den renommiertesten damaligen Kinder- und Jugendpsychiater Lempp für ein Vorwort gewinnen konnte. Er war auch der erste Gutachter der die Diagnose Hebephrenie offen als Fehldiagnose bezeichnete. Solche Kollegen gelten als Nestbeschmutzer und müssen mit Diffamierung rechnen. Prof. Reinhard Lempp[24] schreibt:
„Auch die erfahrene subjektive Wirkung der Behandlung mit Psychopharmaka muss den Leser aufs Äußerste betroffen machen, die dabei erlebte Hilflosigkeit und Ohnmacht, die Einengung und verordnete Schwäche, angeblich zur Hilfe für den Patienten, aber ohne therapeutische Begleitung, Erklärung und Hilfe, sondern mit dem Anspruch eines bedingungslosen Vertrauens, dass gerade diese Kranken auf Grund ihrer Vorerfahrungen gar nicht mehr haben können." Und weiter „Das schlimmste ist, dass sich die Psychiater meist dieser Gewalt und ihrer Macht gar nicht bewusst sind".
Auf den damaligen Stand wissenschaftlicher Erkenntnisse hingewiesen, sagt der Gutachter Rudolf vor Gericht, man schreibt das Jahr 2000, 'man habe die vorhandenen Erkenntnisse damals nicht gleich umsetzen können'. Dieser Begründung folgt das Gericht in Bremen.
Die Risiken und Nebenwirkungen tragen die Betroffenen alleine[25]. Der Antrag auf Zulassung ihrer Klage beim europäischen Gerichtshof läuft. Vera Stein erhofft sich dort ein höheres Maß an Neutralität in der Bewertung ihres Falles, sie kämpft auch stellvertretend für das Unrecht, das andere erfahren.

## Fazit

- Die langfristige Unterbringung in einer geschlossenen Institution schaffte schon in der Vergangenheit die Probleme zu deren Heilung sie vorgeblich geschaffen wurde. Von Fachleuten ist zu fordern, dass sie neue Erkenntnisse, die Nebenwirkungen und Folgen von Maßnahmen, Medikamenten, Hilfeprozessen und negativen Behandlungsmethoden kennen und entsprechend handeln. Eingeschliffene Routinen sollten regelmäßig überprüft werden. Langzeitwirkungen von Medizin/ Psychopharmaka, müssen unabhängig von der Pharmaindustrie untersucht werden. Derzeit monopolisiert, erforscht, publiziert und sponsert die Industrie – von Profitinteressen geleitet – die Forschungsergebnisse in der Medizin (z. Zt. bestes Beispiel die Art der Ausbreitung und Information über Ritalin)
- Der Patient haftet für die Folgen.
- Die Diagnose „Hebephrenie" schadet. Sie sollte – wie alle Diagnosen, die so vage sind – aus den Diagnose-Katalogen verschwinden. Negative Vorhersagen begünstigen einen negativen Verlauf. Einseitige biologische, Betrachtungsweisen sind verkürzend, falsch und schädlich. Sie sind irreführend und werden doch ideologisch verteidigt.

- Die subjektive Sicht eines Patienten und multiprofessionelle Sichtweisen sind in alle Hilfeüberlegungen gleichrangig einzubeziehen;
- Das Kinder- und Jugendhilfegesetz setzt die Einbeziehung der verschiedenen Fachleute (soziale,- berufliche, familiäre- und psychodynamische- / -biographische- Aspekte) bei einer Hilfeplanung voraus. Die Verbesserung der Teilhabechancen von Kindern und Jugendlichen steht im Mittelpunkt, nicht das „Defizit". Nach dem Motto 'hilf mir, mir selbst zu helfen'.
- Langfristige Begleitung, wichtige Beziehungen von Kindern und Jugendlichen, stabile Lebensorte mit die Familie ergänzenden Bezugspersonenen, sind zu schaffen, wenn möglich zu erhalten oder wieder her zu stellen, falls Eltern diese Unterstützung brauchen. Viele Familien brauchen diese. Jedes Kind möchte so normal leben wie andere Kinder auch, es braucht Zukunftsperspektiven. In diesem Sinne können Kliniken oder geschlossene Einrichtungen grundsätzlich kein integrierender Lebensort sein. Nur unter möglichst lebensnahen Voraussetzungen können sich Kinder ihren Möglichkeiten entsprechend in eine Gesellschaft hinein entwickeln[26].
- Unabhängige Forscher, Lehrer, Gutachter, Gerichte, Anwälte, Kliniken werden benötigt.

**Fußnoten**

1 Vortrag Charlotte Köttgen auf der Tagung der Kinderschutzzentren (25.-27.09.2002) in Düsseldorf: Thema: Trauma und Traumafolgen. Hier: Traumatiserende Hilfeprozesse.

2 Vera Stein: Abwesenheitswelten. Vorwort von R. Lempp; Fischer- Verlag 1996, Frankfurt/Main

3 Harbauer, H; Lempp, R., Nissen, G., Strunk, P.: Lehrbuch der speziellen Kinder- und Jugendpsychiatrie. 2. überarb. Aufl. Berlin u. a. Springer-Verl., 1974.

4 Huether,G: Bedienungsanleitung für ein menschliches Gehirn. Vandenhoeck und Ruprecht, Göttingen, 2001

5 Wolffersdorff, C: Jugendkriminalität und Gewalt im Brennpunkt der pädagogischen Diskussion. AFET, Mitgliederrundbrief Nr.3, Sept. 2002 S. 20

6 Vera Stein: Abwesenheitwelten. Fischer Verlag, Frankfurt, 1996

7 Dr. Dr. Schmidt (heute Chefarzt in Mannheim für Kinder- und Jugendpsychiatrie), Dr. Borowski, Prof. Dr. H. Harbauer (damals Universitätskrankenhaus Frankfurt), von Prof. Dr. med. F. Proustka u.a. unterschrieben . Aus der Privatklinik Dr. Heines bei Bremen stammen die Verlaufsberichte und Medikamentenaufstellungen.

8 Neurocil, Truxal, Melleril, Saroten, Glianimon, Haloperidol, um nur einige zu nennen.

9 Prof. Reinhard Lempp, Tübingen und Dr. Charlotte Köttgen, Hamburg, Deutsche Gesellschaft für soziale Psychiatrie, e.V.

10 Brown G.W., Birley, J.C.T., Wing, J.K.: Influences of family life on the course of schizophrenic disorders. A Replication. Br.J.Psychiat. 121. 241- 258 (1972). Die ersten Untersuchungen zum Thema stammten aus den Jahren seit 1960. Sie wurden in den Jahren nach 1970 auch in der Deutschen psychiatrischen Wissenschaft diskutiert.

11 Bleuler, M.: Die schizophrene Geistesstörung im Lichte langjähriger Kranken- und Familiengeschichten. Stuttgart :Thieme, 1972.

12 Huber, G., Gross, G., Schüttler, R.: Schizophrenie. Eine Verlaufs- und sozialpyschiatrische Langzeitstudie. Berlin(u. a.: Springer-Verl., 1979.

13 Ciompi, L.: Neues zur Schizophrenie im Lichte jüngerer Langzeituntersuchungen. 4. Weißenauer Schizophrenie-Symposium. Bonn, 1980.

14 Köttgen, C; Sönnichsen,I; Jurth, R: Diagnostik und Therapie von hochgradig rückfallgefährdeten früherkrankten schizophrenen Patienten. Abschußbericht B23 im Sonderforschungsbereich 115 Hamburg, 1984, Univ. Krankenhaus UKE, Ärztlicher Direktor Prof. J. Gross. Zu diesem u. a. solchen Forschungsansätzen gab es seinerzeit zahlreiche Veröffentlichungen, die die Bedeutung früher psychosozialer Hilfen belegen.

15 Degwitz, R.; Consbruch, U., Haddenbrock, S. (u. a.):Therapeutische Risiken bei der Langzeitbehandlung mit Neuroleptica und Lithium. Klinische, histologische und biochemische Befunde. Nervenarzt 47, 81 – 87 (1976)

16 Bundesministerium für Jugend, Familie und Gesundheit (Hg.): Bericht über die Lage der Psychiatrie in der Bundesrepublik Deutschland – zur Psychiatrischen und psychotherapeutisch/ pschosomatischen Versorgung der Bevölkerung. Drs. 7/4000 Deutscher Bundestag, 7. Wahlperiode 1975

17 Dörner, K, Egetmeyer,A; Koenning,K: Freispruch der Familie. Psychiatrie Verlag, Wunstorf, 1. Aufl. 1982

18 Köttgen, C. (Hg): Wenn alle Stricke reißen. Psychiatrieverlag, 1998, Bonn. Hier: „Lars oder wie man ein perfekter Psychiatriepatient wird" und „Alte Vorurteile sitzen tief" . Auch in: F. Pfäfflin; H.Appelt; M.Krauz, M. Mohr: (Hg): Der Mensch in der Psychiatrie. Hier: C. Köttgen: Schizophrenie – Wider die Wahngewissheit der Psychiatrie. (Eine 4 Jahres - Katamnese nach ambulanter Gruppenarbeit mit Angehörigen und Patienten).Springer- Verlag Berlin, Heidelberg, New York. London, Paris, Tokyo, 1998 ISBN 3-540-50320-X

19 Schone, R.: "Grenzfälle" – Zusammenfassung der Ergebnisse und Empfehlungen der Studie. In: Tagungsdokumentation zum Thema: Grenzfälle zwischen Jugendhilfe und Jugendpsychiatrie – Welche Grenzen sind gemeint? FFH: Behörde für Schule, Jugend und Berufsbildung, 10.12.1991

20 Hans Thiersch: im Auftrag des BMFSFJ: Leistungen und Grenzen von Heimerziehung. Bd. 170 Kohlhammer, Stuttgart, Berlin, Köln, 1998

21 Wolffersdorff, C: Jugendkriminalität und Gewalt im Brennpunkt der pädagogischen Diskussion. AFET, Mitgliederrundbrief Nr.3, Sept. 2002 S. 20

22 Henkel,J; Schnappka, M; Schrapper,C. (Hg): Was tun mit den schwierigen Kindern? Sozialpädagogisches Verstehen und Handeln in der Jugendhilfe. Votumverlag, 2002, Münster

23 Hans Thiersch: im Auftrag des BMFSFJ: Leistungen und Grenzen von Heimerziehung. Bd. 170 Kohlhammer, Stuttgart, Berlin, Köln, 1998

24 Vera Stein: Vera Stein: Menschenfalle Psychiatrie. Patientenforum. Haug -Verlag 2000, Heidelberg

25 Köttgen,C: Integration statt Konkurrenz. Vorschläge zur bessern Kooperation. Oder 'Lars- wie man ein perfekter Psychiatriepatient wird' in: Köttgen, C.(Hg). Wenn alle Stricke reißen. Psychiatrieverlag, 1998, Bonn.

26 R. Schone: Grenzfälle zwischen Jugendhilfe und Jugendpsychiatrie – welche Grenzen sind gemeint? 10.September 1991 FHH Behörde für Schule, Jugend und Berufsbildung/Amt für Jugend. Dokumentation der Fachtagung. Ergebnisse einer Untersuchung in Hamburg.

# Traumatisierende Hilfeprozesse in der Kinder- und Jugendhilfe

Dr. Christian Schrapper

Erfahrungen und Befunde aus aktuellen Forschungsprojekten

**Was ist gemeint?**

Trauma = äußere Gewalteinwirkung und die hierdurch hervorgerufene Schädigung (Brockhaus)

Trauma = nachträgliche Beschreibung einer psychischen Krise, wenn diese dysfunktional gelöst oder verarbeitet wurde (www.trauma-informations-zentrum.de)

*Kann Jugend-Hilfe eine äußere Gewalteinwirkung sein oder eine psychische Krise auslösen?*

- **historisch ja:** Fürsorge und Disziplinierung
- **systematisch ja:** Ambivalenz von Hilfe und Kontrolle
- **biographisch ja:** Lebens-Geschichten von Menschen, die Jugendhilfe erlebt und erlitten haben (Untersuchungen, autobiographische Romane etc.)

**Traumatisiert Jugend-Hilfe auch heute noch?**
**Befunde aktueller Forschungen:**

**1. Wie erleben Kinder Hilfeprozesse in Jugendhilfe und Jugendpsychiatrie?**

Qualitative Interviews mit Kindern im Alter von 10 bis 14 Jahren, die Erfahrungen mit beiden Hilfesystemen haben (vgl. Silke Pies 2001):

- die Herkunftsfamilie ist und bleibt für Kinder das bedeutendste soziale Bezugssystem;
- sie sind bereit fast alles zu tun und zu denken, um dahin zurück zu können;
- Kinder werden von der Fremdunterbringung, meist zuerst in der Psychiatrie, überwältigt; diese ängstig sie im Vergleich zu späteren auch in der Erinnerung noch sehr
- Kindern wird kaum nachvollziehbar erklärt, was warum mit ihnen passiert, weder in der Psychiatrie noch in der Jugendhilfe
- Positiv bewertet werden die Heimerzieher, die „viel mit uns unternehmen“
- Kinder wollen sich (und anderen) ihre Situation und ihren Lebenslauf sinnvoll erklären können, Psychiatrie und Jugendhilfe verweigern und zerstören ihnen solche Erklärungen.

## 2. Kölner-Modell-Projekt „Was tun mit den schwierigen Kindern"

Fallkonsultationen und –analysen mit „besonders schwierigen Fällen" (vgl. Henkel/Schnapke/Schrapper 2002)

- Kinder werden schwierig, weil sie lernen müssen, unter diesen Bedingungen zu überleben, und Kinder lernen schnell und effektiv, was sie dabei erfolgreich macht
- Fachkräfte interessieren sich zu wenig für diese Lerngeschichten, sie wollen und sollen Erklärungen finden und Lösungen umsetzen
- HelferInnen sind dagegen mehr mit ihren Idealen und Ärgernissen beschäftigt, vor allem sind sie schnell mit sich und ihren Organisationen verstrickt
- In den Organisationen der Helfer wiederholen und spiegeln sich dabei die Bedingungen, Krisen und Erfahrungen, die Kinder aus ihren Familien kennen:
  - Überlastung und Überforderung,
  - Beliebigkeit und Unzuverlässigkeit,
  - Übergriff und Kränkung,
  - Abwertung und Geringschätzung
- Die Jugendhilfe in Ämtern und Einrichtungen ist komplex und widersprüchlich, sie bietet daher viel Projektionsfläche
- Probleme und Entwicklungen von Kindern und Familien, die nicht verstanden werden können, bleiben nicht nur ungelöst, sie verschärfen sich noch
- Jugendhilfe kollabiert gerade dann an ihren eigenen Schwierigkeiten , wenn sie von Kindern in massiven Schwierigkeiten besonders gebraucht wird.
- Schwierige Lebensumstände werden erst durch öffentliches Eingreifen zu einen „schwierigen Fall"

## 3. Verwirkte Elternschaft

Qualitative Interviews mit Eltern, deren Kinder in Heimen oder Pflegefamilien untergebracht wurden (Josef Faltermeier 2001)

- Eltern fühlen sich von der Jugendhilfe betrogen und getäuscht
- Sie erleben sich ausgeliefert und ohnmächtig
- Sie werden vor allem als Gefahr für ihre Kinder gedeutet
- Ihre Bedürftigkeit und Schutzlosigkeit wird ignoriert

| Situation von Kindern in Familien | Situation (von Fachkräften) in Jugendhilfe - Organisation |
|---|---|
| ▪ Unzuverlässigkeit<br>▪ Überforderung<br>▪ Widersprüchlichkeit<br>▪ Überwältigung | ▪ überlastet<br>▪ keine verbindlichen fachlichen und methodischen Standards<br>▪ hierarchischen Prozeduren ausgeliefert; institutionelle Zersplitterung; organisatorische Unverbindlichkeit (Leitung!)<br>▪ in Krisen wenig belastbar |
| Potentielle Folgen: | Potentielle Folgen: |
| ➢ Kinder entwickeln (Überlebens-) Strategien, die mit zunehmendem Alter als dissozial und auffällig wahrgenommen werden (Strategien werden kontraproduktiv)<br>➢ Kinder werden zu Symptomträgern; Situationen eskalieren | ➢ innere Konflikte brechen auf<br>➢ äußerer Druck kann kaum ausgehalten werden<br>➢ Schuldzuweisungen und Abwehr dominieren (Wie sind nicht zuständig) |

**Fazit:** Jugend-Hilfe schädigt und verletzt Kinder heute weniger aktiv, durch gewalttätiges Handeln, sondern eher „passiv“ durch die **Verweigerung von Verstehensleistungen**:

- durch nicht ausreichendes Fremd-Verstehen der Lebensumstände, der Lern- und Lebensgeschichten
- durch nicht ermöglichen des Selbst-Verstehen (= Bildung)

**Um solche Schädigungen und Verletzungen von Kindern und Eltern zu verhindern, muss Jugendhilfe vor allem:**

- das Selbst-Verstehen der Profi´s und ihrer Organisationen,
- das Fremd-Verstehen der Kinder und ihrer Lebenswelten und Lebensgeschichten,
- das Verstehen der Wechselbezüge von Systemen entwickeln, ausbilden und pflegen. Vorschläge und positive Erfahrungen gibt es genügend.

**Was also tun mit „schwierigen“ Kindern und Eltern, damit sie nicht noch durch die Helfer geschädigt und verletzt werden?** (siehe auch Schrapper 2003)

- Dafür sorgen, dass verstanden werden kann, wie und wodurch Kinder und Eltern in Schwierigkeiten geraten und zu Schwierigen werden, d. h.: fragen, welchen Sinn es macht, dass Menschen und Organisationen sich und andere in Schwierigkeiten bringen
  - o Fallverstehen und Diagnose braucht Methoden, Strukturen und Haltungen, die entwickelt und gepflegt werden müssen

- o Gelingt es den Fachkräften sich und ihr System zu verstehen, fällt es ihnen auch leichter, die Kinder und deren Systeme zu verstehen
- o Nur verstandene Bilder und Identifikationen sind eine tragfähige Grundlage für Hilfeprozesse in schwierigen Fällen
- Für zuverlässige und belastbare Arbeitgrundlagen und Arbeitsbündnisse sorgen, z. B.:
- o Klare Aufträge und geregelte Kompetenzen
- o Keine geschlossenen Systeme, keine letzten Chancen, keine Alleingänge, immer einen „Plan B"
- o ausreichende Ressourcen und geregelte Kontrolle.
- Förderliche und belastbare Arrangements entwickeln. Geschlossenen Unterbringung oder strikte Trennung war in keinem der beratenen und evaluierten Fälle eine tragfähige Lösung.
- Für kontinuierliche Dokumentation, Reflexion und Evaluation sorge tragen.

**Fazit: Traumata „pädagogisch"! verstehen, als schwere Verletzung des Subjekts in seinen Möglichkeiten, sich die Welt verstehend und aktiv anzueignen = sich zu bilden**

Die (sozial-)pädagogische Jugendhilfe sollte etwas verstehen etwas von Prozessen der

- Erziehung ( = Einführung der nachwachsenden Generation in die Gesellschaft) und
- Bildung ( = Aneignung dieser Welt durch die Subjekte)

Sie kann Verletzungen und Kränkungen von Menschen verstehen als

- Beeinträchtigungen des Subjekts, sich die Welt verstehend und aktiv anzueignen (= Bildung in sozialen, gesellschaftlichen und ökonomischen Kontexten)

So kann „Traumatisierung" pädagogisch gedeutet werden als Ausgangspunkt und Voraussetzung, versuchen, pädagogisch zu handeln, d.h. den Subjekten wieder ermöglichen, sich zu bilden (= sich die Welt aktiv anzueignen)

Dort, wo dieser Zugang nicht oder nicht mehr ausreicht, muss eine sozialpädagogische Jugendhilfe mit anderen Disziplinen und Arbeitsfeldern kooperieren, aber auf gleicher „Augenhöhe". (vgl. Schrapper/Kalter 2001)

## Literatur

Josef *Faltermeier* (2001): Verwirkte Elternschaft? Fremdunterbringung, Herkunftseltern, neue Handlungsansätze; Münster (VOTUM-Verlag).

Joachim *Henkel*/Markus *Schnapka*/Christian *Schrapper* (Hg.) (2002) Was tun mit schwierigen Kindern? Sozialpädagogisches Verstehen und Handeln in der Jugendhilfe, Münster (VOTUM-Verlag).

Silke *Pies* (2001): Wie erleben Kinder Hilfeprozesse? Jugendhilfe und Jugendpsychiatrie aus der Perspektive ihrer Adressaten; in Sonja Darius/Ingolf Hellwig/ Christian Schrapper : Krisenintervention und Kooperation als Aufgabe von

Jugendhilfe und Jugendpsychiatrie in Rheinland-Pfalz, Mainz, S. 76-93. (Eigenverlag des Institut für sozialpädagogische Forschung, Mainz)

Christian *Schrapper*/Birgit *Kalter* (2001): Jugendhilfe und Jugendpsychiatrie – Konkurrenz oder Kooperation? in: Arbeitsgemeinschaft für Jugendhilfe – AGJ (Hrsg.): Schwierigkeit3en und Chancen im Verhältnis von Psychiatrie und Jugendhilfe. Bonn (Selbstverlag), S. 33-47.

Christian *Schrapper* (2003): Schwierige Kinder, schwierige Fälle und die pädagogische Verantwortung der Jugendhilfe – Fragestellungen, Befunde und Hinweise aus dem „Kölner-Modellprojekt“ für die Diskussion um „freiheitsentziehende Maßnahmen“ in der Jugendhilfe; in: Das Jugendamt, Heft 3, S. 116-120.

# Mütter von Frühgeborenen (<1500g) – Die Bedeutung biologischer und psychosozialer Einflussfaktoren für mütterliche Bewältigung und Mutter-Kind-Bindung im ersten Lebensjahr des Kindes

Catharina Ganseforth
Daniela Rödder

C. Ganseforth[1], D. Rödder[1], A. Kribs[2], A. v. Gontard[1], B. Roth[2], F. Pillekamp[2]; Universität zu Köln, Klinik und Poliklinik für Kinder- und Jugendpsychiatrie[1]; Klinik und Poliklinik für Allgemeine Kinderheilkunde, Abteilung Neonatologie[2]

## Einleitung

6 bis 8% aller Kinder kommen in Deutschland zu früh, d. h. vor der 37. Schwangerschaftswoche und mit einem Geburtsgewicht von weniger als 2500g zur Welt. Hierunter sind etwa 10% sehr leichtgewichtige Frühgeborene (VLBW=very low birth weight infants) und 5% extrem leichtgewichtige Frühgeborene (ELBW=extremely low birth weight infants; Sarimski 2000). Durch enorme Fortschritte in der Intensivmedizin gelingt es immer mehr auch diesen sehr kleinen Frühgeborenen zum Überleben zu verhelfen. Während eine normale Schwangerschaft 40-42 Schwangerschaftswochen dauert besteht derzeit sogar für Kinder nach etwa der Hälfte der Zeit, mit Vollendung der 23. Woche, bereits Überlebenschance.

Allerdings besitzen jene sehr kleinen Frühgeborenen nach wie vor ein größeres Risiko für spätere Entwicklungsauffälligkeiten und psychische Störungen als Reifgeborene. Das Grundproblem dieser Kinder besteht dabei in einer durch die vorzeitige Geburt bedingten Unreife der Organsysteme und Funktionen, durch die sie besonders anfällig für medizinische Komplikationen sind (Bundesverband „Das Frühgeborene Kind“ e.V., ohne Angabe). Daher wurden nachfolgende Entwicklungsschwierigkeiten lange Zeit lediglich auf die besonderen biologischen Ausgangbedingungen durch die Frühgeburtlichkeit zurückgeführt. Neuerdings wird jedoch vermehrt auch die psychosoziale Situation dieser Kinder und ihrer Familien wie beispielsweise die Wohnsituation, finanzielle Umstände und besonders die Reaktion der Eltern auf die Frühgeburt berücksichtigt (Hantsche, Henze & Piechotta, 1992). Für sie stellt die vorzeitige Geburt ein extrem belastendes Ereignis dar. Völlig unvorbereitet fühlen sie sich selbst oft als “frühgeborene Eltern“ (Buchheim, Brisch & Kächele, 1999, S.129), die die Anpassung an eine verfrühte Elternschaft leisten müssen. Zudem sind sie entgegen ihrer Erwartungen und Hoffnungen mit einem kranken, winzigen Kind konfrontiert, das lebensbedrohlich gefährdet ist und lange Zeit auf einer Intensivstation versorgt werden muss (Keren, Tyano & Sirota, 2000). In diesem Zusammenhang konnte nachgewiesen werden, dass sich einige Mütter dauerhaft durch die besonderen Erfahrungen der Frühgeburt belastet fühlen und diese nur unzureichend bewältigen (Sarimski, 2000). Dabei zeigte sich, dass derartige Defizite in der psychischen Anpassung an die Frühgeburt auf den Erziehungsstil Einfluss nehmen und die Entwicklung des Kindes gefährden (Miles & Holditch-Davis, 1995; Esser, Laucht & Schmidt, 1995). Überfürsorge, ein verstärktes Maß an Aufmerksamkeit und die Vermeidung von altersgemäßen Anforderungen und Grenzsetzungen werden als typische Merkmale diese Stils beschrieben. Ausgehend von diesem Zusammenhang zwischen dauerhafter Belastung und unzureichender Bewältigung der Mütter einerseits und einem hierdurch bedingten Entwicklungsrisiko des Kindes andererseits bestand das Ziel der Studie darin die Bedeutung spezieller Einflussfaktoren auf das mütterliche Belastungs- und Bewältigungserleben zum Entlassungszeitpunkt zu klären. Als Grundlage diente ein Modell (Ganseforth et al., 2002). Angesichts des skizzierten Risikos der Frühgeburtlichkeit für die kindliche Entwicklung möchte ich weiterhin auf die Frage eingehen, inwieweit die Mutter-Kind-Bindung durch die besondern Umstände der Frühgeburt gefährdet ist.

Das zugrundeliegende Modell, dass ich nun zunächst vorstellen möchte, geht davon aus, dass die Frühgeburt durch ihre Unvorhersehbarkeit und Unkontrollierbarkeit eine extreme Belastungssituation für die Mütter darstellt und zu erheblichem Stress führt. Von Stress wird dabei nach Lazarus und Folkmann (1984) dann gesprochen, wenn die Anforderungen der Situation die für die Person verfügbaren Ressourcen übersteigen und besondere Bewältigungsbemühungen notwendig sind, um die Situation zu meistern. Die Bewältigung einer Situation bewegt sich insofern in einer Art Spannungsfeld zwischen erlebter Bedrohung und verfügbaren Ressourcen. Als wesentliche Bedrohungsmomente im Rahmen der Frühgeburtssituation können der medizinische Gesundheitszustand des Kindes (Padden, Glenn, 1997) und die besondere Atmosphäre der Intensivstation (von Gontard, Schwarte, Kribs & Roth, 1999) gesehen werden.

Die Wahrnehmung dieser Bedrohungsmomente wird dabei nicht nur abhängig vom objektiv-medizinischen Zustand des Kindes verstanden sondern auch von belastenden Vorerfahrungen der Mütter bezüglich Schwangerschaft und Geburt sowie chronisch kranken, behinderten oder verhaltensauffälligen Geschwisterkindern. Als verfügbare stressmindernde Ressourcen wurden zum einen Persönlichkeitsmerkmale und zum anderen Verständnis und Unterstützung durch den Partner berücksichtigt. Zusätzlich wurde davon ausgegangen, dass die Mobilisierung von Unterstützung durch das unmittelbare soziale Umfeld die Verarbeitung der Frühgeburt erleichtert (siehe Abb.1.: Modell der Studie).

## Methode

Die vorliegende Studie entstand im Rahmen einer von der DFG und Köln Fortune geförderten prospektiven Längsschnittstudie mit dem Thema: „Hirnreifung und Selbstregulation bei Frühgeborenen unter Verwendung der H-NMR-Spektroskopie“, die derzeit an den Universitätskliniken-Köln durchgeführt wird. Die Erhebungszeitpunkte lagen kurz vor der Entlassung des Kindes, im korrigierten Alter von 3

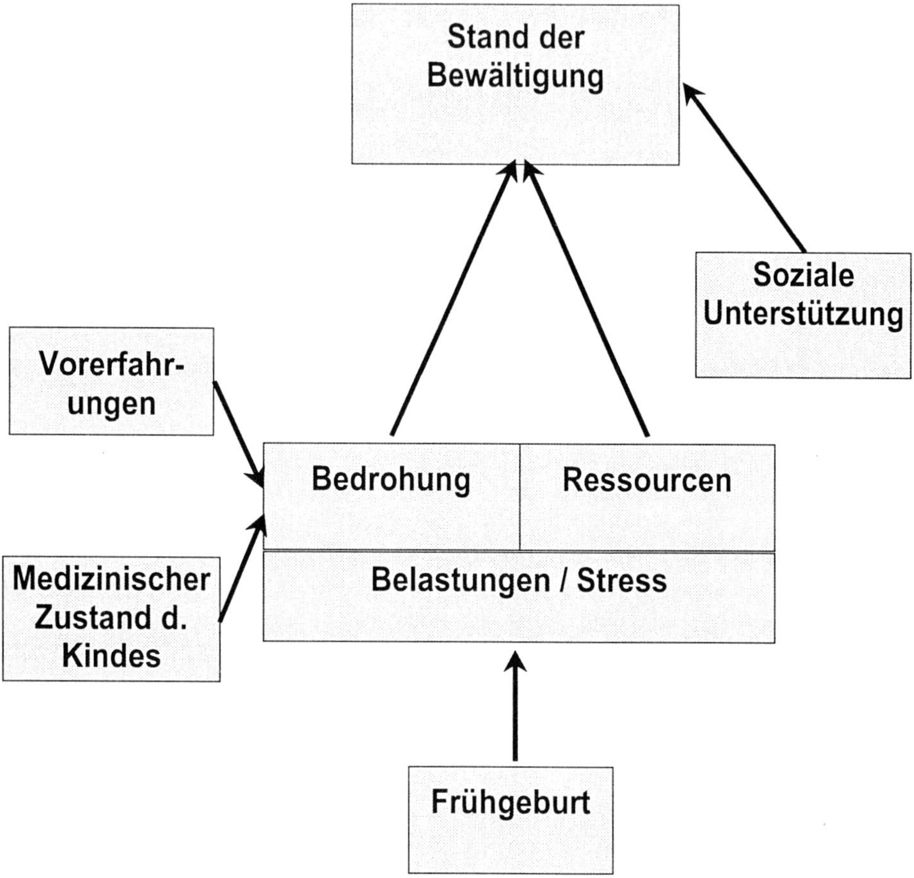


**Abb.1.: Modell der Studie (Ganseforth et al., 2002)**

Monaten und im korrigierten Alter von 12 Monaten. Zu diesen Zeitpunkten wurden sowohl eine Reihe psychologischer als auch medizinischer Daten erhoben.
Einschlusskriterien waren kindlicherseits ein Geburtsgewicht unter 1500g, ein Überleben bis zur Entlassung aus stationärer Behandlung und das Nichtvorhandensein von Fehlbildungen oder nicht durch die Frühgeburt bedingten Erkrankungen. Mütterlicherseits wurden ausreichende Deutschkenntnisse vorausgesetzt. Von dem gesamten Jahrgang 1999 (131 Kinder >1500g) konnten 85 Kinder von 68 Müttern in die Gesamtstudie aufgenommen werden.

Zur Erfassung des mütterlichen Erlebens zum Entlassungszeitpunkt wurde ein semistrukturiertes Interview verwendet, bei dem es sich um eine modifizierte Form des „Klinischen Interviews für Eltern mit Hochrisikokindern" (CLIP; Meyer et al, 1993) handelt. Zudem wurden die Mütter mit verschiedenen Fragebögen, d. h. dem Freiburger Persönlichkeitsinventar (FPI-R; Fahrenberg, Hampel, Selg, 1989), der Allgemeinen Depressionsskala in der Langform (ADS-L; Hautzinger & Bailer, 1993) und dem Fragebogen zur sozialen Unterstützung (F-Sozu; Fydrich, Sommer, Menzel & Höll, 1987) untersucht.
Zur Erfassung des kindlichen Zustandes erfolgte eine klinische Einstufung bezüglich des medizinischen Therapieaufwandes nach vier Versorgungsstufen. Zudem wurde der Nursery Neurobiological Risk Score (Brazy et. al., 1991) als standardisiertes Verfahren eingesetzt. Darüber hinaus wurden neonatologische Einzeldaten wie die Schwangerschaftsdauer (=Gestationsalter), das Geburtsgewicht, die Dauer des Aufenthaltes in der Klinik sowie spezielle therapeutische Maßnahmen und Komplikationen der Kinder berücksichtigt. Von den ursprünglich rekrutieren Kinder wurde bei Mehrlingen nur jenes Kind mit dem schlechtesten medizinischen Zustand berücksichtigt, da angenommen werden kann, dass das am meisten gefährdete Kind das Belastungserleben der Mütter am stärksten bestimmt.

## Ergebnisse

*Das Alter der Mütter betrug durchschnittlich 30.5 Jahre, 77.8% waren verheiratet und 76.2% hatten die deutsche Nationalität. 59% hatte eine Ausbildung oder gleichwertiges genossen und 14% einen Hochschulabschluss. Knapp ein Drittel (27.2%) gab jedoch an, ohne Ausbildung zu sein.*
Bezüglich der Vorgeschichte berichteten 50.8% der Mütter von Schwangerschaftsvorerfahrungen. Davon war ein Großteil (49%) anamnestisch vorbelastet durch vorangehende Frühgeburten, Fehlgeburten, Abbrüche oder andere Schwangerschafts- oder Geburtskomplikationen. 7.9% gaben an, ein chronisch krankes, behindertes oder verhaltensauffälliges Geschwisterkind zu haben.
Das durchschnittliche Geburtsgewicht der Kinder betrug 1035g. Das Gestationsalter lag bei 28+4 Schwangerschaftswochen. Das Geschlechterverhältnis der Kinder war annähernd gleich. 69.8% waren Einlinge, 30.2% gehörten der Gruppe der Mehrlinge an.
Erwartungsgemäß zeigte sich, dass Kinder mit schlechterem gesundheitlichen Zustand auch von den Müttern instabiler erlebt wurden. Interessanterweise war unter den Einzelvariablen, die sich auf den Klinikzeitraum beziehen, die Dauer der therapeutischen Behandlungsmaßnahmen, also die Dauer der Beatmung, die Dauer der Sauerstoffgabe, sowie der Aufenthalt insgesamt für die Einschätzung der Mütter wesentlich. Medizinische Komplikationen hingegen, die für die Entwicklung des Kindes ein großes Risiko bergen, hatten hingegen keinerlei Bedeutung für die mütterliche Wahrnehmung des Kindes, obwohl die Mütter über die Folgen der Komplikationen umfassend aufgeklärt wurden.
Weiterhin zeigte sich ein Zusammenhang des Erlebens ungünstiger Vorerfahrun-

gen auf die Einschätzungen der Mütter. Wesentlich war hier, inwieweit sich die vorangehenden Erfahrungen nach Einschätzung der Mütter auf die letzte Schwangerschaft ausgewirkt bzw. diese bestimmt hatten.
Die Frühgeburtserlebnisse war zum Entlassungszeitpunkt für den größeren Anteil der Mütter bereits weitgehend bewältigt (61%), während sie fast jede 3. Mutter (28.8%) als eher und jede 10. Mutter (10.2%) als völlig unbewältigt erlebte. Dementsprechend zuversichtlich oder skeptisch beschrieben die Mütter ihre Gefühle bezüglich der Entlassung. Von mehr als der Hälfte (55.8%) wurde Vorfreude, von jeweils knapp einem Viertel jedoch auch Angst und Überforderung (23.1%) bzw. ambivalente Gefühle (21.2%) genannt.
Als weiterer Indikator für die Bewältigung zum Entlassungszeitpunkt wurde die Stimmung der Mütter herangezogen: Zu diesem Zeitpunkt stand die emotionale Befindlichkeit der Mütter nicht mehr in Zusammenhang mit dem gesundheitlichen Zustand des Kindes, was vermutlich auf die zunehmende Stabilisierung des kindlichen Gesundheitszustandes zurückzuführen ist. Dagegen verstärkte sich das Unbehagen und die Verunsicherung der Mütter, je unangenehmer die Intensivstationsatmosphäre erlebt wurde. Personalen und familialen Ressourcen kam hingegen eine gewisse Pufferfunktion gegenüber einer depressiven Stimmungslage zu. Weiterhin zeigte sich, dass ein sozial unterstützendes Umfeld einer negativen Stimmungslage entgegenwirken kann. Dabei war in erster Linie das Grundvertrauen, bei Bedarf auf Unterstützung zurückgreifen zu können von Bedeutung und erst in zweiter Linie die Erfahrungen in der konkreten Situation. Hilfreiche, stimmungsverbessernde konkrete Erlebnisse waren dabei insbesondere häufige Besuche des Kindes durch andere Personen, durch die sich die Mütter in dieser kritischen Lebenssituation sozial eingebunden fühlten.
Zusammenfassend kann festgehalten werden, dass der überwiegende Teil der Mütter (61%) die Situation der Frühgeburt eines extrem leichtgewichtigen Frühgeborenen zum Entlassungszeitpunkt bereits gut bewältigt hatte. Für spezielle Gruppen von Müttern mit ungünstigen psychosozialen Umständen sind die Belastungen jedoch erhöht und die Bewältigungsmöglichkeiten eingeschränkt. Nachteilige Auswirkungen scheinen dabei für Mütter mit einer unbewältigten Vorgeschichte, wenig personalen Ressourcen und ungenügendem partnerschaftlichem Rückhalt ebenso wie für jene mit einer unzureichenden Unterstützung durch das soziale Umfeld zu bestehen. Gleichzeitig verstärken eine wenig ansprechend erlebte Intensivstationsatmosphäre und lang andauernde therapeutische Behandlungsmaßnahmen die Ängste und die Verunsicherung der Mütter.
Wie sieht nun die Bindung der Kinder an die Mütter 1 Jahr nach der Frühgeburt aus?
Von den 85 Kindern der Ausgangsstichprobe konnten 65 Kinder von 52 Müttern im korrigierten Alter von 12 Monaten (T3) mit der Fremden Situation nach Ainsworth (1978) untersucht werden. Die verbleibenden Kinder hatten vermehrt neurologische Auffälligkeiten und Entwicklungsprobleme. Hinsichtlich der Bindung ergab sich, dass die untersuchten Frühgeborenen annähernd ebenso häufiges ein siche-

res Bindungsmuster ausweisen, wie es unter reifgeborenen Kindern zu finden ist (Kleffner, 2002). Fand allerdings der erste Kontakt zwischen Mutter und Kind verspätet statt, so waren die Kinder signifikant häufiger unsicher gebunden.

## Schlussfolgerung

Welche Ansatzpunkte zur Verbesserung der psychosozialen Betreuung lassen sich aus den Ergebnissen ziehen?
Eine vorzeitige Geburt allein stellt bereits eine große Herausforderung für die Bewältigungskräfte der Eltern dar. Unter ungünstigen psychosozialen Umständen, wie sie hier identifiziert werden konnten, besteht jedoch ein erhöhtes Risiko, das die Erlebnisse unverarbeitet bleiben. Wünschenswert wäre daher die stationäre Behandlungskonzepte noch stärker als bislang auf eine familienorientierte Betreuung auszurichten, die das elterliche Erleben und deren Bedürfnisse mit einbezieht. Hierzu gehört zum einen psychologische Interventionsangebote zur Unterstützung des Bewältigungsprozesses einzuführen. Damit ist jedoch auch gemeint, die räumlichen Gegebenheiten und den stationären Ablauf mehr auf die elterlichen Bedürfnisse abzustimmen, da sie ansonsten eine Zusatzbelastung für die Eltern sind.
Eine stärkere Berücksichtigung der elterlichen Bedürfnisse hätte auch positive Konsequenzen für die Bindungsentwicklung. Zwar zeigen unsere Ergebnisse erfreulicherweise, dass frühgeborene Kinder annähernd ebenso häufig ein sicheres Bindungsmuster aufweisen wie reifgeborene Kinder. Allerdings scheint eine verspätete Kontaktaufnahme von Mutter und Kind in der Klinik ein Risiko für den Bindungsaufbau darzustellen. Außerdem zeigen die Befunde zum mütterlichen Erleben, dass langandauernde medizinische Behandlungsmaßnahmen die Ängste der Mutter um ihr Kind schüren, sicherlich auch, weil hierdurch ein gegenseitiges Kennenlernen von Mutter und Kind erschwert wird. Zukünftig sollte daher auf neonatologischen Stationen alles getan werden, den Erstkontakt so früh wie möglich herzustellen und den Bindungsaufbau durch eine frühestmögliche Anwendung des Känguruhns und Anleitungen im Umgang mit dem Kind zu fördern.
Schließen möchte ich den Vortrag mit einem Zitat von Sarimski (2000): „Wenn das Überleben sehr unreifer Kinder gewünscht ist und die technischen Fortschritte der Medizin genutzt werden, um immer kleinere und jüngere Babys durchzubringen, müssen auch Betreuungskonzepte finanziert werden, die die Qualität des Lebens für Kind und Familie verbessern“ (S.12).

## Literatur

*Brazy* J. E., *Eckerman* C. O., *Oehler* J. M., *Goldstein*, R. F. & *O´Rand*, A. M. (1991). Nursery Neurobiologic Risk Score. Important factors in predicting outcome in very low birth weight infants Journal of Pediatrics; 118: 783-792 Bundesverband „Das Frühgeborene Kind“ e.V. (ohne Angabe). Frühgeborene in den ersten Lebenswochen [Broschüre]. *Sarimski*, K: Autor.

F*ahrenberg* J., *Hampel* R., *Selg*, H. (1989) Das Freiburger Persönlichkeitsinventar. FPI. Revidierte Fassung FPI-R und teilweise geänderte Fassung FPI-A1. Revidierte Fassung FPI-R und teilweise geänderte Fassung FPI-A1. 5. Aufl. Göttingen: Hogrefe.

*Fydrich* T., *Sommer* G., *Menzel* U., *Höll* B. (1987). Fragebogen zur sozialen Unterstützung (Kurzform, SOZU-K-22). Kurzbericht. Zeitschrift für Klinische Psychologie; 16: 434-436.

*Ganseforth* C., *Kribs* A., *Gontard* A. *von, Kleffner* G., *Pillekamp* F., *Roth* B., *Sticker* E. J., *Schmidt-Denter* U. (2002) Die Bedeutung biologischer und psychosozialer Einflussfaktoren für das Belastungs- und Bewältigungserleben bei Müttern Frühgeborener <1500g in den ersten Lebensmonaten des Kindes. Zeitschrift für Geburtshilfe und Neonatologie; 206: 228-235

*Gontard* A. *von, Schwarte* A., *Kribs* A., *Roth*, B. (1999) Neonatal intensive care and premature birth: maternal perceptions and coping. Archives of Women's Mental Health; 2: 29-35.

*Hantsche* B., *Henze*, K. H. & *Piechotta*, G. (1992) Psychosoziale Aspekte bei der Frühgeburt eines Kindes: Eine Bestandsaufnahme: Praxis für Kinderpsychologie und Kinderpsychiatrie; 41, 129-139.

*Hautzinger* M., *Bailer* M. (1993). ADS. Allgemeine Depressions Skala. Weinheim: Beltz,

*Keren* M., *Tyrano*, G. & *Sirota*, L. (2000) Prematurity als an interplay between psychological and biological risk factors leading to infant psychopathology, Harefuah; 139 (11-12): 424-429.

*Kleffner* G., *Ganseforth* C., *Gontard* A. *von, Kribs* A., *Pillekamp* F., *Roth* B. Maternal Experiences of the first year of life of their VLBW infants – A prospective longitudinal study. Posterbeitrag zum WAIMH-Kongress; Juli 2002.

*Meyer* E C, *Zeanah* C. H., *Boukydis* C. F. Z., *Lester*, B. M. (1993) A Clinical Interview for parents of high-risk infants. Infant Mental Health Journal; 14: 192-205

*Lazarus* R.S., *Folkman* S. (1984). Stress, appraisal and coping. New York: Springer.

*Miles* M., *Holditch-Davis*, D. (1995) Compensatory parenting: How mothers describe parenting their 3-year-old, prematurely born children, Journal of Pediatric Nursing; 10: 243-253.

*Padden* T., *Glenn*, S. (1997) Maternal experiences of preterm birth and neonatal intensive care. Journal of Reproductive and Infant Psychology; 15: 121-139

*Sarimski*, K. (2000). Frühgeburt als Herausforderung. Psychologische Beratung als Bewältigungshilfe. Göttingen: Hogrefe.

# Krisenbewältigung an Schulen aus der Sicht von Schulpsychologen

Bruno-Ludwig Hemmert
Herbert Kimmel

## Ziele der Veranstaltung:

- Wie haben bayerische Schulpsychologen in Erfurt gearbeitet?
- Welche Erfahrungen ziehen sie aus dieser Arbeit?
- Welche Konsequenzen ergeben sich daraus?
- Vorstellen des Modells: **F**ürsorge – **N**achsorge – **V**orsorge
- Wie kann Schulpsychologie hilfreich in den verschiedenen Bereichen sein?

## I Wie kam es zur Bildung des Krisen-Interventions-und Bewältigungteams Bayerischer Schulpsychologen (KIBBS)?

### 1. Erfahrungen aus der beruflichen Praxis:

Schulpsychologen sind in ihrer täglichen Beratungsarbeit mit Schülern, Eltern und Lehrern immer wieder konfrontiert neben natürlich auch „alltäglichen“ Problemen beim Lernen und Erziehen mit existenziellen Lebenskrisen, wie Tod, Suizid, Missbrauch, Unfällen, Katastrophen. Die Beratungstätigkeit in Einzelfällen bildet, auf der Grundlage der Tätigkeit als Lehrer und Psychologe, mit wissenschaftlicher und praktischer Ausbildung, die Basis für weitergehende Tätigkeiten, wie etwa Arbeit mit bestimmten Zielgruppen, Tätigkeit in der Fort- und Ausbildung von Lehrern und bei der Schulentwicklung.

### 2. Schritte zur Professionalisierung bayerischer Schulpsychologen in Krisenintervention

1996 erste Konfrontation mit der Thematik Krisenintervention in größerem Stil beim internationalen Kongress der Schulpsychologen in Eger, Ungarn

1997 Bernhard Meißner (Schulpsychologe aus Würzburg) veröffentlicht den Bericht von Dr. Bernie Stein über das Vorgehen bei einem Attentat in Buenos Aires gegen jüdische Einrichtungen.

1998 Dr. Roland Storath (Schulpsychologe aus Nürnberg) veröffentlicht einen Bericht über seine Erfahrungen bei der Unterstützung der Schule in Wilhermsdorf nach der Ermordung der 12 jährigen Schülerin Carla.

1999 20 Schulpsychologinnen und Schulpsychologen besuchen Israel, um Strategien der Krisenintervention kennen zu lernen, vorbereitet von Bernie Stein und Bernhard Meißner

Gründung eines Internationalen Netzwerks zur Krisenintervention beim Schulpsychologenkongress in Kreuzlingen/Konstanz unter Mitwirkung von Nevin Dölek, Türkei und Bernhard Meißner Würzburg.

Mitglieder dieses Netzwerks arbeiten unterstützend in Bosnien und bei Erdbeben in der Türkei.

2000 Erstmals bietet ein Schulpsychologenteam unter Leitung von Arthur Englbrecht bei der Morddrohung von zwei Schülern gegen eine Lehrerin und die Schulleiterin in Metten seine Unterstützung an.

Englbrecht, und Dr. Storath, beginnen, Workshops zur Thematik anzubieten.

2001 Veröffentlichung der Ergebnisse der Israelreise durch Gerlinde Breitschaft, Arthur Englbrecht und Maria Kroll-Buchholz (bayerische Schulpsycholog/inn/en)

Vorlage eines Konzepts für den Einsatz von schulpsychologischen Krisenteams mit Vernetzung mit anderen Professionen (Ärzten, Polizisten, Ersthelfern etc) am bayerischen Kultusministerium

2002 Kriseneinsatz einzelner Schulpsychologen bei der Ermordung des Schulleiters der Wirtschaftsschule in Freising

Training von 18 Schulpsychologen durch Prof. Bill Pfohl (USA) nach dem NOVA.Modell, vermittelt von Bernhard Meißner

Fortbildungen für Schulpsychologen zum Thema Krisenbewältigung z.B. 24/25.04 in Unterfranken

## II Der Einsatz in Erfurt

Von der schrecklichen Bluttat in Erfurt wurden die Schulpsychologen bei der Jahrestagung ihres Landesverbandes am 26.04. in Berching überrascht. Spontan bildete sich ein Krisenteam, das sich unter Leitung von Bernhard Meißner aus den Teilnehmern des Kurses mit Bill Pfohl rekrutierte und dem Krisenstab am Innenministerium in Thüringen ein Hilfsangebot unterbreitete.
Die Verhandlungen über den Einsatz wurden von der Bayerischen Kultusministerin Hohlmeier persönlich in die Wege geleitet und genehmigt.
Am Sonntag konnte sich daraufhin ein Team von neun Bayerischen Schulpsychologen auf den Weg nach Erfurt machen.
Der gesamte Einsatz umfasste die Zeiträume So. 28.04. – Fr. 03.05. sowie So. 05.05. – Di. 07.05.02 Dabei kamen insgesamt 15 Schulpsychologen aus Bayern zum Einsatz.

**Inhalte:** Zwar lautete der ursprüngliche Auftrag, das Kollegium des betroffenen Gutenberg Gymnasiums zu betreuen, doch schnell zeigte sich, dass zunächst die Betreuung der verschieden Klassen ab Montag, 29.04. notwendig war. So wurde zunächst der Arbeit mit den am stärksten betroffenen Klassen höchst Priorität eingeräumt. Außerdem wurde mit einem Kollegium einer Regelschule, sowie den MitarbeiterInnen der Kindertagesstätte, die in unmittelbarer Nachbarschaft des Gutenberg Gymnasiums liegt, gearbeitet.
Weitere Tätigkeitsfelder waren:

- Die Betreuung von einzelnen Schülern, Lehrkräften, die Begleitung bei Beerdigungen und der zentralen Trauerfeier,

- Die Zuarbeit für das Kultusministerium und die konzeptionelle Arbeit mit dem Ministerium, da ein Teammitglied in der täglichen Sitzung des Krisenstabs des Ministeriums vertreten war das die Überlegungen und Vorschläge des Teams in die Runde einbrachte. Vor allem der Feiertag, der 01.Mai, wurde von der Gruppe genutzt, sich zu überlegen, wie der weitere Ablauf sein könnte. Daraus erwuchs die Überlegung, die thüringischen Schulpsychologen in die weitere Betreuung einzubinden und die Notwendigkeit in einer
- Fortbildungseinheit einige grundsätzlichen Informationen über den Umgang mit traumatisierten Personen weiterzugeben. Dazu wurden auch die im Einsatz befindlichen niedergelassenen Therapeuten eingeladen.

## III Krisenmanagement konkret

Wie in der Rückschau schon deutlich wurde, hat das **K**risen**I**nterventions- und **B**ewältigungsteam **B**ayerischer **S**chulpsychologinnen und Schulpsychologen (KIBBS), zwei Wurzeln: Einerseits die Erfahrungen die in Israel mit der Bewältigung von akuten Krisen gemacht wurden und andererseits die Vorgehensweisen und Erfahrungen aus den USA. Daraus wurden folgende Prinzipien für den Einsatz zusammengestellt.

### 1. Prinzipien:

**Beauftragung durch Vorgesetzte:** Nur wenn die Beauftragung von der oberen Hierarchieebene erfolgt, ist gewährleistet, dass auch die notwendige Unterstützung für alle Anforderungen bei der Arbeit vorhanden ist.
**Angebotscharakter:** Der Einsatz des Krisenteams ist angebotsorientiert, was die Betroffenen als auch die Auftraggeber angeht.
**Zeitliche Begrenzung:** Der Einsatz des zentralen KIBBS Teams ist zeitlich begrenzt max. 1-1,5 Wochen, so dass deutlich wird, dass es sich lediglich um eine Notfall- oder Erstversorgung handeln kann. Die längerfristige Versorgung muss schnellstmöglich aufgebaut werden.
**Arbeit im Tandem:** Die Arbeit mit Gruppen wird stets im Tandem durchgeführt, so dass das Risiko der Überforderung und Traumatisierung der Teammitglieder möglichst vermindert wird.
**Einbindung in ein Team:** Ein Team verleiht Sicherheit und reduziert Ängste, die bei dieser Arbeit auch für die Helfer vorhanden sind und bewältigt werden müssen. Außerdem ergeben sich Synergieeffekte, weil nicht jedes Teammitglied alles können muss. Die spezifischen Fähigkeiten der Mitglieder ergänzen und befruchten sich. Deshalb werden auch bestimmte Teammitglieder für bestimmte Aufgaben ausgewählt (Leiter, Sprecher, Supervisor, Organisator ...).
**Supervision vor Ort:** Als sehr hilfreich hat sich erwiesen, dass für die Teammitglieder nach dem Einsatz, am Tagesende die Möglichkeit zur Supervision besteht, so dass so schnell wie möglich eine Entlastung erfolgen kann und der Einsatz am nächsten Tag besser bewältigt wird.
**Regelmäßige Briefings** im Team sorgen für mehr Transparenz, ein wichtige Vo-

raussetzung zur Bewältigung und Ordnung immer wieder auftretender chaotischer Zustände.

## 2. Ziele:

**Wiederherstellung der Handlungsfähigkeit:** Durch das krisenhafte Ereignis sind die Betroffenen mehr oder weniger desorientiert und in ihrer Handlungsfähigkeit beeinträchtigt, deshalb zielt die Arbeit mit ihnen in erster Linie auf die Reaktivierung ihrer Handlungsfähigkeit.
**Eingehen auf die Ängste der Betroffenen:** Dazu gehört in erster Linie, dass auf ihre unterschiedlichen Reaktionen eingegangen wird, denn diese erzeugen in vielen Fällen Ängste nicht mehr normal zu sein
**Hinführung zu den Ressourcen:** Es gelingt in der Regel recht gut, die betroffenen Personen wieder zu ihren persönlichen Ressourcen zu führen, so dass sie diese auch in solchen extreme Situation nutzen können.
**Wecken von Zukunftshoffnung:** Im Erkennen, dass sie bisher auch ihr Leben gut gemeistert haben und dies auch weiterhin können werden, entsteht wieder Zukunftshoffnung für die Betroffenen.
**Von der Passivität in die Aktivität:** und es wird versucht die Betroffenen aus einer möglicherweise vorhandenen Passivität und Lethargie wieder in die Aktivität zu bekommen.
**Erster Einstieg in die Verarbeitung der traumatischen Erlebnisse:** Ganz wichtig ist dabei, dass vorhandene Traumata nicht verfestigt werden, sondern mit der kollektiven Bearbeitung auch ein erster Einstieg in die Verarbeitung bei jedem Beteiligten erfolgen kann.

## 3. Die Kreise der Betroffenheit und der Unterstützer

Aus den Erfahrungen von israelischen und amerikanischen Kriseninterventoren hat sich ein systematisches Vorgehen bewährt. Mit den Kreisen der Betroffenheit ist es sehr gut möglich zu identifizieren, welche Personen in welchem Ausmaß von dem Ereignis betroffen sind. Dadurch wird einerseits sichergestellt, dass niemand aus dem Blick gerät, andererseits bilden sie die Grundlage für die Planung eines gezielten Vorgehens. Durch die konzentrischen Kreise, in dessen Mittelpunkt das Ereignis steht, wird anschaulich auch die Nähe der Beteiligten zum Ereignis deutlich gemacht. Auf die verschiedenen Kreise werden dann die Namen der beteiligten Personen mit Kärtchen gelegt.
Die Betroffenheit und Hilfsbedürftigkeit ist unterschiedlich, je nach physischer Nähe zum Trauma (direkt dabei, in der Nähe, in Hörweite, außerhalb der Hörweite), nach der sozio-emotionalen Nähe (verwandt, befreundet, bekannt; Identifikation mit dem Opfer z. B. gleiches Geschlecht, Alter) und/oder dem Vorliegen persönlicher Risikofaktoren (z. B. selbst erlebtes ähnliches Trauma, selbst in einer aktuellen Krise).

**Kreise der Betroffenheit / Kreise der Unterstützung**
(Community Stress Prevention Centre, 1999)

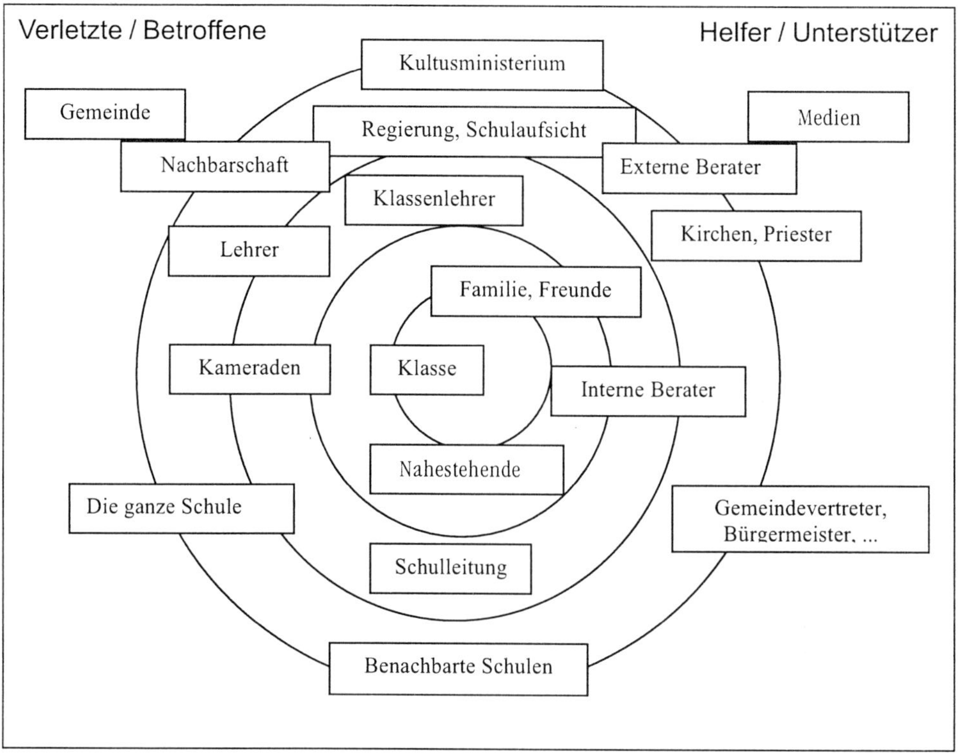


(Englbrecht, Storath; Wenn das Unvorstellbare passiert, Schritte zur Krisenbewältigung)

Durch die Bestimmung, wer in welcher Weise betroffen ist, lässt sich auch ermitteln, wer welche Unterstützung zu welcher Zeit benötigt.
Dazu sind die **Leitfragen**, die *Greenstone* und *Leviton* entwickelt haben sehr hilfreich. Sie verringern die zu Beginn einer Krisenhilfe stets vorhandene Handlungsunsicherheit der Helfer.

- Welche aktuellen Probleme haben die Menschen?
- Was trägt besonders dazu bei, dass sie diese Probleme haben?
- Welches Problem ist vordringlich?
- Was kann später bearbeitet werden?
- Welches Problem könnte den größten Schaden anrichten, wenn es nicht sofort behandelt wird?
- Welches Problem könnte am schnellsten gelöst werden?
- Müssen bestimmte Problem von anderen gelöst werden?

- Welche Hindernisse können auftreten? Wie können sie umgangen werden?
- Wie können wir die höchst brisante Situation schnellst möglich entschärfen?

**Die Kreise der Unterstützer**

- Welche Bewältigungsmittel stehen den Betroffenen und den Krisenhelfern zur Verfügung?
- Welche Bündnispartner gibt es?

Die Beantwortung dieser Fragen ermöglicht eine Identifizierung der Helfern und Unterstützern, die für die jeweilige Situation am geeignetsten sind.

## IV Interventionsmöglichkeiten

### 1. Das NOVA Modell

Im Folgenden werden wir im Überblick darstellen, wie in den USA mit Gruppen traumatisierter Menschen gearbeitet wird. Die National Organisation for Victim Aid (NOVA) hat ein Modell entwickelt, das sich auch in unserer Arbeit in Erfurt bewährt hat.

Die Arbeit erfolgt in vier Stufen. Daran beteiligt sind je zwei Mitglieder des Kriseninterventionsteams, einer als Moderator, der andere als Schreiber.

### 2. Schutz und Sicherheit

Bevor mit der Gruppe gearbeitet werden kann, muss für Schutz und Sicherheit sowohl im Äußeren als auch in der Gruppe gesorgt werden. Dazu dienen u. a. folgende Erläuterungen:

*„Die Struktur diese Sitzung wurde entwickelt, um dabei zu helfen, die Krisenreaktionen, die Sie möglicherweise erleben, aufzuzeigen und Sie darauf vorzubereiten, was auf Sie zukommen könnte.*

*Wir werden über Ihre Reaktionen zu der Schießerei/zu dem Ereignis sprechen, über die Reaktionen der Leute in ihrem näheren Umfeld und was Sie in Zukunft gerne sehen und erfahren würden. Diese Sitzung findet nicht statt, um das, was passiert ist, zu bewerten, sondern es geht um einen Rückblick auf das Ereignis und dessen Einfluss auf Sie.“*

Nun werden die Modalitäten der Besprechung erläutert.

- Ausdruck des Bedauerns darüber, dass den Opfern das widerfahren ist „Es tut mir leid, dass Ihnen dieses Geschehen widerfahren ist“.

Einführung – der Rollen als Moderator und Schreiber:

(Einer moderiert als Leiter das Treffen, der zweite notiert auf einer Flipchart – für alle sichtbar –, Reaktionen, Gedanken, und Bewältigungsstrategien.)

Erlaubnis:

- alles zu sagen, auch wenn es einem zunächst als verrückt erscheint,
- aber auch die Erlaubnis zu gehen.

Richtlinien für die Diskussion:

- Vertrauensschutz (beinhaltet auch die Aufzeichnungen des Schreibers)

Warming up:
- „Wie war es vor dem Ereignis in der Schule zu leben/dort zu arbeiten?“
- „Wie war Ihr typischer Tagesablauf?“
- „Mit welchen Leuten hatten Sie zu tun?“

3. **Besprechung von Sinneseindrücke und Wahrnehmungen.** (Validierung der Sinneseindrücke)
- Wo waren Sie?
- Mit wem waren Sie zusammen?
- Was sahen/hörten/rochen/schmeckten/fühlten Sie?
- Was taten Sie?
- Wie reagierten Sie in dieser Situation?

4. **Besprechung von traumatischen Reaktionen**
- Was haben Sie seit dem Ereignis erlebt?
- Wie haben sich andere Ihnen gegenüber verhalten?
- War dies hilfreich oder eher schmerzhaft?
- Wie haben Sie sich in dieser Woche seit dem Ereignis verhalten?

5. **Zukunftsprognose und Vorbereitung**
- *Was wird Ihrer Meinung nach in den nächsten paar Wochen geschehen?*
- *Wie werden Sie darauf reagieren?*
- *Wie wird Ihrer Meinung nach das Ereignis Ihre Arbeit/Ihr Leben/Ihre Situation beeinflussen?*
- *Inwiefern denken Sie wird dies Leute in Ihrem engeren Umfeld berühren?*
- *Haben Sie irgendwelche praktische Ideen über das, was als nächstes passieren könnte/sollte?*
- *Wie werden Sie mit alldem die nächsten Tage, Wochen, Monate umgehen?*
- *Haben Sie bereits in der Vergangenheit Bewältigungsstrategien benutzt, die Ihnen geholfen haben?*

6. **Abschluss**
- Zusammenfassung der Sitzung mit Hilfe geäußerter Teilnehmerkommentare:
- Starke Sinneswahrnehmungen
- Beschreibungen von Schock und Unbegreiflichkeit
- Beschreibung traumatischer Reaktionen
- Sorgen über die Zukunft
- Bewältigungsstrategien

Dank an die Gruppe für die Teilnahme (für die Äußerungen und das Zuhören)
  - Nochmaliger Ausdruck des Bedauerns z. B.
  - Hinweise auf Informationen und zusätzliche Serviceeinrichtungen.
  - *„Wir bleiben noch kurz, falls jemand von Ihnen noch Fragen oder Sorgen hat, über die er/sie mit uns sprechen möchte.“*

### Die Trauerschleife oder Krisenspirale

Zur Erklärung der unterschiedlichen Reaktionen dient die Trauerschleife oder Krisenspirale, die vier Phasen beinhaltet. Diese werden von Betroffenen in unterschiedlicher Weise durchlaufen. Dabei kann es Sprünge in die verschiedensten Richtungen geben, so dass alle die geschilderten Reaktionen vorkommen können. Betroffenen hilft es in der Regel zu wissen, dass es diese Reaktionen geben kann. Man sollte sich aber hüten zu vermitteln, dass jeder in derselben Zeit die verschiedenen Phasen durchlaufen muss.

**Die Trauerschleife bzw. die Krisenspirale**
(nach Schley, 1988)

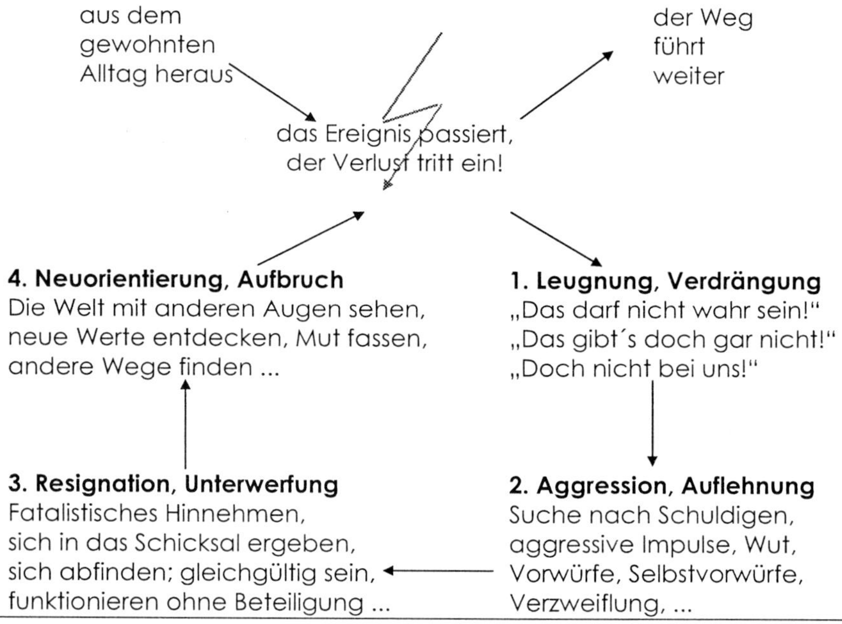


### 1. Neurophysiologische Begründung

Die im NOVA- Modell verwendeten Fragen dienen der akuten Stressbewältigung, der Reorganisation der Gedächtnissysteme sowie der Remoralisierung. Längerfristig leisten sie einen Beitrag dazu, das Entstehen von postraumatischen Belastungsstörungen zu verhindern.

1. *„Wie haben Sie reagiert?“* (Validierung der Sinneseindrücke)
   Die Bewusstmachung der konditionierten Sinneseindrücke soll deren spätere Triggerfunktion verhindern. Durch das Hören der verschiedenen Geschichten

der Gruppenteilnehmer können amnestische Felder mit eigenen Erlebnisinhalten gefüllt werden.

2. *„Was haben sie bisher getan?"*
   Diese Frage zielt einmal auf die Wiederherstellung des gestörten Zeitgefühls ab. Es wird eine Distanz zum Erleben hergestellt. Die Allgegenwart des Traumas in impliziten Gedächtnis wird entzerrt. Dadurch, dass jemand erzählt, was er seit dem Trauma gemacht hat, wird ihm deutlich, dass das Trauma Vergangenheit ist.
3. *„Was werden sie die nächsten Tage tun?"*
   Diese Frage dient der Aktivierung und beugt dem emotionalen Starrezustand vor.

## 2. Das integrative Modell der Bewältigungsstrategien: BASIC PH

(stark abgewandelt nach Stress Prevention Center, Kiryat Shmona, Israel)
Die Bewältigungsstrategien der Menschen sind sehr unterschiedlich. Dieses Modell untersucht die von jedem bevorzugten und eingeübten Bewältigungsmuster um sie wieder bewusst zu machen und zusätzliche Alternativen anzubieten.

**Belief**

z. B.
- Glaube an sich selbst (z. B. dass man es schaffen wird mit der Belastung umzugehen)
- Glaube an eine höhere Macht; Gebete

**Affect**

Direkter oder indirekter Ausdruck von Gefühlen
z. B.

Gespräche
- Tagebuch schreiben

**Sozial**

z. B.
- Eltern: Kontakt zu den Eltern herstellen, Gespräche mit den Eltern
- Freunde (selbst auch betroffene oder nicht betroffene): telefonieren, sich treffen, gemeinsam etwas machen)

**Imagination**

z. B.
- Illusionen und Leugnungsmechanismen (Distanzierung, um mit Situation fertig zu werden)
- Innere Helfer:
- Fiktive Gespräche mit Opfern

**Cognition**

z. B.

- Sich die Realität immer wieder klarmachen
- Sich selbst Anweisungen geben („ganz ruhig, jetzt atme ich tief durch, ...")
- Angstauslösende Gedanken besprechen und Sicherheit geben
  - ➢ Der Tod eines Menschen löst häufig den Gedanken aus, das Ereignis könnte auch eine eigene nahe stehende Bezugsperson treffen. Spielen Sie gedanklich durch, was passiert, wenn dieses Ereignis tatsächlich eintritt, so dass möglichst viel Sicherheit gegeben wird (wer kann sich kümmern, wenn die Mutter stirbt, der Vater stirbt, was macht der Staat, die Schule ....).
  - ➢ Wenn Kinder durch Risiken und Gefahren verunsichert sind, stellen Sie sich häufig die Frage „Kann mir das auch passieren?". Die Antwort muss meistens sein: „Prinzipiell ja!" Dann müssen gemeinsam Bedingungen erarbeitet werden, die möglichst viel Sicherheit geben (z. B. wie schütze ich mich vor sexuellem Missbrauch, ...).

**Physical**

z. B.

- Körperlich auf sich achten: essen, trinken, schlafen, arbeiten
- Die gewohnte Alltagsroutine beibehalten!
- Sich zwingen zu Aktivität, Sport

Entspannungsübungen, meditative Elemente

**3. Das Modell: Fürsorge – Nachsorge – Vorsorge (F-N-V Modell)**

Bei der Arbeit in Erfurt zeigte sich sehr schnell, dass nach der Fürsorge und Versorgung der Betroffenen auch die Nachsorge für jeden speziell organisiert werden muss. Je klarer die Nachsorge geregelt ist, desto besser und früher können auch in der Fürsorgephase die Wege gebahnt werden und die Nachsorge eingeleitet werden. Deshalb war es uns ein Anliegen, dass schon möglichst weit im Vorfeld einer möglichen Krise die Modalitäten und Strukturen der Nachsorge geklärt werden. In der Akutphase ist Chaos ein beherrschender Teil. Die Klärung der Nachsorge in dieser Zeit führt meist zu Zuständigkeitsproblemen und erhöht zunächst Unsicherheit und Chaos.

Die Erfahrung aus anderen Bereichen lehrt, dass langfristig Prävention günstiger ist, so dass in der momentanen Situation die Vorsorge einen breiten Raum einnimmt.

**Fürsorge**

Ziele:

- Wiederherstellung der Handlungsfähigkeit der Betroffenen
- Hinführung zu den persönlichen Ressourcen (copings)
- Betroffene aus der Passivität in die Aktivität bringen
- Eingehen auf die Ängste der Betroffenen wegen ihrer Reaktionen
- Wecken von Zukunftshoffnungen
- Erster Einstieg in die Verarbeitung der traumatischen Erlebnisse

Methoden:
- Psycho-traumatologische Beratung
- Kreise der Betroffenheit
- Kreise der Unterstützung
- Nova-Modell
- BASIC-PH-Modell

Dauer:
Vom Tag des Ereignisses bis Nachsorge beginnen kann

**Nachsorge**
Ziel:
- Rückkehr zu einem „normalen" Leben
- Bewältigung der traumatischen Erlebnisse
- Entwicklung von Zukunftsperspektiven

Methoden:
- Gesprächskreise
- Supervision/Coaching
- Begleitung von Schulentwicklungsprozessen
- Vermittlung von Traumatherapien
- Nachbetreuung der Helfer
- Dokumentation und Evaluation

**Vorsorge**
**a) strukturell**
Geplante Struktur in Bayern:
- Zentrales **K**risen **I**nterventions- und **B**ewältigungsteam **B**ayerischer **S**chulpsychologen (KIBBS) mit Steuergruppe
- Ausbau und Qualifizierung
- Laufende Fortbildungen
- Entwicklung von Sicherheitsplänen für jede Schule
- Aufbau regionaler Netze
- Zusammenarbeit mit Rettungsdiensten, Notfallseelsorgern, Polizei etc.

**b) bezogen auf die Bewältigung künftiger Krisen**
- Beachtung von Warnsignalen im Vorfeld
- Leitfäden für Krisenintervention
- Hilfen für Lehrkräfte im Umgang mit Krisen
- Fortbildungen

**c) bezogen auf das Zusammenleben in der Schule**
**Allgemeine Prinzipien (Werteorientierung):**
- Gegenseitige Achtung und Anerkennung
- Rücksichtnahme
- Ernstnehmen und Akzeptieren des Anderen
- Erkennen und Fördern von Stärken

- Stärkung des Selbstwertgefühls
- Vorbildwirkung

**Schüler:**
- Streitschlichterprogramm
- MUT (Miteinander Umgehen Trainieren) (entwickelt von Lehrern der Volksschule Höchberg
- Training sozialer Kompetenzen
- Lernen lernen
- Konzentrationskurse
- .....

**Lehrkräfte:**
- Neue Unterrichtsmethoden
- Kommunikationstrainings
- Teamfähigkeit
- Pädagogische Gesprächskreise
- Burn-Out-Prophylaxe, Stressmanagement (Projekt Lehrergesundheit)
- Supervision

**Schule:**
- Verbesserung des Schulklimas
- Schulentwicklungsprojekte
- Pädagogische Konferenzen und Tage
- Entlasskultur
- Engere Zusammenarbeit aller Menschen in der Schule

**Eltern:**
- Mut zur Erziehung Erhöhung der Erziehungskompetenz (z. B. durch Elternabende, Eltern-Trainings, Elterngesprächskreise)
- Einbeziehung der Elternbeiräte
- Öffentlichkeitsarbeit

**Öffentlichkeit:**
- Öffnung der Schule
- Forum Eltern Lehrer Schüler (FELS in Würzburg)
- Öffentlichkeitsarbeit der Schulen
- Schulprojekte
- Verbesserung des Bildes von Schule und Lehrern in der Öffentlichkeit
- Bildungsallianz für Kinder (BAll)

## VI Einige Vorschläge zur Bewältigung von krisenhaften Situationen

### Abschied und Gedenken

- Bilder oder Briefe für den/die Verstorbenen („Was ich ihm/ihr noch hätte sagen wollen", „Verabschiedung", da v. a. bei plötzlichen Todesfällen Menschen oft das Gefühl haben, um die Gelegenheit für einen Abschied gebracht worden zu sein.)
- Zeitung/Fotoalbum zusammenstellen mit Fotos und Kommentaren von Freunden

- Identifizierung mit der verstorbenen Person (z. B. Kleidungsstücke tragen, um den Verlust symbolisch rückgängig zu machen)
- Bei Idealisierung entgegenwirken, indem man die Schüler ermutigt über den Menschen zu reden, wie er wirklich war, ein Mensch mit Fehlern, der auch nicht perfekt ist.
- Überlegungen mit den Schülern, wie sie der betroffenen Familie ihr Beileid ausdrücken wollen.
- Errichtung eines Ortes zum Gedenken (nur für einige Zeit; der Sinn muss den Schülern persönlich erklärt werden), z.B. Bild mit Kerze oder Blumen.
- Grabbesuche
- Einen Baum pflanzen

**Umgang mit Schuldgefühlen**

- Eine rationale Gegenargumentation wird meist nicht akzeptiert, deshalb sollten die Gefühle ernstgenommen werden.
- Jüngere Kinder glauben manchmal ihre Gedanken oder zornige Worte hätten den Tod ausgelöst. Versichern Sie, dass dies nicht so ist!
- Manchmal kann die Arbeit mit Imaginationen helfen, d. h. der Betroffene phantasiert Antworten des Verstorbenen. Meist sind diese tröstend und verzeihend. Der innere Dialog kann auch in Briefen oder Tagebüchern geführt werden

**VII Warnsignale**

- sozialer Rückzug
- starke Isolation, Einzelgänger
- starke Gefühle der Ablehnung, des abgelehnt Werdens
- Selbst ein Opfer von Gewalt
- Gefühl schikaniert zu werden, Mobbingopfer
- seit längerem Disziplinprobleme
- geringes Interesse an Schule, schlechte Schulleistungen
- Ausdruck von Gewalt in Aufsätzen und Zeichnungen
- unbeherrschte Wut
- impulsives und chronisches Schlägern, Einschüchterungs- und Mobbingverhalten
- seit längerem gewalttätiges und aggressives Verhalten
- Intoleranz gegenüber Andersartigkeit, Vorurteile
- Drogen und Alkoholkonsum
- Hang zu Cliquen
- illegaler Waffenbesitz und –verwendung
- deutliche Gewaltandrohungen

# Hilfe für Helfer

Klaus Barre

Ich möchte mich zunächst einmal vorstellen: Ich komme aus dem Bundeswehrkrankenhaus Hamburg, Abt, Neurologie/Psychiatrie. Ich habe daher beruflich wenig mit Kindern direkt zu tun. Weswegen ich hier geladen worden bin, liegt wahrscheinlich daran, dass ich viel mit traumatisierten Helfern arbeite, Helfer, die allerdings auch durch die Arbeit mit Kindern traumatisiert werden, wenn auch meist in anderer Rolle, als das in den Kinderschutz-Zentren der Fall ist, sondern eher im Zusammenhang von Unfällen, oder direkten Gewalttaten bzw. von internationalen Hilfseinsätzen. Meine Hauptklientel sind also Soldaten, weibliche und männliche, Feuerwehrleute, Justizvollzugsangestellte und Polizisten. Daneben habe ich mit verwaisten Eltern und überfallenen und missbrauchten Frauen therapeutisch gearbeitet.

Es ist auffällig, dass wir uns in Deutschland, einem Volk von kriegstraumatisierten Menschen dennoch oder gerade deshalb Jahrzehnte mit dem Thema „Trauma“ kaum beschäftigt haben. Nachdem J. Janet Anfang des letzten Jahrhunderts dies Sujet bearbeitet und die noch heute gültigen wesentlichen traumatherapeutischen Prinzipien entwickelt hatte, geriet das Thema in Vergessenheit. Dank der amerikanischen Frauenbewegung der siebziger Jahre und der Bewegung der Vietnam-Veteranen ist dies Thema wieder aufgegriffen worden. Anfang der 80er Jahre erschien die Diagnose der Post-Traumatischen-Belastungsstörung in der DSM III, die dann 1990/91 in die ICD 10 übernommen wurde.

Das heißt, als ich 1991 den Kongress der Critical Incident Stress Foundation in Baltimore besuchte, wurde ich das erste Mal mit dem konfrontiert, was in der Welt schon an Traumaarbeit und insbesondere an Helferarbeit geleistet wird.

Bis dahin und heute auch noch in Deutschland wird in diesem Umfeld viel zu sehr davon ausgegangen, dass Helfer jede auch nur erdenkliche Belastung ertragen können, ohne, dass sie selbst auch nur den geringsten Schaden davontragen würden, etwa, wie Siegfried in der Nibelungensage, der Drachenblut gebadet ist und deshalb immun, scheint die Annahme zu bestehen, dass der tägliche Umgang mit dem Entsetzen, mit Trauer, Leid und Elend unverletzbar macht. Aber die Siegfried-Sage lehrt uns ja, dass Unverwundbarkeit für Menschen nicht zu haben ist. Es bleibt immer eine verwundbare Stelle zurück, trotz aller Erfahrung, trotz aller „Abhärtung“ manchmal auch Abstumpfung oder gerade deswegen. Im Gegenteil müssen Alter, Berufserfahrung, frühere belastende Erfahrungen und besonders Anzahl der erlebten Traumata (und hierzu gehören auch die als Helfer „miterlebten“) zu den Risikofaktoren gerechnet werden, wie die folgende Grafik zeigt:

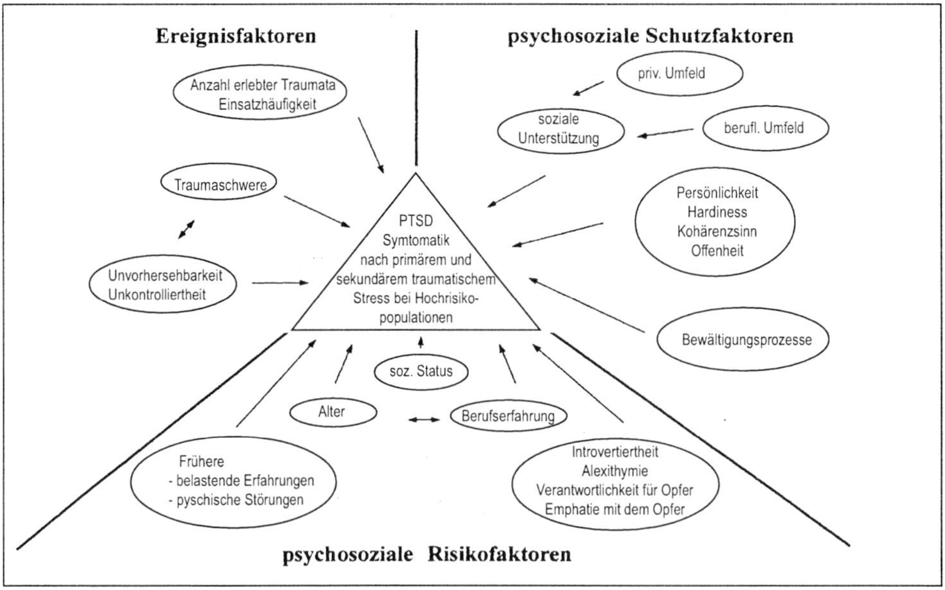


***Abb. 1 (Aus: Wagner et.al.: Wirkfaktoren der Prävention sekundärer PTB bei Hochrisikopopulationen)***

Ich habe zufällig bei Henning Mankell in seinem Buch „Die falsche Fährte", eine Textstelle gefunden, die dies sehr gut beschreibt: *„Später sollte sich Wallander an das brennende Mädchen im Rapsfeld erinnern, wie man sich mit äußerster Anstrengung an einen entlegenen Alptraum erinnert, den man am liebsten vergessen würde. Obwohl er den ganzen Abend bis tief in die Nacht eine zumindest äußere Ruhe zu bewahren schien, konnte er sich nachher an nichts als unwesentliche Einzelheiten erinnern. Martinson, Hannson und vor allem Ann Brit Höklund hatten sich über diese Unberührtheit gewundert, aber sie hatten nicht durch den Abwehrschild hindurchsehen können, den er um sich errichtet hatte. In ihm herrschte ein Chaos, wie in einem zusammengestürzten Haus. Kurz nach zwei Uhr in der Nacht kam er in seine Wohnung und erst da, als er sich auf das Sofa gesetzt hatte, immer noch in seinen rußigen Kleidern und den lehmigen Stiefeln, brach seine Abwehr zusammen. Er hatte sich ein Glas Whiskey eingeschenkt, die Balkontüren standen offen und ließen die Sommernacht herein, als er anfing zu weinen wie ein Kind. Das Mädchen, das sich verbrannt hatte, war auch ein Kind gewesen. Sie hatte ihn an seine eigene Tochter Linda erinnert. In all seinen Jahren als Polizist hatte er eine Abwehrbereitschaft entwickelt, wenn er an einen Ort kam, wo ein Mensch eines gewaltsamen und plötzlichen Todes gestorben war. Irgendwie hatte er gelernt, das, was er sah, zu ertragen und es dann beiseite zu schieben. Doch das galt nicht für Fälle, in die Kinder oder Jugendliche verwickelt waren. Da war er genauso schutzlos wie in seiner aller ersten Zeit als Polizist. Er wusste, dass die* *meisten Polizisten auf die gleiche Art und Weise reagierten. Wenn Kinder oder Jugendliche starben, gewaltsam, sinnlos, brach die Abwehr, die der Gewöhnung entsprang, zusammen. So würde es auch bleiben, solange er als Polizist arbeitete."*

Diese kleine Textstelle beschreibt vieles, was wir bei traumatisierten Helfern vorfinden:

- die Wiedererinnerung, die Alpträume,
- die scheinbare äußere Ruhe, die während der Aktion bewahrt wird
- die Unberührtheit, die nach außen gezeigt wird, um die Kontrolle zu beweisen,
- den Abwehrschild, der aus Gewohnheit besteht und dennoch nicht wirklich zuverlässig ist,
- der Kontrollverlust, der oft in Ruhephasen auftritt wenn die Bilder zurückkehren,
- die Identifikation und Überidentifikation mit dem eigenen „inneren Kind" ,dem eigenen Kind oder einem Kind, das ich kenne,
- der Alkohol als Freund und Helfer. „Wer Sorgen hat, hat auch Likör."
- die erfahrungsresistente Verwundbarkeit.

Alkohol ist für Traumatisierte kurzfristig das „wirksamste und verfügbarste Medikament" um mit den ungebetenen Erinnerungen, den Erregungszuständen, mit den Schlafstörungen, der Einsamkeit fertig zu werden, allerdings mit der bekannten, schrecklichen und langfristigen Konsequenz.

Auf der folgenden Abb. sind die typischen Belastungen aufgeführt, denen Helfer ausgesetzt sind, Situationen, die für Polizisten, Feuerwehrleute u. a. gelten, aber jeder im Auditorium mag für sich übersetzen, was für ihn in der Helfer-, Berater- oder Threapeutenrolle ebenfalls zutrifft.

Berufsbedingte Belastungen für Einsatzkräfte (D. Wagner et.al.: Wirkfaktoren...)

| Tätigkeits- und aufgabenabhängige Belastungen | Konfrontation mit stark leidenden, verletzten oder toten Menschen | Rollenabhängige Belastungen |
|---|---|---|
| • Lebensgefahr<br>• Verletzungsrisiko<br>• Unbekannte Arbeitsumgebung<br>• Behinderung der Arbeit<br>• Zeitdruck<br>• Verantwortungsübernahme | •Große Anzahl von Opfern<br>•Kinder und Jugendliche<br>•Anblick bzw. Geruch von Toten<br>•Leid der Angehörigen | Helferbild assoz. mit:<br>•Kraft<br>•Allwissen<br>•Physische Stärke<br>•Psychische Stärke<br>•Kontrolle |

Entscheidend ist, welches Bild haben Helfer von sich selbst. Helfer wollen und müssen „stark" sein. Das ist ihr größtes Risiko, denn Helfer sind Menschen, die zuhören, wo andere weghören die da hingucken, wo andere wegsehen, Helfer sind Menschen, die handeln, wo andere erstarrt und gelähmt reagieren. Und deswegen wollen Helfer belastbar sein, psychisch und physisch. Oft wenn ein Feuerwehrmann zu mir in Beratung oder Therapie kam, war die erste Frage: *„Kommen hier noch andere Feuerwehrleute in Therapie?"* Und wenn ich dann sagte: *„Ja."*, dann sagten sie oft: *„Können sie dafür sorgen, dass keiner vor oder nach mir kommt, damit die mich hier nicht sehen?"* Helfer verbinden oft eine tiefe Scham mit der Schwäche die sie empfinden und deswegen haben sie es schwer, für sich selber zu sorgen.

Oft werden Helfer, und ich denke, das gilt besonders auch für Menschen, die mit Kindern arbeiten, mit der Machtlosigkeit gegenüber Not und Elend konfrontiert. Das heißt, sie sind bei einem großen Handlungsdruck in einem Gefühl der totalen Hilflosigkeit gefangen und der Impuls helfen zu wollen, steht dann oft im krassen Gegensatz zur Möglichkeit, dies auch zu tun.

So hat das Erleben des Massakers in Ruanda, wo achthunderttausend Tutsi von den Hutu-Milizen ermordet worden sind, den damaligen Oberbefehlshaber der UNO-Truppen, den General Romeo Dallaire, der sicherlich nicht im Ruf steht, ein weicher Mann zu sein jedoch auf Anweisung der UNO nicht eingreifen durfte, so zerstört, dass er jetzt sein Leben als Alkoholiker in Ottawa fristet. Er schreibt, und ich zitiere aus der Süddeutschen Zeitung v. 10.08.2000, S.8: *„Der Zorn, die Wut, der Schmerz und die kalte Einsamkeit, die einen von der Familie von Freunden und von der täglichen Routine der Gesellschaft trennen, sind so machtvoll, dass die Option, sich selber zu zerstören, real und attraktiv ist."*

Suizidale Tendenzen, langfristiger oder kurzfristiger Form, finden sie oft bei Helfern, die lange im Beruf sind und die, zum Beispiel über Alkoholmissbrauch, versuchen, sich selber zu stabilisieren und sich dabei aber zerstören.

Helfer müssen daher lernen, sich zu schützen. Aber es ist nicht leicht, sich gegen alle Wirkungen von Entsetzen und Grauen abzuschirmen. Helfer neigen dazu, sich selber auszuschöpfen, weil die Not der anderen immer etwas dringlicher ist, als die eigene Not. Welche Chance hat ein Helfer im Moment notgedrungenen Handelns zu spüren, was er selber erlebt? Überhaupt keine, denn seine ganze Aufmerksamkeit ist nach außen gerichtet. Das heißt, Helfer müssen informiert werden über die Risiko- und Schutzfaktoren, die in ihrer Tätigkeit wirksam werden wie sie in Abb. 1 zusammengefasst sind. Wie sie sehen gehören zu den Schutzfaktoren das private und berufliche Umfeld und soziale Unterstützung.

Viele Helfer werden nun dadurch traumatisiert, dass sie in ihrem beruflichen Umfeld nicht die Unterstützung, nicht das Verständnis, nicht die Hilfe bekommen, die sie bekommen müssten. Und viele traumatische Entwicklungen nehmen ihre tragische Richtung erst ab dem Augenblick, wo die Nichtachtung dessen, was ein Helfer im Einsatz erlebt hat in seinem beruflichen Umfeld spürbar wird, zum Beispiel dadurch, dass ihm eine Entschädigung verweigert wird. Deswegen ist ein ganz wesentlicher Faktor der Hilfe für Helfer, das in Institutionen und Organisationen, die im weitesten Sinne mit „Hilfe“ zu tun haben ein informiertes Bewusstsein für die Gefahr stellvertretender oder sekundärer Traumatisierung geschaffen wird. Die Bewältigung berufsbedingter Extrembelastungen wird begünstigt durch primärpräventive Maßnahmen bei der beruflichen Schulung, Einsatzvorbereitung und -begleitung :

- Aufklärung über Belastungen und mögliche Stressreaktionen;
- Förderung von Kontroll- und Kompetenzerwartungen durch realistische Einsatzvorbereitung
- und (regelmäßige) Nachbereitung im Team;
- Förderung immunisierender Effekte durch die Schulung emotional-kognitiver Kompetenzen im Umgang mit Angst, Hilflosigkeit u. Schuld

**Zu den Risikofaktoren:**
Verantwortlichkeit für das Opfer und Empathie: Können Sie sich einen Helfer denken, der ohne Empathie auskommt? Der ohne Verantwortlichkeit auskommt? Natürlich nicht, aber genau da liegt das Risiko. Viele Helfer überidentifizieren sich mit dem Opfer. Viele fühlen sich verantwortlich für das Schicksal des Opfers, wir werden das am Beispiel noch sehen.

**Frühere belastende Erfahrungen:**
Oftmals, wenn eine Helferin in Therapie kommt und beginnt zu arbeiten, dann geht sie in der Geschichte in frühere Zeiten und erlebt sie die Erregung früherer Traumata. Auch dazu werde ich ein Beispiel vorführen.
Eine große Rolle spielt, dass die Berufserfahrung zu den Risikofaktoren zählt, die mit dem Ereignisfaktor natürlich eng verbunden ist, das heißt, je länger sich jemand im Beruf befindet, desto erfahrener ist er zwar, aber desto mehr erodierende Erlebnisse kumulieren sich. Wenn jeder Helfer, wie im Atomkraftwerk, einen Dosimeter trüge, würde dieser Zusammenhang sehr schnell augenfällig werden. D.h. Helfer müssen aufgeklärt werden über Belastungen, mögliche Stressfaktoren und ihre Wirkung.
Wo wird das gemacht? Wird das bei Ihnen in den Kinderschutzzentren gemacht? Wahrscheinlich ja. Ich nehme an, dass Sie Supervision erhalten, sich mit solchen Zusammenhängen auseinandersetzen. Aber wo wird das gemacht in der Polizei? Wo wird das gemacht in der Feuerwehr? Wo wird das gemacht in Intensivstationen? Wer sagt diesen Menschen, die von Beruf oft Handwerker gewesen sind, wie man mit solchen Dingen umgeht? Solche Menschen gehen häufig davon aus, dass man Belastungen standhalten muss. Förderung von Kontroll- und Kompetenzerwartung durch realistische Einsatzvorbereitung und regelmäßige Nachbereitung im Team, und Förderung immunisierender Effekte durch die Schulung emotional kognitiver Kompetenzen im Umgang mit Angst, Hilflosigkeit und Schuld, wo gibt es die? Es beginnt jetzt langsam in unserem Land, es beginnt!

Das sind Hauptthemen, mit denen Helfer sich beschäftigen müssen. Das heißt, Helfer müssen lernen zu trennen zwischen

– einfühlender Nähe und Verstehen versus reflexiver Distanz.

Sie müssen lernen zu pendeln zwischen diesen Polen, sie müssen auch wieder herausfinden aus der Nähe. Sie müssen lernen, zu unterscheiden zwischen dem, was veränderbar ist, und dem, was sie nicht beeinflussen können, was sie hinnehmen müssen, sie müssen also lernen sich zu öffnen für Verzeihlichkeit und Selbstverzeihlichkeit .

Und zum Schluss in diesem Teil möchte ich noch kurz darauf hinweisen, dass Helfer gut beraten sind, ihre Verantwortlichkeit zu klären. Denn nicht selten übernehmen Helfer unbewusst die Verantwortung für Geschehnisse und ihre Folgen und können sich deshalb vom Leiden der Opfer oder ihrer Klienten nicht mehr distanzieren.

Helfer sind nicht verantwortlich für die Gesetze der Natur, für Naturereignisse, für Tod, für Krankheit. Sie sind nicht verantwortlich für politische Verhältnisse und deren Gewaltpotential – auch nicht für Familienverhältnisse und deren Gewaltpotential. Sie können sich politisch engagieren, selbstverständlich, aber das ist ein anderes Feld, die direkte Arbeit. Und sie sind nicht verantwortlich für das was Geschehen ist und seine Folgen.

Sie sind aber verantwortlich für die Qualität ihrer Arbeit und sie sind verantwortlich dafür, dass sie ihr Werkzeug, nämlich ihren Körper, ihren Geist und ihre Seele, pfleglich behandeln. Eine erfahrene Kollegin hat es mir gegenüber in folgendem Bild ausgedrückt: *„Eine trockene Ziege kann man nicht melken. Das heißt, du musst was für dich tun, denn sonst verlierst du deine Kompetenz, helfen zu können."*

Vor allem aber sind Helfer, Berater und Therapeuten wie Bleckwedel schreibt „kein Endlager für schlimme Erfahrungen". In der Distanzierungsphase sei es deshalb wichtig, durch Imaginationsübungen oder durch symbolische Handlungen, durch Atem- oder Entspannungsübungen belastendes Material zu entschlacken.

Zu denken wäre dabei an Rituale, die nach einer Sitzung oder nach der Arbeit helfen können, sich zu lösen:

- Wechseln der Kleidung,
- "bewusstes Duschen",
- Sport, besonders Spielsportarten,
- Musik
- oder jede Aktivität, die neu „fesselt" oder „löst".

Die eigene „Erdung" kann verstärkt werden:

- durch Imaginationsübungen (z. B. „innerer sicherer Ort", „innerer Begleiter", Lichtstromübung, Baumübung etc.),
- durch Meditation,
- durch alle möglichen Formen kontemplativer Praxis
- Besinnung an einem bestimmten Ort, Gartenarbeit, Naturerfahrung etc.
- Zusammensein mit anderen Menschen.

Es gibt eine Fülle von Möglichkeiten, die z. B. gesammelt sind in dem Buch von

L. Reddemann oder J. Henderson aber auch bei G. Fischer um „die eigene Mitte wieder zu finden".
Was ich Ihnen jetzt berichten möchte, sind drei Fälle, in denen Helfer traumatisiert worden sind. Und zwar sind das 2 Feuerwehrleute und eine Sprachmittlerin, eine weibliche Soldatin bei der Bundeswehr.
Ich fange vielleicht mit dem letzten Fall an, weil er katastrophal verlaufen ist.
Die junge Frau ist als Sprachmittlerin mit in den KFOR-Einsatz gegangen. Wir brauchen in der Bundeswehr solche muttersprachlichen KameradInnen, die dort den Truppen helfen, mit den Sprachbarrieren zurechtzukommen, zum Beispiel auch bei der Verfolgung von Kriegsverbrechen.
Diese Frau, war aufgefordert worden, ein junges Mädchen, das im Krieg durch einen Serben vergewaltigt worden war, erst mal zu befragen und sie dann dazu zu bewegen, einer Gegenüberstellung mit diesem Serben zuzustimmen, denn er sollte identifiziert werden um dann vor das Gericht gestellt zu werden. Dieses Mädchen, was Sie sich vorstellen können, hatte große Angst und wollte das nicht. Sie hat sich aber dann von dieser Sprachmittlerin überzeugen lassen, dass es notwenig ist, um eben ihren Peiniger einer gerechten Strafe zuzuführen. Bei der Gegenüberstellung jedoch, ich weiß nicht, wie es passiert ist, hat der Täter eine Pistole gezogen und das Mädchen vor den Augen der Umstehenden erschossen. Die Sprachmittlerin ist seitdem so schwer traumatisiert, dass sie völlig unfähig ist, ein normales Leben zu führen.
Was aber schlimmer ist, ist, dass sie, gut gemeint zwar, aber schlecht getan, eine Therapie begonnen hat, die nicht traumaadaptiert war. Da die Klientin unter anderem auch bei der Eröffnung von Massengräbern dabei war, die in diesem Fall unter Grasflächen verborgen waren, hatte sie das Problem, dass immer, wenn sie auf Rasenflächen trat, sie ohnmächtig wurde. Und um dieses zu behandeln, hat der Therapeut dann versucht, sie auf Rasenflächen zu führen, um das Problem durch in-vivo-Konfrontation zu behandeln. Ohne entsprechende Vorbereitung hat dies Vorgehen die Frau natürlich retraumatisiert, und zwar so schwer, dass es mir bis heute nicht gelungen ist, sie zu uns in die Klinik zu bekommen oder ihr sonst wie eine adäquate Behandlung zu ermöglichen. Sie hat seitdem eine so große Angst vor Hilfe, dass sie sich nicht traut, sich ihr zu stellen. Sie hat uns einen berührenden Brief geschrieben in dem sie mitteilt, dass dieses erschossene Mädchen jede Nacht an ihrem Bett steht, dass Sie das erdrückende Gefühl hat, Schuld zu sein am Tod dieses Mädchens, dass sie sich aber außerstande fühlt, sich all den Erinnerungen noch einmal zu stellen.
Das heißt, worum es eigentlich geht in diesen Therapien ist eine Zumutung: Die Zumutung, sich zu erinnern. Denn, so drückt es Erich Fried aus, „Erinnern. das ist vielleicht die qualvollste Art des Vergessens und vielleicht die freundlichste Art der Linderung dieser Qual"! Aber Sie können sich vorstellen, dass das für viele Traumatisierte ein Zumutung ist, vor der sie sich schützen wollen, und wie Recht sie manchmal damit haben, hat dieses Beispiel illustriert.
Ich möchte Ihnen jetzt einen zweiten interessanten Fall vorstellen.

Ein Feuerwehrmann, 37 Jahre alt, verheiratet, ein Kind, berufserfahren, wird alarmiert, weil in Hamburg-Stillhorn, das ist eine Autobahnraststätte vor Hamburg, ein Lastwagen in Brand geraten ist, und ein Kind dabei verbrannt ist. Als er auf die Szene kam, war schon gelöscht, war alles schon geschehen und es ging eigentlich nur noch darum, dieses Kind vor den neugierigen Zuschauern abzuschirmen und den Abtransport in die Pathologie zu organisieren. Der Feuerwehrmann kam deswegen zu mir, weil er seitdem kaum noch schlafen konnte, weil er von großer Angst um sein eigenes Kind erfüllt war und immer von dem Gedanken geplagt wurde, es hätte auch sein Sohn sein können.
In der ersten Stunde kam er gleich darauf, dass es eigentlich um was ganz anderes ginge und jetzt kommt sozusagen die ältere Geschichte hoch: Dreizehn Jahre früher, da war er vierundzwanzig, sei seine Schwester ermordet worden und er, als ihr älterer Bruder, habe sich darum nicht gekümmert. Er sei völlig geschockt gewesen, wie betäubt und habe sich kaum damit auseinander setzen können. Seine Eltern hätten geglaubt, es interessiere ihn nicht. Er habe lange Zeit mehr oder weniger latent Schuldgefühle gehabt, dass er als größerer Bruder sich nicht mehr darum gekümmert hatte, der polizeilichen Untersuchung Nachdruck zu verleihen. Er hat die Schwester auch nie am Grab besucht, auch das mache ihm schwer zu schaffen. Wir haben daran dann ungefähr fünf Stunden lang gearbeitet. Es hat sich dadurch für ihn eine sehr große Erleichterung ergeben. Zusätzlich war hilfreich, dass die Familie jetzt wieder ins Gespräch kam und jetzt begann, sich damit auseinander zu setzen. Bis dahin haben sie sich als Familie gegenseitig keine Unterstützung geben können und so wurde diese Familie durch die traumatische Sprachlosigkeit auseinander getrieben.
Der Patient ging dann in den Urlaub und als er zurück kam, meinte er: Die Geschichte mit dem Mädchen sei weit verschwunden und er hätte es eigentlich erst nach dem Urlaub gemerkt, dass er gar nicht mehr daran gedacht hätte. Die Träume seien nicht mehr wiedergekehrt, die Bilder verschwunden, es gehe ihm wieder gut.
Nun, als EMDR-Therapeut, der ich bin, habe ich gefragt: *„Wollen wir es noch einmal überprüfen? Denken sie doch noch einmal an die Szene, an den schlimmsten Aspekt dieser Szene mit dem Kind und prüfen Sie ihren Körper. Meldet sich ihr Körper noch in irgendeiner Form negativ, belastend?“* Er sagte. *„Ja, im Körper merke ich es, es ist so ein Druck im Nacken, es ist ein bisschen so, als wenn ich in ein tiefes Loch falle.“ „Okay, dann ist es nicht wirklich verarbeitet. Dann lassen sie uns das doch noch mal mit EMDR bearbeiten.“* Wir haben dann eine EMDR-Sitzung durchgeführt, die mit der Szene begann, als dieses Kind auf der Trage liegt und der Pat. meint: *„Ich hätte dem Kind helfen müssen.“* Es ist völlig irrational, er war gar nicht da, als es passierte, aber das ist es, was er da über sich denkt. Und: *„Ich habe Angst um meinen Sohn.“*
Wir beginnen das zu bearbeiteten und während der Durcharbeitung fokussierte er auf die Haare des toten Kindes. *„Es sind so komische Haare.“* Ich muss dazu bemerken, dass der Feuerwehrmann zu dem Zeitpunkt immer von einem Jungen

sprach und dieser Junge habe so komische Haare gehabt. *„Ich kriege das mit den Haaren nicht klar, das ist unwirklich, die waren so lang, ich kriege das nicht gewechselt."* Schließlich zum Ende der Sitzung ergab sich plötzlich mit fassungslosem Erstaunen eine Erinnerungskorrektur: *„Jetzt sehe ich es. Ich bin jetzt gerade in Eppendorf, in der Universitätsklinik, in der Pathologie. Da liegt dieses Kind ja und es ist ein Mädchen.* ***Dann hat das mit meinem Jungen ja gar nichts zu tun****."* Von dem Pat. fiel in dem Augenblick eine Riesenlast ab. *„Das war ja ein Mädchen, ich habe die ganze Zeit, also ein Vierteljahr gedacht, es sei ein Junge."* Was das Erstaunliche war, auch ich hatte alle Zeitungsberichte über den Unfall gelesen, auch ich glaubte mittlerweile, es sei ein Junge. In diesem Augenblick, als der Pat. sich erinnerte dass es kein Junge, sondern ein Mädchen war, fand die Trennung wieder statt zwischen dem Opfer auf der einen Seite und seiner Überidentifikation auf der anderen Seite, Das Unfallopfer wurde wieder ein Kind, zu dem er dann sagen konnte *„Es tut mir Leid um dies Mädchen und es tut mir Leid um die Eltern. Aber ich habe getan, was in meiner Macht stand und mit meinem Jungen hat das gar nichts zu tun."* Wir konnten die Therapie dann beenden und der Pat. ist seitdem stabil geblieben. Dies Ereignis hat keine gravierende Bedeutung mehr für ihn gehabt.

Ein dritter Fall ist interessant, weil es hier primär nicht um Überidentifikation geht, sondern um irrationale Schuldgefühle, die zu einem schleichenden und lebensbeeinträchtigenden psychosomatischen Krankheitsverlauf führten.

Zu mir kam ein neunundfünfzigjähriger Feuerwehrmann, ausgebrannt, erschöpft, mit vielfältigen psychosomatischen Symptomen, der sagte, er sei seit ewigen Zeiten am Rande seiner Belastbarkeit. Er sei sehr erfolgreich gewesen, habe „von der Pike auf" gelernt, sei hoch aufgestiegen, fühle sich nun aber am Ende. An wechselnden Symptomen schildert er Bewusstseinsstörungen, Hörstürze, Magenprobleme, Hautausschläge, Brustschmerzen im Sinne von Herzinfarktsymptomen, nervliche Überreiztheit, Zittern, Schweißausbrüche, Angst den dienstlichen Anforderungen nicht gewachsen zu sein, Schlafstörungen, Albträume, innere Anspannung, innere Unruhe, das ganze Bukett. Wir haben dann zunächst eine Aufstellung über die schlimmsten, belastendsten Erlebnisse, privat und dienstlich, erarbeitet nebst der Belastung, die diese Erlebnisse heute noch für ihn beinhalten. Das erste Ereignis, um das es geht, datierte aus dem Jahre 1962 während der Flut in Hamburg. Er war damals ein 19-jähriger freiwilliger Feuerwehrmann und hatte folgendes Erlebnis, das wir in der fünften Stunde mit einer EMDR-Therapie in das Zentrum der Arbeit gestellt haben.

Der Pat. war mit seinem Nachen – es war damals kalt – mehrere Tage unterwegs, um vom Wasser eingeschlossene Menschen meist von den Dächern ihrer Häuser zu retten. Er war an einem Haus vorbeigekommen, auf dem ein altes Ehepaar auf dem Dach saß. Dieses alte Ehepaar schrie um Hilfe, war aber, und das ist ein Detail, das wichtig ist, eingepackt in Pelzmäntel und Decken. Nebenan stand noch ein Haus, das mit verschlossenen Fensterläden. Der Fw.-Mann rief zu den alten Leuten rauf, ob in dem Haus nebenan noch Menschen seien. Sie verneinten

dies. Er hat dann die beiden alten Leute vom Dach geholt und sie in seinen Nachen genommen, um sie an das sichere Land zu bringen. Als er jedoch an dem zweiten Haus vorbei kam, hörte er Kinder und eine Frau um Hilfe schreien. In dem Augenblick hatte er das Gefühl, es falsch gemacht zu haben. Er hatte aber keine Wahl mehr, er konnte die beiden Alten ja nicht aufs Haus zurückbringen. Er hat der eingeschlossenen Familie zugerufen, dass er wiederkäme und dass er sie holte. Als er aber mit den beiden alten Leuten anlandete, da wollten die älteren Kollegen ihn nicht noch einmal fahren lassen, da er inzwischen erschöpft, unterkühlt und selbst gefährdet war. Sie haben ihn gegen seinen Widerstand, er wollte sich losreißen, aus dem Einsatz genommen. Er hat ihnen dann erklärt, wo dieses Haus ist und sie hatten ihm versprochen, diese Familie zu retten. Aber wie es in einer solchen Situation ist, in einer Wasserwüste ist es schwer, sich zu orientieren. Die anderen haben das Haus nicht gefunden und er konnte Tage später aus der Zeitung rekonstruieren, dass die Mutter und die Kinder ertrunken sind. Seitdem hatte er diese Schreie nicht mehr aus dem Ohr vergessen. Und ihm wurde unter der EMDR-Bearbeitung klar, dass er vierzig Jahre seines Dienstlebens von einem einzigen Gedanken getrieben wurde: *„Du darfst nie wieder zu spät kommen."* Er erzählte dann: *„Ich war der verrückteste Feuerwehrmann in Hamburg. Ich bin bei Alarmierungen losgefahren, ohne dass meine Crew auf dem Wagen saß. Ich bin alleine losgefahren, nur um ja nicht zu spät zu kommen."*
Was war nun das heilsame an diesem Prozess? Wir haben mit der Flut 1962 begonnen zu arbeiten und der Pat. sagte: *„Ich bin Schuld am Tod der Kinder, ich hätte sie retten müssen."* Und alternativ, der Blick die Straße runter, die heilende Richtung sollte sein: „Ich habe damals getan, was in meiner Macht stand." Die Glaubwürdigkeit, „Ich habe damals getan, was in meiner Macht stand.", war nahezu null. Obwohl er rational erkennen konnte dass es stimmt, fühlte es sich für ihn nicht so an. Stattdessen äußerte er: „Ich bin voller schlechtem Gewissen und Schuldgefühlen". Als er dieses Thema durcharbeitete, geriet er in eine sehr starke Abreaktion, die drohte, in einen dissoziativen state zu münden, die Schreie der Kinder wurden wieder real und erlebbar. Am Ende dieser einen Sitzung schloss er dann: *„Ich habe damals wirklich getan, was in meiner Macht stand. Es tut mir Leid um die Kinder, aber"* – jetzt kommt sein wichtigster Satz – *„ich bin nicht der liebe Gott, dass ich ein Leben gegen das andere tauschen kann. Ich habe getan, was ich konnte."* Das war sein heilender Satz in dem Akzeptieren eigener Grenzen, Selbstverzeihlichkeit und eine angemessene Distanz zum Geschehen zum Ausdruck kommen.
Als er dann vierzehn Tage später in die nächste Stunde kam sagte er: *„Ich habe das erste Mal seit vierzig Jahren wieder durchgeschlafen."* Alle anderen Ereignisse, die er als belastend geschildert hatte, waren für ihn auch entladen und hatten keine einschränkende Bedeutung mehr. Entscheidender ist jedoch, dass die Symptome und die körperlichen Beschwerden im Licht des Giessener-Beschwerde-Bogens deutlich reduziert und zum Teil verschwunden waren.
Dies ist sicherlich ein Glücksfall und solche Verläufe hat man nicht immer, aber

natürlich habe ich ihn genau deshalb hier ausgewählt, denn wir sind ja nicht hier zusammengekommen, um uns gegenseitig zu bescheinigen, dass wir nichts tun können, sondern im Gegenteil lehrt die traumatherapeutische Erfahrung, das selbst nach vielen Jahren Heilung von einem Trauma, ob primär, sekundär oder stellvertretend erworben, möglich ist.

Dieser Mann erzählte dann zum Schluss, und das ist der eigentlich gute Ausgang, *„Wir hatten jetzt vor vierzig Jahren die Flut in Hamburg und jetzt die entsprechende Feier dazu. Ich hatte große Angst davor, denn ich war im Konflikt. Auf der einen Seite fühlte ich mich verpflichtet, an der Gedenk-Feier* teilzunehmen, *auf der anderen Seite hatte ich panische Angst davor, dass ich die Kontrolle verliere.*“ Und er erzählte, dass er damals mit neunzehn Jahren als jüngster Feuerwehrmann der Bundesrepublik Deutschland eine Verdienstmedaille bekommen hatte Was hat er mit dieser Medaille damals gemacht, was denken Sie? Er hat sie weggelegt und er hat sich an dem Abend, als er sie bekommen hat, betrunken. Jetzt, nach dieser Therapie, hat er die Medaille wieder hervorgeholt, sich die angesteckt und gesagt: *„Ich bin stolz darauf.“* Mit anderen Worten, am Ende eines langen Feuerwehrlebens hat er den Bogen zurückgefunden zu dem, worauf er mit Recht stolz sein darf, nämlich ein Helfer zu sein, der viel von sich gegeben hat um anderen Menschen zu helfen. Ich denke, das ist ein guter Ausgang. Nicht immer gelingt es so schnell und scheinbar einfach. Aber wenn es so einfach wäre, dann wäre es sehr schön.

Ich hoffe, es ist deutlich geworden, was ich meine, dass Helfer eine Gruppe von Menschen sind, die es verdienen, Hilfe zu bekommen und die manchmal eine nur kleine Hilfe benötigen, um zur Selbsthilfe zurückzufinden und das diese Hilfe sowohl vorbereitend wie auch arbeits-/einsatz-begleitend und manchmal auch in therapeutischer Nachsorge notwendig ist.

**Literatur**

J. *Bleckwedel*: Geschützte ZeiTTräume: Umgang mit Gewalterfahrungen, in: G. Kruse u. S. Gunkel,

Hrsg.: Trauma und Konflikt. Impulse für die Psychotherapie Bd. 4, Hannoversche Ärzte-Verlags-Union GMBH, Hannover 1999

G. *Fischer*: Neue Wege aus dem Trauma. Vesalius, Konstanz, o. J.

J. *Henderson*: Embodying Well-Beeing. AJZ Druck und Verlag. Bielefeld 2001

H. *Petzold*: Krisen der Helfer, in: U. Schnyder, J. D. Sauvant (Hrsg.): Krisenintervention in der Psychiatrie. 3. Aufl., Huber, Bern, Göttingen, Toronto, Seattle 2000

L. *Reddemann*: Imagination als heilsame Kraft. Lebenlernen 141, Pfeiffer bei Klett-Cotta, Stuttgart 2001

D. *Wagner* et al.: Wirkfaktoren der Prävention sekundärer PTB bei Hochrisikopopulationen, in: A. Maercker u. U. Ehlert: Psychotraumatologie, Hogrefe, Bern Göttingen Toronto, Seattle 2001

# Traumatisierte Helfer

Elise Bittenbinder

## Inhaltsverzeichnis

1. Einleitung
2. Traumatheorien
3. Posttraumatische Belastungsstörung nach DSM-IV
4. Erweitertes PTSD-Konzept
5. Sequentielle Traumatisierung
6. Methoden im Umgang mit traumatisierten Menschen
7. Stellvertretende Traumatisierung im Helfersystem
8. Zeichen stellvertretender Traumatisierung
9. Übung mit Teilnehmern
10. Literatur

## 1. Einleitung

Mein Name ist Elise Bittenbinder. Ich arbeite seit über fünfzehn Jahren mit schwer traumatisierten Flüchtlingen, Menschen, die Folter oder schwere Menschenrechtsverletzungen erlebt haben. Meine Erfahrungen mit der stellvertretenden Traumatisierung, über die ich heute referieren werde, kommen aus diesem Bereich, so auch die Beispiele.

Um in extremen Situationen helfen oder handeln zu können, müssen wir Empathie entwickeln. Empathie bedeutet, dass wir uns emotional einlassen auf die extrem belastenden Geschichten aus der Vergangenheit oder Gegenwart der Betroffenen.

Trauma bedeutet immer Verlust, Konfrontation mit Extremen, die unsere Weltsicht verändern, die unser Gefühl von Sicherheit oder die Möglichkeit, Situationen zu kontrollieren, in Frage stellen. Die damit einhergehenden und oft gebundenen extremen Gefühle werden von verschiedenen Autoren beschreiben als *„compassion fatigue“* (FIGLEY 1995), *„secondary victimization“* (MEICHENBAUM 1997) oder als *„vicatious traumatization“* (PEARLMAN 1990).

Um Zeichen von stellvertretender Traumatisierung feststellen zu können, müssen wir verstehen, wie Trauma eine Person verändert in Bezug auf ihre Copingmechanismen, Weltsicht, Selbstwertgefühle und sozialen Bezüge. Anhand von Beispielen aus der Praxis wird das Konzept der „Stellvertretenden Traumatisierung“ bei HelferInnen dargestellt und von anderen Phänomenen (Burnout) abgegrenzt.

Folter oder extreme Menschenrechtsverletzungen sind sog. „manmade desaster“. In der Kategorie der traumatischen Erfahrungen gehören sie zu den extremsten Erfahrungen, da sie absichtlich herbeigeführt werden und mit der Intention, die Person und/oder deren Würde zu zerstören. Vieles von dem, was ich darstellen

werde, ist durchaus übertragbar auf andere Arten der Traumatisierung, z. B. durch Unfälle, aber einige Probleme entstehen sehr spezifisch bei Traumatisierung durch Menschenhand. Das Spezifische hier ist das extreme Machtgefälle und dass die Zerstörung mit voller Absicht geschieht, um das Gegenüber zu erniedrigen. Ich weiß nicht, wie überflutet Sie jetzt mit Trauma-Modellen sind oder wie neu die „Traumatologie" für Sie ist. Ich werde also etwas zu den Basics sagen, zu PTSD-Modellen (und wenn ich einige damit langweile, bitte ich, das zu entschuldigen), um dann zur stellvertretenden Traumatisierung zu kommen.
Es gibt verschiedene Modelle, und in den verschiedenen Trauma-Modellen gibt es auch häufig Beschreibungen oder Hinweise auf das, was mit den Helfern passiert.
Das Phänomen wird bei den unterschiedlichen Autoren unterschiedlich gesehen und benannt:

- „compassion fatigue" *(Figley 1995)*
- „vicarious traumatisation" *(Pearlman 1990) – stellvertretende Traumatisierung*
- „secondary victimisation" *(Meichenbaum 1997), was häufig verwechselt wird mit* „secondary traumatisation" *oder* „re-traumatisation"*, was jedoch etwas ganz anderes ist.*

Zuerst noch kurz einige Erläuterungen zum PTSD-Modell, aber speziell auch zum erweiterten PTSD-Modell, das hauptsächlich von Judith Herman vertreten wird. Ich denke, dass dieses für unseren Bereich interessanter und hilfreicher ist.
PTSD ist inzwischen auch in Deutschland eine bekannte Diagnose und hat im ICD 10 und im DSM IV inzwischen Eingang gefunden. Wenn wir von Folgen von Traumatisierung durch Folter oder schwere Menschenrechtsverletzungen sprechen, ist PTSD als einzige Diagnose verkürzt und irreführend, da es eine ganze Reihe anderer Symptomfelder gibt und das Problem verschoben wird.
Traumatheorien gibt es schon seit Freud, und es entwickelten sich im Laufe der Zeit unterschiedliche Modelle. Ich zeige Ihnen einige auf, weil einige für uns interessant sind in Bezug auf die stellvertretende Traumatisierung.

## 2. TRAUMATHEORIEN – Erklärungsmodelle – Diagnostikmodelle

- **PTSD** (Post-Traumatic Stress Disorder)
  oder Post-Traumatische Belastungsstörung (F 43.1)
  - **nach ICD-10**
    Weltgesundheitsorganisation
    Internationale Klassifikation psychischer Störungen
  - **nach DSM-IV I**
    (Diagnostisches und Statistisches Manual psychischer Störungen)
- **Sequentielle Tramatisierung**
  (nach H Keilson 1979)
- **„Complex PTSD"**
  Komplexes oder erweitertes PTSD (nach J. L. Hermann, 1992)

- **Victimisierungssyndrom**
  (nach F. Ochberg 1993)
- **Dissoziative Identitätsstörung nach DMS IV**
- **Akute Belastungsstörung nach DSM IV**
- **Dysfunktionen in Erinnerung und Gedächtnis**

Daneben gibt es viele Beschwerdebilder, z. B. Symptomverschiebungen, die als Vorläufer der heutigen Klassifizierung gesehen werden müssen (Shellshock, Kriegszittern, KZ-Syndrom), auf die hier nicht eingegangen wird. In Deutschland konzentriert man sich sehr auf die Definition von PTSD nach dem ICD 10.
Interessant ist für uns z. B. das Victimisierungssyndrom von Ochberg und auch die Sequentielle Traumatisierung nach Keilson.

## 3. Posttraumatische Belastungsstörung nach DSM-IV

**A.** Konfrontation mit einem traumatischen Ereignis mit intensiver Furcht, Hilflosigkeit oder Entsetzen

**B.** Das traumatische Ereignis wird beharrlich wiedererlebt. Bilder, Gedanken, Träume, Alpträume, Halluzinationen, Illusionen.

**C.** Vermeidung von Erinnerungen an das Trauma, Erinnerungsstörungen, Gefühl von Entfremdung, vermindertes Interesse, Gefühl eingeschränkter Zukunftsaussichten.

**D.** Symptome von erhöhtem Arousal: Schlafstörungen, Reizbarkeit, Wutausbrüche, Konzentrationsschwierigkeiten, übermäßige Wachsamkeit, übertriebene Schreckreaktionen

**E.** Störungsbild dauert länger als einen Monat an.

**F.** Beeinträchtigungen wichtiger Funktionsbereiche

## 4. ERWEITERTES PTB / PTSD – Konzept

Systematische Folter im Zusammenhang mit staatlicher oder organisierter Verfolgung und Gewalt unterscheidet sich von anderer, absichtlich durch Menschen herbeigeführter extremer Traumatisierung, wie folgt:

* wiederholte Exposition über längeren Zeitraum,
* die Traumatisierung dauert im Exil (in „Sicherheit“) fort,
* anhaltende Erschütterung der Selbst-, Fremd- und Weltsicht.

Wir gehen von sequentiellen, kumulativen Erschütterungen aus, die meist im Kontext einer Situation von genereller Bedrohlichkeit verübt werden und die die Selbst- und Weltsicht nachhaltig verändern und beziehen dabei die Wiedereingliederung als Belastungsmoment mit ein (vgl. Keilson 1979).
Dabei handelt es sich um ein bestimmtes Symptombild, das nach extremen traumatischen Ereignissen auftritt, nach intensiver Furcht, Hilflosigkeit und Entsetzen. Das traumatische Erlebnis wird dann anscheinend in verschiedener Weise wiedererlebt, durch: wiederkehrende Bilder, Alpträume, Halluzinationen, Intrusionen oder es wird das Gegenteil gelebt: Vermeidung oder Abspaltung.

Die traumatischen Erinnerungen scheinen sich isoliert oder doch anders im Gedächtnis zu speichern und rufen bestimmte Phänomene hervor, die dann zu einer Entfremdung zur Umwelt oder zu sich selbst führen. Daraus entstehen wiederum andere Symptome, die Sie alle wahrscheinlich kennen: Schlafstörungen, Reizbarkeit, Wutausbrüche, Depression, Isolation, suizidale Gedanken, Alkoholmissbrauch usw.
Die Dauer des Störungsbildes wird als verschieden lang beschrieben (3 Monate-3 Jahre). Unsere Erfahrungen mit schwer traumatisierten Menschen zeigen, dass das Störungsbild in einigen Fällen auch erst im Alter auftauchen, beziehungsweise sehr lange andauern oder in vielen Fällen chronisch werden kann. Dies wird leider zu wenig beachtet.

## 5. Sequentielle Traumatisierung

In seinen follow-up Untersuchungen zum Schicksal jüdischer Kriegswaisen in den Niederlanden verwendete Hans Keilson den Begriff *„extreme Belastungssituation“*. Er macht deutlich, dass dieser Begriff (seinem traumatogenen Gehalt nach) nur als übergeordneter Begriff für die Gesamtheit des Geschehens verwendbar ist und die *„generelle Bedrohlichkeit der Situation“* als übergreifendes traumatisches Agens der extremen Belastung zu sehen ist. Er unterscheidet drei Phasen der Belastung und frei traumatische Sequenzen und bezieht die Wiedereingliederung als Belastungsmoment mit ein (Keilson 1979, S. 51). Damit wird bereits angedeutet, dass die extreme Belastungssituation als Ganzes und auch die erneuten Belastungen der Verfolgung – in unseren Fällen hier: Flucht ins Ausland, Exil und eventuelle Wiedereingliederung in der ursprünglichen Heimat – mit einbezogen werden müssen.
Deutlich wird, dass solche Situationen Elemente und Motive enthalten, die den Rahmen des Privat-Einmaligen durchbrechen und das Trauma für den Einzelnen weder einen genau definierbaren Beginn noch ein kalkulierbares Ende hat. Daher sprechen wir eher von Phasen der kumulativen Erschütterungen – in ihrem gesamtgesellschaftlichen oder politischen Kontext gesehen.
Damit wird auch deutlich, dass der Begriff „Posttraumatische Belastungsstörung“, der uns als diagnostisches Mittel zur Verfügung steht, in vieler Hinsicht unzulänglich oder irreführend ist, da dieser Begriff die Störung nur beim Einzelnen sieht.

In allen Modellen kommen aber folgende vier Kategorien vor, und zwar:
- die unfreiwilligen Erinnerungsbilder oder die Dysfunktionen in der Erinnerung oder im Gedächtnis,
- die Verleugnung und Vermeidung,
- „Hyperarousal“ und
- Veränderung der sozialen Beziehungen.

Diese Elemente werden in fast allen Modellen genannt. Wir werden diese Elemente später bei der stellvertretenden Traumatisierung wiederfinden.

## 6. Methoden im Umgang mit traumatisierten Menschen

Im Umgang mit traumatisierten Menschen gibt es einige zentrale Punkte zu beachten:

(1) Würdevoller Umgang
(2) Bestätigung der Realität
(Gespräch/ Testemony/ Dokumentation)
(3) Ressourcen stärken
Handlungsspielräume öffnen
(4) Wahl der Mittel zur Bewältigung von Stress reflektieren
– Spielregeln/ Realität vermitteln.

Wenn Sie als Helfer mit einem traumatisierten Menschen arbeiten (ob professionell oder ehrenamtlich oder zufällig) oder wenn Sie innerhalb der Familie oder im Freundeskreis selbst betroffen sind, ist für eine adäquate Reaktion Folgendes zu beachten:
Der würdevolle Umgang ist hier besonders wichtig. Oft vergisst man allzu leicht, dass wir es mit Menschen zu tun haben, die den Boden unter den Füßen verloren haben, denen etwas sehr Grauenhaftes passiert ist. Dann tendiert man dazu, paternalisierend zu werden.
Bestätigung der Realität ist eine der wichtigsten Notwendigkeiten, entsprechend der verschiedenen Phasen, in denen sich jemand befindet. Die Ressourcen sollten gestärkt werden, weil sich durch eine extrem traumatische Erfahrung oder wiederholte traumatische Erfahrungen die Möglichkeiten der Handlungsspielräume einengen. Daher sollte mit den Menschen reflektiert werden, welche Möglichkeiten sie haben, mit Stress im Augenblick und in Zukunft umzugehen.

Ich erinnere noch einmal. In allen Diagnostikmodellen tauchen bestimmte Symptomgruppen auf:

- die unfreiwillige Erinnerung,
- die Verleugnung,
- die Erregung und
- die Veränderung der sozialen Beziehungen.

Bei der therapeutischen Arbeit mit Opfern von Folter oder schweren Menschenrechtsverletzungen, die in Deutschland Schutz suchen, sehen wir die Menschen oft erst Monate oder Jahre nach meist kumulativen traumatischen Erfahrungen im Heimatland und/oder auf der Flucht.
Wir sehen sie in einer neuen Lebensphase, die in vielen Fällen noch einmal sehr belastend ist (Asylverfahren, Leben im Exil, manchmal Anfeindungen durch die Umwelt). D. h., viele unserer Klienten zeigen Formen der chronischen PTSD oder andere Folgen von schwerer Traumatisierung oder die Folgen treten erst in der Situation einer relativen „Sicherheit“ auf.

## 7. Stellvertretende Traumatisierung im Helfersystem

In allen Diagnostikmodellen sind 4 Symptomgruppen genannt (relevant für Betroffene und indirekt Betroffene):

- Unfreiwillige Erinnerungsbilder (Dysfunktionen in Erinnerung und Gedächtnis)
- Verleugnung/Vermeidung
- Erregung
- Veränderung der sozialen Beziehungen

Folgen: Bei einer Traumatisierung sind vier gesunde, psychische Grundannahmen über das Selbst und die Welt erschüttert:

1. Der Glaube in die eigene persönliche Unverletzbarkeit („*it won´t happen to me*").
2. Die eigene Sichtweise über das Selbst als etwas Positives
3. Der Glaube in die Welt als einen Ort, der sinnvoll und im wesentlichen geordnet funktioniert.
4. Das Vertrauen darin, dass die Mitmenschen im Grunde gut und verlässlich sind und ihr Verhalten vorhersehbar ist.

Außerdem kommt es zu:

- Verändertem Zeit-, Raum und Selbsterleben mit extremer Hilflosigkeit
- Emotional numbing, frozen states, speechless horror,

Die Folge aus o. g. Erscheinungsbildern (unfreiwillige Erinnerungen, Flashbacks, Verleugnung/Verdrängung, Übererregbarkeit bei gleichzeitigen Erschöpfungszuständen, Veränderung der sozialen Beziehungen und/oder des Selbstwertes) ist, dass sich der Glaube an die Unverletzbarkeit der Person verändert hat. Wenn jemandem etwas so Schreckliches passiert ist, glaubt er nicht mehr unbedingt, dass die Welt ein Ort ist, an dem man sich grundsätzlich wohl fühlen kann. Sondern die Welt kann ein Ort werden, wo ich nur noch das eine sehe, nämlich das Desaster, oder wo ich mich als Frau nur noch entehrt, beschmutzt oder verletzt erlebe.

Die eigene Sichtweise vom Selbst als etwas Positivem hat sich verändert. Das Selbstwertgefühl ist evtl. nicht mehr zugänglich, fragmentiert oder sehr verletzt. Das Vertrauen, dass der Mitmensch im Grunde gut und verlässlich ist, hat sich auch verändert. Typisch ist besonders bei chronischem Verlauf eine eher misstrauische Haltung gegenüber der Umwelt. Die erfahrene extreme Hilflosigkeit wird als Muster aufrechterhalten und/oder wiederholt.

Nun kommen wir wieder zurück, zum bereits erwähnten Viktimisierungsmodell. Häufig erleben wir bei unseren Klienten nicht unbedingt mehr das Vollbild einer PTSD. In vielen Fällen, z. B. da, wo die extrem traumatischen Erfahrungen schon sehr lange zurückliegen oder eine Integration über lange Zeit hinweg nicht stattfinden konnte, zeigt sich die Traumatisierung im sozialen Bereich oder als Veränderung des Selbt(wert)gefühls, in manchen Fällen als Persönlichkeitsveränderung. Das heißt, es gibt eher Misstrauen als Vertrauen, die Menschen gehen sehr stark davon aus, dass sie nicht mehr darauf bauen können, dass Leute grundsätzlich gut sind, sondern es entsteht eine Tendenz: *„Ich bin das Opfer und alle anderen*

*sind Täter – da ich Opfer bin und mir selbst nicht mehr zutraue, mich vor Übergriffen schützen zu können, muss ich mich ständig klein/unsichtbar machen oder hilfsbedürftig machen, absondern, wehren, verteidigen oder darf keine Rücksicht mehr auf andere nehmen.“*
Auch im Helfersystem können die gleichen Symptombilder auftauchen, wenn auch in unterschiedlicher Weise.

## 8. Zeichen von stellvertretender Traumatisierung:

- Veränderung des Identitätssinnes:
  Auch hier kann sich der Identitätssinn verändern. Das kann so aussehen, dass Menschen; die im Helfersystem tätig sind; z. B. sagen: *„Es interessiert mich gar nicht mehr, wenn jemand von einer Vergewaltigung spricht, ich fühle mich wie abgestumpft, ich höre mir das an, aber es geht mich nichts mehr an, will nichts mehr davon hören. Das befremdet mich.“*
- Die Weltsicht ändert sich:
  Folgendes hörte ich z. B. bei einem Beamten des Bundesamtes für die Anerkennung ausländischer Flüchtlinge, der 6 Jahre die Erstanhörungen gemacht hat: *„Ich glaube überhaupt nichts oder niemandem mehr. Die Leute, die nach Deutschland kommen und Asyl beantragen, erzählen alle die gleiche Geschichte, das sind keine Folteropfer. Früher war das anders. Da konnte man jedem zuhören und die Geschichten waren schrecklich und nicht alle gleich.“*
  Bei der Supervision von Verfahrensberaterinnen (Asyl- und Aufenthaltsfragen) klagt eine Mitarbeiterin: *„Die Beamten in Deutschland werden immer übler, da ist überhaupt nichts mehr möglich, das sind unsere Feinde, wir müssen ständig dagegen ankämpfen und es ist überhaupt kein Spielraum mehr da.“* Ihre Sichtweise wurde im Laufe der Zeit ganz eingeengt. Auch sie sagte, dass sie dies schon anderes gesehen hat und gerne wieder anderes sehen wollte. Aber z. Zt. würde ihr dies nicht gelingen.
- Das veränderte Selbstwertgefühl:
  „Ich mache mir jetzt ständig Sorgen.“
  Bei einer gemeinsamen Supervision sagte ein Kollege z. B.: *„Ich bin jetzt ständig dabei, plötzlich zu Hause anzurufen, noch kürzlich, ob meiner Tochter nichts passiert ist, das habe ich früher nicht gemacht. Sie konnte sich früher verhältnismäßig frei bewegen. In letzter Zeit merke ich, dass ich andauernd anrufe und erst mal sicherstellen muss, dass da nichts passiert ist. Ich weiß, dass das nicht normal ist, ich weiß nicht, woher diese Reaktion plötzlich kommt.“*
- Vertrauen in andere Kollegen oder in die Gemeinschaft:
  *„Ich denke oft das Schlechteste von anderen.“* Interessanterweise ist es häufig nicht so, dass direkt so etwas äußert wird, wie *„ich fühle mich total überfordert, die Klienten sind mir zuviel, die Geschichten sind mir zuviel“*, sondern es gibt Probleme in den Teams (mangelndes Vertrauen oder Misstrauen).

Einer der wenigen, der hierzu veröffentlicht hat, ist Enrice Bustos. Er hat über die, mitunter „gewaltsame" Dynamik von Teams, die mit Opfern von Gewalt arbeiten, geschrieben. Bestätigt wird dies z. B. von einer Untersuchung einer Kollegin in Südafrika. In den Teams, die mit Opfern von Gewalt arbeiten, zeigen sich häufig: große Spannungen, viel Fluktuation oder große Unzufriedenheit bzw. nicht die gleiche Sorgfalt im Umgang miteinander, wie sie für die Klienten erwartet wird.

- Auswirkungen auf die Beziehungen zu anderen:
  Auch das trifft man sehr häufig in den Helfersystemen, dass die Kollegen sagen, dass die Arbeit auch die Partner- und die Freundesbeziehungen stark belastet:
  „Mein Mann will nichts mehr darüber hören über das, was ich erzähle, kann ich auch verstehen, ich kann ihm auch nichts mehr erzählen und ich will auch nicht mehr. Oder ich kann in meinem Freundeskreis nicht mehr darüber reden, oder ich weiß nicht, ob ich überhaupt noch darüber reden kann oder nicht."
- Die Selbstwahrnehmung ändert sich.
  „Ich fühle mich schuldig, dass es mir gut geht. Ich kann mich nicht mehr darüber freuen, dass ich ein verhältnismäßig gutes Leben, Familie, Freunde usw. habe"
  Natürlich können sich auch intrusive Gedanken, emotionales flooding (emotionales Überfluten), Alpträume, also alle die Symptome, die wir bei den Klienten erleben, auch im Kreis der Helfer wiederfinden. Das geht bis hin zu psychosomatischen Beschwerden. Also die gleichen Beschwerden, die wir beim Bild von PTSD finden, können wir ganz häufig bei uns selber finden.
  Aber im Besonderen – und deshalb ist ein erweitertes PTSD-Konzept so wichtig – können wir die stellvertretende Traumatisierung eher im zwischenmenschlichen/sozialen Bereich und im Bereich „Selbstwert, verändertes Selbstwertgefühl" ansiedeln.Nach dem Beitrag von Herrn Barre wird klar, dass wir unter dem Titel „traumatisierte Helfer" sehr verschiedene Phänomene beschreiben. Sie beschreiben Helfer, die traumatisiert sind oder die durch ihre Hilfsaktion traumatisiert wurden.

Ich habe von stellvertretender Traumatisierung gesprochen in Bezug auf diejenigen, die z. B. als Psychotherapeuten oder andere Helfer indirekt betroffen sind und in Bezug darauf, welche Überlegungen berücksichtigt werden müssen, bzw. welche Unterstützung wir den „Helfern" geben könnten.

## 9. Übung mit Teilnehmern

Ich würde gerne eine Übung mit Ihnen machen.
Als professionelle oder ehrenamtliche Helfer kommt es darauf an, die richtige Distanz zu finden, um nicht überidentifiziert oder ohne den nötigen Kontakt mit den Betroffenen zu sein. Es kommt darauf an, sich im Fadenkreuz zwischen Nähe-Distanz und Macht-Ohnmacht zu positionieren.

Das Interessante ist: Man denkt, *„da stehe ich in der Mitte, dann bin ich gut aufgehoben."* Nein, ich muss – wie bei der Übung gesagt wurde – hin und her gehen, wenn ich mit traumatisierten Menschen zu tun habe. Entsprechend der verschiedenen Phasen, die durchlaufen werden, muss ich mich neu positionieren und daran orientieren, wo die Klienten gerade stehen.
Es ist ein riesiger Unterschied, ob ich jemanden direkt nach einer traumatischen Erfahrung begleite oder mit einem Überlebenden des Holocausts im Alter von achtzig Jahren spreche. Die größte Kunst und die größte Herausforderung ist, als Helfer sehr nahe herangehen zu können und es gleichzeitig zu schaffen, sich auch wieder zu distanzieren. Hier kann auch das Phänomen der stellvertretenden Traumatisierung eintreten. Man muss nahe herangehen, man muss Empathie entwickeln und sobald ich nahe herangehe, bin ich schnell selbst im System drin – überidentifiziert und evtl. nicht mehr in der Lage zu helfen. Häufig muss man sich dann Hilfe von anderen oder professionelle Hilfe (Supervision, Intervision) holen, um wieder die nötige Distanz zu erhalten.
Ein anderer wichtiger Faktor ist das „Erleben von Macht". „Ich kann helfen, vielleicht sogar den Helfern helfen". Dieses Gefühl kann auch übermächtig werden. Gleichzeitig aber bin ich total ohnmächtig, ich kann zum Beispiel die Folter nicht aus der Welt schaffen. Wir alle wissen, dass Menschen, die sich engagieren, zum Beispiel für Opfer von schwerer Menschenrechtsverletzung oder Folter, dies oft auch aus eigener Betroffenheit machen, d. h. selbst auch traumatische Erfahrungen gemacht haben. Sie sind deshalb sehr engagiert und wollen dann etwas „machen", müssen aber häufig auch akzeptieren: *„ Ich bin ohnmächtig".*
Die Autoren der amerikanischen Literatur gehen davon aus, dass jeder, der über lange Zeit mit traumatisierten Klienten arbeitet, von der stellvertretenden Traumatisierung in der einen oder anderen Form betroffen ist. Ich würde aus eigener Erfahrungen und aus Erfahrungen mit anderen Helfern durchaus bestätigen, dass es diese Phänomene gibt, gleich ob wir sie nun „stellvertretende Traumatisierung" nennen oder anders. Danke.

## 10. Literatur

*Bustos*, E. (1999). Stellvertretende Traumatisierung, verwundete Heiler oder die unvermeidbare intersubjektive Erfahrung in der psychotherapeutischen Arbeit mit traumatisierten Flüchtlingen. Vortrag auf Fachtagung der BAFF, Berlin.

*Bittenbinder*, E. (2000).Trauma & Gewalt. Systemische Psychotherapie mit Überlebenden von Folter. In: Pid, Psychotherpie im Dialolg, Stuttgart 1/2000.

*Herman*, L.J. (1993). Sequelae of Prolonged andRepeated Trauma: Evidence for a Complex Posttraumatic Syndroml. In: Davidson, J.R. T. and Foa, E.B. (Hrsg.).

*Saakvitne*, K. W., Pearlman, L. A. (1996). Transforming The Pain. A Workbook on Vicarious Traumatization, Norten & Company, New York.

# Kinder als traumatisierte Schädiger

Annika Holten-Wassong
Heiko Cochius

**Gliederung:**
1. Vorstellung der beiden Projekte im Rahmen des NRW-Modellprojekts „Erzieherische Hilfen für jugendliche Sexual(straf)täter"
2. „Erlebnisreise"
3. Traumatisierung und ihre Bedeutung bei Sexual(straf)taten Jugendlicher

ad 1.
Vorstellung der beiden Projekte im Rahmen des NRW-Modellprojekts „Erzieherische Hilfen für jugendliche Sexual(straf)täter"

## 1.1 Beratungsstelle Gewalt in Familien, Diakonie in Düsseldorf

Wir arbeiten mit folgenden Klientengruppen:

| |
|---|
| Täter, die jüngere Opfer gesucht haben, beispielsweise:<br>– Ein 17-Jähriger hat sich angezogen auf seine 6-jährige Halbschwester gelegt und Beckenbewegungen wie beim Geschlechtsverkehr gemacht. Er wurde vom Vater mit ca. 11 Jahren anal missbraucht.<br>– Ein 14-Jähriger hat an die Scheide eines 3-jährigen Mädchens, Tochter von guten Freunden der Eltern, bei denen sie zu Besuch waren, gefasst. Er war als Baby Opfer sexueller Übergriffe<br>– Ein 15-Jähriger hat an der Scheide eines 6-jährigen Nachbarmädchens manipuliert, die zu Besuch war.<br>– Ein 15-Jähriger hat über einen Zeitraum von mehr als einem Jahr immer wieder seine 10-jährige Pflegeschwester sexuell am ganzen Körper berührt.<br>– Ein Jugendlicher hat im Alter von 13 bis 14 Jahren vier Mädchen (zwischen 7-9 Jahre) an die Scheide gefasst. |
| Täter mit gleichaltrigen Opfern, wobei es sich erstaunlicherweise sämtlich um Gemeinschaftstaten handelte, beispielsweise:<br>– 2 Jungen, 11 und 12 Jahre, haben ein 12-jähriges Mädchen aus dem gleichen Hort gezwungen, sie auf den Po zu küssen.<br>– 2 Jungen, 14 und 16 Jahre, haben eine gleichaltrige schlafende Partybesucherin ausgezogen und an der Scheide angefasst. |
| Täter, die sogenannte „hands-off"-Delikte begangen haben, also solche, bei denen es nicht zu Körperkontakt kam, beispielsweise:<br>– Ein 15-Jähriger zeigt einem in etwa gleichaltrigen Mädchen auf Geheiß eines Freundes in der Öffentlichkeit sein Glied und sagt „Willst Du mich ficken?". |

- Ein 13-Jähriger entblößt seinen Penis auf der Straße und versucht mit einem Jüngeren auf der Schultoilette sexuelle Spiele anzufangen.

Täter im Sinne des Gesetzes, die also zwar strafbare sexuelle Handlungen begangen haben, bei denen aber Einvernehmlichkeit mit dem Opfer bestand. Die Übergriffsproblematik ist in solchen Fällen nicht leicht zu erkennen:

- Ein 16-Jähriger hatte eine einvernehmliche sexuelle Beziehung (manipulieren im Genitalbereich) zu einem fast 12-jährigen Mädchen.
- Ein 16-Jähriger hatte eine einvernehmliche sexuelle Beziehung mit Geschlechtsverkehr zu seiner 12-jährigen Stiefschwester, mit der er nicht aufgewachsen war.

Beispiele für Taten mit höherer sexueller Intensität:

Eine der wenigen homosexuellen Taten:

- Ein 12-Jähriger hat zwei Spielkameraden im Alter von 6 und 8 Jahren anal penetriert.

Inzesttaten:

- Ein 15-Jähriger hat seine 7-jährige Schwester über mehrere Monate sexuell missbraucht, indem er auf ihr liegend zwischen ihren Beinen onaniert hat.
- Ein 13-Jähriger hat mehrfach Geschlechtsverkehr mit seiner 11-jährigen Schwester. Die Schwester ist vorher vom Vater längere Zeit missbraucht worden.
- Ein 11-Jähriger nötigte seine 6-jährige Schwester über längere Zeit zum Geschlechtsverkehr.

Sexuelle Kontakte bestanden auch zum 9-jährigen Bruder.

- Im Alter von 16 bis 18 Jahren nötigt ein Junge seine 8-11-jährige Schwester zur Masturbation und zum Oralsex. Er war Opfer einer sexuellen Gewalttat durch vier Jungen im Alter von 17 Jahren.
- Im Alter von 15 bis 16 Jahren hatte ein Junge mit seiner 12-jährigen Schwester über ein Jahr lang Geschlechtsverkehr. Im Alter von 15 Jahren anale Vergewaltigungen seines 6-jährigen Bruders über einen Zeitraum von einem halben Jahr.

### 1.2 Projekt Aus.Wege der Jugendberatung der AWO e.V., Düsseldorf

Altersspektrum: 14- bis 19-Jährige
Tatspektrum: Exhibitionismus, sexuelle Nötigung, sex. Missbrauch von Kindern, Vergewaltigung

- ➢ ebenfalls keine manifesten pädophilen Fixierungen, keine Sadisten
- ➢ Unterschiede zur Diakonie v.a. resultierend aus unterschiedlichen Zugangswegen, daraus sich ergebend auch unterschiedlicher Fokus, weniger innerfamliäre Taten als auch auf fremde Opfer bezogene

Jugendliche Sexualstraftäter

> Definition „sexuelle Delinquenz":
> Eine sexuelle Delinquenz ist eine Handlung gegen die sexuelle Selbstbestimmung des Partners, unabhängig davon, ob sie mit einer sexuell „perversen" Praktik einhergeht oder nicht.
> Definition „sexuelle Deviation":
> Eine sexuelle Deviation (Paraphilie) ist ein Sexualverhalten, das auf ein unübliches Sexualobjekt gerichtet ist oder eine unübliche Art sexueller Stimulierung anstrebt."

- <u>Statistik</u>

  Laut Polizeistatistik werden 20% aller Straftaten gegen die sexuelle Selbstbestimmung von Tätern zwischen 14 und 21 begangen, 90% davon sind männlich.
  - ⇨ca. 50% aller erwachsenen Sexualstraftäter sind bereits vor ihrem 16 Lebensjahr auffällig geworden.
  - Sexuelle Devianz bzw. paraphiles Interesse beginnt in vielen Fällen vor dem 18 Lebensjahr, so sind die meisten der gemeldeten jugendlichen Sexualtäter etwa 15 Jahre alt, hierzu gibt es gesicherte Daten hinsichtlich erster aktenkundig gewordener Taten, wobei zusätzlich berücksichtigt werden muss, dass Gedanken und Gefühle im Sinne eines Vorentwurfs der späteren Tat schon früher vorhanden sind.

- <u>Delikte</u>
  - Sexueller Missbrauch von Kindern (in 40% vor dem 18 Lebensjahr des Täters)
  - Vergewaltigung (in 30% vor dem 18 Lebensjahr des Täters)
  - Sexuelle Nötigung
  - Exhibitionistische Handlungen (in 50% vor dem 18 Lebensjahr des Täters)

<u>Tätertypen:</u>

Es gibt vielfältige Forschungsbestrebungen dahingehend, Untergruppen von Tätern zu klassifizieren, da sich gerade die Gruppe der jugendlichen Sexualstraftäter als recht inhomogen darstellt. Zielführend ist dabei die Suche nach Operationalisierungen, die erleichtern bzw. verbessern sollen:
- die Risikoeinschätzung
- die Therapieplanung

Differenzierung nach persönlichkeitsstrukturellen Überlegungen:
1. relativ wenig auffällige Jugendliche, deren (selten gewalttätige) Tat als Ausdruck einer pubertären Entwicklungskrise verstanden werden kann. ->gute Prognose, v. a. bei normaler Intelligenz und konfliktarmen Familienverhältnissen

2. Jugendliche mit dissozialen Zügen („Conduct disorder" sensu DSM IV) und einer Geschichte von (nicht-sexuellen) Vordelikten
3. kontakt- und verhaltensgestörte Jugendliche mit neurotischer Fehlentwicklung

Differenzierung nach tatspezifischen Überlegungen:
1) Täter, die Kinder missbrauchen
2) Täter, die gegen Gleichaltrige oder ältere Menschen sexuell aggressiv werden
3) Täter, die keinen direkten physischen Kontakt zum Opfer haben
für jede der Untergruppen weitergehende Überlegung:
Welcher Entwicklungsweg zeichnet sich ab?
a) nach Erstdelikt keine weiteren Auffälligkeiten (***first offender***)
b) nach Erstdelikt oder dieses begleitend allgemeine delinquente Entwicklung (hier sind die meisten jugendlichen Vergewaltiger zu finden, ***Generalisten, ¾*** )
*nach Erstdelikt sexuell deviante Entwicklung (hierunter fallen die meisten jugendlichen Kindesmissbraucher,* **Spezialisten, ¼** *)*

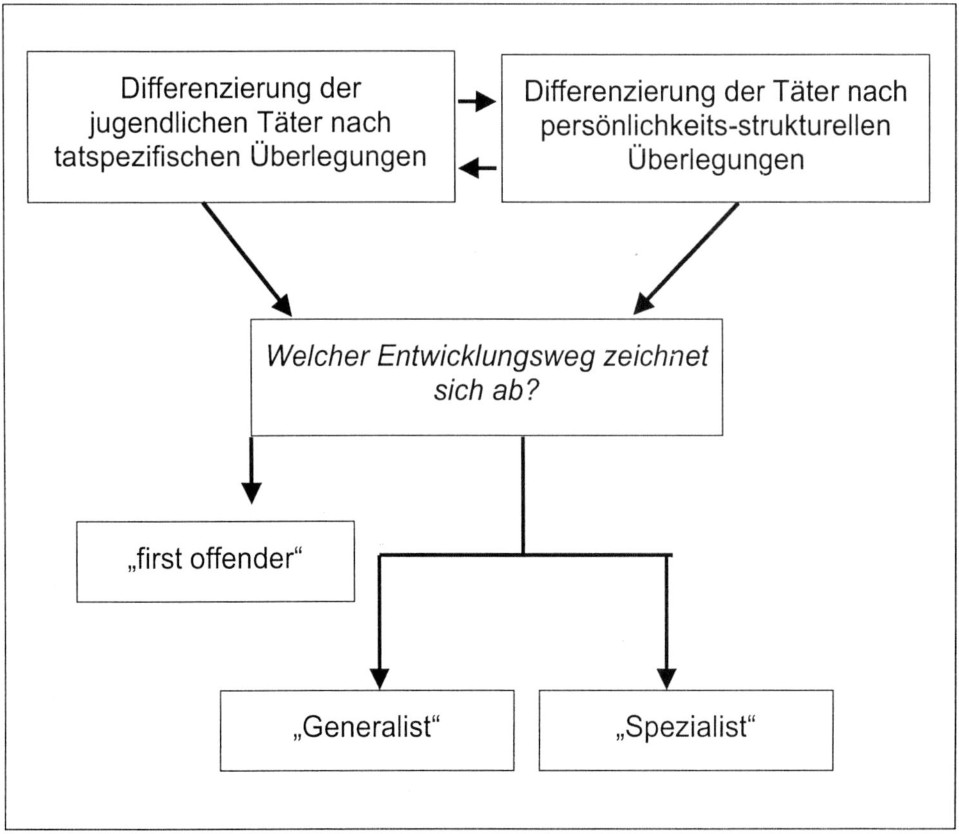

ad 2.:
Erlebnisreise
Um sich an die Erlebenswelt eines jugendlichen Täters etwas anzunähern, wird ein jugendlicher Täter vorgestellt, der entlang einer authentischen Person entworfen wurde, dabei aber einen Typus darstellen soll:
Der Junge – „Patrick" - ist 14 Jahre alt und lebt bei seiner Mutter, sein Vater lebt in derselben Stadt.
Wenn Patrick über seine Eltern spricht, könnte das so klingen:
„Meine Mutter, die hat nie Zeit für mich. Immer hat sie mit dem Geschäft zu tun oder ist arbeiten. Abends geht sie oft aus, und dann bin ich allein zu Hause. Wenn ich mal was bei den Hausaufgaben geholfen bekommen möchte, dann heißt es „später", aber später wird dann nichts draus. Die ist nämlich zu faul dazu. Und wenn ich dann meine Hausaufgaben nicht habe, gibt es wieder Druck. Überhaupt regt die sich wegen jedem Scheiß auf, schreit mich an und haut mich auch. Die rastet dann völlig aus. Da kann ich nur hoffen, dass es bald vorbei geht. Manchmal droht sie auch damit, dass ich ins Heim muss. Aber das würde sie nie machen, dazu hängt sie viel zu sehr an mir. Wenn sie mich so ungerecht anmault, dann werde ich so wütend, dass ich sie manchmal anbrülle. Dann ist sie ruhig, dann habe ich meine Ruhe. Aber gute Stimmung ist dann auch nicht. Manchmal treibt sie es einfach zu weit. Dann denke ich, das muss ich mir nicht bieten lassen, packe meinen Rucksack und gehe zu meinem Vater. Ich melde mich dann nicht, sie soll dann sehen, dass ich auch ohne sie kann. Aber dann vermisse ich sie schon. Ich finde, sie soll dann mal anrufen, aber sie meldet sich auch nicht. Dann ist erst mal Funkstille.
Mein Vater trinkt zuviel Bier. Das sollte man ihm verbieten. Dem ist alles egal, der kümmert sich um nix. Ich fände es gut, wenn er mal an meinem Geburtstag anrufen würde. Macht er aber nicht. Ich hätte gern eine Playstation von ihm oder einen Computer. Den hat er bei sich stehen, weil er will, dass ich bei ihm damit spiele. Oder er soll mal was unternehmen mit mir, zum Beispiel ins Phantasialand fahren. Macht er aber auch nicht. Und wenn ich dann bei ihm bin, dann will er ständig dies und das, und er meckert mich immer gleich so heftig an, wenn irgendwas schief läuft. Da könnte ich ausrasten. Nach ein paar Tagen geht mir das dann so auf die Nerven, dass ich mir denke: Das habe ich nicht nötig, das hör ich mir nicht an. Dann gehe ich wieder zur Mutter.
Da ist dann zuerst noch Funkstille. Aber morgens kuscheln wir immer zusammen im Bett noch eine Weile. Das ist schön. Da haben wir dann keinen Streit. Bis meine Mutter auf den Wecker guckt und sieht, wie spät es schon wieder ist. Dann bin ich wieder schuld und dann kriegen wir wieder Krach."
Bemerkungen dazu: Es gibt viel Streit, weil Patrick merkt, dass er nur funktionieren soll. Er wird nicht als Person ernst genommen und die Anforderungen, die an ihn gestellt werden, entspringen nicht einer Sorge um seine Entwicklung, sondern einem Bestreben, eine Störung und Belastung loszuwerden. Dagegen opponiert er, um sich selbst zu behaupten. Deshalb blockiert er bei allen Arten von Anforderungen. So bricht er jedoch immer wieder die Beziehungen, von

denen er eigentlich die gewünschte Zuwendung erwartet. Der Kampf wird von keiner Seite entschieden, so dass Patrick nicht lernt, sich Anforderungen unterzuordnen.
Beim täglichen Kuscheln sinken beide auf eine kindliche Stufe herab. Die Mutter ist müde vom Fordern, weil sie damit ja erfolglos ist. Sie hängt an ihrem Sohn, kriegt aber keinen Kontakt zu ihm, weil sie nur die Probleme sieht. Im Kuscheln bekommen beide die Nähe, die sie sich voneinander wünschen, sie ist jedoch nicht altersangemessen und erotisiert. Dadurch wird die eigentlich aus der Familie treibende Kraft der Sexualität, die sich in Patrick entwickelt, an die Mutter gebunden, und Nähe und Sexualität werden vermischt.
Auch der Vater handelt aus dem Bestreben, dass Patrick funktioniert. Der Alkohol hat einen Stellenwert in seinem Leben bekommen, der ein einfühlendes Eingehen auf den Sohn unmöglich macht. Hier sind Patricks Beziehungshoffnungen schon fast abgestorben, äußern sich mehr im Wunsch nach dinglicher Zuwendung. Patrick erlebt ihn nicht als richtigen Mann. Die Mutter kann ihn demütigen, der Vater kann sich nicht durchsetzen, er macht zwar starke Sprüche, aber keine langfristige Konsequenz. So hat Patrick auch kein gutes Vorbild fürs Mannsein.
„Ja, was die Schule angeht, da hab ich zuletzt geschlampt. Ich habe die Hausaufgaben nicht regelmäßig gemacht, hab sie immer wieder vergessen. Deswegen musste ich jetzt von der Realschule auf die Hauptschule. Die Lehrer sind auch doof. Die regen sich immer gleich auf, wenn mal ne Kleinigkeit nicht stimmt. Die sollen mich mal in Ruhe lassen. Ich mach das schon richtig."
Bemerkung dazu: Auch in der Schule gibt es Opposition gegen die Anforderungen, die ihn überfordern, weil er nicht strukturiert genug ist und weil er keinen Wert im Lernen sieht. Er möchte lieber spielen, statt sich damit auseinander zu setzen, wie er seine Zukunft gestalten möchte.
„Mädchen sind doof. Die sind komisch und zickig, ich mag die nicht. Einmal wollte eine was von mir, die hat mich auch geküsst, aber das war irgendwie nix."
Mädchen werden von Patrick noch vorpubertär eingeordnet. Er ist noch zu sehr mit sich als Junge beschäftigt, als dass er auf Mädchen zugehen könnte. Dennoch gibt es eine Sexualität. Er masturbiert, aber er schämt sich deswegen und er kann es nicht einordnen.
Wenn Patrick über die Tat spricht, kommt nicht viel: „Was ich da gemacht habe, finde ich ganz schlimm. Ich weiß nicht, warum ich es gemacht habe. Ich will das nie wieder tun." (Weint, schaut weg.)
Er hat zwei 7 und 9 Jahre alte Nachbarskinder, die mit ihm regelmäßig gespielt haben, anal penetriert. Er konnte sie dazu gewinnen, die Hosen herunterzuziehen und sein Eindringen zuzulassen, weil er eine gute Beziehung zu ihnen hatte und die Nachbarskinder emotional an ihm hingen. Sie sahen ihn als den Großen an, der schon weiß was richtig ist.
Typische Selbsteinschätzungen/Aussagen unserer Klienten:
Ich bin schon immer allein klargekommen.
Die mach´ ich eh´ alle platt.

Ich bin ein Arschloch, so ist das eben, muss ich mit klarkommen.
Meine Eltern interessieren sich sowieso nur für sich selbst.
Mein Vater kennt mich doch gar nicht.
Ich bin scheiße, und die ganze Welt ist scheiße.
Wie soll ich ´ne Freundin haben, da hab´ ich doch gar keine Zeit zu.
Vor meiner Mutter hätten Sie auch Angst.
Meine Mutter kriegt das allein nicht hin, da mach´ ich das eben.
Mit den Kleinen ist das schwierig, die würden meiner Mutter auf der Nase herumtanzen. Ich kümmere mich darum, dass es zu Hause läuft.
Ewig nur Genörgel.
Die wollen immer nur alles von mir wissen.
Das waren einfach Tussen.
Kinder interessieren sich für Sex.
Da darf man nicht viel fragen.
Die wollte doch mit mir gehen.
So mit 12 hab´ ich immer nur an Sex gedacht, da ging´s um Beziehungen, in denen Sex im Vordergrund stand. Das ist jetzt vorbei.
Die obigen Aussagen können den Themen **Selbstwert / Bindung / Informationsverarbeitung** zugeordnet werden. Auf diesen drei Gebieten lassen sich bei jugendlichen Sexual(straf)tätern typischerweise Defizite finden.

### 3.1 Vortrag Heiko Cochius

Nachdem wir uns mehr mit der Täterseite beschäftigt haben, soll es nun mehr um das Trauma gehen und die Verbindung der Traumatisierung zur Tat. Hier soll ein relativ enger Begriff von Trauma verwandt werden, der in etwas so beschrieben werden kann:
Ein Trauma ist ein Zusammenbruch der gesunden seelischen Organisation, aus dem sich die Seele nicht von selbst reorganisiert.
In dieser Begriffsbestimmung wird unterschieden zwischen der schädigenden Situation und dem seelischen Prozess, den sie auslöst. Wir nehmen hier nur den seelischen Prozess in den Blick, ohne damit leugnen zu wollen, dass sich auch physiologische Prozesse im Gehirn abspielen.
Was ist mit gesunder seelischer Organisation gemeint?
Der logische Kern jedes gesunden seelischen Erlebens ist: „Ich bin wert".
Um zu erläutern, was damit gemeint ist, rufe ich in Erinnerung, dass Menschen Menschenrechte zugestanden werden. In Deutschland ist die Todesstrafe abgeschafft, weil wir einem Menschen unabhängig von seinen Taten als Wert ansehen. Aber auch im Kontakt merkt man, was Wert bedeutet: Menschen sind als seelische Wesen so gebaut, dass sie Freude aneinander haben können. Das heißt nicht, dass man sich immer über jeden freut, aber es wäre doch grundsätzlich immer möglich. Bei Kindern kann man die Wertbezogenheit gut erleben: Wenn man sie anlächelt, strahlen sie leicht zurück. Sie fühlen sich als Wert gesehen, freuen sich darüber und antworten unwillkürlich darauf. Ebenso sind Verliebt in übersteigerter

Weise füreinander wach als Wert. Deshalb wollen sie immer zusammensein, denn Wert ist etwas sehr Anziehendes.
Wenn ich im gesunden Erleben bin und mich als Wert fühle, rechne ich mit Reaktionen meiner Mitmenschen, die auf mich als Wert eingehen. Ich rechne damit, dass ich begrüßt werde, dass man meinen Äußerungen Beachtung schenkt, dass meine Bedürfnisse Gewicht haben, auch wenn sie nicht immer erfüllbar sind, und dass ich im Prinzip eine Bereicherung für andere Menschen darstelle.
Wenn nun diese gesunde seelische Organisation zusammenbricht, dann entsteht innerhalb des gesunden Erlebens „Ich bin wert" eine Zelle von Erleben „Ich bin nichts wert". Mit diesem Satz ist wieder nur der logische Kern des Erlebens gemeint. Man kann ihn in verschiedenen Formen erleben, z. B. indem man sich schlecht fühlt, schmutzig, abstoßend, aufdringlich, unattraktiv usw.
Dieser Zusammenbruch entsteht immer durch einen Angriff von außen, mit dem vom Traumatisierer die Zuschreibung transportiert wird: „Du bist kein Wert".
Dazu ein Beispiel: Wenn Patricks Eltern die Angebote, die Patrick ihnen gemacht hat, mit ihnen in einen wertbezogenen Kontakt zu gehen, einen Kontakt, in dem es darum geht, dass man sich aneinander freut, wenn diese Angebote immer wieder übergangen worden sind, dann bedeutet das, dass die Eltern so handelten, als sei Patrick kein Wert, wenn er genussvollen, wertbezogenen Kontakt anbahnt. Wenn dann auf Patricks Versuche, die Aufmerksamkeit der Eltern auf ihn als Wert zu lenken mit noch offener aggressiven Reaktionen beantwortet wurden wie z. B. „Was Du schon wieder willst! Lass mich doch mal in Ruhe. Nun sei doch mal ruhig, was zappelst du denn da rum! Nun grins` nicht so frech.", dann ist irgendwann der Punkt erreicht, an dem Patrick sein eigenes Erleben „Ich bin wert" vergisst, und sich daran orientiert, was die Eltern über ihn sagen und was sie durch ihre Übermacht auch wirksam als Realität gestalten, nämlich dass er kein Wert ist, wenn er auf sie zugeht.
Patrick würde nicht traumatisiert werden, wenn er die Fähigkeit hätte, sich von seinen Eltern zu distanzieren und zu erleben, dass sie nur ein Teil der Realität sind, der auch falsch liegen kann. Er würde dann erkennen können, dass die Eltern ihn zwar sehr schlecht behandeln, dass das aber nicht sein Wertsein in Frage stellen kann, weil die Zuschreibung der Eltern aus deren Problemen entsteht. Aber als kleines Kind erlebt er seine Eltern wie die ganze Welt und ihre Inszenierung als unentrinnbar.
Wenn dann im Selbsterleben für einen Aspekt von mir feststeht „Ich bin kein Wert", dann ist das keine Annahme, die ich in Zweifel ziehen kann, sondern es ist die Grundlage, auf der ich lebe. Es ist eine unumstößliche Tatsache, dass ich von Natur aus so falsch gebaut bin, dass man in dieser Hinsicht nicht an mir freuen kann. Dieses Erleben bestimmt dann fortan das Handeln. Dies führt dann dazu, dass man die Traumatisierung immer wieder ausdrückt. Wenn Patrick sich nicht als Wert fühlt, wenn er Beziehung anbahnt, dann wird er seine Beziehungsanbahnung nicht auf Genuss und gegenseitige Freude ausrichten, sondern der wird Beziehungen anbahnen, in denen die anderen sich nicht als Wert berücksichtigt fühlen. Er wird auch nicht besonders viel über genussvolle Beziehungen lernen, weil es so etwas für ihn subjek-

tiv gar nicht gibt. Er wird auch nicht begreifen können, wenn ihm jemand eine Beziehung anbietet, in der er als Wert geachtet wird, weil er darauf von selbst nicht achtet. In seiner Sexualtat hat er meines Erachtens auch seine Traumatisierung ausgedrückt: Er hat eine Beziehung angebahnt, in der es eigentlich um Genuss geht, da Sexualität eigentlich auf Genuss zielt. Aber er bahnt die Beziehung so an, dass der Genussaspekt vollkommen unwichtig ist. Er spielt keine Rolle, und es wird ein ekliger Gewaltakt. Dabei ist es wichtig zu wissen, dass Patrick eigentlich keine homosexuelle Orientierung hat, so dass die Tat für ihn selbst ein verwirrendes Problem wird.

### 3.2 Vortrag Annika Holten-Wassong

Bedeutung eigener traumatischer Erfahrungen der jugendlichen Täter
Die meisten jugendlichen Sexualtäter haben selbst sexuellen, physischen und emotionalen Missbrauch und Vernachlässigung erlebt sowie häusliche Gewalt beobachtet und sind vor diesem Hintergrund als traumatisiert zu kennzeichnen.
Bedeutung früher Bindungserfahrungen
Die meisten jugendlichen Sexualtäter haben häufig auch sehr früh in ihrem Leben eine Störung im Bindungsverhalten erlebt, was vor allem aus der Erfahrung sexuellen, physischen und/oder emotionalen Missbrauchs, entweder als dessen Opfer selbst und/oder als dessen Zeuge, resultiert. Diese Bindungsstörung, die sich oftmals in einem profunden Gefühl der Zurückweisung ausdrückt, beeinflusst ihre Fähigkeit, Beziehungen zu knüpfen und zu erhalten, ebenso wie ihre Fähigkeit, anderen Menschen Empathie entgegenzubringen.
Die beschriebenen Erfahrungen, die sich in zahlreichen prospektiven wie retrospektiven Studien nachweisen ließen, wirken sich nachhaltig negativ auf die Bearbeitung zentraler Entwicklungsaufgaben durch die betroffenen Kinder und Jugendlichen aus, denen es an basalen Kompetenzen mangelt.
Werden sie nicht therapeutisch bearbeitet, kann von gravierenden negativen Auswirkungen für die gesamte Persönlichkeitsentwicklung ausgegangen werden.

- **Ausblicke**
  - <u>Retrospektiv:</u> Wiederholung, dass ein Großteil der erwachsenen Straftäter schon als Jugendliche auffällig geworden sind
  - <u>Prospektiv:</u> bei Erstdelikten schwierig zu diagnostizieren, ob es sich um den Beginn einer delinquenten Entwicklung handelt
  - ⇨aber man weiß um den hohen Anteil jugendlicher Wiederholungstäter
  - ⇨Maßnahmen für jugendliche Sexualstraftäter als wirksamste Opfer-Prävention!

### Traumatisierungsprozesse aus systemischer Sicht

Grundlage systemisch-konstruktivistisch:
Familien, in denen Gewalt/Vernachlässigung/sexueller Missbrauch geschehen, werden als **traumaorganisierte Systeme** verstanden.

Solche Systeme sind im Wesentlichen **Aktionssysteme** mit den unerlässlichen Akteuren Täter, der traumatisiert, Opfer, das traumatisiert wird, und fehlenden bzw. neutralisierten Beschützern.
Hilfreich, die Misshandlungen und die traumatischen Auswirkungen als **Elemente** des traumorganisierten Systems zu sehen und so die traumatisierenden Effekte mit der Idee eines organisierten Systems zu verbinden.
**Viktimisierung** kann viele Gesichter haben: terrorisieren, verachten, isolieren, korrumpieren, Verantwortung leugnen (seelische Grausamkeit und Vernachlässigung), schlagen, prügeln, boxen, verbrennen und ersticken (körperliche Misshandlung), sexuelle Zudringlichkeiten und Geschlechtsverkehr (sexueller Missbrauch), vergiften und krank machen (Münchhausen-Syndrom durch Stellvertreter).

## Traumatische Effekte

➔ Systemisch: Deutungszuschreibungen, interne Attributionen, **traumatogene Dynamiken der einzelnen Familienmitglieder** (stellen die Art und Weise dar, wie traumatische Erlebnisse verarbeitet werden und eine individuelle Realität konstruiert wird)

Aus konstruktivistischer Sicht bestimmen die Akteure das soziale Handlungssystem, indem sie aktiv die **Kommunikation** über ein bestimmtes Problem gestalten. Dabei erschafft die Kommunikation über Probleme ihrerseits ein problemorientiertes System. D. h., die Kommunikationsweise wird selbst zum Problem. Die äußerst traumatischen Ereignisse, Interaktionen und Reaktionen, die bei familialer Gewalt auftreten, organisieren die Wirklichkeit und die Wahrnehmungen aller Beteiligten. Das daraus resultierende Problemsystem gilt es zu lösen.
Die Frage ist nicht, ob das Individuum das System erschafft oder das System das Problem schafft. Ereignisse im Leben von Individuen erzeugen „Geschichten" oder „Stories", nach denen sie ihr Leben leben, Beziehungen aufbauen, Handlungen initiieren, auf Handlungen reagieren und Handlungen beibehalten und entwickeln. Traumtische Misshandlungen oder Missbrauch haben den außerordentlich starken Effekt, dass sich selbst perpetuierende „Geschichten" geschaffen werden, die wiederum „traumaorganisierte Systeme" schaffen, in denen „verletzende" Ereignisse wiedererlebt und verstärkt werden. (Kinder sind potentiell darauf aus zu verärgern, Zuwendung ist grundsätzlich der Versuch zu manipulieren, Auffälligkeiten geschehen aus Feindseligkeit)
Eine Schlüsselrolle bei der Beteiligung an Prozessen bei familialer Gewalt/Vernachlässigung/sex. Übergriffigkeit spielen die **Beziehungsmustern** zwischen Eltern und Kinder:
**Normativ**: Eltern können sich gut an eigene Traumata erinnern, haben verarbeitet, sind interessiert, einfühlsam, Kleinkinder fühlen sich sicher, Schulkinder sind beliebt und selbständig, sind offen für neue Informationen
**Unsicher**: ambivalent
**vermeidend**: Kontakt wird vermieden, Kinder zeigen minimale emotionale Reaktionen, die Welt wird, wie man es bei sich selbst auch erlebt, als Ding behandelt;

Eltern idealisieren ihre eigene Kindheit, leugnen oder erinnern nur schlecht negative Ereignisse
**nachvollziehend oder umkehrend**: aktiver in seiner Gestalt, Zorn, Zwang, Anklammern oder Zurückweisung durch die Eltern, Kinder verhalten sich ambivalent bei Trennung;
bei Mischform: sind manipulativ und aufsässig, schöpfen ihre Identität oft aus dem Nachvollziehen ihrer aggressiven Erfahrungen; bei permanenter Vernachlässigung: defensive Schutzhülle, teilweise Anklammern, Identifikation mit der Opferrolle; Eltern sind in Vergangenheit gefangen, reinszenieren alte Erfahrungen, Strafe erscheint gerechtfertigt
**desorganisiert**: Verwirrung, Verzweiflung, schwankender Zorn, Elend; eigene traumatische Erlebnisse noch stärker ausgelebt von den Eltern, typisch, dass Reaktionen auf traumatischen Stress oder Verlust dominieren, Kinder klammern sich an, oder wie betäubt und bedrückt

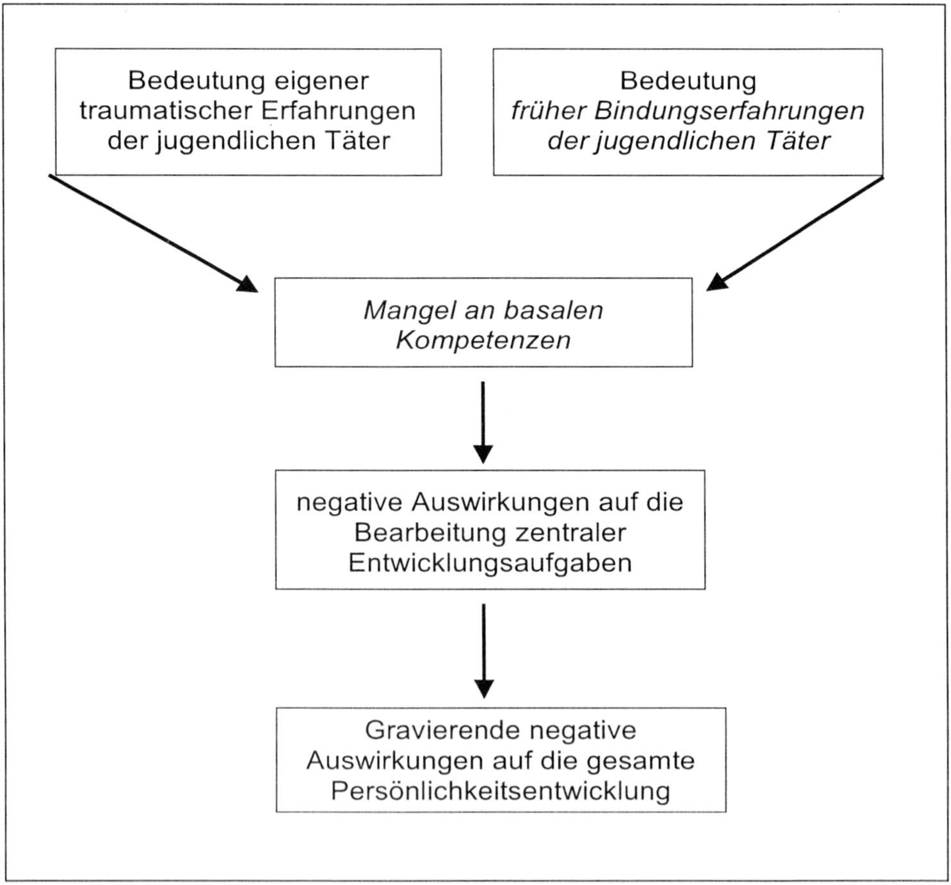

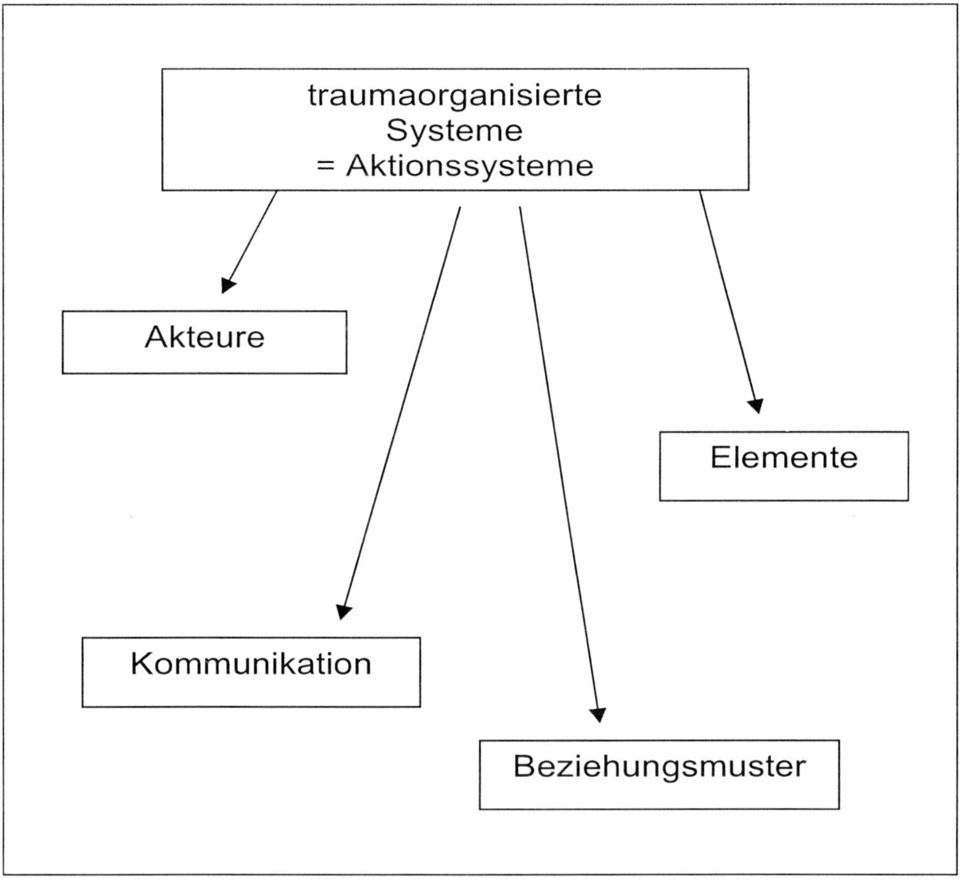
traumaorganisierte
Systeme
= Aktionssysteme
Akteure
Elemente
Kommunikation
Beziehungsmuster

# Traumatisierung von Flüchtlingskindern

Anni Kammerlander

Damit Sie sich ein Bild machen können was Flüchtlingskinder alles erlebt oder überlebt haben können, möchte ich ihnen kurz die Schicksale einiger Kinder vorstellen.

Mustafa (die Namen wurden alle geändert) ist der älteste von 3 Brüdern. Als 10-Jähriger musste er zuschauen, wie seine Mutter von Polizisten vergewaltigt wurde. Vater und Mutter flüchteten jeweils allein. Die Kinder mussten zurückbleiben. Verwandte kümmerten sich um sie. Mustafa musste für sich und seine Brüder Geld verdienen. Er putzte Schuhe auf der Strasse. Erst nach einem Jahr konnten die Eltern ihre Kinder holen. Ein Asylverfahren über 5 Jahre zermürbte die Familie.

Lees Vater wurde als oppositioneller Intellektueller verhaftet und verschwand. Ein Onkel schickte sie mit einem Schlepper nach Deutschland. Von diesem wurde sie vergewaltigt.

Nana wurde als 11 Jährige mit ihrem Bruder von einer Milizbande verschleppt. Sie wurde von den Männern vergewaltigt. Im Asylverfahren wurde ihr nicht geglaubt.

Maria überlebte mit 12 Jahren als einzige ihrer Familie die Massaker in Ruanda. Sie überlebte, weil sie unter den toten Familienmitgliedern versteckt lag.

Leon wurde mit 12 verschleppt und zu den Kindersoldaten gezwungen. Er musste Menschen erschießen.

Der 4-jährige Mohamed wurde von seinem Vater mitgenommen, als dieser vor der drohenden Verhaftung flüchten musste. Mutter und Schwestern mussten zurückbleiben. Das Kind hat die Trennung von der Mutter nicht verkraftet.

Als Ahmed, 15 Jahre alt, von der Schule nach Hause kam, fand er seine Familie niedergemetzelt im Haus. Ein Verwandter ließ ihn von einem Schlepper nach Deutschland bringen.

Der 4-jährige Fadil musste mit seiner Familie 4 Wochen im Keller versteckt leben. Dem Kind wurde der Mund zugeklebt, damit das Versteck durch Schreien nicht verraten wurde.

Der 5-jährige Azem musste zusehen wie seine Eltern von serbischen Soldaten geschlagen wurde. Anschließend hielten sie ihm eine Pistole an den Kopf und drohten ihn zu erschießen.

Die einjährige Larissa kam mit ihrer Mutter in Bosnien für Monate in ein Lager. Dort wurden die Frauen nachts von Serben vergewaltigt.

Daria konnte von ihren Eltern nicht mitgenommen werden, als diese die Heimat verließen. Die Großeltern ließen das Mädchen ohne Einverständnis der Eltern beschneiden.

Durch diese Schicksale einiger Flüchtlingskinder wird deutlich was Kinder alles durchmachen:
Sie sind Zeugen von Misshandlungen und Töten von Menschen.
Sie erleben Verfolgung, Krieg und einhergehend Hunger, Kälte, Not.
Sie werden selber misshandelt, bis hin zu Folter und werden mit dem Tod bedroht.
Sie leben versteckt vor den Verfolgern in Kellern, im Wald, oft über Wochen.
Sie sind über lange Zeit auf der Flucht, zu Fuß, zusammengepfercht in Lastwagen, auf Schiffen, die nicht sicher sind.
Sie werden gezwungen, andere Menschen zu misshandeln oder zu töten.
Es wird ihnen sexuelle Gewalt angetan, Mädchen wie Jungen.
Mädchen werden als Zwangsprostituierte von Banden und Milizen gehalten.
In manchen Ländern kennen Kinder als normalen Alltag nur Krieg. Z. B. in Angola oder Afghanistan, dort herrscht seit mehr als 20 Jahren Krieg.
Kinder werden im Krieg oder nach Kriegsschluss von Minen verstümmelt, wie in Kambodscha, Afghanistan, Angola.
Kindern werden Arme oder Füße abgehackt, wenn sie zu missliebigen Familien oder Ethnien gehören, wie es in Liberia passiert.
In den Zeiten von Verfolgung und Krieg gibt es kaum ärztliche Hilfe bei Krankheiten. Schulen funktionieren nicht mehr.
Kinder leben mit Angehörigen zusammen, die gefoltert wurden oder lange in Haft waren, die in ihrer Persönlichkeit zerstört sind.
Die Kinder erleben ihre Eltern, die sie nicht schützen können und selber Angst haben, als hilflos.
Kommen Kinder mit ihren Eltern oder einem Elternteil als Flüchtlinge nach Deutschland, muss die Familie Asyl beantragen. Eine Duldung gab es bei den Flüchtlingen aus Bosnien und den Vertriebenen aus dem Kosova. Beide Gruppen bekamen eine vorübergehende Duldung als Bürgerkriegsflüchtlinge. Beim Asylantrag müssen die Erwachsenen ihre Flucht- und Verfolgungsgründe darlegen. In wenigen Fällen gibt es nach der ersten Anhörung die Anerkennung als politisch Verfolgte. Während des Asylverfahrens müssen die Flüchtlinge in Gemeinschaftsunterkünften wohnen. D. h. Leben auf engstem Raum, 4 Personen auf 12-16 qm ist in einem Container üblich. Die hygienischen Einrichtungen, wie Toilette und Dusche, entsprechen nicht den allgemeinen Anforderungen. Die Kochplatten in den Gemeinschaftsküchen, die Waschmaschinen reichen häufig nicht aus, gehen schnell kaputt. Wenigstens einige städtische Unterkünfte sind inzwischen abgeschlossene Appartements mit eigenen Sanitäreinrichtungen, also entsprechen fast normalen Wohnverhältnissen oder sind ihnen ähnlich.
In Container-Unterkünften wohnen oft 150-200 Personen auf engstem Raum. Dies sind dann unterschiedliche Nationen, Ethnien, Sprachen, Religionen, Normen, Gewohnheiten, Umgangsformen, hoher Lärmpegel, keine Intimsphäre. Die anderen Zimmerbewohner oder Nachbarn hören, sehen und riechen vieles oder alles mit. Das Asylbewerberleistungsgesetz wurde vor einigen Jahren eingeführt. Damit soll gewährleistet sein, dass Flüchtlinge sich nicht in ein gutes soziales Netz

fallen lassen können. Es soll der Abschreckung dienen und stellt vor allem sicher, dass Flüchtlinge unter unserem Existenzminimum leben. Die erhoffte abschreckende Wirkung blieb wohl eher aus. Denn wer flüchtet, um zu überleben, fragt nicht, wie viel Unterstützung werde ich monatlich haben. Das Gesetz schreibt Sachleistung vor. Das heißt Essenspakete 2 x die Woche, Hygienepakete, Taschengeld, 40 € für Erwachsene, 20 € für Kinder, Kleidung als Sachleistung. Die Essenspakete nehmen noch das letzte bisschen Selbstbestimmungsmöglichkeit weg. Ärztliche Behandlung ist eigentlich nur in akuten oder lebensbedrohlichen Fällen vorgesehen. Da kann es dann schon vorkommen, dass eine Operation nach Folterschäden wie einem zerschlagenen Knie verweigert wird, da dies ja abgeheilt ist, oder einem Schulkind die Brille verweigert wird.

Es kommen auch Kinder oder Jugendliche alleine als sogenannte unbegleitete minderjährige Flüchtlinge. Auch da gibt es unterschiedliche Hintergründe.

Sie haben ihre Eltern oder einen Elternteil durch Verfolgung verloren. Manchmal sind sie dann als Angehörige auch selbst noch bedroht. Sie wurden von Verwandten oder Bekannten außer Landes geschickt, oft schon mit einem konkreten Ziel, fast immer mit Schlepper.

Sie wurden von ihrer Familie geschickt. Dahinter steckt, dass in vielen Ländern entweder die Situation durch Krieg und Verfolgung ständige Gefahr bedeutet und wenigstens die Kinder oder ein Kind überleben soll.

In manchen Ländern, z. B. Äthiopien ist die wirtschaftliche Situation nach jahrelangen Kriegen so desolat, dass die Aussichten auf Ausbildung und Job minimalst sind. Die Familie hofft, dass ein Kind in Europa eine bessere Zukunft haben wird. In manchen Fällen sollen die Kinder auch die Familie zuhause finanziell unterstützen. Da inzwischen aber auch bekannt ist, das dies keine Garantie für einen Aufenthalt ist, müssen die Jugendlichen eine Geschichte erzählen, die ihnen nach ihren Vorstellungen ermöglicht hier zu bleiben. Vom Alter hängt es dann ab, wie es hier weitergeht. Kinder kommen auf alle Fälle in ein Heim. Jugendliche unter 16 kommen meist zuerst in die Clearing-Stelle. Dort wird abgecheckt, was für den Jugendlichen notwendig ist, hinsichtlich der körperlichen und psychischen Verfassung und Bedürftigkeit, Schulmöglichkeiten etc. Zusammen mit der Jugendhilfe wird ein passender Heimplatz gesucht. Es wird auch ein Vormund bestellt. Der ist v. a. auch für die Asylantragstellung zuständig. Denn auch Kinder und Jugendliche müssen das Asylverfahren durchlaufen. Da, wie schon gesagt, v. a. Verfolgung aus politischen Gründen zu einer Anerkennung führt, haben Kinder und Jugendliche damit schlechte Karten. Sie verstehen auch die ganze Antragsprozedur nicht. Es könnte jedenfalls der Aufenthalt bis zum 18. Lebensjahr möglich sein. Jugendliche über 16 bekommen keinen Vormund mehr, sind auf sich allein gestellt. Sie werden in die normalen Flüchtlingsunterkünfte eingewiesen und müssen dort zurechtkommen. Wenn sie Glück haben, ist dort ein guter Sozialdienst, der sich um sie kümmern kann. Ab 14 oder 15 Jahren, ob mit oder ohne Eltern, ist der Schulbesuch schwierig, wenn keine Deutschkenntnisse vorhanden sind. Auswege sind z. B. Sonderprogramme bei der Volkshochschule. Eine Ausbildung können nur wenige machen.

Was minderjährige Flüchtlinge belastet:
Kinder übernehmen viel Verantwortung im Exil, da sie meist als erste deutsch lernen und durch die Schule schon etwas mehr Orientierung haben. Sie müssen in vielen Fällen für ihre Eltern bei Behörden, Ärzten etc. dolmetschen. Kinder, deren Eltern es psychisch schlecht geht, versuchen die Eltern aufzumuntern, besondere Fürsorge zu übernehmen, passen auf, dass sich Eltern nichts antun. Kinder, die überlebt haben: Sie haben die Familie und die vertraute Umgebung verloren. Sie haben Schuldgefühle überlebt zu haben oder weil sie in Sicherheit sind. Kinder, die von der Familie geschickt wurden: Ihre Familie oder ein Teil davon lebt noch. Aber tatsächlich haben sie ebenfalls die Familie und ihre vertraute Umgebung verloren. Oft wurde über sie entschieden. Die Familie hat viel Geld bezahlt, damit sie nach Europa konnten. Das gibt Schuldgefühle und belastet. Denn es wird erwartet, dass sie es schaffen zu bleiben, eine Ausbildung zu machen, Geld zu verdienen, erfolgreich zu sein.
Sie müssen neben ihrer Trauer über Verluste, neben Schuldgefühlen in einer neuen Kultur zurechtkommen. Sie kennen weder die Sprache noch die Umgangsformen, die Normen, die kulturellen Werte. Manche kommen aus sehr patriarchalischen Gesellschaften, in denen Hierarchie klar geregelt war, ebenso der Umgang zwischen den Geschlechtern. Hier sind sie plötzlich in eine Welt katapultiert, die die bisherigen Werte total auf den Kopf stellt.
Sie verstehen das Asylverfahren nicht. Auch das Aufnahmeprocedere mit vielen verschiedenen Stellen macht unsicher und ist nicht immer durchschaubar. In kurzer Zeit lernen Jugendliche Clearing-Stelle, Jugendamt, Vormund, Bundesamt für die Anerkennung, Heim kennen. Evtl. werden sie auch noch zur Therapie geschickt weil eine Traumatisierung offensichtlich ist oder vermutet wird. Jede Stelle möchte gerne möglichst viel wissen. In der Herkunftskultur haben sie nicht gelernt darüber zu reden wenn es ihnen schlecht geht, schon gar nicht über Gefühle. Man hat auch nicht darüber gesprochen wenn es einem schlecht ging, denn dies wäre unhöflich gewesen.
Kinder oder Jugendliche, die nur Krieg und Gewalt kannten in ihrem Leben, sind wohl sehr vorsichtig, misstrauisch. Das war vorher überlebensnotwendig. Nun wird anderes von ihnen erwartet. Viele brauchen lange, sich auf das Leben in Gruppen, auf Schule oder Kurse einzulassen. Manche haben auch von ihren Familien oder Schleppern Märchen erzählt bekommen, was in Deutschland alles möglich ist. Ihre Erwartungen sind sehr hoch was Ausbildung oder Lebensstandard betrifft. Auch das Eintauchen in unsere Konsumwelt ist nicht einfach. Dies kann zu hohen Erwartungen führen, zu Frustration, zum Klauen.
Inzwischen werden Kinderflüchtlinge auch zu kriminellen Zwecken missbraucht. D. h. Kinder oder Jugendliche werden nach Deutschland gebracht, um im Drogengeschäft eingesetzt zu werden oder als Diebe.
Gewalt in Familien
Viele Flüchtlinge kommen aus Ländern, in denen patriarchalische Strukturen maßgebend sind. Hier kann auch dazu gehören, dass der Vater das Recht hat, in be-

stimmten Fällen Frau und Kind zu züchtigen. Offenkundig wird dies oft, wenn Frauen, die hier durch Kontakte mit sozialen Diensten oder einheimischen Frauen sich nicht mehr damit abfinden und Hilfe suchen und sich trennen wollen. Oder Pubertäre wollen aus den Familien raus und in Heime.
Hier wird ganz deutlich, dass Flüchtlings- oder Migrantenfamilien noch sehr abgeschottet leben, sich kaum mit Normen und Werten hier auseinandersetzen. Dies ist ein Versäumnis von beiden Seiten, unseres und das der Flüchtlinge. Am ehesten schaffen es Kinder und Jugendliche, sich in zwei verschiedenen Kulturen zu bewegen. Draußen sind sie eher deutsch, zuhause können sie schnell umschalten. Große Probleme gibt es, wenn sie größer werden und die gleichen Rechte wie deutsche Kinder beanspruchen: bestimmte Kleidung, abends wegbleiben, viel Kontakt zu Freunden.
In den Familien, die lange Zeit gewaltsamen Verhältnissen ausgesetzt waren, selbst Gewalt erlebt haben, steigt nach den Kriegs- und Verfolgungszeiten die Gewalt innerhalb der Familie. Die Erwachsenen haben sich nach Gewalterfahrungen in ihren Persönlichkeiten verändert, können mit ihren Emotionen und Aggressionen nicht mehr angemessen umgehen. Das Leben im Exil schafft fast nur Frustration und Versagenserlebnisse Verlust der alten Rolle, Verlust von Ansehen, Vermögen, Arbeit, Anerkennung - keine Ruhe, kein Geld, Angst vor der Abschiebung, keine Arbeit, Misstrauen und Ablehnung in der Gesellschaft. Die häusliche Gewalt steigt. Folgen der Traumatisierung sind auch Vermeidungsverhalten, Abspaltung, zersplitterte Erinnerungen, Sprachlosigkeit.
Zur Traumatisierung und den Folgen
Hans Keilson, der als Jude 1931 noch rechtzeitig aus Deutschland fliehen konnte, wurde Psychiater in den Niederlanden. Er hat nach dem Krieg jüdische Waisenkinder betreut, die den Holocaust überlebt haben. Es waren Kinder, die in den Niederlanden versteckt wurden oder die im KZ waren. Er hat eine Studie verfasst und den Begriff der sequentiellen Traumatisierung geprägt. D. h. dass die Traumatisierung in verschiedenen Phasen verläuft.
Die erste traumatische Sequenz war die Zeit, in der die Niederlande von den Deutschen besetzt wurde und der Terror gegen die jüdische Minderheit begann. Die zweite traumatische Sequenz war die Zeit der direkten Verfolgung, des Versteckens in verschiedenen Familien, des Aufenthalts im KZ. Die dritte traumatische Sequenz war die Zeit nach dem Krieg.
Hans Keilson hat in seinen Untersuchungen festgestellt, dass für den weiteren Verlauf des Lebens die dritte Phase ausschlaggebend war. Haben die Kinder nach der Verfolgung Familien gefunden, in denen sie Liebe, Schutz und Wärme fanden, in denen eine gesunde Entwicklung möglich war, konnten sie das Trauma besser bewältigen. War diese Zeit danach jedoch erneut mit Unsicherheit, Verlusten, Ablehnung und Stress verbunden, dann setzte sich die Traumatisierung fort und wurde chronisch. Dann hatten die vorhergehenden seelischen Verwundungen erhebliche Auswirkungen auf die weitere Entwicklung. Für die Flüchtlingskinder, die in Deutschland leben, beginnt damit die 3. traumatische Sequenz mit ihrer Ankunft

hier in Deutschland. Wie hier die Lebensbedingungen sind, entscheidet damit über ihre weitere Zukunft, über eine gesunde oder schwierige Entwicklung.
Die Auswirkungen einer Traumatisierung bei Kindern ist abhängig von der jeweiligen Entwicklungsstufe. Kernerlebnis der Traumatisierung ist die Angst. Ein dreijähriges Kind, das Ängste noch nicht verbalisieren kann, hat einen anderen Stand als ein Pubertärer, der dies auch benennen kann.
Was Kinder brauchen, um wieder normal leben zu können
Die Grundbedürfnisse wie Essen, Trinken, Wohnen, Gesundheit müssen erfüllt sein. Sie brauchen Schutz, Zuwendung, Sicherheit, Verständnis, Ruhe. Spielen, Toben, Lernen, Rückzug muss möglich sein. Eltern, die wieder Eltern sein können sind sehr wichtig. Ein normales Leben als Kind ist das Ziel.
Um die Lage der Flüchtlingskinder zu verbessern, sind viele Maßnahmen notwendig:
Bei der rechtlichen Situation:
Kinder sollten nicht ins Asylverfahren,
Anerkennung von nichtstaatlicher und geschlechtsspezifischer Verfolgung als Asylgrund, Traumatisierung als Aufenthaltsgrund,
Familienzusammenführung und Kindernachzug muss möglich sein,
Härtefallregelung,
Änderung des Asylbewerberleistungsgesetzes,
Arbeitserlaubnis.
Bei der sozialen Situation geht es um eine grundlegende Verbesserung der Lebensbedingungen:
Die Wohnsituation in den Unterkünften ist sowohl eine Gefährdung für die körperliche als auch für die psychische Gesundheit. Gemeinschaftsunterkünfte sollten also abgeschafft werden:
Sozialhilfe muss gewährt werden, ebenso uneingeschränkte normale medizinische Versorgung und schnelle Hilfe bei Traumatisierung
Möglichkeit zur therapeutischen Unterstützung
Arbeit und Ausbildung
Deutschkurse
Unterstützung ist auch nach dem Erhalt eines sicheren Aufenthalts noch notwendig: Integrationshilfe, Wohnung, Ausbildung.
Dolmetscherdienste in Behörden und Institutionen müssen vorhanden sein.
Besondere Vorbereitung und Unterstützung von Bezugspersonen und Einrichtungen die mit Flüchtlingen arbeiten ist notwendig.
Wer mit Kinderflüchtlingen zu tun hat sollte verschiedenes beachten:
Was haben sie hinter sich, was ist der aktuelle Bedarf an sozialer, ärztlicher oder therapeutischer Hilfe, ihre Herkunft aus einer fremden Kultur.
Heime, Schulen, Sozialdienste sollten sich einstellen auf Kinder und Jugendliche,
die harte Erfahrungen und Verluste hinter sich haben,
die andere kulturelle Normen und Werte haben,
die erst wieder Vertrauen aufbauen müssen nach schlechten Erfahrungen.

Welche Haltung und Einstellung habe ich als Bezugsperson?
Sollen sie sich anpassen an unsere Bedingungen und Einstellungen, kann ich mir Zeit lassen und mehr über ihre Situation herausfinden? Überfordere ich sie mit Ausfragen?
Sehe ich nur Opfer vor mir und bin ich aus Mitleid überprotektiv?
In den Schulen und Kindergärten gibt es kaum Kontakt zu den Eltern. Die Sprache ist einer der Gründe. Eltern sehen sich auch als unerwünscht: "die Lehrer wollen mich nur sprechen, wenn es etwas Schlechtes zu sagen gibt."
Gegenseitige Annahmen und Vermutungen, die nicht überprüft werden, machen sich breit, schaffen Misstrauen.
Stärken der Kinder
Bis jetzt haben wir eigentlich nur von Defiziten gesprochen. Wichtig ist zu sehen. Diese Kinder haben viel durchgemacht und sie haben es überstanden und überlebt. Sie haben Stärken, Fähigkeiten, Ressourcen. Die müssen wieder zum Tragen kommen. Und dazu brauchen die Kinder auch Unterstützung.
In der Präambel der Erklärung der Rechte des Kindes vom 20. Nov.1959 steht: Die Menschheit schuldet dem Kind das Beste, das sie zu geben hat. Dies sollte auch bei uns Leitlinie im Umgang mit allen Kindern sein.

# Umgang mit traumatisierten Kindern in stationären Einrichtungen

Klaus ter Horst
Monika Biener

Die Einrichtung: Eylarduswerk Bad Bentheim

Das Eylarduswerk ist eine diakonische Einrichtung für Kinder-, Jugend- und Familienhilfe mit differenzierten Arbeitsbereichen in verschiedenen Städten in Niedersachsen und Nordrhein-Westfalen. Erziehungshilfen werden zur Zeit in Meppen, Lingen, Nordhorn, Wietmarschen, Schüttorf, Bad Bentheim, Gildehaus, Gronau und Ahaus angeboten. Insgesamt werden über 250 Kinder, Jugendliche und junge Erwachsene betreut, beschult und behandelt.
Mit Hilfe von pädagogischen und therapeutischen Fachkräften unterstützen und fördern wir die Kinder und Jugendlichen bei der Aufarbeitung von Entwicklungsstörungen, Verhaltensproblemen und Schulschwierigkeiten. Im Rahmen der stationären Unterbringung haben wir es auch immer wieder mit schwer traumatisierten Kindern und Jugendlichen zu tun. Bei den Traumatisierungen handelt es sich meist um Gewalterfahrungen in der Familie und/oder sexuellen Missbrauch in Kombination mit Vernachlässigung.
In dem Vortrag zeigen wir anhand von Beispielen aus dem Film „Der Pferdeflüsterer“, welche Auswirkungen eine Traumatisierung auf die betroffenen Kinder und Jugendlichen und auf ihr soziales Umfeld hat. Mit Hilfe von Filmausschnitten verdeutlichen wir Ansätze zu einer Traumatherapie wie sie auch in stationärer Unterbringung möglich sind. Besonders hervorheben möchten wir die Chancen und Risiken, die mit einer Unterbringung von traumatisierten Kindern in der Jugendhilfe verbunden sind.

## Was ist ein Trauma?

Der Film „Der Pferdeflüsterer“ beginnt mit einem schweren Verkehrsunfall. Zwei Freundinnen sind an einem schönen Wintermorgen mit ihren Pferden zu einem Ausritt aufgebrochen. Unterwegs geraten sie in eine schwierige Situation, als die Pferde an einem Abhang ins Rutschen kommen. Sie schliddern auf die Straße zurück und stoßen dort mit einem LKW zusammen. Ein Mädchen stirbt bei dem Unfall, das zweite verliert ein Bein und bleibt schwerverletzt zurück. Auch ihr Pferd flüchtet schwer verletzt von dem Unfallort. Mit dieser Situation sind wesentliche Anteile einer traumatischen Situation erfüllt.
Psychische Traumatisierung lässt sich nach Fischer definieren als „vitales Diskrepanzerlebnis zwischen bedrohlichen Situationsfaktoren und den individuellen Be-

wältigungsmöglichkeiten, das mit Gefühlen von Hilflosigkeit und schutzloser Preisgabe einhergeht und so eine dauerhafte Erschütterung von Selbst- und Weltverständnis bewirkt." (Fischer, G. & Riedesser, P. 1999)
Im Film sind zwei Lebewesen traumatisiert: das Pferd und seine Reiterin. Im weiteren Verlauf des Filmes versucht der „Pferdeflüsterer" ähnlich wie ein Therapeut beiden zu helfen. Der Film zeigt viele sehr beeindruckende Elemente, die helfen, die Situation von traumatisierten Menschen zu verstehen. Wir können an dieser Stelle nur empfehlen, sich den gesamten Film einmal in Ruhe anzuschauen.
Im Gegensatz zu dem Filmgeschehen liegt bei Kindern in der Jugendhilfe ein besonders schweres Trauma vor. Es handelt sich in der Regel nicht um ein singuläres Ereignis wie einen Verkehrsunfall, sondern die traumatischen Erlebnisse dieser Kinder haben in den meisten Fällen schon sehr früh im Leben begonnen und über einen längeren Zeitraum angedauert. Die Verursacher des Traumas sind darüber hinaus oft die primären Bezugspersonen des Kindes. Durch diese Konstellation wird das Selbst- und Weltverständnis des Kindes sowie jedes Vertrauen in Bindung und Beziehung zusätzlich schwer belastet.

**Folgen des Traumas**

Der Zugang von Helfern zu dem traumatisierten Opfer ist oft schwierig. Gut gemeinte Interventionen werden als bedrohlich erlebt und lösen erneut Angst aus. Oft erfolgt eine heftige aggressive Abwehrreaktion auf das Hilfsangebot. Ein Eingreifen ist aber oft notwendig, weil sich das Traumaopfer in seiner Not selbst gefährdet. Im Film äußert das verletzte Mädchen Suizidgedanken, verschließt sich aber gleichzeitig gegen alle Versuche ihrer Mutter, mit ihr wieder ins Gespräch zu kommen. Mit ihren abweisenden Worten und verbalen Angriffen verletzt und kränkt sie die Mutter. Diese Situation ist uns aus dem Umgang mit traumatisierten Kindern in den Wohngruppen sehr vertraut.
Wichtig für Helfer in der Jugendhilfe ist es, zu verstehen, das die heftige Reaktion sich nicht auf die momentane Situation bezieht, sondern aus der Angst und der erlebten Bedrohung der traumatischen Situation entsteht. Oft ist ein „langer Atem" notwendig, bis Hilfe überhaupt angenommen und verstanden werden kann. Entsprechend sind im Umfeld eines Traumaopfers viele Missverständnisse, vergebliche Hilfeversuche und gestörte Sozialbeziehungen zu finden, die es wieder aufzubauen gilt. Viele Eltern sind bei der Übergabe ihres schwierigen Kindes in ein Heim verzweifelt und frustriert, vielleicht sogar zornig und wütend aufgrund zahlreicher misslungener Hilfeversuche.
Unverständlich für die Umgebung eines Traumaopfers ist auch oft dessen plötzliche und heftige Reaktion, wenn es durch Kleinigkeiten erneut an das Trauma erinnert wird. Alltägliche Dinge (im Film ist es ein Telefonklingeln) „triggern" die Erinnerung an die traumatischen Erlebnisse und lösen ein völliges Ausrasten aus, das Außenstehende nicht nachvollziehen können.
Manchmal gibt es Selbstheilungsversuche der Betroffenen, die mehr oder weniger gelingen. So versuchen z.B. sexuell missbrauchte Mädchen oft, in erneuten

Sexualkontakten ihre negativen Erfahrungen aufzulösen. Dazu suchen sie sich jedoch oft Partner, die dem Missbraucher und seinem Verhalten ähnlich sind. Immer wieder wird von Jugendlichen auch versucht, die innere Not mit Alkohol und Drogen zu betäuben und somit erträglich zu machen. Auch damit muss im Rahmen von Jugendhilfe umgegangen werden.
Eine schwerwiegende Langzeitfolge sehen wir in dem nachhaltigen Verlust von Selbstbewusstsein und Selbstwertgefühl nach einem Trauma. Das traumatisierte Kind fühlt sich ohnmächtig und hilflos und glaubt nicht mehr an seine Fähigkeit, das Leben positiv und sinnvoll gestalten zu können.
Zusätzlich zu einer Traumatherapie müssen daher im Kontext von Jugendhilfe intensive Hilfen zur Selbstwertsteigerung stehen, die durch ergänzende Maßnahmen wie Werktherapie, Reittherapie, Schulische Sonderförderung, soziales Lernen u. ä. geleistet werden können.

**Die Traumabearbeitung**

Vor der eigentlichen Arbeit an dem Trauma steht in unserem Kontext neben der Arbeit an dem Selbstwertgefühl des Kindes die Herstellung von vertrauensvollen Beziehungen. Der Wechsel in den neuen Kontext der Jugendhilfe mit anderen Spielregeln ist dabei oft hilfreich. Schon diese ersten Schritte erfordern in der Arbeit mit vernachlässigten und misshandelten Kindern viel Geduld und Zeit. Im Gegensatz zu Kliniken oder ambulanten Therapien kann man in der Jugendhilfe gerade bei den schwer traumatisierten und sehr auffälligen Kindern davon ausgehen, dass man tatsächlich relativ viel Zeit zur Verfügung haben wird, da in den meisten Fällen eine Rückführung in die Familie nicht angestrebt wird.
Durch die Übernahme in ein neues Lebensumfeld können oft die Kontakte zu den Tätern und damit zu den Verursachern des Traumas unterbrochen und so der Schutz der Kinder gewährleistet werden. Andererseits besteht im Rahmen von Jugendhilfe ein erhöhtes Risiko, dass potentielle Täter und Opfer aufeinander treffen. Eine erneute Traumatisierung durch Gewalt, Bedrohung oder sexuelle Übergriffe durch andere Jugendliche kann nicht vollständig ausgeschlossen werden.
Bevor traumatisierte Kinder sich darauf einlassen, einen Therapeuten ihr Trauma im vollen Umfang überhaupt sehen und erkennen zu lassen, testen sie immer wieder, ob die Vertrauensperson das überhaupt aushalten wird. Sie zeigen sich dabei oft von ihrer schlechtesten Seite und strapazieren die Nerven aller Beteiligten. Die Chance der Jugendhilfe liegt darin, dass zwischen Erziehern und Therapeuten Arbeiten aufgeteilt werden können und durch mehrere Bezugspersonen auch die Nähe und Distanz in Beziehungen immer wieder variiert werden können. Eine Begleitung und Beratung aller, die mit dem Kind leben und arbeiten ist notwendig, um Prozesse der Gegenübertragung aufzufangen und immer wieder auch für die Psychohygiene der Helfer zu sorgen.
Traumatherapeuten sollten von Anfang an darauf eingestellt sein, dass ihnen selbst die Traumatherapie auch nahe gehen, vielleicht sogar schmerzhaft nahe gehen wird. Starke eigene Gefühlsreaktionen und Gegenübertragungen gehören zum

Prozess dazu. Eine Supervision auch für den Therapeuten ist daher unabdinglich.
Zu Beginn einer Traumatherapie steht das Arbeitsbündnis zwischen Kind und Therapeut. Die Struktur des Prozesses muss der Therapeut halten. Er benennt, was im Rahmen einer Traumabearbeitung zu tun ist. Das Kind entscheidet, wann und wie es die Schritte gehen will. Damit bleibt die Verantwortung über den Prozessverlauf bei dem Kind selbst.
Im Rahmen der Traumatherapie ist es wichtig, die Gefühle, Wahrnehmungen und Gedanken wieder den einzelnen Ereignissen im traumatischen Geschehen zuzuordnen, so weit das möglich ist. Einzelne Teile des Geschehens müssen manchmal vom Therapeuten ergänzt und erklärt werden, so dass ein Kind wenigstens im Nachhinein verstehen kann, was ihm vor langer Zeit bereits passiert ist. Häufig muss im Rahmen der Therapie auch über Schuldgefühle gesprochen werden. Kinder denken oft, dass sie auf die eine oder andere Weise schuld sind an dem, was passiert ist. Wenn es keinen rationalen Beweis für die Schuld gibt, spielt oft kindlich-magisches Denken eine Rolle.
Gerade im Rahmen von Jugendhilfe erreicht man mit mehrfach traumatisierten Kindern und Jugendlichen so gut wie nie den Punkt, an dem alles wieder in Ordnung ist und alle Probleme gelöst sind. Für uns ist es ein gutes Kriterium die Arbeit zu beenden, wenn die Kinder und Jugendlichen sich wieder in der Lage fühlen, ihre Probleme selbst in die Hand zu nehmen und Lösungen zu finden.
Eine wichtige Frage, die es in der Jugendhilfe zu beachten gilt, ist die Frage nach der Einbeziehung von Eltern oder Erziehern in die Therapie. Für die konkrete Traumabearbeitung ist es hilfreich, einen Einzelkontakt mit dem Kind zu haben, der ein vertrauensvolles Gespräch ermöglicht. Erzieher und Erzieherinnen in den Wohngruppen müssen aber über den Prozess informiert sein, um die belastenden Folgen der Traumatisierung verstehen und aushalten und die anstrengende Bearbeitung des Traumas in der Therapie mittragen zu können.
Die Eltern (sofern sie nicht selbst die Misshandler und Verursacher der Traumatisierung sind) müssen ebenso in den Prozess wieder miteinbezogen werden, sobald sie ihre normale Eltern-Rolle in Bezug zu dem Kind wieder einnehmen können. Es ist gegen Ende der Therapie auch häufig der Wunsch der Kinder, dass die Eltern über das, was stattgefunden hat, informiert werden. Die Gestaltung dieser Information kann von der mündlichen Berichterstattung im Rahmen des Hilfeplanes bis zu einer Einladung der Eltern in eine gemeinsame Therapiestunde reichen.

**Zusammenfassung:**
**Chancen und Risiken in der Jugendhilfe**
Bei der Aufnahme von schwer traumatisierten Kindern und Jugendlichen in der Jugendhilfe wissen wir häufig sehr wenig über die traumatischen Erlebnisse selbst und über die Anlässe, die Erinnerungen triggern und ein schwieriges Verhalten auslösen werden. Viele Informationen müssen erst mühevoll zusammengetragen werden und einige Dinge bleiben unklar. Es lässt sich auch nicht verschweigen,

dass in der Jugendhilfe ein erhöhtes Risiko besteht, auf bereits bekannte Muster von Täter-Opfer-Beziehungen zu stoßen und dadurch eine erneute Traumatisierung zu erleiden.
Der Wechsel in die stationäre Jugendhilfe kann aber in den meisten Fällen wenigstens langandauernde Traumatisierungen unterbrechen. Es steht ein größerer Zeitraum für die Behandlung zur Verfügung als das in anderen Kontexten der Fall ist. Im Rahmen der Jugendhilfe können sich professionelle Helfer zu einem ganzheitlichen Ansatz der Behandlung ergänzen, der neben der eigentlichen Traumatherapie auch Hilfen zur Selbstwertsteigerung und Entwicklungsförderung beinhaltet.
Obwohl sich bei Kindern, die noch nicht über eine ausgereifte Persönlichkeitsstruktur verfügen, viele Techniken und Methoden aus der Behandlung Erwachsener nicht anwenden lassen, besteht andererseits bei Kindern noch die Chance durch einen veränderten Erfahrungsraum Entwicklungen nachzuholen und traumatische Erfahrungen durch positive Beziehungen und Erlebnisse zu ergänzen, so dass es insgesamt zu einer positiven Entwicklung kommen kann.

# ReferentInnen/AutorInnen:

**Klaus Barre**

Dipl.-Psychologe, Psychologischer Psychotherapeut – Traumatherapie, EMDR-Supervisor und Faciliator. Bundeswehrkrankenhaus Hamburg – Abt. IV. Neurologie und Psychiatrie. Leitender Klinischer Psychologe. Einsatzerfahrung als Truppenpsychologe UNOSOM Somalia. 1.Vorsitzender des Norddeutschen Zentrums für Psychotraumatologie. Mitglied in der ISTSS und DeGPT. Mitglied des Arbeitskreises Akutintervention und stationäre Traumatherapie der DeGPT

**Dr. David Becker**

Dipl. Psych.; Dr. Phil.; wissenschaftlicher Mitarbeiter am Institut für Interkulturelle Erziehungswissenschaften an der Freien Universität Berlin; Stellvertretender Direktor der internationalen Akademie für innovative Pädagogik, Psychologie und Ökonomie (INA) GmbH an der FU Berlin; Beratung von psychosozialen Projekten in Kriegs- und Krisengebieten, sowie von Flüchtlingsberatungszentren.

**Monika Biener**

Dipl. Psychologin. Seit 7 Jahren im Jugendhilfeverbundsystem Eylarduswerk tätig. Approbation als Kinder- und Jugendlichenpsychotherapeutin sowie als Psychologische Psychotherapeutin. Arbeitsschwerpunkte: Therapien mit traumatisierten Kindern und Jugendlichen, Mädchenarbeit.

Eylarduswerk, Teichkamp 34, 48455 Bad Bentheim. Tel: 05924/781-230. Fax: 05924/781-249

Homepage: www.eylarduswerk.de. E-Mail : m.biener@eylarduswerk.de

**Dr. med. Karl-Heinz Biesold**

Facharzt für Neurologie und Psychiatrie, Psychotherapie. Leiter der Abteilung für Neurologie, Psychiatrie und Psychotherapie am Bundeswehrkrankenhaus in Hamburg. Arbeitsschwerpunkt: - Psychotraumatologie – (Akuttraumatisierungen, einsatzbedingte psychische Störungen bei Soldaten in Friedenseinsätzen, Katastrophenpsychiatrie)

**Elise Bittenbinder**

Dipl-Päd/Universität Eichstätt, Systemische Familientherapie (Köln), Hypnotherapie (Rottweil/Heidelberg), Strategic Therapy (Washington), EMDR (Köln). Seit 1988 Psychotherapeutin (Köln, Berlin). Schwerpunkt: Trauma, Opfer von Gewalt und Folter. Vorsitzende, Bundesarbeitsgemeinschaft der Zentren für Flüchtlinge und Folteropfer (BAFF).

**Heiko Cochius**
Psychologischer Psychotherapeut, Beratungsstelle „Gewalt in Familien", Diakonie in Düsseldorf.

**Monika Dreiner**
Dipl.-Psychologin, Ausbildung am Adler-Institut Aachen (PA, aKJP), Leiterin der Kinder- und Jugendlichenambulanz des DIPT (Deutsches Institut für Psychotraumatologie Köln), langjährige Tätigkeit in psychiatrischer Praxis, seit mehr als 10 Jahren konsiliarische Tätigkeit auf einer Kinderstation eines Akut-Krankenhauses, seit 1980 freiberufliche Tätigkeit in eigener Praxis.

**Prof. Dr. Marguerite Dunitz-Scheer**
Habilitierte Fachärztin für Kinder- und Jugendheilkunde, Psychotherapeutin für integrative Kinder- und Jugendlichen Therapie (Gestalt), PSY Diplome I-III für psychosoziale, psychosomatische und psychotherapeutische Medizin der ÖAK, Stellv. Leiterin der Abteilung Psychosomatik & Psychotherapie an der Universitätsklinik für Kinder- und Jugendheilkunde Graz, derz. Präsidentin der GAIMH (Deutschsprachige Gesellschaft zur Förderung der Seelischen Gesundheit in der frühen Kindheit), Mitglied der WAIMH, IACAP, AACAP, NCCIP. Klinische Forschungstätigkeit über frühkindliche Ess- Fütterungsstörungen, frühe Bindungsstörungen, Eltern-Kind Interaktionsstörungen; Postgraduate Diplom in Unternehmensberatung und Non Profit Management, derzeit auch als Regisseurin tätig im Bereich Kinderkultur- und Opern für Kinder, verheiratet, 6 Kinder.

**Prof. Dr. Gottfried Fischer**
Direktor des Instituts für Klinische Psychologie und Psychotherapie der Universität zu Köln. Forschungssupervisor beim Deutschen Institut für Psychotraumatologie Köln. e.V., Mitherausgeber der online-Zeitschrift Psychotraumatologie beim Thieme-Verlag (www.thieme.de\psychotrauma). Arbeitsschwerpunkte: Erfolgs- und Misserfolgsforschung in der Psychotherapie; Psychotraumatologie und Traumatherapie; Psychoanalytische Literatur- und Kulturtheorie.

**Dr. Stefanie Friedlmayer**
Kindergärtnerin und Hortpädagogin, Klinische und Gesundheitspsychologin, Systemische Familientherapeutin, Supervisorin, seit Jänner 1977 Mitarbeiterin des Amtes für Jugend und Familie (MA11) Psychologischer Dienst, seit 1985 Mitarbeit in der Grundlagenforschung, ab 1998 Leitung dieses Bereichs, stellvertretende EU-Referentin, seit Dezember 2001 Projektmanagerin des Daphne Projekts: JAI/804/01/111/C „Transnational local support programme to prevent violence against and abuse of children". Tätigkeiten außerhalb der MA 11: seit 1993 Beleitung des Projekts interkulturelle Kindergarten und Hortpädagogik der MA 11A, ebenfalls seit 1993 Redaktionsmitglied der Zeitschrift SYSTEME. Dr. Stefanie Friedlmayer, MA11 – Amt für Jugend und Familie, Rüdengasse 11, A-1030 Wien.

E-Mail: frs@m11.magwien.gv.at Homepage: http://www.magwien.gv.at/ma11/seiten/index.htm

**Catharina Ganseforth**
Dipl.-Psychologin, Studium an der Universität Duisburg, Wuppertal und Köln, seit 1999 im Rahmen eines interdisziplinären Forschungsprojektes zu extrem leichtgewichtigen Frühgeborenen angestellt an der Klinik für Kinder- und Jugendpsychiatrie und Psychotherapie der Medizinischen Einrichtungen der Universität zu Köln, seit 2002 Leitung des Projektes

**Bruno-Ludwig Hemmert**
Staatlicher Schulpsychologe für die beruflichen Schulen in Unterfranken (Bayern), Lehrkraft an beruflichen Schulen, Ing. grad, Supervisor bdp, Mitglied im Steuerteam der Kriseninterventions- und Krisenbewältigungsteams bayerischer Schulpsychologen; Arbeitsschwerpunkte: Lehrerfortbildung, Supervision, Beratung von Schülern, Eltern, Lehrkräften, Begleitung von Schulentwicklungsprozessen

**Dr. med. Michael Hipp**
Facharzt für Neurologie und Psychiatrie, Psychotherapie. Arzt im Sozialpsychiatrischen Dienst Hilden. Vorsitzender des Fördervereins KIPKEL e.V. Prävention für Kinder psychisch kranker Eltern

**Annika Holten-Wassong**
Diplom-Psychologin, Familien- und Paartherapeutin, Jugendberatungsstelle der Arbeiterwohlfahrt Düsseldorf, Modellprojekt „Aus.Wege".

**Prof. Dr. Gerald Hüther**
Neurobiologe und Leiter der Abt. f. Neurobiologische Grundlagenforschung an der Psychiatrischen Klinik der Uni.-Göttingen. Schwerpunkte seiner gegenwärtigen Tätigkeit: Einfluss psychosozialer Faktoren und psychopharmakologischer Behandlungen auf die Hirnentwicklung, Auswirkungen von Angst und Stress und Bedeutung emotionaler Bindungen. Zahlreiche wissenschaftliche Publikationen und populärwissenschaftliche Darstellungen (Sachbuchautor).
Psychiatrische Klinik der Universität Göttingen, Von-Siebold-Str. 5, D-37075 Göttingen.

**Pieter Hutz**
Diplom-Soziologe, Paar- und Familientherapeut, Gruppenanalytiker und Supervisor in eigener Praxis, Dozent und Autor, langjährige Mitarbeit im Kinderschutz-Zentrum Berlin, Beteiligung am Aufbau weiterer Kinderschutz-Zentren.
www. pieterhutz.de

**Anni Kammerlander**
Dipl.Soz.Päd., systemische Paar- und Familientherapeutin, Geschäftsführerin von Refugio München, Beratungs- und Behandlungszentrum für Flüchtlinge und Folteropfer.

**Herbert Kimmel**
Diplompsychologe, Sonderschullehrer, Supervisor bdp, Staatlicher Schulpsychologe für die Förderschulen in Unterfranken (Bayern), Mitglied im Kriseninterventions- und Krisenbewältigungsteams bayerischer Schulpsychologen. Arbeitsschwerpunkte: Lehrerfortbildung, Supervision, Beratung von Schülern, Eltern, Lehrkräften, Durchführung von Elterntrainings zur Stärkung der Erziehungskompetenz

**Dr. med. Charlotte Köttgen**
Geb. 28.06.1941. Fachärztin für Kinder- und Jugendpsychiatrie/-psychotherapie 1972-1984 Universitätskrankenhaus Psychiatrie, Hamburg. Seit 1984 Leiterin des Jugendpsychiatrischen Dienstes in Landesjugendamt Hamburg i. R. der Jugendhilfe

**Prof. Dr. Hildegard Mogge-Grotjahn**
Diplomsoziologin, Professorin für Soziologie an der Evangelischen Fachhochschule Rheinland-Westfalen-Lippe in Bochum. Prorektorin der Hochschule. Schwerpunkte in Lehre und Forschung: Soziologie sozialer Arbeit und sozialer Probleme; gesundheitsbezogene Themen; gender-Forschung.

**Dr. phil Jürgen Müller-Hohagen**
Diplom-Psychologe, Psychologischer Psychotherapeut, Leiter der Evangelischen Erziehungs- und Familienberatungsstelle München Hasenbergl; zahlreiche Veröffentlichungen über seelische Aus- und Fortwirkungen der Nazizeit, Mitbegründer des *Dachau Institut Psychologie und Pädagogik* (www.dachau-institut.de).

**Dr. med. Luise Reddemann**
Fachärztin für psychotherapeutische Medizin, Nervenärztin. Psychoanalytikerin, Ltd. Ärztin der Klinik für Psychotherapeutische und Psychosomatische Medizin am Ev. Johannes-Krankenhaus in Bielfeld. Zahlreiche Veröffentlichungen zu Psychotrauma. Zuletzt: „Imagination als heilsame Kraft“ 6. Aufl., Pfeiffer bei Klett Cotta

**Daniela Rödder**
Diplom-Pädagogin, Abschluss an der Universität zu Köln, Anstellung an der Klinik- und Poliklinik für Psychiatrie und Psychotherapie des Kindes- und Jugendalters der Universität zu Köln, Mitarbeiterin im Forschungsprojekt „Sprachentwicklung und Selbstregulation bei Frühgeborenen“

**Dr. Michael Schetsche**
Studium der Politikwissenschaft in Berlin; Promotion und Habilitation an der Universität Bremen, Venia für Soziologie; seit 1. 5. 2002 Leiter der Abteilung „Empirische Kultur- und Sozialforschung“ an einem Freiburger Forschungsinstitut. Arbeitsgebiete: Wissenssoziologie, Mediensoziologie, Soziologie sozialer Probleme und abweichenden Verhaltens. Anschrift: Priv.-Doz. Dr. Michael Schetsche, IGPP, Wilhelmstr. 3a, 79098 Freiburg; Email: schetsche@igpp.de

**Prof. Dr. med. Roland Schleiffer**
Facharzt für Kinder- und Jugendpsychiatrie sowie für psychotherapeutische Medizin mit psychoanalytischer Ausbildung. Nach langjähriger Tätigkeit im Bereich der stationären Kinder- und Jugendpsychiatrie seit 1995 Professor für Psychiatrie und Psychotherapie in der Heilpädagogik an der Universität zu Köln. Schwerpunkte in Lehre und Forschung: Bindungsforschung und Heimerziehung, Entwicklungspsychopathologie, Autismus. Anschrift: Lehrstuhl für Psychiatrie und Psychotherapie in der Heilpädagogik, Universität zu Köln, Frangenheimstraße 4, D-50931 Köln

**Dr. Christian Schrapper**
Prof. für Pädagogik und Sozialpädagogik an der Universität Koblenz.

**Prof. Dr. med. Wolfram Schüffel**
Facharzt. Innere Medizin, Psychotherapeutische Medizin. Leiter der Klinik für Psychosomatik im Zentrum Innere Medizin, Philipps-Universität Marburg – Arbeitsschwerpunkte: Sozialisation zum Arzt (Anamnesegruppen), Integrierte Psychosomatik. (Psychosomatische Grundversorgung; Ärztl. Akademie Bad Nauheim); Traumaarbeit (Grubenunglück von Borken 1988; Berater des Deutschen Hilfskontingents in Ostanatolien, 1991; Berater des Sanitätswesens der Bundeswehr in Kambodscha, ehem. Jugoslawien, 1994-1999; Tägliche klinische Arbeit mit Patienten bei Zustand nach Missbrauch und weiteren schweren Traumata); Salutogenese (Schüffel, Brucks, Johnen et al: Handbuch der Salutogenese, Ullstein Medical, Wiesbaden 1998

**Susanna Staets**
Sozialarbeiterin grad. Kinder – und Jugendlichen – Therapeutin. Familientherapeutin. Initiatorin des Projektes KIPKEL

**Dr. med. Annette Streeck-Fischer**
Chefärztin der Abteilung „Klinische Psychotherapie von Kindern und Jugendlichen“, Akademisches Lehrkrankenhaus Tiefenbrunn, Kinder- und Jugendpsychiaterin, Fachärztin für Psychotherapeutische Medizin, Psychoanalytikerin (DPG, DGPT), Lehr- und Kontrollanalytikerin am Lou-Andreas-Salomé-Institut Göttingen, seit 1980 Lehrauftrag an der medizinischen Fakultät, Mitherausgeberin der Zeitschrift „Pra-

xis der Kinderpsychologie, Kinderpsychiatrie", Veröffentlichungen u. a. zu Themen wie Adoleszenz, Rechtsextremismus, Gewalt, Trauma, Misshandlung, Missbrauch.

**Klaus ter Horst**
Dipl. Psychologe. Seit 10 Jahren Therapeutischer Leiter im Jugendhilfeverbundsystem Eylarduswerk in Bad Bentheim–Gildehaus. Approbation als Kinder- und Jugendpsychotherapeut sowie als Psychologischer Psychotherapeut. Familientherapeut. Supervisor.
Eylarduswerk, Teichkamp 34, 48455 Bad Bentheim. Tel: 05924/781-230. Fax: 05924/781-249
Homepage: www.eylarduswerk.de. E-Mail: k.ter.horst@eylarduswerk.de

**Silvie Tyrangiel**
Lic.phil. Psychotherapeutin, Mitbegründerin von Tamach, einer psychosozialen Beratungsstelle für Holocaustüberlebende und ihre Angehörigen in der Schweiz; ehemalige Mitarbeit bei der psychologischen Betreuung von Flüchtlingen aus Ex-Jugoslawien im Kanton Zürich. Diverse Publikationen zum Thema Therapie von Überlebenden und deren Nachkommen. Anschrift: Steinhaldenstr. 48, Postfach, 8027 Zürich. Tel.: +41-1-202 70 27. Fax: +41-1-281 14 18.
E-Mail: sity@datacomm.ch

**Prof. Dr. Reinhart Wolff**
Professor für Sozialarbeit und Sozialpädagogik an der Alice-Salomon-Fachhochschule Berlin Mitbegründer des Kinderschutz-Zentrums Berlin und der Bundesarbeitsgemeinschaft der Kinderschutz-Zentren, Familientherapeut, Organisationsberater und Qualitätsentwickler in freier Praxis, Vorstandsmitglied des Kronberger Kreises für Qualitätsentwicklung e.V.
E-Mail: wolff@asfh-berlin.de